心·理·勵·志·247A

人能弘道

傅佩榮談論語

《人能弘道——傅佩榮談論語》

目錄

自序

人能弘道

我在年輕時，聽別人提問：「如果一生只念一本書，應該選擇什麼書？」在我來不及細想及回答時，別人就主動宣布了答案：「當然是《論語》了！」

後來看到了錢穆先生九十二歲時的感言，說他每年至少重讀一遍《論語》，並且總是會有一些新的啓發。如此看來，《論語》對年輕人與老年人、對平凡人與大學者，都是必讀與必須不斷重讀的一本經典了。

如果讀書可以配合季節的話，那麼《論語》是春天的首選，因為其中充滿了成長的希望與動力。孔子原是平凡的孩子，經由立志學習而開發潛能，在知、情、意方面都抵達了高妙的境界，體現了君子、賢者、聖者的氣象。他的典範主要就展示於《論語》中。

我最初學習《論語》，是在正規的初中教育過程中，其目的是為了考試與升學。直到上了大學，必須研究儒家思想，我才主動而認真的把這本經典全部讀一遍。

當時感動我的，並不是哲學上的系統見解，而是一些生活小事。譬如，孔子聽到家裡馬廄失火，他只問：「有人受傷嗎？」而沒有關心馬的損傷。他聽說朋友過世而無人料理喪事，就挺身而出負責一切。他接受朋友致贈的祭肉，是作揖拜謝；

但是朋友送他車馬，他卻不會如此感激。他的價值觀顯然是高雅的人文主義，重視人的精神價值遠遠超過了物質價格。

我潛心探索《論語》二十餘年，苦於歷代各家注釋並無共識，於是採取西方哲學訓練的方法，依詮釋學原則，對每一句話進行深入思考：它究竟在說什麼？它想要說什麼？它能夠說什麼？它應該說什麼？接著再設法整理出一貫的系統。

譬如，「仁」是孔子的核心概念，一個「仁」字，就涵蓋了人生的三大問題：一，仁是「人之性」，人只要真誠，就會體驗內心有向善的自我要求；二，仁是「人之道」，人生的正路在於擇善而固執之；三，仁是「人之成」，亦即止於至善，必要時可以「殺身成仁」。

把握了主要線索，孔子一生的言行就顯得豁然開朗了。他在生平自述中提及「五十而知天命」一語，這代表一生的轉捩點。如果孔子不在五十歲出來從政，並且不在五十五歲周遊列國，那麼他的思想與人格又如何經由檢驗而展現無比的光彩？他的見解又如何可以證明是人類普遍的智慧？

那麼「天」又是什麼？研究《論語》的人很多，能夠清楚回答這個問題的人很少。孔子既要「知天命」，又要「畏天命」及「順天命」，可見「天」是個主宰，賦予人類使命感，就是要人把向善之性修練到至善的地步。

人若真誠，就會自覺必須行善，而「善」是我與別人之間適當關係的實現。在此，「別人」是指天下由親而疏、由近及遠的每一個人。唯其如此主張，孔子才會界定其志為：「老者安之，朋友信之，少者懷之。」

這十二個字的志向在現實世界未曾實現，將來也不太可能實現。但是若無此志，則人生又豈有方向可言？人類又豈有光明的未來？孔子思想對人類最大的貢獻，即在指出人性與天命之間的這種關係，領悟了這個重點，則所有正派宗教皆與儒家可以殊途同歸，甚至相視而笑、莫逆於心。

我從《論語》所得的啓發太多了，以書本形式出版的在十種以上，以影音製品出版的也超過五種了。這一切心得都要回溯到《論語》逐字逐句的梳理。現在這本書即是梳理《論語》的完全版本。

孔子說：「人能弘道，非道弘人。」本書以「人能弘道」為名，正是為了凸顯孔子高雅的人文主義立場，並且「道」之一字可以連繫天道與人道，使這種人文主義的開放性及超越性清楚確立。

「以孔子為師，與孔子為友」，這是每一個人都可以做到的，是一生中最美好的事之一。

前言

超越時空，了解孔子

孔子是中國歷史上的重要人物，被西方學者稱為人類歷史上「四大聖哲」之一。四大聖哲即：釋迦牟尼、孔子、蘇格拉底、耶穌。這些人都像是分水嶺，他們一出現，不但所有人都以他們為標竿，並在各自的文化傳統裡發展延伸下去，進而影響了整個人類。

孔子身處春秋時代，一生的遭遇並不順遂，從事業功績方面來看，他做官的時間也很短，能達到這樣的地位與成就，在當時是難以想像的。讀其書先要知其人，要了解孔子和《論語》，就要超越現在的時空，回到古代，知道他的生平背景。

出生於禮崩樂壞的亂世

中國古代有夏、商、周三代，周又分為西周、東周，而東周又分為春秋和戰國兩個時期，因為是秦始皇統一中國前的情況，所以史學上稱為「先秦時期」。

孔子（西元前五五一年至四七九年）是春秋時代人（西元前七二二年至四八一年），在春秋末期去世，史稱之為「亂世」。當時的諸侯各自為政，禮崩樂壞日趨嚴重，在上位者不守禮、百姓不守法、臣弒君、子弒父的情況層出不窮，整個國家的秩序和社會倫理，眼看就要瓦解和崩潰。此時的孔子，懷著使命感上場了。

孔子的祖先原是商朝王室，周朝取代之後，就將商朝後裔封於宋國。孔子的祖先後來遭到迫害而遷居到魯國，孔子是家族到魯國之後的第六代。

商朝重視鬼神的祭祀，周朝則重視人文的發展，因此文化的表現更燦爛，文明的開發遠超過商朝，孔子很欣賞並決定追隨周朝的道路，曾說：「郁郁乎文哉，吾從周。」對制禮作樂的周公，他更是仰慕不已。

透過教育，啓發內在覺悟

孔子最廣為人知的形象是好學，他能掌握古代所有的經典，即「五經」——《詩》、《書》、《禮》、《樂》、《易》（現在是以《春秋》取代《樂》）。懂得掌握五經，就知道如何維持國家的長治久安。

人活在世上，有生必有死，活著的時候，要在群體中營造一種共同的生活，才能持續發展；死了之後，可以通過宗教儀式（如祭祀）得到安頓。如果社會發生問題，只有兩個解決方法：一是復古，意即以古人的規矩為行事依歸；二是創新，創新需要智慧，而孔子正好擁有這樣的智慧。

孔子認為，社會如果瓦解，外在的力量不足以約束百姓的行為，只有靠內在的力量——教育來規範。教育的作用是引發人內在的力量，讓他可以做自己的主人，要求自己遵守社會規範，與別人好好相處。

內在到底是什麼樣的情況？人性到底是什麼？孔、孟認為人性是善的，荀子認為人性是惡的，他們都被稱為儒家的正統——各自以自己為正統。

為什麼會有善、惡之分呢？事實上，只是定義的不同，所謂的人性，他們看到的都只是人的一部分。譬如孟子特別提出人心有善的四端，而荀子看到人的行為有一種爭鬥的結果。一個是從出發點看，一個是從結果看，兩者皆屬於儒家。孔子的「吾道一以貫之」，則是有一個中心思想，把整個學說連貫起來變成一個系統。

由於生處亂世，孔子因此深諳人性，提出了對整個時代的新觀點，亦即人生在世，要通過教育啓發內在的覺悟。首先覺悟到人性是向善的，下一步行善就是自我的要求。行善的快樂不是別人給的，而是內在自我順著人性的傾向發展，所得到的結果。

因此，外在的成就、榮華富貴或貧賤痛苦，都不重要。因為人生在世，成就是外在的命定，無法自己控制；唯一能掌握的是本身的快樂。像孔子的弟子顏淵「一簞食，一瓢飲，在陋巷」，居然能「不改其樂」。一般人都受不了如此的貧困，但是顏淵照樣很快樂。為什麼他不會抱怨呢？因為他了解快樂是從內而發的。

孔子的日常生活也非常艱苦，他說：「飯疏食飲水，曲肱而枕之，樂亦在其中矣。」這句話並非指貧窮是快樂的，而是指貧窮時，知道另外有快樂的來源，就不會以貧窮為苦了。

學習，是成長的開始

孔子出生魯國鄹邑，父親是叔梁紇，為魯國的大力士。他父親的第一次婚姻生了九個女兒，苦於無兒子傳宗接代，於是再娶，果然生下兒子孟皮。可惜孟皮的腳有殘疾，於是叔梁紇在六十歲左右，第三度結婚，但這次並未經過正式婚禮，後來生下了孔子。

孔子的身世在歷史上顯得複雜，《史記．孔子世家》說：「紇與顏氏女野合而生孔子，禱於尼丘得孔子。魯襄公二十二年而孔子生。」孔子三歲時父親過世，母親當時才二十歲左右，由於孔家無法接納他們，母親只好帶著孔子回娘家。

由母親一手撫養長大的孔子，由於家境清寒，必須幫忙做所有瑣碎的家務，也因此學會了許多本事，所以孔子後來說：「吾少也賤，故多能鄙事。」

古代只有貴族子弟才能上大學，平民百姓的小孩十五歲之前在鄉村受教育，每年等秋收農忙結束後，就由村裡有學問的長者，在祠堂或祭祀的宗廟授課。主要教授兩種學問：

第一，文化常識。譬如知道自己國家的由來，春秋時代諸侯國眾多，每一個都有其封建的背景，透過文化常識可以了解各國的特色何在。第二，基本的武藝訓練。男子要學射箭、騎馬、駕車、作戰等技能，因為十五歲後必須子承父業，進入百工的行列，就再也沒有機會學習了。

出身平民的孔子，沒有資格上大學，不甘心學習之路就此斷絕，於是立志求學，「吾十有五而志於學」。從此，他的一生都是「學不厭，教不倦」，終身都努力求學不輟。

孔子立志求學以後，就遍訪名師，向人請益，歷史上記載他曾「問禮於老子」，也曾向有名的盲人樂師師襄習樂。我們可以從他學習音樂的過程中，一窺他用功的程度。

師襄教孔子一首曲子，聽他演奏得有模有樣，就要他換一首新曲子練，孔子卻說：「不行，我只會彈奏這首曲子而已（習其曲），還不懂得掌握技巧。」師襄只好繼續讓孔子練習。又經過幾日，師襄認為孔子已經彈奏得夠好了，可以換別的曲子練習，孔子又說：「還是不夠，我只知道它的技巧（習其數），卻不懂這首曲子的真正含義。」又練習一陣子，孔子仍然覺得自己只是「習其志」而已，意思是：知道這首曲子的用意何在，卻還不了解這首曲子所描寫的人。

最後，他終於彈到「得其為人」的境界，知道這首曲子裡描寫的人長什麼樣子，他形容這個人長得瘦而高、皮膚黝黑，眼睛看著遙遠之處，好像在牧羊一樣，這就是周文王。

師襄聽到之後大吃一驚，因為這首曲子就叫「文王操」，正好是歌頌周文王的，這個學生竟然能「習其曲，習其數，習其志，得其為人」。師襄於是離開老師的座位，向孔子鞠躬。

這就是「青出於藍」的最佳實例，說明孔子學習任何事物都能學得很透澈。當時的人對他有兩個評價：一是博學，二是知禮。這是很不容易的，因為禮非常繁瑣和複雜。

不同的生命階段，不同的鍛鍊與領悟

孔子十七歲時，母親過世；二十歲娶妻亓官氏，第二年生子孔鯉。他做過的職業包括「委吏」，即管理倉庫的基層小吏；後來「司職吏而畜蕃息」，即管理牧場，負責牛羊的繁殖；之後曾以「助喪」為生。助喪這一行，孔子做了很久，由於古代重視喪禮，而喪事的禮儀非常繁複，從過世到入土安葬，就有五十多道手續，需要專家來幫忙才能順利進行，而孔子顯然就是最懂禮的人選。

孔子三十歲前後，就有學生跟隨他學習了，並以他為中心，逐漸形成一個獨特的團體。四十歲時「不惑」，是因為孔子十五歲「志於學」後，能不斷學習，使理性更有效率，更快掌握重點，如此才能逐漸邁向不惑。

五十歲「知天命」，了解自己的神聖使命何在。孔子五十一歲才出來做官，一開始當縣長，做得很好；第二年升小司空，接著又升司寇，五十三歲時「攝相事」，亦即代理宰相事務，使「魯國大治」。

但政治是詭譎的，孔子做得太好卻出了問題。鄰近的齊國，眼見魯國在孔子的治理下國勢日盛，擔心齊國的發展會受到威脅，開始緊張起來，於是用美女來迷惑魯定公，《史記》說：「選齊國中女子好者八十人，皆衣文衣而舞『康樂』，文馬三十駟，遺魯君。」魯定公看到這麼多的美女、駿馬，果然「定」不下來了。

他開始疏遠孔子，祭祀時，甚至沒把祭肉送給孔子。古代的國君祭祀完後，要按照等級將祭肉分給大夫們；沒有分到肉，就表示不受國君的重視。孔子由此知道自己很難在魯國實現理想，便在五十五歲時開始周遊列國。

孔子周遊列國時狀況頗多，有時遇上戰爭，有時被當作人質，有時被抓，有時被圍，甚至還差一點被殺。有一次子貢聽到別人描述孔子神情落寞，活像一隻喪家

犬。孔子聽了子貢的轉述，就笑著說：「我對外形不在乎，但說我是喪家之狗，說得沒錯！說得沒錯！」（《史記．孔子世家》）

孔子一直到六十八歲時才回到魯國，結束了長達十四年顛沛流離的周遊教化，當時是魯哀公十一年。孔子的晚年可謂相當悽涼，親近的人都比他先走一步：七十歲時，兒子孔鯉過世；七十一歲時，顏回過世；七十二歲時，子路因參加衛國的內戰而遭殺害。魯哀公十六年，孔子辭世，享年七十三歲。許多弟子自動為他守喪三年，其中子貢更是守了六年。後來，孔墓附近形成了聚落，名為孔里。

孔子的一生看似平凡，志向也無法伸展，但他憑什麼擁有這麼大的成就，一直到現在，還被後代當成偉大的人來尊敬呢？原因在於，孔子以身教、言教塑造了「人的典型」與「典型的人」，正所謂「言而世為天下則，行而世為天下法，匹夫而為百世師」。前兩個「而」字通「於」字，意即說任何話、做任何事，天下人都會效法。一個普通百姓能做為百世的老師，「微斯人，吾誰與歸」，沒有這樣的人，我們要去追隨誰呢？這是司馬遷對孔子的評價。

《論語》是孔子一生的智慧結晶

《論語》的具體內容有二十篇，按順序是：〈學而篇第一〉、〈為政篇第二〉、〈八佾篇第三〉、〈里仁篇第四〉、〈公冶長篇第五〉、〈雍也篇第六〉、〈述而篇第七〉、〈泰伯篇第八〉、〈子罕篇第九〉、〈鄉黨篇第十〉、〈先進篇第十一〉、〈顏淵篇第十二〉、〈子路篇第十三〉、〈憲問篇第十四〉、〈衛靈公篇第十五〉、〈季氏篇第十六〉、〈陽貨篇第十七〉、〈微子篇第十八〉、〈子張篇第十九〉、〈堯曰篇第二十〉。

有些篇名是取每一篇內容的頭兩字，像「學而時習之」就是〈學而篇〉。〈子罕篇〉是最特別的，孔子有很多學生，當中沒有人叫「子罕」，原文是「子，罕言」，意指孔子很少說話；〈憲問篇〉也是一樣，憲是學生，他問了問題，合在一起叫〈憲問篇〉；〈堯曰篇〉與前面相同。其他像是雍也、泰伯、顏淵、子路、衛靈公、季氏、陽貨、微子、子張等，都是人名。

二十篇共五百一十一章，根據其重要性可分為四等：第一等是孔子的話，第二等是孔子與第一流學生的對話，第三等是孔子與第二流以下學生的對話，第四等是學生發表的言論。譬如：「學而優則仕。」這是子夏說的，而非孔子的話。閱讀《論語》的時候，要根據這四種重要性的程度，分別對待及討論。

孔子的學生大概可以分為四科，一般稱為「四科十哲」。「四科」的具體分類為：德行科，代表人物是顏淵、閔子騫、冉伯牛、仲弓；言語科，代表人物是宰我、子貢；政事科，代表人物是冉有、子路；文學（文獻）科，代表人物是子游、子夏。第一流學生包括德行科和言語科；第二流學生包括政事科和文學科。

讓我們一同進入《論語》的世界，與孔子為伍，探討人生的不凡境界。以下解讀各章，引述原文註明出處時，將以〈1．1〉的標示代表第一篇第一章，其餘編號皆依此類推，方便讀者搜尋和對照。

學而篇第一

〈1．1〉

子曰：「學而時習之，不亦說（ㄩㄝˋ）乎？有朋自遠方來，不亦樂乎？人不知而不慍（ㄩㄣˋ），不亦君子乎？」

孔子說：「學了做人處事的道理，並在適當的時候印證練習，不也覺得高興嗎？志同道合的朋友從遠方來相聚，不也感到快樂嗎？別人不了解你，而你並不生氣，不也是君子的風度嗎？」

古代的「子」放在名字後，是對老師、長者的尊稱，就好像稱呼「您」一樣，譬如：孔子、老子、荀子等；但子貢、子張、子游、子夏等人，就純粹是名字而已。《論語》中出現的「子曰」，專指孔子說的話，直接譯成「孔子說」，比較清楚。

全方位的學習與成長

何謂「學而時習之」？一般譯爲「學了以後時常練習」，但是「時」字在古代不作「時常」解，而是指適當的時機，好比春耕、夏耘、秋收、冬藏一樣。「不亦說乎」的「說」字，同「悅」字，是指發自內在的高興。

就「學」的內容而言，通常是指五經：《詩》、《書》、《禮》、《樂》、《易》，以及「六藝」：禮、樂、射、御、書、數。根據孔子的思想來說，這應該是指學習做人處事的道理。

「五經」的「經」即指永恆的道理，《詩經》代表文學；《書經》代表歷史；《禮經》代表社會科學，有很多詳細的生活規範；《樂經》代表藝術；《易經》代表哲學，這些是古代的人文學科。生活的基本規範就在「五經」裡，所以說是學習做人處事的道理。

就學的方法而言，要配合思（主體的反省與理解），以求溫故知新，活學活用。

孔子的「學」有三點內涵：

一、**學習古代的知識與技術**。爲什麼「禮」、「樂」在五經、六藝裡都有呢？因爲禮、樂既有理論的部分，也有操作的部分。譬如，學禮是要能眞正執行禮儀，像宗教祭祀或喪禮，都有具體的操作過程，需要學習和實踐；樂也是一樣，學了音樂理論，還要實際演奏樂器，才是眞正的技能。六藝就是六種技術，都是基本的技巧。在古代社會，只有貴族子弟可以受大學教育；到了春秋時代，平民子弟學了五經、六藝，在社會上就成爲人才，很多諸侯國或大夫之家也會聘請他們擔任家臣。

二、**「學」要配合思考**。譬如，「學而不思則罔，思而不學則殆」（〈2・15〉），代表學習要配合思考才能把古代的知識現代化。「溫故而知新」，重新再讀學過的知識，有了新的體會，才能擔任老師。爲師者必須經常融合個人的心得，如此學生學習之後，才能對生活有所幫助。

三、**學習與行爲有關**。學習可以改變人的行爲，譬如，《論語》有幾處提到好學，其中以顏淵最得孔子的欣賞，他說顏淵的好學是：「不遷怒，不貳過。」（〈6．3〉）與人吵架爭執，即使滿腔怒火，也不會把怒氣發洩到另一個人身上；並且不會再犯同樣的過錯，這說明學習有一種改造自己的力量。顏淵的好學表現在「不遷怒，不貳過」，也就是付諸於日常行爲中。

所以，孔子的學有三點特色：一、老老實實學習古代的知識與技術；二、學與思配合，得到個人的體會；三、學習要能改變行爲，這才是所謂做人處事的道理。

由此可知，孔子的「學」是全方位的學習與成長。

進德修業，追求至聖境界

「樂」是外在顯示出來的快樂。古代的交通不像今日這麼方便，朋友從遠方來拜訪，特別能感受到那份心意，分外覺得同聲相應、同氣相求。

南宋的哲學家陸象山說：「東海有聖人，西海有聖人，此心同，此理同。」任何一種文化產品的相通，都要提高到理念的層次才能互動和溝通，志同道合的人聚在一起，絕不是黨同伐異，而是純粹追求人生的理想，因此相聚就會快樂。總之，「學而時習之」較重視個人的自我要求，「有朋自遠方來」，就開始產生一種互動。

「人不知而不慍，不亦君子乎？」說明一個人已經學問有成，在社會上擁有很高的聲望，照樣不爲人所了解，卻不因此生氣。因爲求人不如求己，時機尚未成熟，即使學問再好，也無法要求事事都依照自己的方式來做。關於「人不知而不慍」，還可參考〈1·16〉、〈4·14〉、〈14·30〉、〈15·19〉。

「君子」在古代是指君之子，也就是政治權貴的子弟，或指有官位者。有官位者又分爲幾等：天子、諸侯、卿大夫，然後是士、庶人，庶人是其中人數最多的階級。天子只有一個，就是周天子。諸侯是指天子分封的七十一國，其中又分大國、次國、小國，大國方百里，次國方七十里，小國方五十里。第三個是卿大夫，在諸侯國當政的人。士就是讀書人，包括文士、武士。

孔子保留這種用法，同時更強調以「君子」代表學行兼備的有德之人。因此，君子成爲儒家的人格典型，泛指有理想、有原則，不斷進德修業，追求至聖境界的人。

本章強調，先要自己努力學習，其次與朋友互相呼應，然後在學習有成而未受重視時，可以坦然自處。

〈1·2〉

有子曰：「其爲人也孝弟（ㄊㄧˋ），而好（ㄏㄠˋ）犯上者，鮮（ㄒㄧㄢˇ）矣；不好犯上，而好作亂者，未之有也。君子務本，本立而道生。孝弟也者，其爲仁之本與（ㄩˊ）！」

有子說：「一個人能做到孝順父母與尊敬兄長，卻喜歡冒犯上司，那是很少有的；不喜歡冒犯上司，卻喜歡造反作亂，那是不曾有過的。君子要在根基上好好努力，根基穩固了，人生正途就會隨之展現開來。孝順父母與尊敬兄長，就是一個人做人的根基啊！」

有子，即有若，字子有，魯國人，小孔子三十三歲。《論語》中，孔子的學生只有四人得到「子」的尊稱，分別是：有子、曾子、閔子、冉子，原因有可能是《論語》的編輯群出自他們的門下。

本章談論的道理很簡單：從小有良好的家庭教育，懂得尊敬父母、長輩，到社會上就不會隨便造反。但卻排在《論語》的第二章，讓許多人不明就裡，或許是有子的學生把自己老師的話擺在前面的結果。

孝悌是行仁的出發點

「道」即人生正途，可以引申為人生理想、事物法則、社會正義、宇宙規律等。凡是描寫一種狀況「應該如何」的，就是在肯定它的「道」是什麼。

一般翻譯「仁」字時，也會譯作人生正途，「道」與「仁」可以相通。古代「仁」與「人」通用，第一句話是「其為人也孝弟」，最後一句話是「其為仁之本與」，都是「人」字之意。「為人」以孝悌為本，並由此引出人生正途的「道」，兩者完全呼應，亦即不會犯上與作亂。孝悌是人類真情第一步和最直接的表現，因而是行仁的出發點；不過，出發點與「本」畢竟不宜完全等同。

〈1．3〉

子曰：「巧言令色，鮮（ㄒㄧㄢˇ）矣仁！」

孔子說：「說話美妙動聽，表情討好熱絡；這種人是很少有真誠心意的。」

「鮮」字是指很少有，本章的意思是，如果把注意力都放在外表上，就很難會有仁，這是內外輕重的分別。「仁」在此譯作「眞誠的心意」。因爲巧言令色只注意到言和色，只是對外，忽略了內在的眞誠。

如果一個人太重視外在的表達，就不會注意到是否有誠心，話說得愈好，愈令人擔心。「輕諾必寡信」，很輕易就答應別人者，也很容易失信於人。

以「仁」彰顯人生的整個歷程

「仁」字譯作「眞誠的心意」的根據，可以從孔子的整個言論來看。在《論語》中，「仁」字有三義，即：人之性、人之道、人之成。意思是要以「仁」來彰顯人的生命歷程，也就是如何從潛能走向實現，再達到完美。

人之性是「向善」，這是天生的；人活著，就有人之性。人之道是「擇善」，人生要走的路需要選擇，有可能選對或選錯，因此需要向老師好好學習。人之成是「至善」，代表人的完成，這一生是否完成人的使命，或實現人的意義。這三個層面：「人之性」是開始；「人之道」是中間的過程，亦即人生的過程；「人之成」是結束，也就是完成的階段。

「向善」必須在眞誠中，才能自覺；「擇善」要靠智慧與勇氣；「至善」則必須「死而後已」，所以孔子從不稱許同一時代的人爲「仁」，連對自己也不例外。

孔子提出「仁」，在當時是特別而全新的概念，其目的就是要幫助人由「人之性」、「人之道」到「人之成」。人活在世界上，第一步就是要眞誠。至於《老子》所強調的則是「眞實」。眞誠一定要從內在出發；眞實則要從「道」出發。

永遠保有內在的眞誠

孔子的思想「一以貫之」，就貫徹在「仁」的概念上，要把人類的生命從開始、過程到結束，整個連貫起來；無論如何，這一生就是要求仁、得仁。孔子以「仁」來彰顯人的生命歷程，就是人如何實現潛能，抵達完美。就孔子來說，他的生命是不斷創新的，每天都有新的體會。

綜上所述，本章絕不是說巧言令色就沒有仁心，而是針對缺乏眞誠的心意（仁）來說；少了眞誠就無法自覺其向善的要求，眞誠的目的是爲了自覺，讓內外合一，讓自己經常警覺到：我是主體，我是一個人，我在說話，我在做事，我在顯露表情，我表面在微笑時，心裡不可以無動於衷；就可以進一步擇善而行了。

譬如在社交場合時，有人習慣說很多客套話，而心裡卻完全沒有感覺，只是把別人當作完成任務的工具，所以對工具非常照顧（巧言令色）；等到事成後，再見面時，就不認爲對方還有任何用處。這種作法叫工具理性，理性即思考，用工具的方式來思考，這樣一來，人與人之間就容易互相利用，缺乏眞誠的情感。而孔子的目的，無非是希望人可以保有內在眞誠的情感。

本章亦見於〈17．17〉。有關「仁」的完整詮釋，還須配合其他相關各章的解讀，如〈3．3〉、〈4．2〉、〈17．21〉等。

〈1．4〉

曾子曰：「吾日三省（ㄒㄧㄥˇ）吾身：爲人謀而不忠乎？與朋友交而不信乎？傳不習乎？」

曾子說：「我每天好幾次這樣省察自己：爲別人辦事，沒有盡心盡力嗎？與朋友來往，沒有信守承諾嗎？傳授學生道理，沒有印證練習嗎？」

曾子即曾參，字子輿，魯國人，小孔子四十六歲。本章出現曾子，說明《論語》的確是有若與曾參等人的學生所編，所以把自己老師的話放在前面。

曾參的父親是曾點，也是孔子的學生，他是個很有理想、很瀟灑的人，但管教小孩比較粗枝大葉。曾參大約十五歲時，曾點就帶他來聽孔子上課。

曾參聽到孔子經常談論孝順，就想做個孝順的孩子，於是父親怎麼打他都不跑，一直讓父親打到氣消才走開。這事傳到孔子的耳中，他把曾參叫來說：「你這麼做是不對的。」曾參問：「父親打我，難道我該跑嗎？」孔子說：「跑或不跑都不對，要看你父親拿的棍子是粗還是細。如果棍子很粗，就要馬上跑開，免得你父親失手把你打傷甚至打死，別人反而會嘲笑他；如果棍子很細，就讓他打好了，所謂『大杖則逃，小杖則受』，這才是孝順啊！」

曾參這時才領悟到什麼是孝順。他後來傳《孝經》，說明他在孝順方面特別有心得。只不過曾參並不聰明，孔子說：「參也魯。」（〈11．18〉）也就是說曾參很遲鈍；但他為人忠厚老實，因此才能替老師傳道。

審慎看待人與人的關係

「三」不是指三次，也不是單指所列的三件事，古人常以三代表多數。事實上，曾參一生「戰戰兢兢」，從愛惜身體到修養品德，所省察的自然不只這三件事。

「三省」之一，「為人謀而不忠乎」，替人家辦事，有沒有盡心盡力？

之二，「與朋友交而不信乎」，「信」字很重要，人言為信，即說話算話。說出來的話，本身就有一種要求，一定要去實踐。

之三，「傳不習乎」，有人譯成「老師傳給我的，我有沒有練習」，我認為不妥。因為既然談了「為人謀」、「與朋友交」，就表示已經在社會上做事；更何況編輯《論語》時，孔子早已過世了，還有什麼是老師教過而沒有練習的呢？如此一來，在年紀上也不能掌握，好像忽小忽大。解讀時要從這個角度才能周全，不至於掛一漏萬。

比較合理的說法是：曾子比孔子小了四十六歲，所以曾子在社會上「為人謀」時，孔子早已過世。他這時應該是針對自己開班授徒而言，提醒自己「傳授學生道理，沒有印證練習嗎？」

本章特別強調人與人之間的關係。這三句話有其順序，先是「為人謀」，是指上下級的關係；其次是「與朋友交」，朋友當然是平輩；「傳不習乎」及於學生，位階很清楚。這三個層面都是人與人之間的關係，也是人在社會上的身分所要求的。在人際之間扮演好自己的每一個角色，正如同走在人生的正途上，向著「至善」前進。

〈1・5〉

子曰：「道（ㄉㄠˇ）千乘（ㄕㄥˋ）之國，敬事而信，節用而愛人，使民以時。」

孔子說：「治理諸侯之國，要盡忠職守與令出必行，節省支出而愛護眾人，選擇適當的時候徵用百姓服勞役。」

「道」，在此作動詞用，意即治理。「乘」是計算兵車的單位，每乘是四匹馬。古代天子擁有天下，號稱萬乘之君；諸侯所分封的則為千乘之國；大夫則叫百乘之家。

春秋時代，諸侯各自爲政，所以孔子以治理千乘之國爲話題。古代的國、家二字是分開的，後來才視爲一個整體，稱作國家。

孔子認爲，治理諸侯之國有五件重要的事：盡忠職守、令出必行、節省支出、愛護衆人、使民以時。前四件比較容易明白，但爲什麼要「使民以時」呢？因爲百姓要服勞役，當時是徵丁，一家有三個男丁就徵一個，五個以上徵兩個。服勞役是義務性質，很辛苦也沒有工錢，所以要嚴格規定不能在農忙時要求百姓服勞役、築城牆，免得引起抱怨。這個適當的時機最好是秋收之後。

孔子談的爲政之道，基本原則就是做人處事一定要能盡心盡力，配合各種客觀的條件，才能使彼此的關係長期和諧，並且保持效率。這三項是由核心向外推展，先自我要求，敬事所以立信；再兼顧節用與愛人兩方面，然後還必須多爲百姓設想。

〈1·6〉

子曰：「弟子入則孝，出則弟（ㄊㄧˋ），謹而信，泛愛眾而親仁。行有餘力，則以學文。」

孔子說：「青少年在家要孝順父母，出外要敬重兄長，行爲謹愼而說話信實，普遍關懷別人並且親近有善行芳表的人。認眞做好這些事，再去努力學習書本上的知識。」

「弟子」在過去是指後生晚輩，在今日是指青少年或學生。「仁」是指有善行的人，像「里仁爲美」，是指一地的風氣非常仁厚。「仁」字可以做爲正面的善，有好德行的表現。凡是行爲合乎「人之道」，都可以泛稱爲仁，亦即今日所說有善行芳表的人。任何社會都有這樣的善人，値得敬佩與學習；不過，由於「人之道」永遠指向至善的境界，所以孔子很少明確指出誰是仁者。

年輕人能做到「入則孝，出則弟，謹而信，泛愛衆而親仁」，就是在家和在外都與別人相處得當，才會「行有餘力，則以學文」。學文列在最後，表示青少年應該先學會良好的行爲規範，懂得做人的基本道理；不可本末倒置，以爲讀書就是一切。

「行有餘力」譯爲「認眞做好這些事」，因爲人不可能一天到晚與別人來往，當不需要與別人來往，或正好別人不在身邊的時候，不能無所事事，此時就好好學習書本上的知識。但如果只知讀書，變成書呆子，懂得很多書本上的知識，但與人相處時既不能孝順，又不能友愛，動輒得咎，當然就很可惜了。

人生在世，有機會就要讀書，但不要忘記，讀書和實際人生的關係才是重點。如果讀了書卻無法落實在生活裡，書讀得再多又有什麼用呢？

〈1・7〉

子夏曰：「賢賢易色，事父母能竭其力，事君能致其身，與朋友交，言而有信。雖曰未學，吾必謂之學矣。」

子夏說：「對待妻子，重視品德而輕忽容貌；事奉父母，能夠盡心竭力；為君上服務，能夠奮不顧身；與朋友交往，答應的事就守信用。這樣的人，即使他說自己沒有學習過，我也一定說他是學習過了。」

子夏，即卜商，字子夏，衛國人，小孔子四十四歲，是名列於文學科的學生（〈11．3〉）。

「賢賢易色」，有人譯為「重視有賢德的人，要改變你的態度」；也有人譯為「重視賢德，輕視美色」，而沒有特別指涉對象；我則譯作「對待妻子，重視品德而輕忽容貌」。因為根據後面提到的：事父母、事君、與朋友交，這三者都是我和特定對象的關係，因此推論前面也應是這種脈絡，針對妻子而言。

我由此結合五倫的思想，即君臣、父子、夫婦、兄弟、朋友，「賢賢易色」指夫妻相處的原則，是由於接著所談的三件事都是明確的人際相處之道；至於它列在首位，可能是因為古人認為「君子之道，造端乎夫婦」，有夫婦然後有父子，有父子然後有君臣，推廣出去是朋友，然後是社會。

談到五倫時，天地陰陽是最根本的，也就是男女、夫妻，以此做為思考的背景，就知道子夏說的原來是對待妻子應該如何。這是從上下文的整個結構來看的。

「雖曰未學，吾必謂之學矣」。這句話提醒我們儒家向來是講求知行合一，甚至行重於知的。能在行為上表現合宜，就代表心中已有正確觀念。我們求學念書，不就是為了建立系統的觀念，可以指導實際的人生嗎？

〈1・8〉

子曰：「君子不重則不威，學則不固。主忠信，無友不如己者。過則勿憚改。」

孔子說：「君子言行不莊重就沒有威嚴，多方學習就不會流於固陋。以忠信為做人處事的原則，不與志趣不相似的人交往。有了過錯，不怕去改正。」

「君子」在《論語》裡有雙重意思：一是指貴族子弟，有官位的人；二是指立志成為君子的人，代表有德行的人。孔子接受第一種說法，但他的重點擺在第二種說法，因為只有極少數人可以有官位，但每個人都需要成為有德行的人。

以靈活的智慧來面對人生的挑戰

「學則不固」，是指博學多聞就不會頑固而不知變通。孔子教學的目的之一，是希望學生能以靈活的智慧來面對人生的挑戰。

有些人很頑固，學得不夠多，卻誤以為自己所學得的就是一切，而永遠看不到另一面。人生有許多價值觀念要且知且行，一步一步地實踐，同一個概念在不同的年齡也會有不同的含義。

「如」是指相似。志趣不相似，就無話可說。它的前一句是「主忠信」，所以其相似之處自然是以忠信為共同目標，接著在正當的志趣上互相勉勵。孔子的意思是鼓勵人尋找益友，因爲蓬生麻中，不扶自直；近朱者赤，近墨者黑；染於蒼則蒼，染於黃則黃，與益友來往，可以不斷提升自己。孔子能夠吸引到這麼多的學生，也是因爲他們的志趣相似。

「過則勿憚改」，這倒是很難做到。大凡人一有過錯，就會拚命掩飾、找藉口。其實知錯能改，才能不斷成長，這是孔子對於君子的要求。由此可知，君子不是聖人，而是與一般人一樣，只是立志成爲君子。

立定志向，才能不斷改造自己

孔子爲什麼特別強調人要立志呢？他的基本想法是：人生是一種趨向，立志就是確立志向，決定自己要往哪裡走；人生是不斷選擇的過程；沒有志向的話，很容易被別人拉著走或是推著走。

人活在世上就是「志」的問題，有志向就會往君子之路邁進。如果每天早上起來，言行與昨天差不多；日子一天天過去，最後發現歲月如流，馬齒徒長，年紀愈來愈大，人生也沒任何改變，這是多麼可惜的事啊。

孔子可以每隔十年都邁向不同的境界，原因就在於立定志向，在時間範圍內有計劃地達到自己訂下的目標，在知、情、意方面，改造自己，達到「苟日新、日日新，又日新」的境界。

本章是孔子談論君子的特點，要想成爲君子，就要思考這樣的目標，然後努力以赴。本章後半段亦見於〈9．25〉。

〈1・9〉

曾子曰：「愼終追遠，民德歸厚矣。」

曾子說：「喪禮能愼重，祭祀能虔誠，社會風氣就會趨於淳厚了。」

本章是對喪禮與祭禮的實際效應所做的描寫。「終」是指生命結束，「愼終」是要以哀戚之心謹愼地舉行喪禮，一方面表達對死者的尊敬與懷念，一方面使生者珍惜生命並努力修德行善。

「遠」是指離我們較遠的祖先；「追遠」，即定期舉行祭祀，提醒人要飲水思源，心存感恩，如此爲人處事就會比較寬厚仁慈了。這裡的「德」字是指一種表現、一種社會風氣。「民德歸厚」是就平民百姓的作風而言。

尊敬死者，才能使生者珍惜生命

如果對祖先的祭祀與父母的喪事都辦得草率馬虎，就好像自己沒有過去的歲月一樣；那麼將來呢？我們未來也將成爲子孫的過去，也無法得到相對的尊重。

現代的社會風氣，與古代相比，實在是相差太遠了，譬如有些地方的喪禮上，不但可以看到電子花車大肆喧鬧的場面，甚至還有辣妹跳艷舞，眞是禮的敗壞。但又能怪誰呢？政府不管，專家不研究，法律不制定，人民只好各行其是了。有時反而是宗教團體還辦得有模有樣，任何地方發生災難，他們馬上能夠發揮「聞聲救苦」的作用。如果沒有信仰，眞不知該怎麼辦才好。

我們素有「禮儀之邦」的稱號，現在正好處於完全相反的情況，社會和政府忽視禮儀，已經到了匪夷所思的地步，這是個危機。於今之計，文化建設委員會責無旁貸，要趕緊研擬一套合情合理的喪葬制度，由此導正社會風氣。

〈1．10〉

子禽問於子貢曰：「夫子至於是邦也，必聞其政；求之與？抑與之與？」

子貢曰：「夫子溫、良、恭、儉、讓以得之；夫子之求之也，其諸異乎人之求之與！」

子禽請教子貢說：「老師每到一個國家，一定會聽到該國政治的詳細資料；這是他自己去找的，還是別人主動給他的？」

子貢說：「老師爲人溫和、善良、恭敬、自制、謙退，靠著這樣才得到機會；老師獲得的方法與別人獲得的方法，還是大不相同的。」

子禽即陳亢，字子禽，陳國人，小孔子四十歲。子貢即端木賜，字子貢，衛國人，小孔子三十一歲。

春秋時代，表面上雖是周朝的天下，實則諸侯早已各自爲政。孔子周遊列國，倡言政治理想，也參與討論各國政事，這些國家包括：魯（孔子的家鄉）、齊、衛、宋、鄭、曹、陳、楚、杞、莒、匡，通常都是別人主動向孔子請益的。在魯國做過五年官的他，周遊列國時雖已沒有官位，但聲望很高，各國政要都知道孔子在政事上是個傑出的人才。所以子禽對「必聞其政」一事，才會問：「求之與？抑與之與？」

子貢名列於言語科，口才果然一流，他用「溫、良、恭、儉、讓」來描寫自己的老師，實在是非常精彩。一方面，孔子爲人確實如此，他爲人溫和、個性善良、待人恭敬、遵守禮儀。禮儀的本質就是謙讓、恭敬。「儉」字也有自制、收斂之意。

溫、良、恭、儉、讓，這五點特徵是子貢的觀察，也是孔子與各國君臣交往時的態度，由此可見，孔子表現出來的ＥＱ（情緒智商）實在很高；而子貢能從這五點來描述老師，也顯示他這個學生對老師的了解，已到了相當深刻的程度。

〈1・11〉

子曰：「父在觀其志，父沒（ㄇㄛˋ）觀其行，三年無改於父之道，可謂孝矣。」

孔子說：「觀察一個人，要看他在父親活著的時候選擇什麼志向，在父親過世以後表現什麼行爲。如果他能三年之久不改變父親做人處事的作風，就可以稱得上孝順了。」

在古代，父親是一家之長，任何決策都是由家長決定，做子女的沒有單獨採取行動的自由。所以在父親活著時要看一個人的志向，志向是尚未表現爲行爲的內心方向；直到父親過世後，才能看出一個人的行爲。

感懷尊重長輩，就不離孝心

「三年無改於父之道，可謂孝矣」。這裡出現爭議：如果父親做得對，三年之後根本沒必要改；如果做得不對，爲什麼要等三年才改？

事實上，「道」引申爲做人處事的作風，原則上都是要擇善固執，但在每個人身上的具體呈現卻各有不同。譬如，從甲地到乙地，即使方向一致，大家也未必會選擇同一條路或同一種交通工具。子女維持父母的作風三年，盡了哀思孺慕之情，往後就要靠自己建立行事作風，繼續走在人生正途上。

這裡可參考〈19．18〉，曾子說：「吾聞諸夫子：『孟莊子之孝也，其他可能也；其不改父之臣，與父之政，是難能也。』」孟莊子能夠三年不換父親的家臣，實在很不簡單，顯示了對父親的尊重。所謂「一朝天子一朝臣」，如果他一上台，就提攜新人，而把老臣都換掉，感覺上就好像把父親用人的心意都否定了。

每個人都有不一樣的作風，就看誰當家作主，只不過兒子當家後，對父親以前的作風維持三年，表示尊重，這是孝順的表現。至於改變，不一定是從壞改成好，或是從好改成壞，而純粹是表現個人的行事風格，或是想用一批新人、推動新政策，由此去理解就不會產生疑義了。本章後半段，亦見於〈4・20〉。

〈1・12〉

有子曰：「禮之用，和為貴，先王之道斯為美，小大由之。有所不行，知和而和，不以禮節之，亦不可行也。」

有子說：「禮在應用的時候，以形成和諧最為可貴。古代帝王的治國作風，就以這一點最為完美，無論小事大事都要依循禮的規定。遇到有些地方行不通時，如果只知為了和諧而求和諧，沒有以禮來節制的話，恐怕還是成不了事的。」

這裡簡單說明「禮」和「樂」在古代不同的作用。古代之禮重在分，古代之樂重在合，合與和相通。禮做為區分的規定，譬如君臣、父子，先要區分長幼先後，然後找出規範，這個社會才能夠維持秩序。而樂是追求心靈上的溝通，音樂讓大家情感共融，形成一種和諧的氛圍。

禮本來是區分、形成秩序，為什麼又說「禮之用，和為貴」呢？因為禮絕不是為區分而區分，秩序出現之後，每個人都知道怎麼與人來往，整個社會就能和諧。有子這段話含義深刻，先是區分，再有秩序，然後是和諧；如果沒有秩序，只會亂成一團，毫無章法，就全然違背禮的用意了。

「先王」是指古代帝王，如堯、舜、禹、湯、文、武等；「道」對帝王來說，便是治國之道，引申為治國的作風；古代的「美」字與善字可以通用。在《論語》中，「善」側重品德造成的具體效果；「美」則用來形容一切合宜的事物或作為，應用範圍較廣。無論小事大事都要依循禮的規定，以禮來節制，社會就能步上軌道了。可參考〈4・1〉的「里仁為美」。

〈1・13〉

有子曰：「信近於義，言可復也。恭近於禮，遠（ㄩㄢˋ）恥辱也。因不失其親，亦可宗也。」

有子說：「與人約信，儘量合乎道義，說話才能實踐。謙恭待人，儘量合乎禮節，就會避開恥辱。施恩於人，而不失去原有的愛心，也就值得尊敬了。」

「信」、「恭」、「因」三字，前兩字都是指人際相處的一種操守或品德，「因」字也不應例外。古代「因」與「恩」通用。

「近於」，是指接近而不相同於。譬如，義與禮是原則，而信與恭是實際的作爲，所以只能儘量符合原則的要求。

最後一句「因不失其親，亦可宗也」，從宋代朱熹開始就有不同的見解。很多人認爲「因」即依靠，「親」即有親戚關係，整句話譯作「所依靠的人不失爲有親戚的關係，這樣也值得我們尊重」；還有人說「因」代表婚姻，於是譯作「結婚的對象是有點親戚的關係，這樣也值得我們尊重」，這兩個翻譯都不甚理想。

我參考了多家的注解，逐字研究，最後找出一個自認爲最合理的譯法。前面說過，古代的「因」字與「恩」字通用，因此，整句可譯作「施恩於人，而不失去原有的愛心，也就値得尊敬了」。

這個翻譯到底對不對呢？且看有子說話的語氣。謙恭待人，如果不合乎禮節，很容易被別人嘲笑；換句話說，不適當的謙恭，反而變得像是地位卑下，退到沒有分寸了；而施恩於人，如果變成了例行公事，失去原有的愛心，也是不應該的。

這段話代表有子的見解，凡是讀到孔子學生的說法，不宜直接轉換爲孔子的思想，因爲孔子的學生所說的話，有時看似高深莫測，實則道理並不深刻，只是談些讀書與做人處事的心得而已。

〈1・14〉

子曰：「君子食無求飽，居無求安，敏於事而愼於言，就有道而正

焉，可謂好學也已矣。」

孔子說：「一個君子，飲食不求滿足，居住不求安適，辦事勤快而說話謹慎，主動向志行高尚的人請求教導指正，這樣可以稱得上是好學的人了。」

所謂「食無求飽」，是指不一定要吃得很飽；「居無求安」，是指住處不求奢華享受。而「敏於事而愼於言」，更是每一個公衆人物都應該深思的話。很多政治人物正好相反，通常是做事慢呑呑，一說起話來就變得伶牙俐齒；「言而世爲天下則，行而世爲天下法」，政治人物身在高位，言行舉止都會成爲人民效法的對象，所以在說話、做事上必須不斷修養自己，才能起示範的作用。

對生活要保持高度的警覺

古代有很多忌諱的事，其中一項就是做官者不可以「播其惡於衆」，意即不要把自己醜惡的一面公諸於衆。惡就好像散播種子一樣，稍微不注意，百姓就會效法。所以孟子說：「上無道揆，下無法守」，以及「無敵國外患者，國恆亡。」意思是：在上位的人，沒有原則或理想做爲標竿，在下位的百姓就沒有法律可遵守，並且沒有敵國外患的話，國家一定滅亡。

好學在此有三個步驟：首先要降低物質享受的欲望，其次要在言行上磨練及改善自己，接著再虛心向良師請益，使自己走在正途上。每日在自己各方面的行爲表現上，都要保持高度的警覺。至於吃飯、居住都不是最重要的，不要把這些視爲主要的考慮，因爲吃多吃少或吃什麼都不重要，只要活得下去就好，要把心放在別的地方。如果只注重物質上的吃、穿、住如何，就沒有心思去想應該想的事，整個生命就向下沉淪。

關於「好學」，還可參考〈5．14〉、〈5．27〉、〈6．3〉。

〈1．15〉

子貢曰：「貧而無諂，富而無驕，何如？」
子曰：「可也。未若貧而樂道，富而好禮者也。」
子貢曰：「《詩》云：『如切如磋，如琢如磨。』其斯之謂與？」
子曰：「賜也，始可與言《詩》已矣！告諸往而知來者。」

子貢說：「貧窮而不諂媚，富有而不驕傲，這樣的表現如何？」
孔子說：「還可以。但是比不上貧窮而樂於行道，富有而崇尚禮儀的人。」
子貢說：「《詩經．衛風．淇澳》上說：『就像修整骨角與玉石，要不斷切磋琢磨，精益求精。』這就是您所說的意思吧？」
孔子說：「賜呀，現在可以與你討論《詩經》了！告訴你一件事，你可以自行發揮，領悟另一件事。」

「貧而無諂，富而無驕，何如？」子貢恐怕是有感而發，因為他自己就是由窮到富的人。兩個「無」都是消極的，意即貧窮但是不要諂媚，有錢但是不要驕傲。孔子的回答則從積極的角度來說明，學生自認為沒有這種缺點，老師認為還可以更積極一點。可見孔子的教育很獨特。

正面思考，精益求精

貧窮的時候至少可以行道，因為貧窮反而少了很多牽掛，正好可以做該做的事。「富而好禮」，古代的禮儀很重要，但是禮儀往往需要花錢。所謂的排場，沒有錢就做不到，有錢人如果好禮，就會使整個場面變得莊嚴、崇高，人的修養、文化素質也會顯得比較高雅。

所以孔子告誡子貢要從消極轉為積極，並且要「如切如磋，如琢如磨」，也就是精益求精，愈來愈好，才可自行發揮，領悟另一件事。正如「溫故而知新」，讀書一定要有心得，要自己能聯想，找出新的意思。

人在窮困時，較能顯示志節的高低，這時除了「無諂」之外，如果堅持行道，並且以此為樂，就離理想的境界不遠了。顏淵是最好的例證，可參考〈6．11〉。

富有的人也可以行道，只要「無驕」之外，再進而好禮。「無諂」與「無驕」是努力避免缺點，「樂道」與「好禮」則是積極有為的表現，後者顯示了更高的期許。

這是一段很精彩的對話，由此我們見識了子貢的功力，他的思考能力佳，表達能力也很好。孔子對貧富的想法，還可參考〈14．10〉。

〈1・16〉

子曰：「不患人之不己知，患不知人也。」

孔子說：「不擔心別人不了解我，只擔心我不了解別人。」

「患不知人也」，為什麼要擔心自己不了解別人呢？因為自己有才華、學識、德行、能力，這是個人的事，不見得需要別人了解；別人不了解，那是別人的損失，重要的反而是自己不了解別人。年輕時，要尋找志同道合的朋友；年長時，要提拔正直有為的後輩；若不知人，難免造成許多錯誤，悔之莫及。

人的生命過程中，年輕時希望別人了解自己；到了中、老年時，就要設法了解別人，不能讓錯誤重演。如果年輕時懷才不遇，覺得無人了解自己，等老年時也故意不去了解別人，讓別人懷才不遇，一報還一報，這就太不合理了。

擔心自己不了解別人，是怕錯過益友、錯過志同道合的朋友。別人不了解我，不但不會減損我的才學與品德，反而會促使我更努力於進德修業。當然，我也可以循正當途徑讓別人認識我。相關資料，還可參考〈1・1〉、〈4・14〉、〈14・30〉、〈15・19〉。

爲政篇第二

〈2・1〉

子曰：「爲政以德，譬如北辰，居其所而衆星共（ㄍㄨㄥˇ）之。」

孔子說：「以德行來治理國家，就像北極星一樣，安坐在它的位置上，其他星辰環繞著它而展布。」

古代的政治人物有三種：爲政、執政、從政。爲政即處理國家的政治，一般是針對諸侯治理國家而言；執政是針對卿一級官員；對大夫來說則是「從政」，像孔子的學生爲官從政。爲政當然也包括天子在內，天子管天下，諸侯各自爲治。

古代的政治，孔子認爲分三個階段，最理想的是德治，其次是禮治，最後不得已時才用法治。古代的社會屬於部落型，範圍較小，人口較少，政治領袖的德行，可以直接影響到他的家人和相關團體。譬如商朝以前，德治的典型人物是堯、舜、禹、湯。到了周朝，國家面積廣大，如果只用德治，普通百姓無法看到天子如何生活，此時就必須靠禮治了。

夏、商、周三代都有禮，到周朝時最爲完備，可以規範生活的每一層面及細節，這是周公制禮作樂的結果，他也因此成爲孔子最嚮往的典型。由此可見，國家的發展有一定的趨勢，不可能走回頭路。

孔子心中的治國理想，當然還是德治和禮治，但社會發展到後來只好用法治，這是趨勢所致，也是不得已的。禮治是從正面安排人際的規範，讓人有路可走；法治是消極的約束，不讓人做壞事，也無法鼓勵人做好事。譬如法律規定人有納稅的義務，所以不能逃稅；但禮會讓人知道，什麼是「富而好禮」，人際關係可以往上提升。

「為政以德」與「無為而治」互相配合

「譬如北辰，居其所而衆星共之」，孔子使用比喻，不僅是爲了引發聽者的活潑聯想，也因他描述的意境很難直接說明白。這句話的意思，正如無爲而治，所有人各就各位，好好工作。

一般來說，無爲而治是指道家，但老子所談的無爲而治與儒家的不太相同。老子的原則是眞實，也就是讓一切歸於自然，不要有人爲的操作。人爲操作都有其目的性，設定目的不見得能達成，有時候反而扭曲了許多正常的作爲，造成人與人之間的誤解與衝突。正如生態平衡有其原則，自然界的食物鏈是不該破壞的；如果把人的觀念強加在生態上，就會造成自然的災難。

所以，老子認爲要無爲，不要有任何人爲的目的，讓地球本身依生態自然運作，宇宙萬物自然發展。因爲人根本不能了解整個宇宙的奧祕，生命又很有限，靠知識一代傳一代，傳到最後就會扭曲、變質。

儒家則不一樣，孔子從正面來看，認爲人不可能眞正無爲，不是做好人，就是做壞人，而與其做壞人，還不如做好人。

如何做好人呢？以德來治，表面上雖是無爲而治，實則是以德來治，讓每個人分工合作，天下自然就太平了，這就是「爲政以德」和「無爲而治」配合。德治的基礎，主要在於帝王本身的高尚品德，因此帝王的責任重大，而據說效果也十分理想，幾乎到達無爲而治的境界了。

事實上，德治與無爲而治不同，爲何天下會自然歸於太平？這是因爲孔子對人性有一個基本信念，就是人性向善，所以百姓會自動回應德治的帝王。關於「無爲而治」，可參考〈15．5〉。

〈2．2〉

子曰：「《詩》三百，一言以蔽之，曰：『思無邪』。」

孔子說：「《詩經》三百篇，用一句話來概括，可以稱之爲『無不出於眞情。』。」

《詩經》共三百十一篇，分爲：〈國風〉、〈小雅〉、〈大雅〉、〈周頌〉、

〈魯頌〉、〈商頌〉等部分。「思」不是指心思，而是發語詞。「無邪」，即沒有虛假造作，都是眞情流露。文學作品最怕無病呻吟。

「思無邪」一語出於《詩．魯頌．駉》，「駉」是描寫馬勇健向前直行的樣子，引申爲詩人直抒胸懷，所做無不出於眞情。馬向前奔行不能立刻轉彎，轉彎太急就會摔倒。這代表有感而發，對人生有任何體驗和感受，直接寫在詩裡，所以詩歌的本色在於眞情。

推而廣之，文學的本色也都在於眞情，如果缺乏眞實的情感，只能算是無病呻吟、舞文弄墨罷了，稱不上是文學作品。孔子簡單地以《詩經》裡的一句話來形容整部《詩經》，完全是眞誠的情感，而非刻意做作。

人在社會上常帶有許多包裝與面具，很難眞誠，擔心會吃虧、上當或被別人欺負，因此有各種保護自己的措施。讀《詩經》時，可以發掘內心眞誠的一面，回到比較單純的念頭，感受到自己的理想還在。孔子曾說「《詩》可以興」，意即《詩經》可以引發眞誠的心意，這是《詩經》的作用之一。

孔子談《詩經》，就是談眞誠的心意。人活在世界上可以眞誠，就可以重新開始。「思無邪」也是中國古代詩歌的基本原則。

〈2．3〉

子曰：「道（ㄉㄠˋ）之以政，齊之以刑，民免而無恥。道之以德，齊之

以禮，有恥且格。」

孔子說：「以政令來教導，以刑罰來管束，百姓免於罪過但是不知羞恥。以德行來教化，以禮制來約束，百姓知道羞恥還能走上正途。」

「政」、「刑」，自古治國者皆不能廢除，但如果只靠政和刑，就如同只靠法治，是絕對不夠的。百姓雖然免於罪過，但是不知道羞恥。古代的「恥」字不用來罵人，而是指自覺羞愧之意。

「德」是指順應人性的善行；「禮」是人際行爲的規範，在古代包括君臣上下的區別，親疏遠近的等級，服飾宮室的制定，進退動作的禮儀等。以德行教化，用禮制約束，百姓才能化被動爲主動，自然引發正面的效果，自己願意走上正途。

孔子在本章提出了兩種不同的觀點，現在社會處處講求法律，如此一來，當然是「民免而無恥」，很少有人會眞正尊重客觀的規範。這個時代要再恢復到孔子所說的「有恥且格」，已經是不可能了，但是否可以避免陷入孔子所說「民免而無恥」的情況呢？恐怕還是要靠教育政策，以及社會領袖人物的良好示範了。

〈2．4〉

子曰：「吾十有（ㄧㄡˋ）五而志於學，三十而立，四十而不惑，五十而

知天命，六十而（耳）順，七十而從心所欲不踰（ㄩˊ）矩。」

孔子說：「我十五歲時，立志於學習；三十歲時，可以立身處世；四十歲時，可以免於迷惑；五十歲時，可以領悟天命；六十歲時，可以順從天命；七十歲時，可以隨心所欲都不越出規矩。」

孔子說出這段話時，顯然已超過七十歲了，這等於是他在離開人世之前，對自己生平的回顧。這段話非常重要，孔子思想的進展階段，都以此爲標準。

立志求學，磨練安身處世的能力

在古代，十五歲是平民停止接受教育之時。孔子不是貴族子弟，自然沒有機會接受大學教育；但此時也正是他生命的轉捩點，別人都離開學校，只有他繼續求學。

孔子立志求學並非爲了學歷或就業，而是爲了對自己的身心、做人處事有幫助。他後來說自己「學而不厭」，代表他一輩子都沒有停下學習的腳步，這實在是常人難以望其項背的。

「學」的內容、方法與目的，可參考〈1．1〉；關於「志」，可參考〈4．4〉、〈4．9〉、〈7．6〉。

三十歲在古代已經是成年。「立」，通常是指學習立身處世的成效，走上人生正途，而在社會上立足。孔子曾說：「不學禮無以立。」不學禮，在社會上就沒有立足的憑藉，等於立身處世沒有原則和方法。

孔子三十而立，他學習的內容包括禮儀，並且可以以之就業，養活自己。由於孔子的母親和兄長都很早過世，他除了必須自力更生，還要負責養活兄長的子女。關於「立」，可參考〈16·13〉、〈20·3〉。

「不惑」即「智者不惑」，是指有智慧、聰明的人不會迷惑。孔子「四十而不惑」，是因爲知識豐富與見聞廣博，兼具了學與思，並重學與行，因此對於人間的一切事情，都能明白道理而不再感到困惑。

「四十而不惑」偏重理性上的理解，能清楚知道什麼是人生，準確而妥當地加以判斷，這是一種判斷能力。關於「惑」，還可參考〈12·10〉、〈12·21〉。

化命運為使命

通常解釋孔子只能到「四十而不惑」，理性上已經通達了，何來「五十而知天命」呢？這實在令人費解。天命就是自覺有一種使命感，「知天命」，即領悟自己身負使命，必須設法完成。這種使命的來源是天，所以稱爲天命。

孔子的天命包括三項內容：一、從事政教活動，使天下回歸正道；二、努力擇善固執，使自己走向至善；三、了解命運的無奈，只能盡力而爲。

命運是指被動的、盲目的、無奈的遭遇。譬如，什麼時候出生，出生在什麼地方，碰到什麼樣的社會環境，遇到什麼樣的狀況，這些都是命運，也因此讓人覺得無奈。使命則是自己的選擇，是看清人生之後，有了自己想要的目標，這是主動的、積極的、進取的、光明的。一旦確定了自己的使命，這一生就感覺充滿希望。

所以，形容孔子的天命觀點，有一個最重要、最簡單的說法，就是化命運爲使命。人的使命感有三種來源：

使命感的來源

一，社會給的。譬如被選爲市長，當選之後，就有服務市民的使命感。

二，自己給自己的。譬如從小立志要做醫生，給自己救人的使命。

三，這一種使命感，既非別人給的，也不是自己給的，卻非常強烈，非要完成不可，那是「天」給的。

以下的比喻，拿來形容孔子很適合；如果把國家比喻爲一輛遊覽車，天子就是駕駛，他要開車載著百姓到名山勝境遊逛。車開到中途，他突然因爲心臟病發而倒了下來。此時，飽讀《詩》、《書》、《禮》、《樂》、《易》，掌握古代智慧，知道古人如何治理國家、帶領百姓的人，會油然興起「當今之世，捨我其誰」之念，就會主動來駕駛，讓車繼續開下去。這並不是狂妄，而是一種使命感。

孔子眼看天下紛亂，魯國國勢日衰，於是五十歲時已學問有成，各方見解都臻於成熟，也有許多學生跟隨的他，懷抱著一股服務社稷的使命感，隔年就出來做官。

五十五歲時，發現自己的理想無法實踐，便辭官而後開始周遊列國，希望能藉此維護周朝的秩序與和諧。在途中只要一有機會，他就出來做官，透過這個國家來支持整個周朝，希望天下再歸於安定。

這就是孔子的理想，因此他說「五十而知天命」。但了解天命之後，立即就出現新的情況，後來孔子談到「畏天命」，人活在世上對此要念茲在茲，不能忘記。

「六十而（耳）順」，「順」是行動，用行動來表示順從天命；由知天命而畏天命（〈16．8〉），然後對天命的具體要求，必須順從與實踐。

孔子周遊列國的十三年期間，歷盡艱辛，在別人看來是天之「木鐸」（〈3．24〉），是「知其不可而為之」（〈14．38〉）。在兩度遭遇生命危險時（〈7．23〉、〈9．5〉），他都立即訴求於天，表示他是順天命而行。

關於「耳順」的爭議

歷代討論「耳順」，從來沒有一個人說得清楚。「耳順」照字面意思理解，就是不管別人怎麼說，我的耳朵都聽得很順；如此一來，豈不是鄉愿、沒有原則了嗎？這顯然不合孔子的原意。

有些人則認為耳順就是順耳，這也很難說得通。也有些人認為六十歲時人生的境界與耳朵有關，因為聖人的「聖」字，左邊是耳朵，所以「六十而耳順」與此有關。果真如此，孔子到六十歲就認為自己是聖人，這不但很誇張，也與他的想法不符合。他曾說：「若聖與仁，則吾豈敢？」（〈7．34〉）可見這說法也不對。

我把「耳」字放在括弧裡，因為我認為此字是多餘的，理由如下：

一、孔子自述的六個階段，都是直接以動詞描寫修行的進境，不宜有例外。而「耳」字在《論語》裡面只出現四次，有兩次當語尾助詞：一次在〈17．4〉：「前言戲之耳。」另一次在〈6．14〉：「女得人焉耳乎？」而〈8．15〉提到：「洋洋乎盈耳哉。」這裡的「耳」字才是指耳朵；由此推知，「耳」字在原文裡並不重要。

二、敦煌石經的版本是「六十如順」，無耳字。

三、孟子私淑孔子，談到「順天命」，並且在宣稱「捨我其誰」時，正是想要順天命；除此之外，他也未曾提起耳順。如果「耳順」如此重要，後代在研究時一定會引申其理，尤其孟子一定會加以發揚。但孟子非但沒有說「耳朵順」，反而提到「順天」。還有《易傳》裡「順天命」一詞，至少出現了三次。由此可知，孔子當時說「六十而耳順」時，「耳」字很可能是出於學生的抄寫之誤。

四、順天命與孔子生平事蹟完全相應，耳順則無合理的解釋。孔子周遊列國，兩度遭逢殺身之禍，當生命面臨威脅時，他立即訴諸於天。一次在匡被圍，他說：「天之未喪斯文也，匡人其如予何？」（〈9．5〉）一次在宋國，宋國的司馬桓魋要殺他，孔子說：「天生德於予，桓魋其如予何？」（〈7．23〉）

在平時，信仰多談無益；當面臨生死攸關時，一個人的信仰才能體現出來。換句話說，天是我所信仰的，我現在正在順天。最明顯的證據是孔子路過儀城，守儀城的封疆官員請見之後，公開說：「天下之無道也久矣！天將以夫子爲木鐸。」（〈3．24〉）連這名小小官員在與孔子相談後，都能有所感觸，足以證明，孔子是在順天命。

總之，從孔子的思想和整個儒家思想的演變，都找不到「耳朵順」的道理。孔子說此話是根據他生平的行爲來互相印證的，從各方面考量可以確定，「六十而順」是指順天命。

順應天命，天人合德

一般人認爲，從心所欲必然踰矩；修養好一點的，是從心所欲偶爾踰矩，所以「從心所欲」是一個大問題，常常會出狀況。孔子「七十而從心所欲不踰矩」，代表他很誠實，像他這樣的人，也要七十歲才達到這個目標。

「矩」的本意與「禮」類似，禮的要求就是規矩。禮的要求來自天，這是古代的想法，禮是順天的，不是自己造的。周公之所以偉大，是因爲他領悟天命，能把天命轉化成禮儀，並表現爲規矩。

孔子一直在順天命，最後他內心所要求的，是能與天意合在一起，也就是儒家所謂的「天人合德」。這是指人與天合，要靠道德來實踐，實踐的背景來自人性向善，行善就是合德的一個過程。

孔子說「七十而從心所欲不踰矩」，代表孔子對於「心」不太相信，認爲人的心容易出問題。心如果是「本善」，從心所欲又怎麼會踰矩呢？所以這個心當然不是「本善」的心。這句話徹底打破了朱熹以來人性本善的觀點，亦即認爲心是人的本質所在、心是完美的觀念等等。

孔子以自己的生平做見證，從十五歲到七十歲，他的思想和生平結合在一起。命運是無奈的，我們無法與之相抗衡，因此不如化被動爲主動，從消極走向積極，自己選擇一條路走，走多遠算多遠。孔子之所以周遊列國，也是在尋找機會，如果眞有機會，未必不能得君行道啊！

〈2．5〉

孟懿子問孝。子曰：「無違。」

樊遲御，子告之曰：「孟孫問孝於我，我對曰『無違』。」樊遲曰：「何謂也？」子曰：「生，事之以禮；死，葬之以禮，祭之以禮。」

孟懿子請教什麼是孝。孔子說：「不要違背禮制。」

樊遲爲孔子駕車時，孔子對他說：「孟孫問我什麼是孝，我回答他：『不要違背禮制。』」樊遲說：「這是什麼意思呢？」孔子說：「父母活著的時候，依禮的規定來事奉他們；父母過世後，依禮的規定來安葬他們，依禮的規定來祭祀他們。」

孟懿子，即魯國大夫仲孫何忌，小孔子二十歲，曾經奉父親孟僖子之命，向孔子學禮。樊遲即樊須，字子遲，魯國人，小孔子四十六歲。

當時魯國有孟（亦即原來的仲）、叔、季三位大夫把持朝政，經常違禮僭禮。孔子因材施教，提醒孟懿子即使在父母死後也須謹守禮制，否則仍是不孝。孔子以「孟孫」稱之，乃稱其家之氏名。

孟懿子是魯國大夫，孔子在這些貴族官員的眼中只不過是一介平民，但是當時和孔子說上一句話，他們才能流芳百世，這就是歷史的殘酷，也是歷史的偉大。

孟懿子問孝，孔子的答覆是：「不要違背禮制。」這個回答有其背景。當時魯國的三家，即孟孫、叔孫、季孫，勢力很大，對國君不太禮貌。孔子就暗示了這三家儘管勢力很大，最好能夠遵守禮制，要分清君臣之禮。

樊遲的問話和孔子的回答，說明孝順不但是心意，還包括規範在內。一般人談孝順往往只說要有心意，雖然沒有錯，但是心意的表現如果忽略禮制，就會引起別人的批判。譬如說一般人爲了孝順父母，舉行天子的葬禮，就不合適。孔子對貴族子弟這樣教誨，可以證明他的因材施教。

只有無違於禮，才能實現孝順之心意。內在的孝心與外在的禮法配合，才是孝的實踐。關於「孝」，可參考自〈2．5〉以下四章，以及自〈4．18〉以下四章。

〈2．6〉

孟武伯問孝。子曰：「父母唯其疾之憂。」

孟武伯請教什麼是孝。孔子說：「讓父母只爲子女的疾病憂愁。」

孟武伯即仲孫彘，是孟懿子的兒子。

一般人認爲讓父母爲子女的疾病憂愁是不孝順的，此處是指當子女各方面都表現良好時，才能使父母「只爲」他們的疾病擔心，而不必再煩惱其他問題，這樣就表現了孝的行爲。疾病不是人力可以控制的，所以子女更要多加保重身體。

注意譯文中的「只爲」兩字，代表子女任何事情都不讓父母操心，但患了疾病也是無可奈何的事情。

孔子爲什麼這麼說呢？因爲像孟武伯這些人大多屬於紈褲子弟，一天到晚吃喝玩樂，不務正業。所以孔子希望他們讓父母只爲他們的疾病憂愁，其他方面如做人處事都不要出差錯。

由此可見，孝順並不是很難做到，只要針對讓父母操心的部分去改進即可。

〈2・7〉

子游問孝。子曰：「今之孝者，是謂能養。至於犬馬，皆能有養。不敬，何以別乎？」

子游請教什麼是孝。孔子說：「現在所謂的孝，是指能夠事奉父母。但是像狗與馬，也都能服事人。如果少了尊敬，又要怎樣分辨這兩者呢？」

子游即言偃，字子游，吳國人，小孔子四十五歲。名列文學科（〈11・3〉）。

「能養」，包括飲食起居的照顧與事奉。犬馬對人的服事則指可以守衛、拖車等。此處以「犬馬」比喻子女，而非以「犬馬」比喻父母。因爲狗替人看門，馬替人拉車，「犬馬之勞」就是特別指替別人服務，把子女比喻成狗與馬就很恰當。子女孝順父母，狗與馬服事人，如果子女不敬父母，那與狗、馬服事人又有什麼差別？

針對父母來說，犬馬和子女都能對人提供服事，不同之處在人有人性和人格，孝順父母時，讓父母吃飽喝足之餘，心裡還要尊敬父母，這才是與動物不一樣的地方。

〈2・8〉

子夏問孝。子曰：「色難。有事，弟子服其勞；有酒食（ㄙˋ），先生饌；曾（ㄗㄥ）是以爲孝乎？」

子夏請教什麼是孝。孔子說：「子女保持和悅的臉色是最難的。有事要辦時，年輕人代勞；有酒菜食物時，讓年長的人吃喝；這樣就可以算是孝了嗎？」

孝順出於子女愛父母之心，這種愛心自然表現爲和悅的神情與臉色，這一點確實遠比爲父母做事與請父母吃飯要困難多了。俗話說「久病無孝子」，如果父母年老加上生病一久，子女的臉色通常都很難看，這也是無可奈何的事。

所以，孔子認爲保持和悅的臉色是最難的，這個臉色不是裝出來的，而是自然而然從內心發出來的，孝順就是從內心出發。

孔子談到「弟子」與「先生」，是指年輕人與年長者，也可以指學生與老師。因此，對父母的親愛之情，還要超出學生對老師的敬愛表現。光是「有事，弟子服其勞；有酒食，先生饌」，而沒有和悅的臉色就不是眞正的孝，和悅的臉色出於眞心的愛慕。

〈2．9〉

子曰：「吾與回言終日，不違如愚。退而省其私，亦足以發，回也不愚。」

孔子說：「我整天與回談話，他都沒有任何質疑，好像是個愚笨的人。離開教室以後，留意他私下的言語行爲，卻也能夠發揮不少心得。回並不愚笨啊！」

「回」即顏回，字子淵，又稱顏淵，魯國人，小孔子三十歲。名列於德行科第一（〈11．3〉），又被孔子讚許爲唯一好學的弟子。好學和德行並列，說明好學的重要特色就是有德行的表現。一個人光有德行而不好學的可能性也有，但不容易堅持，如果好學而懂得道理，德行才會終身往上提升。

「不違」，即不覺得老師說的有什麼不對。這裡有三種可能性：一、眞的很笨；二、完全不用心思，只是被動接受；三、領悟力很高，一聽就懂，所以欣然接受。

顏回屬於第三種，不過在此必須有兩個前提：一是老師說的有道理，二是學生聽完後，要證明自己確實有了心得。

「退」是指下課後，大家各自回到自己的生活圈。孔子上課說的道理，顏淵並沒有提出任何問題；但下課後觀察顏淵的行爲，居然都一一實踐了孔子的話。顏淵聽到什麼，學到什麼，就立刻去做，等於是不斷地改善自己。

顏淵學習之後，能夠舉一反三，應用在生活中。由此可見，孔子在教學上，最重視的是學生受到啓發而變化氣質，其次則是上課時認眞聽講與思考，提出疑問。相關資料，可參考〈11·4〉。

〈2·10〉

子曰：「視其所以，觀其所由，察其所安。人焉廋（ㄙㄡ）哉？人焉廋哉？」

孔子說：「看明白他正在做的事，看清楚他過去的所作所爲，看仔細他的心安於什麼情況。這個人還能如何隱藏呢？這個人還能如何隱藏呢？」

本章談的是觀察人的方法。

「視」、「觀」、「察」，這三者都是由自己去看人，看的方法是要明白、清楚、仔細；看的對象是他現在、過去、未來的表現，時間的三個向度都用進來。三者都是用眼睛看，但程度不一樣。古人用字比較精確，反觀現代人往往以「觀察」一詞帶過。

「廋」即隱藏、藏匿。有時不是別人故意藏匿，而是我們自己疏於注意，只看現在而忽略過去與未來。

小事謹愼，方可成大事

「視其所以，觀其所由」，這兩點比較容易做到，「察其所安」是最困難的。別人現在正在做的事，可以看明白；過去的事也可以調查清楚，但是別人的心安於什麼情況，要怎麼看呢？

我們可以這樣想，一個人現狀如何，要看他心安不安。譬如淝水之戰時，前秦苻堅率領百萬大軍想攻克東晉，東晉要派誰去帶兵打仗呢？有人推薦謝玄，理由是謝玄在做小官時，做任何事情都非常仔細，沒有疏忽任何小事。既然小事可以如此細心，一定可以做成大事。而推薦者是謝玄的政敵，連政敵都這麼推薦，其他人都沒話說了。這就是從小看大。

做任何事都能夠安頓在當下，事情大小不重要，重要的是「我」在做，這是一種修養功夫。所以「安」是可以看到未來的一種可能，但是這種看人的方法只是大概的描寫，是把過去、現在、未來連起來，把人放在時間的向度裡做整體的了解。的確，不能只看一個人的現在，也不能只看他的過去，但是過去會不會影響現在呢？這是需要進一步觀察的。同時，關於「安」，可參考〈17．21〉之「於女安乎」。

〈2．11〉

子曰：「溫故而知新，可以爲師矣。」

孔子說：「熟讀自己所學的知識，並由其中領悟新的道理，這樣才可以擔任老師啊。」

「師」即廣義的老師，凡是有一技之長（包括知識與技能），可以教導別人的，都包括在內。這裡所指的不是老師的客觀資格與條件，而是老師本身應有的自我期許。

事實上，絕不是只在學校才有老師，每個人甚至在自己的晚輩、比較年輕的人、工作上比較資淺的同事當中，也都可以找到老師。

從舊東西看見新價值

「故」是指過去學過的知識見解。很多人每天學習新鮮事物，卻忘記舊事物也可以啓發新的心得，重要的是這個舊事物本身是否有價值。像我們讀《論語》，它是很舊的經典了，但是每讀一次，都能獲得新的心得和想法。因爲時代在變，環境在變，自己的生活經驗也在變化，這時特別需要「溫故而知新」。

黑格爾說：「人類從歷史上只學了一個教訓，就是人類從歷史裡面沒有學到任何教訓。」歷史的錯誤不斷重演，這只能說人性有其基本結構。人有自由選擇的能力，怎麼可能完全不犯錯呢？至少有犯錯的可能性，而且這種可能性往往是一半。

犯錯的機率很低，代表一個人修養不錯或是環境不錯，周圍都是善類。否則，任何自由都預設著可能犯錯。有時候是疏忽而犯錯，有時候是故意犯錯，這就是人性的一種特質。所以不犯錯就代表一種德行修養。

把經典當作心靈的量尺

教育的本質就是「不要變壞」四字，這絕不是消極的想法，或是小事而已。當一個人決定不要變壞時，代表他避開了所有的誘惑。每一次選擇，都能不選擇壞的，絕對比要求他更好更有用。「要求他更好」，常常會讓人覺得自己不夠好，希望做到什麼更高的目標，一旦沒做到就會有罪惡感，覺得自己很差勁。這種對自己的不滿，往往是造成下一次犯錯的開始。

反過來說，很多人因爲有一種尊嚴而去行善，覺得自己是有高貴情操的人，結果也做得很好。所以教育理論常強調鼓勵代替懲罰，原因就在此。常對孩子說：「你很有希望，我認爲你一定做得到。」他也會對自己充滿信心；反之，對他說：「你這樣不行啦，像你這副德性，我看是沒什麼希望。」他恐怕就會放棄自己了。這是從近代心理學延伸下來的一些思考。

「溫故而知新」很重要，每個人手邊都要有一些經典。經典之所以能讓我們一再閱讀，是因爲它具有深刻的智慧。重讀經典時，可以衡量自己過去的理解，再檢驗自己現在的程度，把經典當成量尺，估算自己心靈成長的高度。

〈2・12〉

子曰：「君子不器。」

孔子說：「君子的目標，不是要成爲一個有特定用途的器具。」

「器」是指有一定用途的東西。延伸來看，這是社會分工合作的要求，君子也不例外；但是他的目標並不局限於此，還要追求人生理想的實現。關於「器」，還可參考〈13・25〉：「及其使人也，器之。」

「君子不器」，並非君子什麼都不會，什麼都不能用，而是不要把自己當作器具而已。如果你擁有一種專長，不要只把自己當作這種專長的工具而已，還應該注意到君子有生命全方位的要求。

現代人覺得自己是社會機器的一顆小螺絲釘，有如一個小工具，這是不必要的想法。人的生命是一個整體，而成爲君子就是要把握自我成長的目標，完成我們生而爲人的使命。「職業沒有貴賤，人格才有高低。」我們又怎麼可能只是從事某一行業的專家而已？

〈2．13〉

子貢問君子。子曰：「先行其言，而後從之。」

子貢請教怎樣才是君子。孔子說：「先去實踐自己要說的話，做到以後再說出來。」

本章是「因材施教」的例子。子貢是言語科的高材生，說話漂亮，反應敏捷，所以孔子回答他：「先行其言，而後從之。」

「言」指德行方面的言論，因爲這裡問的是「君子」。譬如大家都說「人應該孝順」，君子就必須做到才說。其他像書本上的知識或日常的工作計畫，就不必要也不可能先做再說了。

難道達到「君子」境界，就是這麼簡單的八個字嗎？這個回答是針對子貢的特質而來的，因爲這對子貢特別困難。子貢的口才很好，可以整天滔滔不絕，而且說出來的話都言之成理，但是不見得眞能做到。

要成爲有德行的君子，就要先設法實踐自己想說的話，實踐了之後再表達出來，這樣才是言行合一，不至於只是說說而已。

譬如，子貢曾說：「我不欲人之加諸我也，吾亦欲無加諸人。」孔子就直接提醒他：「子貢啊，這還不是你做得到的。」（〈5．11〉）

〈2．14〉

子曰：「君子周而不比（ㄅㄧˋ），小人比而不周。」

孔子說：「君子開誠布公而不偏愛同黨；小人偏愛同黨而不開誠布公。」

「周」即周延、周到。君子走在人生正途上，只要遇到志同道合的人，不論是不是親朋故舊、同黨同派，都可以友善相處。這裡的「周」譯爲「開誠布公」，是就君子沒有預定的成見或私心而言，不表示他是沒有原則的鄉愿。

開誠布公，廣結善緣

「比」即偏愛，偏愛相關的人、同黨。同黨不是指政黨，而是包括所有社會上的集會結社，譬如同鄉就特別要好，非同鄉就保持距離，都屬於此。

君子指在位者或成德者，小人指無位者或未成德者，通常以成德與否來說的較多，所以本章的「小人」一詞，就有明顯的貶斥之意了。

要真的做到開誠布公並不容易，所以這是基本原則而已。有一次孔子的學生仲弓問到如何提拔人才，孔子說：「舉爾所知；爾所不知，人其舍諸？」（〈13．2〉）就是要仲弓在社會上廣結善緣。

孔子所說的是很好的理想，即使我們做不到，也要以此做爲目標。如果偏愛同黨，而不開誠布公，到最後形成小圈子，恐怕就會變成黨派之間的鬥爭了。

如何與小人相處

關於小人，姑且撇開價值判斷不論，我們先來看看，如果是因爲同事或各種關係聚在一起，應該如何相處？

首先，要了解是在什麼事情上相處，如果是在公務上，只是職務上的需要，就依規則來辦理。這等於是以禮、法做爲互動的原則，不牽涉私人感情，不必刻意與他做朋友，也不用麻煩、敷衍、應酬他。莊子的說法是「外化而內不化」，即外在與所謂的小人周旋，但內心不要放棄原則。如果按照儒家的觀點，對於小人就要劃清界限。

另外，判斷別人是否爲小人也要小心。判斷時要先思考，是什麼原因讓你認爲他是小人，是否冤枉了他，是否有明確的證據。有時候只不過因爲彼此的個性不合，就把別人當小人；或許他在自己的朋友圈裡是個好人，甚至還很講義氣呢。所以，必須有判斷的眼光。

孔子的「道不同，不相爲謀」，仍然可以做爲借鑑。人活在世界上，雖然需要有朋友互相商量，但對象絕不是人生理想（道）不一樣的人。有些人的「道」是追求金錢、財富、榮譽、權力，自己的理想與他不同，就不用聽他說什麼，也不用說什麼給他聽。

遠離小人，也不用怕小人，堅持自己的原則，才可應對自如。有關小人和君子的對比，還可參考〈4．11〉、〈4．16〉、〈7．37〉、〈12．16〉、〈13．23〉、〈13．25〉、〈13．26〉、〈14．6〉、〈14．23〉、〈15．2〉、〈15．21〉、〈15．34〉。

〈2．15〉

子曰：「學而不思則罔，思而不學則殆。」

孔子說：「學習而不思考，則將毫無領悟；思考而不學習，就會陷於迷惑。」

「罔」即惘然，學了等於白學。學生的「學」，得自書本與老師，如果不能進而思考其中道理，不但容易忘記，而且無法應用於生活上。沒有任何領悟，學了半天也沒有用。可參考〈15．31〉。

哲學教授方東美曾用三個比喻談學習：有些人的學習像是螞蟻搬食物，搬完之後，食物是食物，螞蟻是螞蟻；有些人的學習像是蜜蜂釀蜜，蜜蜂採了花蜜之後釀成了蜂蜜，這算不錯，已經有了自己的心得；還有一些人的學習像是老鷹搏雲，老鷹在天空中和雲遊戲一樣，這是很高的境界。

做學問如果像螞蟻搬家，就少搬一點，要像蜜蜂一樣把它消化，釀出自己的蜜；等年紀大一點時，就要像老鷹搏雲，與作者一起在思想的領域裡面遊戲，那眞是非常愉快的境界。「學而不思則罔」，說明了學任何東西都要思考，沒有思考就不能夠融會貫通，思考清楚之後，就可以用自己的話來表達。

知識要和生活經驗相互印證

「殆」即危險。事實上，一天到晚胡思亂想，不去學習，會陷於迷惑，不至於陷於危險。學習是學習老師教授的書本內容，書本內容是前人智慧的結晶，是許多經驗累積的精華。如果人的思考只根據自己有限的經驗與觀察，就無法找出連貫的系統而難免茫然。可參考〈16·10〉：「君子有九思。」

孔子說：「吾嘗終日不食，終夜不寢，以思；無益，不如學也。」（〈15·31〉）這代表孔子在年輕時很天眞，曾經整天不吃，整晚不睡，將全部時間投入思考之中，光是這種精神就很難得，只可惜沒什麼益處，不如去學習。

人生的道理，要從生活經驗中找，單純想一些每天接觸的人、地、事物，沒什麼道理可言，因爲太狹隘了，不如閱讀。好的書本一打開，馬上是不同的世界，馬上有新的領域不斷出現。孔子有這樣的經驗，所以才說思而不學會陷於迷惑。

〈2．16〉

子曰：「攻乎異端，斯害也已。」

孔子說：「批判其他不同立場的說法，難免帶來後遺症。」

中國古代，「異端」即與我不同的主張，好比一根繩子有此端與彼端，你主張這個立場，和你不一樣的就叫異端，並不是壞的意思，後來才變成術語，代表不是正統。孔子希望大家「道不同，不相爲謀」（〈15．40〉），但不必互相批判。

以切磋代替批判

自古以來，心靈的自由不能被抹殺，堅持心靈自由，像追求科學眞理，追求哲學眞理，追求藝術眞理，始終受到人們尊重，這是最主要的原因。這裡的「攻」字，有人譯成「研究」之意，但在此是指批判，不是鬥爭，也不是去打架。

「攻」字在《論語》裡，也有好幾處做「批判」解。譬如，孔子的學生冉有在政治方面很有才華，但是他有件事做得不對，就是他不但沒有照顧百姓，反而替他的老闆季氏增加許多稅收，所以孔子叫學生「鳴鼓而攻之」（〈11．17〉）。

有些人認爲「斯害也已」是指禍害就會結束。批判不同立場的說法，禍害就會結束嗎?事實上，禍害才剛剛開始。我們對於不同的說法，採取的態度有兩種：一方面尊重，一方面容忍。換句話說，眞理愈辯愈明。

孔子的原則就是不要批判別人，因爲批判不同立場的說法，難免帶來後遺症，別人可以反過來用更可怕的方式批判你。

譬如，孟子的個性比較急躁，他批評楊朱和墨翟：「楊子爲我，是無君也；墨子兼愛，是無父也，無父無君，是禽獸也。」（《孟子・滕文公下》）罵得很厲害，但是，照這種邏輯推衍下去是很可怕的。

反觀孔子，他只談自己的想法，不與人爭吵。重要的是，眞正討論問題的時候，需要很客觀的裁判，這些裁判也需要有很高的見解。況且，自古以來不同學派互相批判，造成許多禍害。不過，如果不用「攻」，而改以互相切磋請益，則未嘗不能促使學術進步。孔子在做人與爲學上顯然都比較寬容。

〈2・17〉

子曰：「由，誨女（ㄖㄨˇ）知之乎！知之爲知之，不知爲不知，是知也。」

孔子說：「由，我來教你怎樣求知。知道就是知道，不知道就是不知道；這樣才是求知的態度。」

由即仲由，字子路，魯國人，小孔子九歲，名列於政事科（〈11・3〉）。

知道就是知道，不必缺乏信心；不知道就是不知道，不能虛張聲勢。如此一來，才能腳踏實地，認眞學習，也才是求知的態度。

「知之爲知之」，比較沒有問題，問題出在有些人是「不知爲知之」，明明自己不知道也要假裝知道，可能是因爲怕丟臉或是有其他理由。

事實上，不知道的事物，只要不恥下問就可以了解，何必要騙人呢？況且今天的資訊如此發達，又何愁不知呢？在當今社會，只要學會分辨正確的資訊，就可以自己教自己。現在不懂，將來可以懂；今年不懂，明年可以懂。抱著虛心求教的態度，就不愁不知道。

孔子實事求是，他雖然談了很多理論或理想，但都是有根據的，本章就是例證。

〈2．18〉

子張學干祿。子曰：「多聞闕（ㄑㄩㄝ）疑，愼言其餘，則寡尤；多見闕殆，愼行其餘，則寡悔。言寡尤，行寡悔，祿在其中矣。」

子張請教怎樣獲得官職與俸祿。孔子說：「多聽各種言論，有疑惑的放在一邊，然後謹愼去說自己有信心的，這樣就會減少別人的責怪；多看各種行爲，有不妥的放在一邊，然後謹愼去做自己有把握的，這樣就能減少自己的後悔。說話很少被責怪，做事很少會後悔，官職與俸祿自然不是問題。」

子張即顓孫師，字子張，陳國人，小孔子四十八歲。子張年紀小，但是志氣高，別的同學都不太喜歡他，覺得他似乎太囂張，話說得很滿。可參考〈19·15〉和〈19·16〉。

「干祿」是指從政做官所得到的俸祿。這是古代讀書人的主要出路，目的可以包括追求功成名就與造福百姓。

自我實現在於生命全方位的要求

本章中的子張，遭到後代許多人的批評，認爲他太不像話，書沒讀幾天就請教怎樣獲得官職與俸祿。事實上，孔子不管學生如何賺錢，孔子教學生的目的，是要他們成爲人才，進而做官，實現人生的理想；有了特定的才幹，可以替百姓服務才重要。因爲服務是牽涉到與別人之間適當關係的實現，亦即善；否則，努力讀書只爲做官賺錢，顯然有違孔子的初衷。自我實現要放在「我」與別人之間適當關係的實現中，服務社會，社會也隨之改善，這才是孔子的構想。

儒家從來不會偏向某一方面，不會離開人與人互動的脈絡，所以子張請教怎麼樣獲得官職與俸祿，這在孔子眼裡是很正常的。至於認爲子張學習時用心太過現實，只爲了賺錢，這種批評是不對的。不過，正如「君子不器」，不應該把自己當作特定工具來使用，應該注意到全人教育，生命需要不斷開展。否則，只有某種特定的用處，將來可能會退休或失業，生命就不能安頓了。

針對子張的問題，孔子並沒有批評他，孔子的回答是「多聞、多見、愼言、愼行」，這也是他思考的架構，足以應付各種不同的問題。「多聞」的目的是爲了讓你說話，「多見」的目的是爲了讓你行動；人的生命表現就是「言」與「行」，說話能夠非常謹慎，行爲不會有什麼後悔，這樣就會一帆風順了。

道聽塗說，聽到什麼就說什麼，如果做不到，對自己不但沒有用處，反而會養成壞習慣，以爲任何事說到就做到，不管是否眞的實踐了，這是做人時經常會犯的錯誤。

謹慎說自己有信心的，別人再問時，就可以說出道理來。人對自己有信心時，往往都會有某種心得。行爲有不妥的放在一邊，謹慎去做自己有把握的，這樣就能「寡悔」。一方面減少別人的責怪，一方面減少自己的後悔。聞、見、言、行配合起來，成爲整體的思想架構。由此可知，孔子的心靈是什麼樣的狀態。

「言寡尤，行寡悔，祿在其中矣」，觀諸當今官場上的政治人物，做到者幾稀矣，通常是做不到就耍賴，死不認錯，以至招來很多怨恨及後悔。

孔子所教的，顯然重在修身，修身而有官位者，自然會勤政愛民；從政者應該要熟記孔子在本章說的這段話。

〈2・19〉

哀公問曰：「何爲則民服？」孔子對曰：「舉直錯（ㄘㄨˋ）諸枉，則民服；舉枉錯諸直，則民不服。」

魯哀公問說：「要怎麼做，百姓才會順服？」孔子答說：「提拔正直者，使他們位於偏曲者之上，百姓就會順服；提拔偏曲者，使他們位於正直者之上，百姓就不會順服。」

哀公（西元前四九四～四六六年）即當時的魯君，姓姬，名蔣，爲魯定公之子，「哀」是諡號。孔子與魯哀公的問答，是在他六十八歲回到魯國以後的事。

正直是人向善的表率

「對」字代表孔子的身分，他雖是國之大老，但無論哀公的年紀多小，仍是要注意尊卑。這也屬於古代人與人之間的關係，是禮的範疇。

孟子曾特別提到三種社會秩序，第一個是序爵，第二個是序齒，第三個是序德。「序爵」代表官位，公衆事務方面一定是以官位爲主。「序齒」代表年齡，日常生活相處要看年齡。「序德」對文化教育特別重要，這一點與生活密切相關。

譬如，人生有四大禮儀：出生、成年、結婚、葬禮。誰來主持就是問題，主持這些禮儀者，必須是德行高超的人。這三種秩序各有範圍，社會有這三種秩序的話，比較容易穩定，就好比三足鼎立一樣。（《孟子．公孫丑》）

魯哀公提到的「民服」，本來是很廣的問題，但是孔子的回答很簡單，就是「舉直錯諸枉」。「錯」是指加於其上。「直」即正直者，正直者秉持原則，盡忠職守。與此相對的是偏曲者，偏曲者欺上瞞下，玩弄權術。

本章從「民服」到「民不服」，可知孔子認為「人性」在正常情況下的表現是「向善」的（〈12．19〉）。正直的人是善的表率，百姓當然服從；如果是偏曲的人，百姓就不會服氣。一個人行為偏差，居然高居廟堂之上，百姓就會覺得奇怪，因為人性向善。百姓除了自然純樸的人性外，還有什麼好依靠的呢？上面做得不好，百姓敢怒而不敢言，這個怒就來自人性向善，這是儒家的基本原則。

〈2．20〉

季康子問：「使民敬忠以勸，如之何？」子曰：「臨之以莊，則敬；孝慈，則忠；舉善而教不能，則勸。」

季康子問說：「要使百姓尊敬、效忠與振作，應該怎麼做？」孔子說：「以莊嚴態度面對百姓，他們就會尊敬；以仁慈之心照顧百姓，他們就會效忠；提拔好人並且教導能力不足的人，他們就會振作起來。」

季康子即季孫肥，是魯哀公時執政的上卿，也是當時魯國最有權力的人。孔子與季康子的問答是在他晚年回到魯國以後的事。

對於季康子的問題，孔子認為重要的不是技術或手段，而是百姓與統治者的關係比較直接，統治者有什麼作為，百姓很快就會感受到。我們常說「嚴父慈母」，在政治上也一樣，要恩威並濟，符合百姓對生命的要求，說穿了就是正義與仁愛。

莊嚴和仁慈並重

正義代表是非善惡，是非要分得清楚，善惡要有報應，正義偏向父性的特質。爲什麼善惡要有報應？因爲人有自由，自由就是做一件事，後果由自己負責。

講自由如果不講責任，這個自由就是空洞的。眞正的自由不同，行爲的主體在做，行爲的結果是好的，應該得到稱讚；行爲的結果是壞的，就得受懲罰。如果沒有自由，就沒有價值的問題，沒有價值，就不會有賞罰的問題。

仁愛即是要讓活著的人感覺有歸宿，不至於哀哀無告。仁愛是偏向母性的特質，凡存在之物，皆有其存在的理由與條件。人只要活著，總希望知道自己憑什麼活著，活著就希望有人寬待他、容納他、原諒他。

中國古代的思想，儒家的要求比較偏向正義方面，道家的要求比較偏向仁愛方面。在《老子》裡說得非常透澈，老子說：「善人者，不善人之師；不善人者，善人之資。」好人是壞人的老師，壞人是好人成爲好人的條件；如果天下人全都是好人，那還有什麼差別？好人需要有壞人來借鏡。

從老子的「道」來看，就比較寬容，「道」是母親，老子喜歡用母親的慈愛來比喻「道」。所有的一切來自「道」，最後回歸於「道」。善惡是非是相對的，這是寬容的想法。

「孝」、「慈」，即對待百姓像對待親人。先說莊嚴再說孝慈，正如「父嚴母慈」，百姓自然既敬又忠。由此可見，人的生命同時有兩種要求，要莊嚴和仁慈並重。

提拔好人出頭

「舉善」很重要，提拔好人出頭，因爲好人並不是生下來就是好人，也需要經過學習、努力，不斷行善，才能變成好人。像《世說新語》裡周處除三害的故事：周處年輕時爲禍鄉里，還自以爲是俠客。後來上山殺老虎，除了一害；再到河裡殺蛟龍，除了二害；但在殺蛟龍時，周處浮沉了三天三夜，百姓以爲他死了，開心地放鞭炮慶祝除了三害。周處爬上岸之後，發現百姓在慶祝，才知道自己原來也是鄉人眼裡的「一害」，他才幡然悔悟，從此改過自新。

「舉善而教不能，則勸」，這句話對爲政者而言，尤其重要。宋朝宰相趙普認爲半部《論語》可以治天下，原因就在這裡。

〈2．21〉

或謂孔子曰：「子奚不爲政？」子曰：「《書》云：『孝乎唯孝，友於兄弟，施於有政。』是亦爲政，奚其爲爲政？」

有人對孔子說：「您爲什麼不參與政治？」孔子說：「《書經》上說：『最

重要的是孝順父母，友愛兄弟，再推廣到政治上去。』這就是參與政治了，不然，如何才算參與政治呢？」

「孝」即孝順父母，「友」即友愛兄弟姊妹，如此則家庭自然和樂。推廣到社會，政治也就上軌道了。這是古代的理想，在舜的身上或許可以實現。

目標不在於被實現，而在於提供方向

政治是治理衆人之事，從政一定要做官嗎？在家裡孝順父母，對兄弟姊妹友愛，一樣可以影響政治，因爲任何行爲都會有推廣的效果。只要孝順父母，友愛兄弟姊妹，與最親近的人之間適當的關係得到實現，就等於在行善。當然這個行善絕不是做給別人看的，而是自然推廣出去的，這就是從政。這也是孔子把政治觀念縮小到家庭這個最基本的生活單位。

《大學》裡的「修身、齊家、治國、平天下」就是如此。這四個階段往往只有前面兩個勉強可以做到。誰去治國、平天下？一般來說只有政治領袖。所以理想是一回事，它有目標，其意義不在於被實現，而在於提供方向。如果沒有方向，很容易變成小家庭主義。

人的生命就是不斷活動，不斷選擇；如果沒有遙遠的、崇高的目標，活動和選擇很容易陷入一個範圍裡，生命就沒有開展的機會。所以，有時要樹立一些遠大的理想，即使不可能實現。況且自古以來，能實現的理想太少了，四大聖哲（即孔子、耶穌、釋迦牟尼、蘇格拉底）也沒能實現他們的理想，天下還是如此紛亂。

但是沒有理想，就好像沒有方向，沒有遠方的光明之燈來指引。所以，理想的重要性不在於被實現，因爲有很多理想是知其不可而爲之的，讓生命得到定位與指引。

〈2・22〉

子曰：「人而無信，不知其可也。大車無輗（ㄋㄧˊ），小車無軏（ㄩㄝˋ），其何以行之哉？」

孔子說：「一個人說話不講信用，眞不知道他怎麼與人交往。就像大車沒有接連橫木的輗，小車沒有接連橫木的軏，車子要怎麼拉著走呢？」

古代以大車爲牛車，小車爲馬車。車前有橫木套住牛馬，橫木的連接關鍵分別稱爲輗與軏。孔子以此爲喻，說明「信」爲立身行世的基本條件。車子要拉著走需要有連環，皮帶套在馬和牛的身上，然後連接車子也需要有一些環節配件，否則根本拉不動車子。

人生在世，總要與別人說話，也須有具體的行動，如果說話不算話，不能守信，怎麼行動呢？一定會走不通，無路可走，要不然就是車子裝好了不能行動。人說出來的話，就是靠「信」字，才能與人相處。譬如，我答應別人一起出遊，在爽約兩、三次以後，誰還會再邀請我呢？將來我與別人相處，不是寸步難行嗎？

〈2．23〉

子張問：「十世可知也？」子曰：「殷因於夏禮，所損益可知也。周因於殷禮，所損益可知也。其或繼周者，雖百世可知也。」

子張請教：「未來十代的制度現在可以知道嗎？」孔子說：「殷朝沿襲夏朝的禮制，所廢除的與增加的，可以知道；周朝沿襲殷朝的禮制，所廢除的與增加的，可以知道。以後若有接續周朝的國家，就算歷經百代也可以知道它的禮制。」

「世」即代，有時指「三十年爲一世」，有時指「父子相受爲一世」，在政治上就是新君即位。因此，這裡所問的是十代以後的君主，指其制度而言。

子張比孔子小四十八歲，這麼年輕的學生，提這麼大的問題，實在是很有氣魄。孔子不喜歡算命，不預測未來如何，他只是告訴學生過去怎麼樣，從過去就知道未來大概如何，即所謂「鑑往知來」，因爲人的社會都是大同小異的。

「因」即沿襲，「損」即廢除，「益」即增加。根據前兩次夏朝和殷朝的損益，可以推知什麼是禮制中不可損與不可益的，再推到世世代代皆是如此。用「或」字，就是以後若有接續周朝的國家，就算歷經百代也可以知道其禮制。現在有很多規矩還是與古代差不多，我們常說的敬老尊賢或者婚喪喜慶，還保有一些古代的味道，雖然它經歷了緩慢的演變過程。

禮應視人性情感需求而調整

孔子認為禮是客觀的制度，制度一定要配合人的情感需求而調整。人的情感需求在每個時代的表達方式可以不同，像中國古代的「丁憂」，即父母過世時要向皇帝報告，三年不做官；而現在三年不做事，就很難生活下去。在社會上通行的變成制度，因為每個人都可能先後碰到這種情況，所以社會的架構還是穩定的。

在思考人生問題時，禮很重要，但是要記得一個原則：禮是配合人性情感的需求而調整的，絕不能僵化，否則就成了教條，反而會扼殺人性。譬如人對父母，最重要的是情感，有這份情感再配合禮，才能內外相得；如果沒有這種情感，而一定要遵守這個禮，就顯得很虛假。

儒家的思想是，不管外在的禮如何變化，內在的情感最重要，孝順不只是表面的行為。俗話說得好：「養兒方知父母恩。」自己做父母之後，看到子女這麼小，像只有巴掌大，就會想到父母之恩，自然而然就會生出孝順的心。

人不會沒有情感，但是情感往往需要特定的情境才能夠引發出來。所以我們要避免受到情境的限制，讓自己心靈經常保持單純、敏銳，要練習還原到原始的情感狀態，這就是孔子對於禮的看法，它是可損、可益的。

〈2・24〉

子曰：「非其鬼而祭之，諂也。見義不爲，無勇也。」

孔子說：「不屬於自己應該祭祀的鬼神，若是去祭祀，就是諂媚。看到該做的事而沒有採取行動，就是懦弱。」

古代相信人死爲鬼，因此祖先皆稱爲鬼，可以得到子孫的祭祀。所以鬼並不特別，只是一個名詞，用來形容人死後另一種存在狀態，與靈異事件不同。

孔子認爲人對鬼神容易有諂媚的心理。何謂應該祭祀的鬼神呢？最首要的是祖先，另外要祭祀的是屬於正常的情況，譬如竈神或廚神，屬於民間信仰。古代人不能祭天，只有天子可以祭天，百姓祭天就超過了分寸。

孔子爲什麼說「非其鬼而祭之，諂也」呢？譬如看到誰最有勢力，就去拜誰家的祖先，這就是諂媚。所以人對於鬼神，有時會爲了個人的目的或是利益而表現出不當的行爲，就是「非其鬼而祭之」。

「見義不爲，無勇也」，孔子爲什麼把這兩者放在同一章呢？因爲前者是對於人不可能實現的願望過度追求，另一個是對於眼前該做的事沒有去做。

孔子有沒有反對鬼神，甚至懷疑鬼神？對於孔子的批評，很多學者喜歡把孔子說成是「不可知論」。這是哲學常用語，意思是說鬼神不可知，所以孔子是不可知論。因爲鬼神不像我們有身體，所以不能被看到。鬼神不能被看到，就一定不存在嗎？事實上我們都知道，有許多東西看不到，但是它存在。譬如一個人很勇敢，勇敢看不到，但是關鍵時刻，他就與別人不同，脫穎而出，讓我們不能不佩服。

因此，關於孔子之於鬼神，不能從看得到、看不到這方面來說，要從其作用來說。一個人信了鬼神之後，從此不敢做壞事，這個鬼神就有作用了；相反，信了鬼神之後，照樣胡作非爲，鬼神對他來說沒有任何影響，等於不存在。這樣理解，才能使人的生命不會只陷在感官的範圍，看到、摸到、聽到才相信，事實上那個範圍是很有限的。

此外，人還各依身分規定，可以祭祀別的鬼神。孔子並未懷疑鬼神的存在，只是強調人對鬼神不應有諂媚與求福之心。這裡所批評的兩件事，分別是「不當爲而爲」與「當爲而不爲」，都是人們常犯的毛病。

孔子對於鬼神，「知之爲知之，不知爲不知，是知也」（〈2·17〉），這是基本原則。鬼神的存在不用懷疑，但是鬼神到底是怎麼一回事也說明不了，雖然是不可知，但是，心裡面有一個敬畏的對象，任何行爲才會有分寸。

孔子的宗教觀

在孔子的時代，信仰的是傳統的「天」。宗教一方面是指信仰的內涵，一方面是指信仰的實踐。孔子對信仰的實踐保持適當的態度，因爲信仰的實踐需要參與。譬如對於祭祀，孔子絕對遵照祖先的家法，一切按照規矩來，但是他不一定會參與宗教活動，包括民間信仰。

孔子的宗教，簡單來說就是他內心相信「天」，只對天禱告，對一般的神明很尊重。在百姓眼裡，鬼神是人類的祖先變成的，但孔子不會像平凡百姓一樣，希望借由祈禱，而得到鬼神的幫助，來改變現在的生活狀況。

孔子知道天有天命，這個信仰使得他的生命能達到超越的境界，不會落實在成敗得失裡，所以他的信仰是眞正的信仰。他有比較卓越、超越的表現，而不是通過信仰來幫自己什麼忙，讓自己解決實際問題。

就因爲如此，孔子從來不與學生談論宗教問題。因爲宗教信仰一定需要個人的修行與實踐，是心靈上的體會，如果試圖用談話來再現，很容易把宗教變成一種外在的活動表現而已。

八佾篇第三

〈3・1〉

孔子謂季氏八佾（一）舞於庭：「是可忍也，孰不可忍也！」

季氏在家廟的庭前，舉行天子所專享的八佾之舞。孔子評論這件事時，說：「這可以容忍，還有什麼是不可容忍的！」

「季氏」即季平子，名爲季孫意如，爲魯國當權卿大夫，曾經把魯昭公逐出國境，另立昭公之弟爲定公。定公即位時，孔子四十三歲。本章描寫之事，發生於孔子三十五歲左右。

季氏的家廟是爲魯桓公所立，因爲季氏與孟氏、叔氏都是桓公之後。魯桓公的祖先是周公的後代，季氏以爲自己關起門也可以當天子，所以才會有各種僭越的表現。

「八佾」是舞名，每佾八人，八佾六十四人，爲天子專享之禮樂。諸侯六佾，大夫四佾，士二佾。季平子以大夫身分而僭用天子之禮樂，無異於禮壞樂崩，天下無道，所以孔子極爲不滿。這件事說明當時周朝天子已經勢力衰微，諸侯各自獨立，連大夫也胡作非爲了。

〈3・2〉

三家者以〈雍〉徹。子曰：「『相（ㄒㄧㄤˋ）維辟（ㄅㄧˋ）公，天子穆穆。』奚取於三家之堂？」

魯國三家大夫在祭祖典禮中，冒用天子之禮，唱著〈雍〉詩撤除祭品。孔子說：「〈雍〉詩上有『助祭的是諸侯，天子莊嚴肅穆地主祭。』這兩句話在三家的廟堂中怎麼用得上呢？」

古代諸侯有國，大夫有家。魯國的三家皆爲魯桓公的後代，又稱三桓。桓公傳位於莊公，另有庶子慶父、叔牙、季友，其後代分別稱爲仲孫（後改稱孟孫）、叔孫、季孫。「孫」是指桓公子孫而言。由於最初慶父與叔牙皆得罪以死，季友成爲宗卿，可立桓公之廟。三家之堂即指桓公之廟。可參考〈16・3〉。

〈雍〉詩是《詩經》裡的一首，這首詩只有天子在撤除祭品時才可以唱，而魯國三家大夫在祭祖典禮中，唱〈雍〉詩撤除祭品，明顯是冒用天子之禮，實在是既誇張，也很囂張。

〈雍〉是指《詩經・周頌・臣工之什・雍》，全篇是：「有來雝雝，至止肅肅。相維辟公，天子穆穆。於薦廣牡，相予肆祀。假哉皇考，綏予孝子。宣哲維人，文武維后。燕及皇天，克昌厥後。綏我眉壽，介以繁祉。既右烈考，亦右文母。」「相」即幫助，「辟公」即諸侯，諸侯幫助天子祭祀。

「三家之堂」，根據古代廟制，室外為堂，堂外為庭。三家歌〈雍〉在堂，而舞佾在庭，他們所做的與所唱的內容正好相反，一點都談不上幫助祭祀，反而自以為是天子。況且「相維辟公，天子穆穆」，是用來歌頌周朝政治上軌道時，天子肅穆地主祭，現在魯國的三家做為卿大夫，這樣做是否守禮呢？

禮的目的是要區分，以便穩定秩序；樂的目的是要和諧，以便於情感的融合。一個是區分，一個是融合，代表人的社會一靜一動，形成生命力，這是孔子堅持的信念。在沒有改變之前，要依照禮樂來做，否則完全沒有章法，正所謂「上無道揆，下無法守」。

〈3・3〉

子曰：「人而不仁，如禮何？人而不仁，如樂（ㄩㄝˋ）何？」

孔子說：「一個人沒有真誠的心意，能用禮做什麼呢？一個人沒有真誠的心意，能用樂做什麼呢？」

「仁」，就人之性而言，是指真誠的心意以及向善的自覺力量；就人之道而言，是指人生正途或是擇善固執；就人之成而言，是指完美的人格。本章的意思就是：一個人沒有真誠的心意，不走在人生正途上，又缺少完美的人格，那麼禮樂再多又有什麼用呢？

缺乏真誠的心意，禮樂變成作戲

我們平常說的話、表現的容貌，都是外表，相對的就是內心的眞誠情感。禮和樂可以通過學習而知，禮是莊嚴肅穆的，有各種儀式，如果缺乏眞誠的心意，就是在作戲。

樂即鐘鼓之聲，奏樂時，如果沒有眞誠的心意，就會像前一章所說，唱著〈雍〉詩，但是做的與它相反，那就是貌合神離，完全沒有意義。

本章也向我們揭示了孔子的志向和事業。當時正處於禮壞樂崩的時代，禮、樂只剩下形式而沒有內涵。禮、樂有原有本，只有以內在的人性情感做爲基礎，才可大可久，才能產生眞正的效果。如果忽略眞誠的情感，大家只注重表面功夫，即使有音樂也只是作秀，這個社會就可說是禮壞樂崩，因爲內在的情感與外在的表現脫節了。譬如，一個人如果表面尊敬上司，內心卻看不起他，這樣的關係絕對無法持久，搞不好，一有機會就可能誹謗他，甚至發生更嚴重的違禮行爲。

孔子思想中的「仁」這個概念，在本章得到清楚的說明。我們一定要掌握到三個層次：人之性、人之道、人之成。讀《論語》最大的困難，不是文字的問題，也不是翻譯的問題，而是其背後的思想系統問題。孔子強調他的思想是「一以貫之」（〈4．15〉），我們又怎能忽視系統性呢？這一點將來再做說明。相關資料，可參考〈17．11〉。

〈3・4〉林放問禮之本。子曰：「大哉問！禮，與其奢也，寧儉；喪，與其易也，寧戚。」

林放請教禮的根本道理。孔子說：「你提的眞是大問題！一般的禮，與其鋪張奢侈，寧可儉約樸素；至於喪禮，與其儀式周全，不如心中哀戚。」

林放，魯國人，背景不詳。

「奢」、「儉」，代表兩個極端，「儉」可以避免繁文縟節，比較接近禮的本源，就是眞誠的心意。爲什麼會鋪張奢侈呢？因爲禮規定了外在的各種儀式，需要花費金錢才能安排的設備，所以古代提到禮，往往是有錢人比較容易做到。平民百姓錢不多，只好簡陋一點，但簡陋就未能達到禮的要求。「禮不下庶人，刑不上大夫」也與此有關，這也說明大夫與庶人有階級的區分及背景的差別。

心中有眞情，就是「禮之本」的表現

「易」即周全，「戚」即哀傷，兩者有重外與重內之分。喪禮對眞誠心意的強調，更甚於其他的禮，所以孔子特別加以說明。

喪是禮之大者，喪事最主要是指爲父母所辦或是爲過世的人所辦。人的死亡被視爲大事，與其儀式周全，不如心中哀戚。這兩句話合起來，和前文說的正好配合，不要只注意到外表，眞誠的情感才是根本，沒有眞誠的情感就會變成本末倒置。

換句話說，平民百姓即使不懂複雜的禮，也沒錢按照這些禮的要求來做，但是心中有眞誠的情感才是重要的，這就是「禮之本」的意思。孔子的思想是要告訴後人，在禮壞樂崩的時代，人要回到內心眞誠的情感，外在的一切建構以此爲基礎，才能夠讓源頭活水開展出來。

奢與儉無法並取，易與戚卻可以兼顧，只是必須區分本末。或許這就是孔子答覆「禮之本」的要旨吧。

這段話顯示了孔子「承禮啓仁」的基本觀點。孔子所承的禮是夏、商、周，尤其是周禮，孔子承接之後，把禮與仁重新結合起來，爲禮提供人性的內在基礎。這四個字可以說是我解釋儒家的重點。接續過去的禮，再啓發內心眞誠、自覺、向善的力量，這才是承禮啓仁。

〈3・5〉

子曰：「夷狄之有君，不如諸夏之亡（ㄨˊ）也。」

孔子說：「夷狄還知道有君主，不像周朝諸國連君主都沒有了。」

「夷狄」，古代中原地區的人以自己爲文明開化者，稱四方之族爲東夷、西戎、南蠻、北狄。「諸夏」即周朝諸國，爲華夏文明區。春秋期間，周朝曾經五年沒有天子；魯國曾經九年沒有國君，這些國家的君主，不是被逐出國就是被弒了，還沒有立新君。一國無君，又怎麼可能好好治理一個國家呢？

我們常常說「禮失而求諸野」，「野」是指比較落後偏僻的地方，這些地方還保存著一些比較傳統的禮數。夷狄還知道有君主，不像周朝諸國連君主都沒有了，這當然是批判自己的華夏民族，深自感嘆。

我曾指導一位越南來的博士生，當上課談到荀子認爲「三年之喪」是指二十五個月時，他就說，在越南至今還有二十五個月的守喪風俗。這不但證實了荀子的話，也是「禮失求諸野」的一個例子。對此，我們又怎能不感慨呢？

〈3・6〉

季氏旅於泰山。子謂冉有曰：「女（ㄖㄨˇ）弗能救與？」對曰：「不能。」子曰：「嗚呼，曾謂泰山不如林放乎？」

季氏將去祭祀泰山。孔子對冉有說：「你不能阻止他嗎？」冉有回答：「不能。」

孔子說：「嗚呼，難道你們認爲泰山之神不像林放一樣懂得禮嗎？」

冉有即冉求，字子有，小孔子二十九歲，名列政事科（〈11．3〉）。「旅」，祭祀的名稱。當時的禮規定，只有天子可以祭天地，諸侯可以祭其境內的山川，因為山川代表自然界最大、最宏偉的對象。季氏是大夫，雖知祭則僭禮，但是當時季氏在魯國當權，也想去祭祀境內的泰山。

冉有當時為季氏的家臣，孔子希望冉有阻止這樁事。古代之禮最怕僭越，冉有雖然誠實，但是個性軟弱，不敢阻止季氏。

從孔子的「嗚呼」，可以看出他的無奈。把泰山之神與林放相比，顯示了孔子的感嘆與深責。林放還知道要問禮之本，答案是要有真誠的心意，那麼泰山的神難道會那麼糊塗嗎？祂難道不知執政的卿，是沒有資格來祭祀的嗎？依禮的規定，資格不夠而去祭祀的話，對神也不尊敬。但孔子無力阻止這件事，只能感嘆當時的禮壞樂崩，已不再有適當的秩序或分寸了。

有些人因此認為孔子是保守主義者，固持階級的區分或禮制的規定。事實上，我們必須知道，在禮制還沒有改變之前，它就是一種規範，這種規範如果可以任意調整，整個社會將亂了規矩，天下也就失序大亂了。天下一亂，少數人恐怕可以從中得利，但對大多數人來說就是災難。

善是人與人之間適當關係的實現。實現這個適當關係的因素有三點：其一是內心的感受，其二是人與人互相的要求，其三就是人與人之間的規範，這種規範是社會都能接受的，也就是禮。

禮代表社會規範，是對於人際關係要求的共識。如果愛怎麼樣就怎麼樣，孔子是不能接受的，因爲社會一定是在穩定中才能慢慢的發展。

〈3・7〉

子曰：「君子無所爭，必也射乎。揖讓而升下而飲，其爭也君子。」

孔子說：「君子沒有什麼可爭的，如果一定要有，那就比賽射箭吧。比賽時，上下台階與飲酒，都拱手作禮、互相謙讓，這樣的競爭也是很有君子風度的。」

「爭」是指與別人競爭外在的表現，譬如誰跑得比較快、誰電腦玩得比較好，這叫做爭。「射」是古代六藝之一，是男子必學的基本武藝，可用於防身、作戰，也可用於娛樂與競賽。因此，關於「射」，有明確的禮儀。

人際互動重在參與，而不在勝過別人

「必也」即如果一定要有，是一種假設語氣。君子沒有什麼好爭的，因爲他基本的修養是對內要求自己，他與自己爭，不需要與別人爭。比賽射箭，一方面可以強身，同時也是一種作戰的技巧。

「揖讓而升下」，這都是古代的禮。「爭」要依禮而行，重點在參與人際互動，而不在勝過別人，這才是君子風度。在本章的斷句上，「揖讓而升下而飲」連成一句，是說在「升下」與「飲」時，都要先「揖讓」，如此才顯示了君子之風。

〈3・8〉

子夏問曰：「『巧笑倩兮，美目盼兮，素以爲絢（ㄒㄩㄢˋ）兮。』何謂也？」子曰：「繪事後素。」

子夏曰：「禮後乎？」子曰：「起予者商也。始可與言《詩》已矣。」

子夏請教說：「『笑瞇瞇的臉眞好看，滴溜溜的眼眞漂亮，白色的衣服就已經光彩耀目了。』這句詩是什麼意思？」孔子說：「繪畫時，最後才上白色。」

子夏接著說：「那麼，禮是不是後來才產生的？」孔子說：「能夠帶給我啓發的，是商啊。現在可以與你談《詩》了。」

「巧笑倩兮，美目盼兮」出自《詩經．衛風．碩人》，「素以爲絢兮」可能是佚文，意即以素爲絢，以白色爲多彩。意思是：麗質天生的美女，不必多做裝飾，只要穿上素色的衣服就很吸引人了。這句話是要表達麗質天生，還是要表達白色的衣服特別顯得美呢？孔子的回答只有四個字：繪事後素，似乎也沒有直接針對問題。

「繪事後素」，古代的繪畫是先上各種顏色，最後以白色分布其間，使衆色凸顯出來。當時繪畫材料的製作技術沒有現代這麼高的水準，還不能把繪畫的紙或布做成白色，因此畫底並不是白色的，而是帶有一點底材的顏色，由此就形成一種繪畫的習慣，最後才上白色。一上之後，就讓其他不同的顏色凸顯出來，關鍵就是這句話。

再回到「巧笑倩兮，美目盼兮」，一個女孩麗質天生，白色的衣服使她光彩耀目，的確是很漂亮，好像畫一幅畫時先有各種彩色，最後加上白色，就使彩色更加鮮艷奪目。這就是孔子的意思。

禮像白色一樣，是為了展現原有的美質

子夏的「禮後乎」這句話更精彩。一般人都以爲「禮」代表彩色，人性是白色的，就好像繪畫時是以一張白紙，畫上很多的「禮」，學到的禮，看起來是彩色的，很漂亮。孔子則是顛倒過來，人性本來就有很美的部分，「禮」是白色，白色只是讓原來有的美麗凸顯出來。所以如果說「人性本善」的話，禮的設計就變成是多餘的。「人性向善」代表人性本來就有美和善的潛能，禮則使原有的美善更鮮明。

人活在世上，即使沒有學過禮，照樣可以做好人，走上自我實現的人生道路；學過禮之後，等於是穿上白色的衣服，使原有的彩色更爲鮮艷，如此而已。一個人學禮可以學多、學少，可以學或不學，但是天生的一種向善的力量，才是人最重要的部分。如此一來，孔子才會讚嘆：「起予者商也。」這裡的「商」是指子夏。

禮像白色一樣，是為了使原有的美質展現，而不是另外加上特定的色彩。通常人們以為禮是文飾，而忘記這種文飾的設計是為了適當表達人性原有的情意與感受。禮的來源是人性真誠的情感，真誠的情感是向善的，所以非常美麗。

從前面引的《詩經》，到後面的討論，子夏不但聯想力強，而且理解十分正確，所以孔子才會給他如此高的肯定。孔子對於禮的看法，對人性本來面貌的看法，在本章也得到了進一步說明。

《易經》有個「賁卦」，卦象是「山火賁」（☶☲），其中談到「白賁」，意思是用白色來裝飾，其實是裝飾的最高境界。本章可以與它互相呼應。

〈3．9〉

子曰：「夏禮，吾能言之，杞（ㄑㄧˇ）不足徵也。殷禮，吾能言之，宋不足徵也。文獻不足故也。足，則吾能徵之矣。」

孔子說：「夏朝的禮制我能敘述，它的後代杞國沒有辦法證實。殷朝的禮制我能敘述，它的後代宋國沒有辦法證實。這都是資料與人才不夠的緣故。若有足夠的資料與人才，我就能證實了。」

「杞」即杞國，夏朝滅亡後，子孫封於杞國，積弱不振，多次遷徙。成語「杞人憂天」的「杞」，就是指這個國家，百姓一天到晚擔心天塌下來；國家滅亡後，子孫常常遭人嘲笑。「宋」，殷朝之後，微子啓的後代封於宋國，國勢也每況愈下。

「文」即資料，「獻」即人才。古代的文獻是指訓練一批學者，專門了解各種資料。學習了所有的典籍之後，還需要有當地的人才來加以說明，因爲每個地區的人對於自身的風土民情，或是祖先的歷史事蹟都比較熟悉。「徵」說明孔子雖然博學多識，但是談到有關歷史事實則十分謹愼，總要找到可靠資料與專業人才，才下斷語。

關於文獻資料的推廣了解，國外早已流行了，譬如美國任何一州，都有小小的博物館，每個地方有什麼傳說、故事，甚至神話，小學生都要學；當地的美術館、博物館或展覽場所，可以與學生的教育內容直接配合，讓他們在受教育的過程中，把當地的文化材料融入自己的學習中；換句話說，教育應該與本土生活條件相結合，才能使人對鄉土有深刻的認同感，這也是我們需要改善的地方。

〈3．10〉

子曰：「禘（ㄉㄧˋ），自既灌而往者，吾不欲觀之矣。」

孔子說：「舉行禘祭時，從獻玉這一步以後，我就不想仔細觀看了。」

「禘」，是指古代的大祭，有祭天、祭地與祭祖先之分。天子與諸侯各有祭祖先於宗廟的禘，後來周成王感念周公大德，特賜其後代子孫在魯國為周公舉行天子的禘祭。演變下來，魯國之君也用天子的禘祭來祭祀其父祖，於是形成僭越之舉。

魯國認為他們的祖先是周公的後代，所以有一股文化上的驕傲，總覺得與天子在某些地方是平等的，但其他諸侯國就差太多了，低了魯國一級。

禘祭的儀式與獻禮既繁複又隆重，「既灌」是指禘祭開始不久，獻上圭璋以迎祖先之靈，這是天子之禘與諸侯之禘相似的部分，但是自此以後的儀式與獻禮大不相同。孔子看到魯君每一次都用天子的禘祭，不免深感遺憾，所以他說自「既灌」以後，就不想看了。

〈3・11〉

或問禘之說。子曰：「不知也。知其說者之於天下也，其如示諸斯乎！」指其掌。

有人請教禘祭的理論。孔子說：「我不知道啊。知道這種理論的人若要治理天下，就好像看著這裡吧！」他指著自己的手掌。

禘祭界定了人與天、地、祖先的關係，引發人的報本返始之心，只要明白其中的理論，治國就順理成章了。事實上，孔子知道，只是他不忍心說，許多理論說出來之後，就會發現與實際狀況脫了節。

如果孔子告訴別人天子如何祭、諸侯如何祭，就會發現，當時的國君是在僭越，這對他形成一種批判。這種批判，孔子不忍心說，所以別人問，他就「指其掌」。如果把禮都掌握好，對天子的祖先、諸侯的祖先之禘祭都區分清楚，那麼治理天下就很容易了。此即禮治，以禮來治理天下，就好像張開手來看很容易。天下都有禮，就可上軌道。所以孔子只是感嘆：任何一種禮都有它的理由，絕不是隨便設置的。

人的生命一天一天過去，不知不覺就接近生命的尾聲了，將來要去哪裡？死時該如何向自己交代？一定要先準備好自己的心靈，才可以慢慢理解最後的階段，甚至跨越死亡的界限。對死亡有預先的準備，生命才有重心，活在世界上不至於迷失，由此，禮就變成很重要的行為規範。

總之，孔子的「不知」，有三種可能性：一、問題太大了，無從說起；二、禘禮已被僭用，說了於事無補；三、孔子眞的不知道其中細節。不知道全部的理論，並不表示不知道這種理論的效果。

〈3・12〉

祭如在。祭神如神在。子曰：「吾不與，祭如不祭。」

祭祀時有如受祭者眞的臨在。祭鬼神時有如鬼神眞的臨在。孔子說：「我不贊成那種祭祀時有如不祭祀的態度。」

「祭」，祭祀的對象是祖先與神明，合稱鬼神。「祭如在。祭神如神在」，這兩句意思相同，強調行祭者的虔誠態度。

「如」即有如，好像。我們不能以「如」字來證明孔子不信鬼神，或是說他只偏重人的主觀想像。鬼神的存在當然沒有具體的形象，但是他們的作用則不能被否定，這是古人祭祀的前提。爲了顯示這種作用，行祭者必須有齋戒的準備，以求專心與誠意，行祭時更要虔誠恭敬，這才是「如」字之意。

孔子祭祀時非常虔誠嚴肅，好像鬼神就在面前一樣。這也是孔子行爲的具體表現。孔子不欣賞那種「祭如不祭」的態度。關於這一點，一般的翻譯都沒有掌握清楚。他們以「吾不與祭，如不祭」斷句，意思是：我沒有參與祭祀，就好像沒有眞正祭祀一樣。這樣的理解不合常情。唐代的韓愈說得好，他認爲這是孔子嘲笑那些「祭如不祭」者。把「祭如不祭」當作一個術語，才是正確的。

我們都知道做什麼要像什麼，學生就要有學生的樣子，吃飯、走路，就要有吃飯、走路的模樣，不能三心二意。尤其是祭祀時必須特別莊重，因爲它是與祖先、鬼神交往的特定要求。在當時顯然有許多人「祭如不祭」，祭祀時毫無莊重的表現，這當然應該接受批判。

本章談的是古代祭祀時要有虔誠的態度，孔子的話總結了這種觀點。孔子對宗教活動的表現，還可參考〈7．13〉。

〈3・13〉

王孫賈問曰：「『與其媚於奧，寧媚於竈。』何謂也？」子曰：「不然。獲罪於天，無所禱也。」

王孫賈請教：「『與其討好尊貴的奧神，不如討好當令的竈神。』這句話是什麼意思？」孔子說：「不是這樣的。一個人得罪了天，就沒有地方可以獻上禱告了。」

王孫賈，衛國大夫，他以流行的成語請教孔子。一般認爲，「奧」是指衛靈公夫人南子，「竈」是指當權大夫彌子瑕。彌子瑕與衛靈公的故事，即有名的斷袖之癖，後指男同性戀。衛靈公和彌子瑕感情好時可以斷袖、分桃，一旦感情生變，衛靈公翻臉無情，說殺就殺，這就變成一種權力與理性無法協調的狀況。

「奧」在室內西南角，地位尊貴。「竈」則負責飲食之事，較有實用價値，也就是竈神——廚房的神。竈神雖然比較起來不是那麼尊貴，不像西南角的奧神高高在上，但是奧神沒有什麼用處。譬如，衛靈公的夫人南子，雖是國君夫人，但沒有實權，實權都掌握在幾個當權的大夫手上。

「與其媚於奧，寧媚於竈」，王孫賈大概誤以爲孔子到衛國是想求得一官半職，於是故意拿這個問題來問孔子，提醒孔子想做官又何必找靈公和南子，應該找有權力的大夫。孔子的回答卻出人意料，讓王孫賈無地自容。

天是宇宙萬物的最終依歸

孔子對於禱告很在乎，有禱告就代表承認自己生命的限制，因此要同超越的力量溝通。這個時候不要去向鬼神禱告，孔子從來不向鬼神禱告，而且祭祀與禱告不一樣，祭祀是盡子孫的責任，向祖先禱告則未必有用，祖先如果有辦法，他不幫自己的子孫還要幫誰呢？眞正的禱告是表達心裡的皈依之情。宇宙萬物的最高力量是天，在孔子心中，眞正的神明只有一個，就是天。孔子接受周朝人的信仰，以天爲至高神明與萬物主宰。

《詩經》上說：「天生烝民」（〈大雅．烝民〉）、「天作高山」（〈周頌．清廟之什〉）就是證據。「天生烝民」，天生人類，它本身是永恆的、絕對的、唯一的。「天作高山」，大自然也是天所造的。但是「天子」這個詞就很容易出問題，天子可以是壞人，像夏桀、商紂、周幽王，他們不務正業，沒有照顧百姓，既無正義，也少仁愛，所以《詩經》裡可以看到有多處在罵天。社會上有各種不公平的事，百姓無能爲力，最後只能「窮則呼天」了。

我們可以說一個人憑良心做事「符合」天意，但不能說天意就是我們的良心。孔子的話清楚指出，我們的祈禱與獲罪，都以天爲最後與最高的對象。天應該是絕對的正義，天應該能夠安排人間的報應。

這種對天的要求與責怪，反映出來的是古人對天的信念，像《詩經．小雅．祈父之什》裡簡單一句「視天夢夢」，就可以看出原來的天是光明偉大的天，原來的天子都是了不起的，像堯、舜、禹、湯。天子如果失德，就沒有正義，也沒有仁愛，以致於弄得天下大亂、民不聊生。

孔子說的「獲罪於天，無所禱也」，在以後的篇章裡，只要提到孔子的宗教思想，或是宗教的情操，都與這一句有關。如果要禱告，就只有一個對象——天；如果得罪天，就沒有地方可以禱告了。

換句話說，鬼神與人是相對的。古代鬼神的來源只有兩個：一個是祖先，另外就是山川的守護者。譬如，有一個人生前鎮守泰山，他死後就變成泰山之神；一個人生前鎮守大河，他死後就變成河神，這是古代的習慣。山河代表自然界裡面最宏偉的對象，看起來氣勢磅礡，充滿力量，遠超過人的想像，所以山神、河神，被人祭祀。但是在這之上還有「天生烝民」、「天作高山」，天才是最高的神明。

不過，古代只有天子可以祭天，所以一般百姓對天感覺很遙遠。而孔子不一樣，孔子是從《詩經》、《尚書》一路下來，知道宇宙裡面有一個最高的力量，然後才有對它禱告的責任，這是孔子基本的宗教信念。

這種宗教信念是純粹的，不存有任何雜念。不是拜天以求得升官發財，升官發財是現實社會裡面各種條件配合的結果，而不是祭天使然。而王孫賈問的都是雜念，其最主要的目的是讓自己有利。所以孔子告訴他，如果得罪天的話，找誰都沒用。

另一方面，如果天子失德，人民會覺得無所依靠。自古以來，理想政治的基本原則就是要照顧百姓。孔子的思想不受「天子」之限制，這一句話就是證明：獲罪於天，無所禱也。別人恐怕聽不懂，因為當時的人對於天已經沒有清楚的概念，天子已經沒有勢力了，大家認為只要有權力，誰都不用怕。這些人對於天不一定有這樣深刻的體認，這是非常可惜的。

所以，談到孔子的宗教情操，絕對不能忽略這句話，它的背景是古代的信仰系統，即以天做爲至高主宰，天創造了萬物與人類。關於孔子「天」的概念，還可參考〈11・9〉。

〈3・14〉

子曰：「周監於二代，郁郁乎文哉！吾從周。」

孔子說：「周代的禮教制度參酌了夏、殷二代，形成了多麼燦爛可觀的文化啊！我是遵從周代的。」

「監」即參酌、參考、考慮。「郁郁乎」即很茂盛，很可觀的樣子。孔子的祖先是宋國人，商朝的後代，商朝是被周朝滅亡的，但是孔子沒有國族情結，他只注重文化是否優美，是否符合人性的要求。

商朝人比較重視鬼神，商朝的帝王一年有一百一十天在祖廟裡祈禱、舉行儀式，顯然是重鬼而輕人，亦即重視祖先、鬼神，而忽略了百姓。周朝不一樣，周朝的特色是制禮作樂，比較偏向人文，重視百姓實際的需求，對於祭祀則按照禮樂來進行，不至過於沉溺其中。

孔子所謂的「文化」，主要是指禮樂，背後則是人文化成的理想。孔子後來宣稱，自周文王死後，維繫文化的具體責任就落在他的身上了（〈9·5〉）。

由此可知，以文化陶冶人才，以人才發揚文化，兩者必須兼顧。孔子是商朝的後代，但遵從周代，文化是進展的，血緣關係不足以當作判斷標準，這是正確的觀念。

〈3·15〉

子入大（ㄊㄞˋ）廟，每事問。或曰：「孰謂鄹（ㄗㄡ）人之子知禮乎？入大廟每事問。」子聞之曰：「是禮也。」

孔子進入周公廟，對每一項禮器與擺設都要發問。有人說：「誰說這一位鄹邑的年輕人懂得禮呢？他在周公廟裡什麼都要發問。」孔子聽到這種批評，就說：「問清楚行禮的細節，這就是禮啊！」

「大廟」即魯國的周公廟，周公廟可以有天子所有的擺設，祭祀時基本的禮儀都與天子一樣，所以很特別。「事」即所看到的一切，包括禮器與擺設。

孔子當時已經以「知禮」聞名。當然，他小時候就知道禮的重要，幼時常模仿大人祭祀來做爲遊戲。別人對孔子進入太廟什麼都發問產生疑惑。他則認爲，問清楚行禮的細節，也是禮。換句話說，每事問，就是禮。

事實上，每一樣擺設，每一樣禮器，都問清楚它的用途、來源、背後的故事，這行爲的本身就是禮，說明行禮時不只是形式與表面，還有內在的理解與情感。不知道就問清楚，行禮時才會有個人生命的投入，否則，只是做表面文章而已。

〈3．16〉

子曰：「射不主皮，爲力不同科，古之道也。」

孔子說：「射箭不只爲了射中箭靶，徵用勞役不能採用單一標準；這些是古代的作風。」

「主皮」即射中箭靶，這當然是習射的目的之一；但是，同時必須兼顧禮儀與風度，否則就流於粗野與爭勝了。「揖讓而升下而飲，其爭也君子」（〈3．7〉），這是爲了教民以禮。

「爲力」即古代的徵用勞役，按每家人口的多少分爲三科，而不是不顧實際情況做硬性規定。徵用勞役不能採用單一標準，這是使民以義。「道」指相沿成習的作風，就像走出一條路一樣。當時孔子所處的社會，卻忽略了這兩點。

本章提及「古之道」，表示孔子認爲某些規矩合乎人性與人情的要求，就不必有古今之分，而應該繼續實施。我們今日的社會是否完全放棄了「古之道」呢？

〈3．17〉

子貢欲去告（ㄍㄨˋ）朔之餼（ㄒㄧˋ）羊。子曰：「賜也，爾愛其羊，我愛其禮。」

子貢想要廢除告朔之禮所供的活羊。孔子說：「賜啊，你不捨得那隻羊，我不捨得那種禮。」

「告朔」即古代天子每年頒告諸侯曆法，諸侯依其規定每月初一必須告朔於祖廟，以示尊君與上告祖先。到魯定公、哀公時，天子勢衰，不行告朔，而魯國官員還每月準備告朔禮所規定的活羊，所以子貢想要廢除這種有名無實的活動。

子貢想要廢除「告朔」，可見當時根本沒有人理會周天子，「禮」已經名存實亡，羊即使綁在那裡也沒有人管。子貢比較務實，很有經濟的頭腦，他認爲如果沒有用，何必浪費一隻活羊呢？

孔子則認爲，有羊在那裡起碼有個象徵，可藉此提醒人們有「告朔之禮」，華夏是統一的國家，諸侯要對天子表示歸屬、臣服。如果連羊都沒有，什麼都看不到了，就像「船過水無痕」，這豈不是更遺憾嗎？

羊是告朔禮的一部分，如果去掉，就等於告朔禮完全消失，君臣之間的適當關係更爲模糊，諸侯就以爲自己可以獨斷獨行了，這才是孔子的憂慮。

〈3．18〉

子曰：「事君盡禮，人以爲諂也。」

孔子說：「服事君主完全遵照禮制的規定，別人卻以爲他是在諂媚討好。」

孔子服事君主按照禮的規定，別人卻以爲孔子諂媚，這是孔子在替自己伸冤。我們可以〈9．3〉做爲對照：「麻冕，禮也；今也純，儉，吾從衆。拜下，禮也；今拜乎上，泰也。雖違衆，吾從下。」大意是說，禮制規定，大夫的禮帽以麻織成；現在大家都戴以絲織成的，因爲比較節省人力，孔子也贊同大家的作法。臣見君時，先在堂下磕頭，升堂後再磕頭，也是禮制的規定；現在大家只是升堂後再磕頭，這樣顯得不太恭順。所以，即使與大家的作法不合，孔子仍堅持要先在堂下磕頭。

以上說的就是當時的禮有這種規定，一定有其背後的道理，在還沒有改變之前，就要遵守。

古代重視君臣之禮。到了孔子時，知道這種禮並且認眞奉行的人已經很少了，以致盡禮事君者反而被視爲諂媚。如果從這個角度去看孔子，會覺得他比較保守；但是如果放棄這個原則，所有的禮制都將變得可有可無，又如何維持穩定的秩序呢？

孔子堅持按照禮的規定，即使經常招致批評，但他還是要以這種禮的行為表現，來符合君臣身分的互動關係，這樣才能夠使人際關係正常化。譬如對君主磕頭，會使君主感覺到自身的重要性。對國君愈尊重，愈會讓他覺得自己職責重大；反之，大家都不尊敬國君，他也沒有什麼信心了。孔子所說的道理可以應用在教育上，以及各種社交場合，鼓勵一種良性的循環。

〈3・19〉

定公問：「君使臣，臣事君，如之何？」孔子對曰：「君使臣以禮，臣事君以忠。」

魯定公問：「君主使喚臣子，臣子服事君主，要怎麼做才好？」孔子回答說：「君主按照禮制來使喚臣子，臣子盡忠職守來服事君主。」

「定公」即魯定公，接續其兄昭公而即位，在位十五年（西元前五〇九～四九五），「定」是諡號。他由於季氏的支持而得位，對於三家的勢力更是莫可奈何。定公十三年，孔子當時五十五歲，擔任大司寇，政績卓越；稍後則因故去職，開始為期十三年的周遊列國。

「君使臣，臣事君」，古代講究禮儀，講究名分，用詞都要非常精確，「使」即使喚，「事」即下對上。現代人已不太注重了，這也是因爲工作流動性很大，自主性較強。古代的情況就不同了，君主必須按照禮制來使喚臣子，臣子則盡忠職守來服事君主。一個是禮，一個是忠。下對上要「忠」，「盡己之爲忠」，盡其力量去做好該做的事。「忠」不但是對於上司交代的事，對於自身的職務也要忠。譬如，現在是學生，就必須忠於學生的本分。事實上，我們一生都是要設法做到「盡己」，盡自己的力量。

禮是雙方面的尊重

「君使臣以禮」，這說明君使臣不能憑個人的好惡行事。今天心情好，就讓部下做輕鬆一點的事情；一旦心情不好時，就亂發脾氣，或是故意不公平。禮是規範，禮不但對於既得利益者是保障，讓上位者受到適當的尊重，對於平民百姓或是做臣下的人也是一種保障和尊重，這是雙方面的。

〈3．20〉

子曰：「〈關雎（ㄐㄩ）〉，樂而不淫，哀而不傷。」

孔子說：「〈關雎〉這幾首詩的演奏，聽起來快樂而不至於沉溺，悲哀而不至於傷痛。」

〈關雎〉是《詩經．國風》的第一篇，全篇是：「關關雎鳩，在河之洲。窈窕淑女，君子好逑。參差荇菜，左右流之。窈窕淑女，寤寐求之。求之不得，寤寐思服。悠哉悠哉！輾轉反側。參差荇菜，左右采之。窈窕淑女，琴瑟友之。參差荇菜，左右芼之。窈窕淑女，鐘鼓樂之。」古人有時以第一篇詩名綜括相關的幾篇。說「演奏」是合詩的文詞與樂曲而言，比較符合古代的狀況。

情感表達要真誠且合宜

《詩經》裡一般以〈關雎〉、〈葛覃〉爲樂而不淫，以〈卷耳〉爲哀而不傷。現在我們把「淫」字看得很嚴重，其實「淫」是指過度。譬如，古代有所謂「淫雨」，便是指雨下得太多了，與色情毫無關係。

「樂而不淫」是指不沉溺其中。譬如聽一首歌，覺得很好聽，如果天天聽，每天聽上十幾個小時，顯然就是過度沉溺，反而可能影響到日常生活。「哀而不傷」，悲哀而不至於傷害到自己的身心。譬如看電影時，某一幕忽然觸動了你的悲傷情緒，此時就要注意不讓自己受到傷害。「樂」與「哀」都是人類自然的情緒表現。

《詩經》裡的詩都是出於眞情，正如「思無邪」（〈2．2〉），從內在到外在直接發出來，我們在閱讀時自然就會感受到原始的情感波動，但即使是感動的時候也不能過分。

「思無邪」引發人的眞誠情感，目的是要了解人的一種原始狀態，然後對於現實生活所接觸到的每一個人，可以用眞誠的情感對待，不會沉溺其中而無法自拔。一旦過度就喪失了它原來的意思。這是孔子談到《詩經》的情況，皆爲眞情之作，因而可以感動人心，又能適度合宜。

〈3・21〉

哀公問社於宰我，宰我對曰：「夏后氏以松；殷人以柏；周人以栗，曰：『使民戰栗』。」子聞之曰：「成事不說，遂事不諫，既往不咎。」

魯哀公問宰我有關社主用木的事。宰我回答：「夏代用松木，殷代用柏木，周代用栗木，意思是說：『要使百姓緊張戰慄。』」孔子聽到這樣的話，就說：「已成的事不能再解釋，過去的事不能再勸阻，從前種種也不能再責怪了。」

宰我即宰予，字子我，魯國人，小孔子二十九歲，是名列於言語科的學生（〈11・3〉）。社即土神，古代建邦立國都要立社，以其都城地區合適的樹木爲社主。大概情形是：社主所在之地有樹，有樹所製成的牌位，也有祭祀的廟。

社主用木，夏朝用松木，商朝用柏木，周代用栗木，本來這樣的答覆就完整了，但宰我補了一句：「使民戰栗。」古代栗木的「栗」與戰慄的「慄」，音同字同，可以聯想在一起。

宰我的回答，等於暗示魯哀公用武力解決三家大夫專權的現狀。孔子認爲沒有必要加上這一句，那是勸國君使百姓戰慄，還是用嚴刑峻法來執行政策呢？

孔子說的三句話意思相近，一方面是提醒宰我不要自作聰明，另一方面則是不贊成用武力改變魯國現狀。現在常用的「既往不咎」，是指一個人犯了錯，只要改過遷善，過去的就過去了，不要再提。能以未來的善行補救過往的錯誤，才是人生正途。

〈3・22〉

子曰：「管仲之器小哉！」

或曰：「管仲儉乎？」曰：「管氏有三歸，官事不攝，焉得儉？」

「然則管仲知禮乎？」曰：「邦君樹塞門，管氏亦樹塞門；邦君爲兩君之好有反坫（ㄉㄢˋ），管氏亦有反坫；管氏而知禮，孰不知禮？」

孔子說：「管仲的見識與度量太小了！」

有人問：「他是不是節儉呢？」孔子說：「管仲有三處公館，手下人員不必兼職工作，怎麼算得上節儉呢？」

這人再問：「那麼他懂得禮嗎？」孔子說：「國君在宮室的大門內設屏牆，管仲的公館也設屏牆；國君為了宴請友邦貴賓，在堂上設有放置酒杯的土台，管仲也安置了這樣的土台。管仲這種作為如果算是懂得禮，那麼還有誰是不懂得禮的？」

管仲即管夷吾，齊國大夫，輔佐齊桓公成為春秋初期的霸主。他有大功於民，但是未能繼續修身立德，以致終究局限在世俗的榮華富貴中。

「器」即由見識與度量所產生的抱負。譬如既然從政，就要在治國之後，立志平天下；或者在一國之內推行教化，求其長治久安；不然，也必須在自我期許上，努力修養完美的人格。

孔子對管仲可以說是推崇備至，因為整部《論語》只有六個人合乎行仁的資格，管仲居然排第六。關於行仁，可參考〈7．15〉、〈18．1〉。

本章孔子對管仲之「器」提出質疑。

有人問管仲是否節儉，孔子認為沒有，因為「管氏有三歸」，且「官事不攝」。「歸」代表公館、住處，「三歸」即有三處公館，各有全套的人手與設備。齊桓公有「三歸」，管仲也有「三歸」，而且他公館裡的辦事人員居然不用互相兼差，簡直浪費人力。

同樣的，孔子認為管仲也不懂得禮，因為「邦君樹塞門，管氏亦樹塞門」，古代只有國君才有資格設「塞門」，即擋住門的地方，讓人進去之後無法一眼就把院子看透。「反坫」是指設在大堂兩柱之間的土台，專供宴飲時放置酒杯之用。「坫」是土台，「反」是放回（酒杯）。依禮，國君才能設反坫，管仲是大夫，這樣做就是違禮。

在本章發問的人，由器小而聯想到儉約，又由不儉而聯想到知禮。這些都反映了當時流行的觀念。

孔子舉出這些事實，說明他的判斷不是情緒反應，而是有所根據。所以他說：「管氏而知禮，孰不知禮。」這是很嚴重的批判，好像管仲是全世界最不懂禮的人。即使如此，孔子對於管仲的表現還是很肯定，我們以後談到管仲的部分再詳細說明，參考〈14．9〉、〈14．16〉、〈14．17〉。

因此，不要只從「道德」來評判一個人，人只要活著，就不知道下一步是否會犯錯。如果非要從道德面來看，一個人犯了錯，該不該原諒他呢？要不要給他機會？不給，等於鼓勵他不必改過自新，那麼，這個社會不是更壞了嗎？人犯錯在所難免，重要的是知道自己的所作所爲到底是怎麼一回事。因爲人性向善，必須不斷的自我成長，這是儒家對人的理解。

〈3．23〉

子語（ㄩˋ）魯大師樂（ㄩㄝˋ），曰：「樂其可知也。始作，翕（ㄒㄧˋ）如也；從（ㄗㄨㄥˋ）之，純如也，皦（ㄐㄧㄠˇ）如也，繹（ㄧˋ）如也，以成。」

孔子告訴魯國大樂官有關音樂的原理，說：「音樂是可以了解的。開始演奏時，衆音陸續出現，顯得活潑而熱烈；由此接下去，衆音和諧而單純，節奏清晰而明亮，旋律連綿而往復，然後一曲告終。」

魯大師即魯國的大樂官，這一位可能是師摯。「翕如」、「純如」、「皦如」、「繹如」，這四個詞都是比喻。藝術欣賞需要主觀體驗，無法以具體方式說明白。孔子告訴魯國大樂官有關音樂的原理，音樂的演奏有其規則，開始的時候如何，主調出現之後如何。一般人可能知道樂曲悅耳好聽，卻未必知道它爲什麼美妙動聽。如果明白音樂演奏的原理，欣賞時的意境自然更爲深刻。孔子音樂功底之深由此可見一斑。

〈3・24〉

儀封人請見，曰：「君子之至於斯也，吾未嘗不得見也。」從（ㄗㄨㄥˋ）者見之。出，曰：「二三子何患於喪乎？天下之無道也久矣！天將以夫子爲木鐸（ㄉㄨㄛˊ）。」

守儀城的封疆官員請求與孔子相見，說：「有名望的君子來到這裡，我從來沒有不與他相見的。」

隨行的學生安排了他們會面，他出來之後，說：「你們這些人爲什麼擔心失去官位呢？天下沒有正道的時期已經夠久了，天將會以你們的老師做爲教化百姓的木鐸。」

「儀」，位於衛國西北角的邊境，「封人」即封疆守官。孔子雖然在周遊列國的某些過程中有如喪家之狗，但他還是具有國際知名學者的身分。「從者見之」，並非每個人都可以見到孔子，有時學生會先擋在前面，這位封疆守官的說法也很合理，所以見到了孔子。

「喪」指孔子在魯國失去大司寇的官位。儀封人與孔子是私下的會面，但是見面之後，居然能說出這樣的話，這就值得欣賞了。

「木鐸」是木舌銅鈴，其聲音代表要宣傳教化。另外有金鐸（金舌銅鈴），則用於軍事作戰。

從這位儀封人的話，顯示他相信兩點：一、天在默默觀察人間，並在必要時選擇「木鐸」來改善；二、天選擇了孔子擔任這個角色。我們曾說孔子「六十而順（天命）」（〈2．4〉），這裡提供了一個很好的證明。

儀封人與孔子會談之後的心得，在一定程度上比較客觀，因爲他是守邊疆的官員，什麼人沒見過？自然不會隨便讓別人愚弄。儀封人認爲孔子是順天命，意思是整個社會要改善就要等孔子了。這一點特別重要：孔子可以通過一席談話，讓儀封人產生這樣的看法，甚至公開替他宣傳，實在很不簡單。

〈3・25〉

子謂韶：「盡美矣，又盡善也。」謂武：「盡美矣，未盡善也。」

孔子評論韶樂，說：「美得無以復加，並且善得無以復加。」評論武樂，說：「美得無以復加，尚未善得無以復加。」

「韶」是指舜時的樂曲，歌詠舜的德治教化。「武」是指周初的樂曲，歌詠周武王的安定天下。「美」是就歌舞樂曲的創作與演出而言。「善」是就樂曲所描述的人物與成就而言。

舜在位五十餘年，德被萬民，他的善發揮到了極點。武王伐紂之後，僅在位六年，他的善在成效上未臻極點。換言之，盡善是就德的效應而言，不必由此比較舜與武王二人之德。

很多人提到儒家美學時，會引用本章，認爲藝術作品需要盡善盡美。善是社會上有道德的行爲，因此藝術應該包括道德的含義。現代也不是沒有人這麼主張，像托爾斯泰就認爲藝術應該爲人生服務，任何一曲音樂，演奏之後不會讓人行善的，就是壞的音樂。

但是，要求所有的音樂與美術在看完之後一定要對人生有所幫助，未免就有些強人所難了。「蒙娜麗莎的微笑」與道德有什麼關係呢？藝術如果非要爲道德服務的話，發展將非常有限；任何事情都要想到它的道德意義，人生壓力也會非常大。

儒家是這樣的嗎？如果是，理由何在？理由在於「人性向善」，要有美感，就不能違背這個原則，如果違背了，就等於脫離人性的基礎。任何價值（眞善美）都是爲了完成人性。

譬如追求知識，是希望得到更多的理解，完成人生內在的要求與願望。如果追求的是壞知識，學會之後用來犯罪，做不法的事，這個知識本身就有問題了，因爲得到之後，反而傷害了人性向善的原則。

孔子的意思是，人性向善是一個原則，但善是有條件的。同別人相處時的確有行善的要求，但是同別人都沒有來往時，不能聽聽音樂嗎？如果聽音樂一定要聽可以振奮人心的，聽完之後就要讓座給老人，那還眞不容易找。

儒家的主張是任何價值都是爲了完成人性，亦即文藝本身有調和人性的作用。譬如，我聽完音樂後心情比較愉快，心情愉快後容易發現自我，發現自我才覺悟向善之心，然後再去行善。如果中間少了這些過程，聽了音樂就要行善，看了圖畫就要行義，看了電影就要行仁，背著「文以載道」的包袱，就顯得太累也太嚴肅了。

〈3・26〉

子曰：「居上不寬，爲禮不敬；臨喪不哀，吾何以觀之哉？」

孔子說：「身居上位而不寬大，舉行禮儀而不恭敬，參加喪禮而不悲哀，這種人我要怎麼看他呢？」

「寬」是指對待百姓而言，並不是要減少合宜的法令，而是要基於恕道，多為百姓設想，如「舉善而教不能」（〈2．20〉）。

「居上不寬，為禮不敬，臨喪不哀」，這三件事是孔子對政治領袖說的。「居上不寬」，當然是指居上位的人不夠寬大，如果居下位，就沒有這個問題。「為禮不敬」，這是常見的現象，須知禮儀的本質在於眞誠的情感，表現出來的則是恭敬。

重視喪禮，孔子與孟子兩人的立場都很明確。孟子曾說：「養生不足以當大事，唯送死可以當大事。」父母活著的時候照顧他們，這是需要一直做的事。但是死只有一次，就要當大事來辦。「送死」的喪禮就變成子女對父母的最後服事，要表達內心的孝心，所以古代的人特別重視喪禮。曾參也說：「愼終追遠，民德歸厚矣。」（〈1．9〉）意即重視喪禮及追祭先人之禮，社會的風氣也可以因此改善。

里仁篇第四

〈4・1〉

子曰：「里仁爲美，擇不處仁，焉得知（ㄓˋ）？」

孔子說：「居住在民風淳厚的地方是最理想的；一個人選擇住處而錯過了民風淳厚的地方，怎麼算得上明智呢？」

在古代「里」是指居住的地方。「仁」即民風淳厚，這是許多人走在人生正途上的效果。在這之前多次譯「仁」爲「眞誠心意」，是就個人而言；人與人以眞誠心意來往，所形成的即是淳厚風氣。「美」兼具道德含義與欣賞評價，肯定其爲合宜適當，所以譯爲「最理想的」。

孔子用於評價的標準大概有幾個詞，最高的是善，其次是美。然後依次爲言、蔽、過、不善、惡。「言」在《論語》裡面代表值得稱讚的德行，德行是可以說出來被稱讚的。「蔽」即遮蔽，亦即被某些東西所蒙蔽，以至於不太了解。「過」即過而不改的「過」，是比較輕的過失。「不善」已經是善的否定，要受到批判了。「惡」即惡人，壞人。這是《論語》裡七個層次的評價。

「美」是最接近善的，往往是指善的效果。譬如，一個人經常行善，他的言行往往會顯出一種美感，因爲有「仁」的味道。經常行善的人，在家孝順父母，出外幫助別人，與大家都能好好相處，我們就會覺得這個人一舉手一投足都很値得欣賞。

所以，美是因爲其行爲符合善的要求；「里仁爲美」，使社會風氣都顯得讓人看了很愉悅，當然是理想的居住地了。

「知」即智。「孟母三遷」就是很好的例子。孟子小時候住在墳墓旁，耳濡目染之餘，跟著大人學習拜祭，孟母覺得不太適合；後來舉家搬到市場旁，孟子又跟著學習做生意；最後孟母搬到學校旁邊，孟子開始喜歡讀書。

事實上，不只是古代如此，今天的父母也大都是這樣，總希望自己的孩子擁有良好的學習環境，這是很自然的作法。我們在選擇理想住家的時候，不可忽略一點，就是我們自己也應該努力行仁，以符合「里仁爲美」的期許。社會風氣不能全靠別人去形成，我們也要盡一份責任。

〈4・2〉

子曰：「不仁者，不可以久處約，不可以長處樂。仁者安仁，知（ㄓˋ）者利仁。」

孔子說：「不行仁的人，沒有辦法持久處在困境中，也沒有辦法長期處在順境中。行仁者是自然而然走在人生正途上，明智者則是了解人生正途的重要而做此選擇。」

在此的「仁」是就人之道（人生正途）而言，因此譯文加一「行」字，表示實踐與行走雙重的意思。人生正途的具體內涵是「擇善固執」，如此才可做到本文所說的「久處約，長處樂」。

「固執」一詞，常常用來形容一個人不知變通，但如果真的「擇善固執」，當然是好的；就怕擇善之後不能固執，風氣一變，壓力一來，就放棄理想了。孟子說的「富貴不能淫，貧賤不能移，威武不能屈」，就是擇善固執最好的例證。

「約」代表困境，「樂」代表順境。有兩層含義：一、在困難的情況下，如果行仁，擇善固執，就要長期堅持原則；二、在順境中長期維持原則，有時反而比逆境還要不易。當困難時，自然而然會自我約束；當得意時，更需要自己用心去收斂。

仁者順應內在的要求

「安仁」是以擇善固執爲其自然本性所要求的作爲；「利仁」則是以擇善固執爲有利於實現其人生目的的作爲。譬如有些人做生意，在門口貼「童叟無欺」，是爲了求生意源源不絕，帶有目的性；有些人的「童叟無欺」則是出於眞誠，無目的性。

同樣一件善的行爲，可以出自世俗的考慮，也可以出自純正的良心。但只有出於純正良心，才不會受外在環境的影響；若是出於後天或是功利、世俗的考慮，這個考慮一旦變化，又怎麼會堅持好的行為呢？這就涉及生命自主性的問題。

化被動為主動，就是把對外的考慮，轉換為對內的自我要求，「仁者安仁」就是這種完全順應內在要求的表現。因為人性向善，所以仁者安仁，以行仁做為自然而然的事情。每個人的人生都有各種考慮，從小讀書開始，父母的建議很大程度上影響將來，這種考慮和思考的模式，是偏向於「什麼對我有利」。真正有智慧的人就會發現，行仁才對自己最有利，因為它是對生命要求的回應。做任何其他好事，都是對某一部分好，對某一方面有利，而行仁則是對自己的生命有利。

〈4．3〉

子曰：「唯仁者，能好（ㄏㄠˋ）人，能惡（ㄨˋ）人。」

孔子說：「只有行仁者能夠做到喜愛好人，厭惡壞人。」

「仁者」即行仁的人。仁者擇善固執，沒有偏私之心或其他顧慮，所以能夠分別對好人與壞人表現適當的態度。

每個人都有喜歡和討厭的人，但喜歡的人就是好人，討厭的人就是壞人嗎？不一定，有時候我們喜歡的是壞人，討厭的反而是好人，這是自己有問題。而行仁者可以明確分辨，這表示他不是鄉愿，不是個濫好人。

爲什麼仁者可以做到這一步呢？因爲他沒有私心。行仁的人擇善固執，絕不會爲了其他的原因，而喜歡或不喜歡誰，也不在意對自己是不是有利，純粹是這個人好就對他好，這個人不好就對他不好。

如果這個人不好還對他好，就是姑息養奸；這個人好卻對他不好，就是缺乏正義。孔子認爲行仁者沒有偏私的心，但由於人性仍有其弱點，所以行仁是很困難的。

〈4・4〉

子曰：「苟志於仁矣，無惡（ㄜˋ）也。」

孔子說：「只要立志行仁，就不會做壞事了。」

「志」是要以行仁做爲目標，也就是立志行仁，努力擇善固執，這樣自然不會再做壞事。

立志行仁怎麼會做壞事呢？「仁」的概念包含人性向善的善，孔子標舉「仁」字來總括人生應有的價值取向，其中第一步即是去惡從善。由於「仁」字不完全等於「善」字，所以孔子的說法並非同義重複。立志之後，還必須學習如何擇善與如何固執，而這些正是孔子教學的重點所在。

「仁」字本身就包含配合生命的動態開展過程。換句話說，善是名詞，或是形容善人、善事，它是靜態的；仁是動態的，我們常常在前面加個「行」字，原因在此。所以仁不完全等於善，但其方向是一致的，仁就是指向善、擇善、至善，但兩者不能劃上等號，仁還包括「向」、「擇」、「至」的過程在其中。簡單來說，善人是行善之人，仁者則是「知道」爲何要行善的人。

〈4・5〉

子曰：「富與貴，是人之所欲也；不以其道得之，不處也。貧與賤，是人之所惡（ㄨˋ）也；不以其道得之，不去也。君子去仁，惡（ㄨ）乎成名？君子無終食之間違仁，造次必於是，顚沛必於是。」

孔子說：「富有與尊貴，是每個人都想要的；如果不依正當的途徑加於君子身上，他是不會接受的。貧窮與卑微，是每個人都討厭的；如果不依正當的途徑加於君子身上，他是不會逃避的。君子如果離開了人生正途，憑什麼成就他的名聲？君子不會有片刻的時間脫離人生正途，在匆忙急迫時堅持如此，在危險困頓時也堅持如此。」

一般人常以富貴來衡量人生成就，富是有錢，貴是有地位，有地位者通常就有權力，有各種社會上的正面成就。莎士比亞說：「錢可以買到一切。」錢會說話、會做事。由「富與貴，是人之所欲也」，說明孔子很實在，承認富貴是每個人都想要的，但重要的是手段如何。富與貴的看法，還可參考〈7．12〉、〈7．16〉。

「道」即正當的途徑，「得」即可以主動得到，也可以被動得到。「得之」並非主動去爭取，否則何必在「得之」之後，又要考慮「不處」或「不去」？得之是「加於其身」的意思，側重於結果。不依正當途徑往往牽涉到各種私心，君子認爲不是經過個人的努力奮鬥，他就不會接受。

「貧」即貧窮，「賤」即地位卑下。現代的「賤」字，通常是指很壞的人；古代的「賤」則純粹是就社會地位之高低來說的。孔子曾說：「吾少也賤，故多能鄙事。」（〈9．6〉）

「貧與賤」，是每個人都討厭的，如果不以其道得之，君子是不會逃避的。譬如天下無道，以致君子陷於貧賤，這種結果就是「不以其道得之」，君子無法逃避。因爲貧賤對於一個人走上人生正途，有時反而是幫助；反之，富貴對於走上人生正途，有時反而是妨礙，因爲富貴後常常會太注意外在層面。貧賤時有志難伸，反而可以注意到行善避惡，範圍縮小之後，自己的生命自然有重點。這是孔子基本的觀點。

遠離富貴，不抗拒貧賤

儒家對於富貴採取的距離，是寧可遠一點，對於貧賤反而不特別抗拒，因爲一個人身處貧賤，正好可以加強自身修養，把該做的事做好，將來哪一天有機會，說不定可以做更多事。

孔子從來沒有稱讚過有錢的學生，被他大力稱讚的顏淵，是學生當中最貧窮的。富貴時要快樂很容易，在貧賤之中還能快樂，這就大有學問了，也說明他的快樂是由內而發，不是從外而來的。

外在的快樂就像下雨，積了一灘水，被太陽曬兩天就枯乾了；而內在的快樂，好比山泉源源不絕。由內而發的快樂，不受外在的富貴或貧賤所左右，貧賤往往正好是考驗，富貴只會使注意力向外分散，反而容易忘記人生真正的目標。

古人說：「文窮而愈工。」意思是文人的生活困窘、不得志，寫出的詩文卻愈精巧。「窮」指不得志、不顯貴，也指生活困阨；「工」有精巧、完美之意。尼采說他愛看以血寫就的書，意思是費盡心力寫出的文章。像「冠蓋滿京華，斯人獨憔悴」，到此地步，文章才能眞正深刻。由此可見，儒家對人性的了解之深。

君子片刻間都不脫離人生正途

「君子去仁，惡乎成名」，正如〈15・20〉提到：「君子疾沒世而民不稱焉。」可見孔子很重視人死留名，不能白白活這一遭。

君子要成就名聲，一定要行仁，走上人生正途，而不能光靠外在的功業，但是外在的功業與行仁並不衝突。管仲就是例子，管仲的功業是幫助齊桓公在春秋初期實現天下太平，避開戰爭，通過外交手段解決軍事衝突，很多百姓因而保全生命。管仲做到與天下人之間適當關係的實現，所以功業表現在一種善的實現上。他的行仁與功業可以配合，這兩者絕不能完全分開，因爲人的生命是完整的。

「終食」即吃完一頓飯。君子不會有片刻的時間脫離人生正途。「造次」、「顛沛」是指在匆忙急迫、危險困頓時。人往往在造次、顛沛之中，才可以看出自己的修養。當風平浪靜，一切都很順利時，修養很好也沒什麼稀奇；當碰到天災人禍時，還能力持鎮定，就不簡單。這裡面關係到很多當下的判斷，如果平常沒有思考這些問題，臨場時不容易做出正確的選擇，這就是修養的重要。

總之，富貴不處而貧賤不去，正足以顯示孔子心意，就是人生正途在於「擇善固執」，而富貴所形成的阻礙，遠遠大於貧賤所造成的。堅持行仁才能夠成名，名不是目的，行仁才是目的，名是隨之而來的。爲了實現人性共同的需求，片刻的時間或者造次、顛沛時都會堅持這麼做。

〈4・6〉

子曰：「我未見好（ㄏㄠˋ）仁者，惡（ㄨˋ）不仁者。好仁者，無以尚之；惡不仁者，其爲仁矣，不使不仁者加乎其身。有能一日用其力於仁矣乎？我未見力不足者。蓋有之矣，我未之見也。」

孔子說：「我不曾見過愛好完美人格者，與厭惡不完美人格者。愛好完美人格者，已經達到最好的極限；厭惡不完美人格者，他追求完美人格的辦法，是不使偏邪的行爲出現在自己身上。有沒有人會在某一段時期致力於培養完美人格的呢？真要這麼做，我不曾見過力量不夠的。或許真有力量不夠的，只是我未曾見過罷了。」

「好仁者」即愛好完美人格者。仁在此是指「人之成」，不然接著不能說「無以尚之」。孔子說這些話乍聽之下很誇張，其實，這只是他表達強烈的願望，顏淵就有資格做「好仁者」。

「惡不仁者」是第二步，不像第一步「好仁者」那麼積極、主動，但是無法忍受不合完美人格的行爲，因此不允許自己誤入歧途。注意看孔子思想的模式：「好」是積極地去愛好，「惡」是消極地去討厭而不做某些事。

一個受過教育的人，應該做許多偉大的事，這是積極方面，但要配合條件，有時積極不一定能夠做得到。教育的成果首先不是體現在要做什麼事，而是體現在不屑於做某些事。譬如，偷東西、騙錢，就是不屑於做，「不屑於」就代表了本身的選擇，這也是基本的修養。

由此可見，積極地愛好完美人格，顯然太難；消極地不做不合乎水準的事情，顯然比較容易。

「一日」是指一段不長的時間。「用其力於仁」的說法肯定了以下兩點：一、「仁」不是人天生就有的德行；二、「仁」是人努力以赴就可以達成的。因此只有由「人之性、人之道、人之成」三個層次的全面觀點，才能充分說明「仁」的意思。

孔子反覆強調的是，人如果要致力於培養完美人格，沒有誰是力量不夠的，關鍵在於自己要不要做，而不是能不能的問題。正如孟子所說：「是不爲也，非不能也。」每個人都能夠行善避惡，只是做不做而已，因爲人性向善的力量是由內而發的。本章寄託了孔子的期許，也表現了他對當時社會的感慨。相關資料，可參考〈6．12〉，孔子對於冉求自認爲「力不足」的批評。

〈4．7〉

子曰：「人之過也，各於其黨。觀過，斯知仁矣。」

孔子說：「人們所犯的過錯，各由其本身的性格類別而來。因此，察看一個人的過錯，就知道他的人生正途何在。」

「黨」即性格類別。人的性格各有不同，有的急躁，有的溫和，有的爽朗，有的深沉。每個人都有優點與缺點，有人專門犯某種錯誤，這是由其性格所決定的，因此只要將缺點改正，將優點保存發揚，人生不是很容易走上正途嗎？

「鐘鼎山林，各有天性」就是一例。晉朝有戴氏兄弟，戴逯喜歡做官，戴逵喜歡隱居。謝安問戴逯說：「你那麼喜歡做官，一天到晚努力奮鬥，希望官愈做愈大，你弟弟怎麼在山上隱居呢？」戴逯的回答很精彩：「我是不堪其憂（不能忍受貧窮的憂愁），弟弟是不改其樂（不會改變他的快樂）。」兄弟兩人的性格，一個是鐘鼎，喜

歡做官，一個是山林，喜歡隱居，這樣的故事顯得很溫馨。（《世說新語．棲逸》）

過錯的相反就是正路

「仁」字在此是指向未來，而不是探索過去，如此才符合改過遷善的原則。「觀過，斯知仁矣」，由過錯去看性格，再由性格去看一個人應該如何走在人生正途上。一個人沒有過失是不可能的，犯錯反而是好事，等於亮出底牌，然後就知道這種過失應該循怎樣的途徑來修養。做爲教育家，孔子這句話說得非常精準。

「仁」涉及人生正路的選擇問題，看到過失就知道自己的人生應該往哪裡走，所以不要怕有過錯；就怕有了過錯之後不去面對。我們的過錯，反過來就是我們的正路，這就是教育的方法。

〈4．8〉

子曰：「朝聞道，夕死可矣！」

孔子說：「早晨聽懂了人生理想，就算當晚要死也不妨。」

「道」即應行之道，就是人生應該如何的理想。如果了解人生的理想與價值何在，就可以依此而行，死而無憾，這也是「守死善道」（〈8．13〉）之意。

「夕死可矣」，顯示孔子知生也知死，而這種貫穿生死的道，無異於他一再強調的仁。

了解道理，生命就會產生變化

了解人生理想之後，生命就開始起變化，我們常說不知爲何而戰，爲何而生，爲何而死，這個「道」就是這些問題的答案。早上了解了人生理想，就算晚上要死，也知道自己爲何而死。孔子的道就是仁——人生的過程與目的。如果眞的理解人性向善，死時只要自問是否做到了這些要求，做到了就可以問心無愧，死而無憾。

以孔子的話來說，人不必怕死，但要先了解人生的理想——向善、擇善、至善，這是人生的整個行程。了解這一點，對任何挫折與困難就不會抱怨和逃避了。有些人不明白人生理想，以爲好死不如賴活，不管怎樣只要活著就好，這當然是不對的。死有重於泰山，也有輕於鴻毛，這個道理人人皆知，只不過在日常生活裡，很少有這麼迫切或嚴重的狀況。

有時不免感覺人生很無奈，人到了生命盡頭就會發現「是非成敗轉頭空」，既然如此，這一生爲什麼還要奮鬥呢？因爲奮鬥的目的在內不在外，是爲了對得起自己，是要實現自己與別人之間的適當關係，盡自己的力量去做，做的本身就有意義，而不在於做的效果如何。

人的生命，表面上是自己在決定，事實上，在不知不覺中我們受了很多人的觀念所影響，因此要仔細思考誰在影響自己。如果不曾仔細思考，那就很危險，因爲沒有篩檢的機會，將失去保護自己的能力，這就很可惜了。所以孔子的「朝聞道，夕死可矣」，值得我們深思。

再進而引申，孔子的說法顯示一種宗教情懷。在宗教家看來，一個人最重要的不是做了多少好事，而是有無正確的覺悟。只要內心轉向光明，生命即可當下得到安頓。如佛教所說的「放下屠刀，立地成佛」，就有異曲同工之妙。

儒家思想是理想信念，抑或宗教信仰？

人的生命是一個整體，宗教信仰有時隱而不顯。譬如，在孔子的思想中，可能不會有清楚的宗教定位，但基本上孔子認爲人的信仰，往往是在生命遇上關鍵的時刻才會表現出來。

譬如，一個人一生都很順利，和他談信仰，他會覺得無關痛癢；反之，如果在痛苦、患難之中，或是面臨疾病、死亡的威脅，這時宗教對他來說就很自然了。因此，宗教與人的生命之間有一種互相對應的關係。

孔子的哲學基本上是一個「一以貫之」的系統，他本身是「五十而知天命」（〈2．4〉）。《論語》裡記載他兩次遇到命在旦夕的危機時刻，就把最後的歸依指向天：「天之未喪斯文也，匡人其如何？」（〈9．5〉）「天生德於予，桓魋其如予何？」（〈7．23〉）在生死攸關之際，才知道孔子信的是什麼。所以孔子對宗教信仰平常沒有必要多談，在生命遭遇關鍵的時刻，才會凸顯出它的力量，而且有恰到好處的表達方式。

我們可以說，眞正的哲學絕不會排斥正當的宗教信仰。正當的宗教信仰，不等於迷信，它不是出於恐懼的心理，而是對人生的深刻覺悟。譬如，即使現在一切順利，切記，人的生命有時而窮，終究是會結束的。因此要認眞想一想：生命所爲何來？生命到底有沒有最後的基礎呢？如此非常眞誠去思考自我生命的基礎，最後發現有超越或絕對的力量來支撐自己，這才孕生正當的宗教信仰。

宗教信仰表現出來就是超越自我中心的欲望，即超我、大我、忘我、無我，都是超越。儒家的思想有其超越性，由自我中心，至人我互動，再至超越自我，整個架構的系統一直往上走。它當然有宗教情操，但是並未特別強調這一方面，因爲它不能脫離生命的發展過程。所以，孔子才會回答子路說：「未知生，焉知死？」「未能事人，焉能事鬼？」（〈11．12〉）

〈4．9〉

子曰：「士志於道，而恥惡（ㄜˋ）衣惡食者，未足與議也。」

孔子說：「讀書人立志追求人生理想，卻以簡陋的衣服與粗糙的食物爲可恥，那就不值得與他談論什麼道理了。」

「士」泛指讀書人，在古代的具體目標是培養才德與獲取官位。關於「士」，還可參考〈13．20〉、〈14．2〉。

「而恥惡衣惡食者」，以生活窮困爲恥的人，也顯示其志向卑微。可見在孔子心目中，士應該努力成爲君子。

做爲讀書人，應該追求高尚的理想。《世說新語》上提到，管寧和華歆是好朋友，年輕時一起讀書，一起耕種。某天，管寧看到地上有一塊黃金，就一腳踢開，繼續耕種；華歆卻是拿起來看一看後再丟掉，管寧因此要和他絕交。管寧視黃金如泥土，實在是很有理想的人。

讀書人就是要做有志向的人，否則爲何要讀書呢？立志追求人生理想，卻以粗茶淡飯爲恥，那就不值得與他談論什麼道理了。

〈4．10〉

子曰：「君子之於天下也，無適（ㄉㄧˊ）也，無莫（ㄇㄨˋ）也，義之與比（ㄅㄧˋ）。」

孔子說：「君子立身處世於天下，無所排拒也無所貪慕，完全與道義並肩而行。」

「適」是指敵人的敵，「莫」是指羨慕的慕。「義」是指應行之事。義與道互爲表裡，因此合稱「道義」更爲清楚。義的原意是「宜」，指恰到好處，而任何事情的恰到好處，都需要符合「應該」的要求。譬如，年輕人讓座給老人，就是「宜」，背後的判斷即是「應該如此」。怎麼判斷應該如何呢？這便是擇善的問題了，這在之後還會陸續談到，可參考〈4・16〉、〈18・8〉。

「應該」的判斷就是道義

譬如，管仲和鮑叔牙是好朋友。後來鮑叔牙輔佐齊桓公，當齊桓公問他誰適合擔任宰相時，鮑叔牙馬上推薦管仲。齊桓公剛開始極力反對，因爲管仲當時輔佐齊桓公的政敵，還差點射死齊桓公；又說管仲既愛財又貪生怕死，打仗時一看到敵軍多就先逃跑，做官時有機會貪汙也不會放過，像這種人怎麼可以重用他呢？

鮑叔牙的看法與齊桓公顯然不同，他說管仲打仗時打到一半就逃走，是因爲想到家裡的老母親沒人服事；做官時貪汙，也是因爲需要錢來奉養老母親。鮑叔牙知道管仲的考慮，不是一般所謂的小信、小義、小節。管仲有鮑叔牙這種朋友，眞是值得；管仲後來的表現也果然沒有讓鮑叔牙失望。

人生在世，很難判斷到底應該怎麼做才對，有時是昨是而今非；或是張三應該做的，李四不見得應該做。這就是關於「應該」的判斷，也就是道義。講道義的時候，不要問有沒有利益或是害處，而要問該不該做，求心之所安。當然也不能只看自己心之所安，還要看禮的規範，即內心感受、對方期許、社會規範三個方面，如此才能找出一條正當的路。所以，孔子的思想並不是教條。

〈4・11〉

子曰：「君子懷德，小人懷土；君子懷刑，小人懷惠。」

孔子說：「君子關心的是德行，小人在乎的是產業。君子關心的是規範，小人在乎的是利潤。」

本章要仔細分辨君子和小人的差別，小人處於自我中心的階段，君子已經進到人我互動的階段，德行與規範都是就人我互動而言。

根據孔子的價值觀，人活在世界上的行爲判斷，簡單說起來分三個階段，六個層次，從低而高。第一個階段是自我中心，第二個階段是人我互動，第三個階段是超越自我，這是最難做到的。小人不是壞人，而是沒有立志的人，他們一切的行爲都只看本能的需要，只希望吃飽喝足，過得開心一點，有錢好辦事，這就是自我中心。自我中心階段的價值有兩種，即生存與發展，前者就是活下去，即「小人懷土」；後者就是得到富貴，即「小人懷惠」。

超越自我就是無私

人活在社會上一定有人我互動的層面，從家庭就開始了，但其作法往往需要通過教育才會了解。人我互動層面的價值，第一個是禮法，即「君子懷刑」；第二個是情義，即「君子懷德」。到了超越自我的層次，就要無私，最後再止於至善，這就是孔子的價值觀，共有三個階段、六個層次。

孔子的判斷很明顯，小人都是自我中心，君子就會注意到人我互動層面的要求，人與人相處要有適當的規範做為行為的準則，從這個價值表就知道孔子為何這麼說。

總之，君子與小人對舉，可以看出小人是為了產業而忽略德行，為了利益而不惜破壞規範。反之，君子則以德行與規範為重。換言之，小人處於自我中心階段，君子則進到人我互動階段，還必須努力向超越自我階段提升。有關小人和君子的對比，還可參考〈2·14〉最後一段。

〈4·12〉

子曰：「放（ㄈㄤˇ）於利而行，多怨。」

孔子說：「做人處事全以利益來考量，就會招致許多怨恨。」

「放」即依靠、依照、依循；所以譯為「全以（利益）來考量」。「利」是每個人都要的，因為「利」是自我中心階段追求的，如果每個人都在那個階段追求發展，利益就很有限，你得到別人就失去，結果當然「多怨」，畢竟天下之利有限，難免引人相爭。若是為利而招致仇怨，實乃得不償失，何況又偏離了人生正途（仁）。

社會是一個整體，任何人遭遇痛苦，大家都有或大或小、或深或淺的關係。真要追究責任，很難完全說得清楚。所以基本原則就是任何事情不要完全從利益來考量，偶爾做一些無關個人利益的事，自己會覺得開心，別人也從中受益。

生活有了基本保障之後，偶爾幫別人一些忙，自己也會覺得愉快，因爲這些事更符合人性的要求。朋友或同事看到你的這種表現，也會受到感染而精神振奮，覺得「有爲者亦若是」，這不是美好的經驗嗎？

〈4・13〉

子曰：「能以禮讓爲國乎，何有？不能以禮讓爲國，如禮何？」

孔子說：「能以禮貌謙讓的態度治理國家，治理國家有什麼難呢？不能以禮貌謙讓的態度治理國家，又能用禮做什麼呢？」

「禮」即人際關係的具體規範，「讓」即人與人互相尊重的態度。「禮讓」合稱，則指禮貌謙讓的態度。禮而不讓顯得驕傲，就會喪失禮的本意了。

帶動社會的良性循環

常有人批評權力的傲慢，就與此有關。其實，從政者應該多讀幾遍《論語》，每天早上起來，隨便翻一頁都可以得到啓發。人心都是肉做的，想法都差不多，你讓我一分，我讓你兩分，這是常見的事。如果一步都不讓，一定要爭，那麼誰怕誰呢？反正光腳的不怕穿鞋的，大家都來爭，誰吃虧呢？

這種互相尊重、互相禮讓的態度，往往需要有人發動，誰發動呢？當然是有權力治理國家的人。有權在手，更要禮讓，如此才能帶動整個社會的良性循環。

〈4・14〉

子曰：「不患無位，患所以立。不患莫己知，求為可知也。」

孔子說：「不擔心沒有官位，要擔心的是憑什麼立身處世。不擔心沒有人了解自己，要設法使自己值得讓別人了解。」

古代「位」、「立」通用，在此都指官位而言，不過原文既然用「立」，則立身處世的含義更為周延。「以」是指憑藉。像「為政以德」，就是指從事政治、治理國家要憑藉德行。

人生在世，要擔心的是憑什麼立身處世，不要擔心沒有人了解自己，而要憑本事使自己值得別人了解。如果自己沒有什麼值得被人了解的才能，那不是浪費別人的時間嗎？

相關資料，參看〈1・1〉、〈1・16〉、〈14・30〉、〈15・19〉。

〈4．15〉

子曰：「參乎！吾道一以貫之。」曾子曰：「唯。」子出，門人問曰：「何謂也？」曾子曰：「夫子之道，忠恕而已矣。」

孔子說：「參啊！我的人生觀是由一個中心思想貫穿起來的。」曾子說：「的確如此。」

孔子出去後，別的學生就問曾子：「老師所指的是什麼？」曾子說：「老師的人生觀只是忠與恕罷了。」

本章很重要，孔子提出一個概念，即「吾道一以貫之」，他的整套理想是對人從生到死的一種完整的理解，這樣才能讓人「朝聞道，夕死可矣」（〈4．8〉）。「道」包括行事作風、人生理想、基本學說等。對個人而言，可以用「人生觀」一詞來概括。「一以貫之」是指完整系統或中心思想。這是人的理性發展與實踐心得抵達一定程度時，都會嚮往的境界，而自古以來，只有極少數大智大仁者可以如願以償。

「參」即曾參。孔子說完「參乎！吾道一以貫之」，曾參接下去的回答很糟糕，孔子只好選擇離開。他本來還想再說得詳細一點，曾參卻說「的確如此」，孔子如果再說就缺乏老師的風度了，於是只好立刻離開。更有趣的是，孔子離開之後，曾參還代他發言：「夫子之道，忠恕而已矣。」這麼一說，感覺孔子沒有什麼特別神祕或偉大的思想。

曾參認爲孔子的道是忠恕，並不等於這就是孔子的道，也不代表他違背孔子的想法，但至少說明曾參從孔子學到的心得是忠恕，我們不必完全抹殺他的貢獻。

讀《論語》時，對於孔門學生的話要有所分辨，這些話只代表他們的個人心得，卻未必「完全等於」孔子的想法。因此，「忠恕」代表曾子對孔子人生觀的理解，但不完全就是孔子的人生觀。而且當孔子過世時，曾子才二十七歲，他又是資質較駑鈍的學生（〈11．18〉），即使認眞致力於學與行，仍無法證明他在年輕時就領悟了孔子的一貫之道。曾子後來談到「任重道遠」（〈8．7〉），指出仁與死的關係，則又顯然肯定「仁」才是一貫之道了。

盡己之心，推己及人

何謂忠恕？「盡己之謂忠，推己及人之謂恕。」「忠」即盡心，盡忠職守，盡心去做；「恕」即推己及人，以自己來設想別人的情況。「己所不欲，勿施於人」（〈12．2〉），就是推己及人。所以忠恕只是人我之間相處的關係而已，曾參的理解只在人我互動的層面，完全沒有談到生死的問題。但是孔子的「一以貫之」，如果沒有生死，又憑什麼說：「朝聞道，夕死可矣。」沒有人可以知道自己什麼時候死，或在什麼情況之下死，了解人生理想之後，臨死時就可以判斷，是否爲了仁義而犧牲，這是孔子的基本觀點。

無論如何，曾參至少是個誠實和努力的學生，直到晚年，還一直在進步。真正的哲學一定要問到根本形而上學的問題。譬如，人的死亡是生命消失了，結束了，那麼，眞正的存有是什麼？眞正的實在是什麼？

孔子認爲天是眞正的存有，最後的力量。每個人都會離開世界，但是天永遠存在，這是孔子思想最深刻的部分。只談忠恕，不是把孔子思想看得太膚淺了嗎？相關資料參考〈8．7〉、〈15．3〉。

「一貫」的四個方面

在整部《論語》裡面，按照層次，「一貫」可以分做四個方面。

第一是思想一貫。思想一貫的背景是孔子與子貢的對話，子貢說孔子「多學而識之」（〈15．3〉）。廣泛學習後再記下來，好像思想沒有什麼一貫性，孔子說「予一以貫之」，從這句話可以看出，孔子強調的是要有中心思想，把所有的知識連貫起來，變成一個整體。

第二是知行一貫。知行一貫根據的是曾參的理解，即忠恕，了解之後要去實踐，知道之後要去行動，這是知行一貫。不能知是一回事，知道而不去做，又是一回事。

第三是生死一貫。就是「朝聞道，夕死可矣」。「道」是一貫之道，它可以與死連在一起，生死可以貫通。

最後是天人一貫。這是說孔子面臨死亡威脅時，把人的生命處境與天的要求連貫在一起，所以說「五十而知天命」（〈2．4〉），這就是天人一貫的表達方式。

以上四種「一貫」其實並不是分開的，而是一個整體，整合在人的身上。孔子用「仁」的概念來使現實人生有一個目標、方向，最後達成應該有的目的，即天命。孔子是哲學家，他看到很多人只是活著、成長、結婚、生兒育女、傳宗接代、衰老、生病、死亡，一代一代下去，過著大同小異的生活。這無異於一般生物的生活，這樣的生活好好壞壞都沒有把握，亂世、治世也都靠運氣。

孔子認爲這樣不行，時代怎麼變化，那是一回事；自己要能知道生命的明確意義，需要有一個方向。因此孔子希望能把「仁」字說清楚，讓我們活著的時候，以此「一以貫之」，做爲生命的核心。

〈4．16〉

子曰：「君子喻於義，小人喻於利。」

孔子說：「君子能夠領悟的是道義，小人能夠領悟的是利益。」

「喻」即理解、領悟的意思。在這裡，孔子並不是採取二分法，把天下人分爲兩種，這樣不但不合乎事實，對於人群相處也是傷害。

在孔子的思想中，所謂的「君子」並不是已經完成的人格典型，而是立志要去實現。況且人的進步是慢慢而來的，甚至是無形可見的。事實上，大多數人都是處於這二者之間的。

因此在理解時，要有「動態人生」的觀點，就是把「君子」視爲「立志或努力成爲」君子的人，小人則是「無心或放棄成爲」君子的人。只有這樣理解，才能進一步主張：君子若是懈怠，可能淪爲小人；小人若是上進，可能改頭換面。如此一來，孔子的教育工作才有實質的作用與效果可言。像這種君子與小人截然二分並且完全對立的說法，在《論語》多次見到。

〈4・17〉

子曰：「見賢思齊焉，見不賢而內自省也。」

孔子說：「看見德行卓越的人，就要想怎麼努力像他一樣；看見德行有虧的人，就要反省自己是否也犯同樣的毛病。」

「見賢思齊」已成爲通俗成語，意即見到德才兼備的人就要想向他看齊。「見賢思齊焉，見不賢而內自省也」，這句話雖然簡單，含義卻很深刻，因爲這個社會到處可見喜歡指責別人，而疏於反省自己的人。被指責的人比較幸運，他知道自己有錯，別人也看到了。

保持清醒，看到別人在德行上的表現時，一定要立刻省察自己應該如何改善；能做到如此，天下人都是自己的老師了。可參考〈5．26〉和〈7．22〉：「三人行，必有我師焉。」

沒有人是完美的，也沒有人不能走向完美。因此，人生除了不斷學習與上進，並無其他坦途。

〈4．18〉

子曰：「事父母，幾（ㄐㄧ）諫，見志不從，又敬不違，勞而不怨。」

孔子說：「服事父母時，發現父母將有什麼過錯，要委婉勸阻；看到自己的心意沒有被接受，仍然要恭敬地不觸犯他們，內心憂愁但是不去抱怨。」

「事父母」即服事父母，「事」用在下對上，譬如事君。「幾」即隱微的徵象。在此是指婉轉地配合父母的情緒。「諫」即阻止。譬如國君說錯話，臣子來諫阻，希望國君不要再錯。但如果父母已經做錯了，就談不上阻止了，因為已經做了，再說也無法改變事實，這時子女只好努力行善來彌補父母的過失了。

「勞」是指內心憂愁。父母不聽自己的話，眼看就要犯錯，子女這時感到內心憂愁，但是並不抱怨。內心憂愁，愁眉不展，父母一看不忍心就不做了，這也是一種方法。《孝經》裡面也強調，子女要能夠向父母進諫，就好像大臣向國君進諫一樣，因爲父母也可能做錯事。

服事父母，不違不怨

成爲父母只是生物世界的自然結果，夫妻結婚生子，就自然變成父母了。並不是孩子一生下來，父母馬上就變成道德高尚的人物，所以當然可能犯錯。因此，「天下無不是的父母」，就必須理解成「天下沒有不關懷子女的父母」。

即使父母都關懷子女，也不見得擁有這樣的知識或能力，可以做到適當的關懷。所以，父母雖有好心，但是他們的智慧與作爲，是否能使這份好心恰當地表現出來，則是最大的問題。很多父母想到的只是世俗的價值觀，希望子女走上一條他們認爲比較安穩、愉快的道路，至於子女本身的性向如何，父母未必有時間充分了解。

總之，父母是人，自然可能犯錯，子女最好事先就委婉相勸。如果行不通，仍須謹守不違不怨的原則，除此之外，就只有子女自己努力積德行善了。自此以下共四章談孝，參考〈2．5〉以下四章。

〈4．19〉

子曰：「父母在，不遠遊，遊必有方。」

孔子說：「父母在世時，子女不出遠門；如果出遠門，就必須有一定的去處。」

「遊」在古代有遊學與遊仕，另外自然也有遊歷、遊玩等。一般人多談「父母在，不遠遊」，卻忽略了「遊必有方」四個字，這並非孔子的原意。

古代遠遊時，由於交通不便，要保持聯絡更不可能。「遊必有方」，重點在於不要使父母掛念。今日普遍使用手機，聯絡不是問題，大家都可以做到「遊必有方」。讓父母擔心的反而是所去之處是否安全、所交的朋友是否爲益友了。

〈4．20〉

子曰：「三年無改於父之道，可謂孝矣。」

孔子說：「如果能三年之久不改變父親做人處事的作風，就可以稱得上孝順了。」

本章在〈1．11〉已經說過，凡是《論語》談到父子的地方，今天都應理解爲父母與子女。

「三年無改於父之道」，並不涉及父親的「道」是好還是壞，因爲這與個人的性格有關，是指風格、性格的表現。譬如，父親是大官，任用了一批家臣，兒女三年之內繼續任用，就代表對父親的尊重；三年之後有自己新的一代，老的自然就淘汰了。

〈4・21〉

子曰：「父母之年，不可不知也。一則以喜，一則以懼。」

孔子說：「父母的年紀，做子女的不能不記得。一方面爲他們得享高壽而歡喜，另一方面爲他們日漸老邁而憂慮。」

「一則以喜，一則以懼」，喜與懼同時出現，正是人類情感的特色。能夠見此而思彼，做人處事就會有分寸了。孔子三歲喪父，十七歲喪母，卻能說出如此貼切子女之心的話，可見他的感通能力確實有過人之處。

再如，耶穌只活了三十三歲，他的年紀也不大，但竟然知道人從生到死的過程，知道有些人愈老犯的罪愈多。這些人的偉大在於，他們不必親身經歷所有的事，就可以了解生命是怎麼一回事，這是因爲他們有中心思想——一以貫之，把人生的一切貫穿起來，成爲一個系統。

人的情緒反應往往有兩面，一方面喜，一方面懼，如此一來，對父母的孺慕之情就充分表露出來了。這種說法的用意很清楚，是期許做子女的要把握機會孝順父母，以免將來悔之晚矣。

〈4・22〉

子曰：「古者言之不出，恥躬之不逮也。」

孔子說：「古代的人說話不輕易出口，因爲他們以來不及實踐爲可恥。」

「古者」即古代的人。孔子心目中的古者，顯然是經過選擇，可以做爲示範的人物，所以我們不必想像是否所有古人皆是如此。

「恥」字在《論語》裡面經常出現，也就是我們中國人所看到的幽暗面。中國和西方文化不一樣之處，在於中國人的恥感，西方人則喜歡談罪惡感。罪和恥都是人性的幽暗面，這是研究人的問題時要把握的重點。

罪惡感和羞恥的差別

人有光明面，像之前談到人有向善的良知；但孔子並沒有忘記幽暗面，他也多次談到恥，譬如，某些事會使自己覺得可恥，這個恥也不是什麼可怕的情況，只是覺得不好意思、慚愧、不安。孟子後來說的「不忍」，也是與恥有關的描述。

罪和恥有什麼差別呢？西方對於罪的觀念，要推及至猶太教。猶太教關於罪的觀念開始是一個契約觀念，是神與人之間的契約，一邊是神，一邊是人。神造人之後，神說：「你是我造的，你要聽我的吩咐，伊甸園果子都可以吃，只有這兩棵樹的果子不能吃。」這是合約，講好了就要遵守，但是人後來還是去吃了，也就是毀約，吃了之後，神又能怎麼樣呢？

在這個故事裡，重要的不是人吃了什麼，而是他違反所訂定的契約，於是神人之間的關係斷裂。西方對於罪的觀念有如法律，先有約定，再破壞約定，所以人的原罪就變成一種脫離，與神的永恆的生命脫離了，這就是罪的觀念。這種罪的觀念使人常常覺得有所虧欠，因此一般稱作罪疚或是罪惡感，西方就從這個角度來解釋罪惡。

佛洛伊德說：「很多人因爲罪惡感而犯罪。」這句話說得相當生動，很多人是先有罪惡感然後才犯罪。譬如，別人都說這個孩子一定可以做成偉大的事情，他後來果眞做成偉大的事情。這證明心理暗示作用的力量是很大的。佛洛伊德掌握了這一點，把人性的特殊面貌說得非常深刻。

儒家所說的恥，界定在人與人之間，一個人比不上社會所訂的行爲標準，就會覺得羞愧。別人的責問或質疑，就會讓人覺得不好意思，對於人的生命標準覺得有所虧欠。所以，古代人說話很謹愼，就怕說了之後做不到，無法對人交代，因而覺得羞恥。

〈4・23〉

子曰：「以約失之者鮮（ㄒㄧㄢˇ）矣。」

孔子說：「因爲自我約束而在做人處事上有什麼失誤，那是很少有的。」

「約」即約束、收斂、節制，是指對自己的要求而言。這句話表面看起來很平常，實則含義深刻。孔子強調「約之以禮」，參考〈6．27〉、〈9．11〉。

「約」字代表對任何事情都要收斂。譬如古希臘戴爾菲神殿上有兩句話：「認識自己，凡事不要太過度。」後面一句話就是「約」。所以不論一個人是否曾讀書，有沒有學問，他在行爲上都要經常自我約束。

從約束自己開始，就會減少很多煩惱，人與人相處，話到嘴邊留半句，想說什麼話，收斂一下，說得和緩一點，別人不願意聽的話，說了也沒用；別人聽了之後如果生氣，這樣不是給自己製造困擾嗎？因此與別人相處時，發生任何事情，都要稍微收斂、約束一點，這樣總比放肆要好。

互相尊重，創造人我的良性循環

反過來說，常常約束也會出毛病，一天到晚收斂，可能產生精神上的壓抑，這也不好。所以要卸掉這種心理負擔時，就應該設法通過藝術或是審美的活動來解脫，或是透過身體的體力勞動，通過心智的學習與閱讀，讓自己的生命力得以伸展，這也是一個方法。

孔子曾說，有一個字要終身來做的話，就是「恕」，它是很難做到的，「己所不欲，勿施於人」（〈15．24〉），一輩子這樣做的話，怎麼會有問題呢？自己不願意受到的待遇，就不要以這樣的待遇去對待別人，這樣一來，人我互相尊重，逐漸形成良性循環。任何時候都想到「約」與「恕」，生命就能夠掌握在自己手上。

〈4・24〉

子曰：「君子欲訥（ㄋㄜˋ）於言而敏於行。」

孔子說：「做爲君子，就要努力在言語上謹愼遲鈍，並且在行動上敏捷有效。」

說話容易而實踐困難，所以兩者要兼顧，同時用功。先談言語。言語會到處傳揚，最後可能引發各種複雜的解讀，造成人際關係的誤會與衝突。無心之言也可能帶來可怕的後果，我們能不謹愼嗎？至於行動，則須講究效率，即知即行。行動要配合時機，一旦錯過適當時機，將來要補救也是事倍功半。

〈4・25〉

子曰：「德不孤，必有鄰。」

孔子說：「有德行的人是不會孤單的，他必定得到人們的親近與支持。」

「必」即必定。有「必」字，就代表孔子的信念。爲什麼「德必有鄰」？這是因爲人性向善，所以人們才「必定」親近與支持有德者。若不先相信人性是「向善」的，如何能說「必」字？

「鄰」顯然是對於德的一種肯定與支持。《易經．繫辭傳》說：「出其言善，則千里之外應之。」我說的這句話是善的，千里之外都會有人回應，正是此理。

「德不孤，必有鄰」，這句話說明「人性向善」，每個人對於善都有一種自然的要求或自然的願望，一個人有德，我們自然會去支持及鼓勵他。能不能倒過來說「惡不孤，必有鄰」？一個人做壞事，不但不會有人支持，還有可能衆叛親離。所以人對於所謂的善或惡，會有一種自然的反應，這就是向善的證據。

孔子認爲自古以來有德者，都會有人支持，不是反映事實，而是反映孔子個人心中的信念。《論語》裡面凡是提到「必怎麼樣」，除了假設語句以外，都反映了孔子內心的信念，因此與他的「一以貫之」就有關係了，因爲他的信念是他一貫思想的基礎。

〈4．26〉

子游曰：「事君數（ㄕㄨㄛˋ），斯辱矣；朋友數，斯疏矣。」

子游說：「服事君主若是過於煩瑣，就會招致侮辱；對待朋友若是過於煩瑣，就會受到疏遠。」

「數」即煩瑣。服事君主，對待朋友，如果不能適可而止，原來的一番好意反而造成不良後果。原則上，君與友都是自己選擇的，所以相處特別需要智慧。參考〈12．23〉。

朋友相處要有分寸，對待朋友若是過於煩瑣，就會被疏遠。孔子後來談到「友直，友諒，友多聞」（〈16．4〉）。我們每個人都會有一些畏友，這種朋友一見面就會指出自己最近有些什麼過錯，所以一看到他就覺得緊張。

人一定要有畏友，若是只有一些比較親密的朋友，大家在一起群居終日，言不及義，吃喝玩樂，固然很愉快，但是對自己卻絲毫沒有幫助。

畏友像鏡子一樣，他一說話，我們就照見了自己的眞相，因爲他眞正了解我們。

公冶長篇第五

〈5．1〉

子謂公冶長：「可妻（ㄑㄧˋ）也，雖在縲絏（ㄌㄟˊ ㄒㄧㄝˋ）之中，非其罪也。」以其子妻之。

子謂南容：「邦有道，不廢；邦無道，免於刑戮。」以其兄之子妻之。

孔子談到公冶長，說：「可以把女兒嫁給他。雖然曾有牢獄之災，但並不是他的罪過。」孔子把女兒嫁給了他。

孔子談到南容，說：「國家政治上軌道，他不會沒有官位；國家政治不上軌道，他可以避免受刑與被殺。」孔子把哥哥的女兒嫁給了他。

公冶長，姓公冶，名長，字子長，魯國人，為孔子學生。南容即南宮适，又名韜，是孔子的學生。

「縲絏」是指監獄，「罪」即指違法之事。傳說中，公冶長因為聽得懂鳥語而被誣枉入獄。「子」，古代兼指子與女。孔子認為公冶長雖然曾有牢獄之災，但並不是他的罪過，可以把女兒嫁給他；南宮适可以避免受刑與被殺，於是把哥哥的女兒嫁給了他。

乍看起來，孔子似乎對哥哥的女兒比較好，事實上，他沒有偏見，古代結婚基本上是一種社會行爲，和情感沒有直接關係。孔子的女兒正好到了適婚年齡，公治長出現，就把女兒嫁給他。由於哥哥孟皮較早過世，孔子必須負責安排，把哥哥的女兒嫁給好人家。可見，孔子對於晚輩的婚事安排，也要選擇可靠的人。

「道」即軌道、正道、應行之道。有道與無道的二分法，應該從趨勢上考慮，看它是趨向有道還是無道。自古以來，所有的政治皆必須以這種動態觀點來理解。

孔子很肯定南宮适這個學生，認爲他謹慎而聰明。在〈11．6〉提到：「南容三復〈白圭〉。孔子以其兄之子妻之。」也是指同樣一件事。原來讀詩還有這種好處，居然可以因此得到一個妻子，這眞是古代才會有的事。關於南容，還可參考〈14．5〉。

白圭出自《詩經．大雅．抑》：「白圭之玷，尚可磨也，斯言之玷，不可爲也。」意即：白玉有瑕疵，還可以磨掉；說話有瑕疵，就沒有辦法補救了。由此可見南容很謹慎，說話也都求其恰到好處，所以不會得罪或冒犯別人，也可以長保平安。

〈5．2〉

子謂子賤：「君子哉若人！魯無君子者，斯焉取斯？」

孔子談到子賤，說：「這人是個君子啊！魯國沒有君子的話，他怎麼找得到人幫他忙呢？」

子賤即宓不齊，字子賤，魯國人，小孔子三十歲，是孔子的學生。子賤治理單父縣的時候，德治教化皆爲一時之盛。原因是他知人善任，這同時也印證了魯國有不少人才。

一個社會要想發展，必須以人才爲本。今天民主時代對人才較難肯定，讓其發揮才華的機會也很有限。

孔子認爲君子也是「同聲相應，同氣相求」，彼此合作才能對社會有所貢獻。因此，我們不必對社會失望，反而應該像子賤一樣懂得廣泛結交像君子這樣的人才，大家互相鼓勵，攜手合作。

〈5．3〉

子貢問曰：「賜也何如？」子曰：「女（ㄖㄨˇ）器也。」曰：「何器也？」曰：「瑚璉（ㄌㄧㄢˇ）也。」

子貢請教說：「賜的表現如何呢？」孔子說：「你是一種器具。」「什麼器具呢？」孔子說：「是宗廟裡面貴重的瑚璉。」

子貢大概聽到孔子稱讚子賤，心裡頗爲羨慕，就想知道孔子對他的看法如何。「女」即「汝」；「器」是指有特定用途的器具。「瑚璉」指宗廟裡面的玉器，用來盛裝黍與稷。

這個比喻說明子貢上得了檯面，畢竟宗廟之祭是國家的大祭，像子貢這樣的人才除了年齡成熟，穿上禮服很上相之外，他的智慧、語言、行爲都中規中矩。不過，孔子雖然肯定子貢是個專業人才，但還希望子貢能在成德上努力，這也是孔子的言外之意。

〈5・4〉

或曰：「雍也，仁而不佞（ㄋㄧㄥˋ）。」

子曰：「焉用佞？御人以口給（ㄐㄧˇ），屢憎於人。不知其仁，焉用佞？」

有人說：「雍這個人，可以行仁，但是口才不夠善巧。」

孔子說：「何必需要口才善巧？以伶俐口才與別人爭論，常常引起別人的厭惡。我不知道他是不是行仁，但是何必需要口才善巧？」

「雍」即冉雍，字仲弓，魯國人，小孔子二十九歲，名列於德行科（〈11・

3〉），是孔子最好的學生之一。

「仁」指行仁。《論語》以「仁」字形容人品時，都有動態含義，亦即走在仁的道路上。簡單說來，這是指「人之道」而言，需要「擇善固執」。「仁」如果指「人之成」而言，則已達完美人格，而這是孔子所未見的。

「佞」即口才善巧。孔子的學生有言語科，可見孔子並未忽視言語表達的重要性，但如果光是賣弄口才，就不值得一談了。

「御」即禦。有時說話太直接，傷害別人之後，別人當時不能夠反駁，沒辦法替自己辯護，以致引起怨恨。因此，一個人說話要常常想到後果，不是說了就贏了。今天贏了，怎麼知道將來會怎麼樣呢？

由本章看來，孔子對人的言語方面一向很謹慎，能言善辯者反而要小心，雖可以憑藉著自己的口才，讓別人無法反駁，但別人口服卻未必心服。可見，孔子對行仁的要求是很高的。

〈5・5〉

子使漆雕開仕。對曰：「啓斯之未能信。」子說（ㄩㄝˋ）。

孔子安排漆雕開去做官。漆雕開回答說：「啓對於做官還沒有信心。」孔子聽了很高興。

漆雕開，姓漆雕，名開，原名啓，小孔子十一歲。

漆雕開有自知之明，孔子認爲他可以去做官，但是漆雕開對自己有更高的期許。換句話說，一個人的自我期許可以很高，甚至讓老師也覺得，學生的期許超過想像。

《論語》裡面很少看見孔子笑，漆雕開的謙虛上進，欲求更上一層樓的志向，能夠反省及了解自己，知道還需進德修業，而不急著做官。這種自我要求的態度正是孔子所樂見的。

本章的「啓」字，有些版本寫成「吾」。按《論語》慣例，學生對老師說話，都是直稱自己的名字，而不會自稱爲「吾」。

〈5．6〉

子曰：「道不行，乘桴（ㄈㄨˊ）浮於海。從我者，其由與？」子路聞之，喜。子曰：「由也，好勇過我，無所取材。」

孔子說：「我的理想沒有機會實行，乾脆乘著木筏到海外去。跟隨我的，大概就是由吧！」子路聽了喜形於色。

孔子說：「由啊！你愛好勇敢超過了我，但是沒有地方可以找到適用的木材啊！」

這段話是孔子的感嘆，因爲孔子早已發現，他不是不願意做官，而是沒有人任用他。當時的百姓一定要文武全才，還要有人提拔，才有機會做官。孔子是傑出的人才，精通五經六藝，沒有做官實在可惜，所以才會有感而發地說：「道不行，乘桴浮於海。」

這裡的「道」，就個人而言，是人生觀或理想，亦即個人對於世間一切「應該如何」的體認。

孔子的理想沒有機會實行，當然覺得遺憾。「浮於海」的目的是要遠赴海外，就像後來孔子「欲居九夷」的念頭。去海外並不是做船伕、做漁民，而是到一個比較落後偏僻的地方。

關於這一點，可以對照另一段資料。孔子想到九夷住，有人說那種地方很簡陋，怎麼能住呢？孔子說：「君子居之，何陋之有？」（〈9．14〉）意即君子去住的話，怎麼會嫌簡陋呢？

九夷是指偏遠落後的地區。古代黃河流域的文明開發得比較早，長江流域比較晚，吳越江浙一帶接近南蠻之地。

師生共赴理想的相惜之情

孔子想要離開魯國這個當時文明程度比較高之地，到一個比較落後的地方，他認爲去那些地方可以從事教育工作，重新培養人才，所以簡陋不是問題，只要有君子在，就不嫌簡陋。

再回到本章，孔子認爲能夠跟隨他的只有子路，這對子路來說無遺是很大的肯定。子路「聞之喜」，他大概是喜形於色，不然孔子怎麼會馬上提醒他「好勇過我，無所取材」呢？

關於「取材」，桴需要木材，到哪裡找適用的木材呢？這裡混合了事實與比喻，顯示師生之間共赴理想的相惜之情。

關於本章的解釋，一直有爭議。我暫且列舉二例。

其一，有人譯爲：孔子說：「子路好勇過我，但他不能夠判斷什麼是對，什麼是錯，什麼是眞，什麼是假。」把「材」當作「裁」，裁斷事理。

其二，把「無所取材」念成「無所取哉」，說「子路這個學生好勇超過我，但是一無可取」。

這兩個翻譯似乎都有點牽強。孔子的性格是非常溫和的，對學生始終充滿鼓勵、期許，絕不會說出像上面這兩種話來。子路即便不能裁斷事理，卻也是被孔子引導而犯的錯誤，這麼一來等於故意誤導子路，讓子路顯示他的弱點，然後再來批評，實在是有失老師的厚道。所以，這兩個說法都不公平。

我的解釋是，前面既然是比喻，後面就用比喻來結束。意指子路好勇超過我（孔子），但是找不到合用的木材，因爲要乘桴浮於海，「桴」一定要很特別，如果木筏沒有造好，到了海上反而容易造成海難。因此，孔子才會認爲「乘桴浮於海」，就需要特別的木材。

孔子對子路的肯定，可參考〈9．27〉、〈12．12〉。

〈5．7〉

孟武伯問：「子路仁乎？」子曰：「不知也。」又問。子曰：「由也，千乘（ㄕㄥˋ）之國，可使治其賦也，不知其仁也。」「求也何如？」子曰：「求也，千室之邑，百乘之家，可使為之宰也，不知其仁也。」「赤也何如？」子曰：「赤也，束帶立於朝，可使與賓客言也，不知其仁也。」

孟武伯請教：「子路達到仁的標準了嗎？」孔子說：「我不知道。」他再度請教。孔子說：「由啊，一個諸侯之國可以派他帶領軍隊，但是我不知他是否可以行仁。」「求，怎麼樣呢？」孔子說：「求啊，一個卿大夫的領地可以派他擔任家臣，但是我不知他是否可以行仁。」「赤，怎麼樣呢？」孔子說：「赤啊，他穿戴整齊在朝廷上，可以派他與貴賓談話，但是我不知他是否可以行仁。」

赤，姓公西，名赤，字子華，又稱公西華，孔子學生，魯國人，小孔子四十二歲。

孟武伯聽說孔子稱揚「仁」，又不知其意，所以舉孔子的學生來請教。他的問話是比較空泛的「仁的標準」，事實上，孟武伯根本就不知什麼叫仁，他只知道有這個概念。

孔子說「不知」，是因爲「仁」在此是指擇善固執，要一生努力培養完美人格，必須到蓋棺才能論定。孔子很直接，回答「不知道」，因爲行仁是一輩子的事，怎麼可能在學生還這麼年輕時就加以判斷呢？孔子都嘗自言：「若聖與仁，則吾豈敢？」（〈7．34〉），他怎麼會說他的學生達到行仁的標準了呢？

即使做大官，也不見得能行仁

孔子的三個學生各有優點，都可以出來做官。

第一個是子路，可以帶領軍隊。子路很喜歡從事軍事方面的研究，以及帶領軍隊作戰。「治」也作「持」，「賦」即稅收。古代軍隊作戰要收稅，管理稅收才能讓軍隊有糧食和兵器去作戰，所以把「治其賦」當作帶領軍隊，這是特殊用法。

第二個是冉有，冉有可以做家臣，「宰」就是家臣。宰相，可以看作是古代中國社會的一個宗教遺跡。古代祭祀是和祖先、天地聯繫的紐帶，是與源遠流長的祖先、生命的來源建立關係。當時的祭祀，需要有人負責宰殺牛隻，負責宰牛的官就叫「宰」，因此，最高的官叫做宰相。百姓是現在活著的百姓，治理百姓的官員反而是次要的。

「家」，大夫才有家，冉有在大夫之家可以當家臣，也就是總管。冉有後來也確實做到家臣。

第三個是公西華，這個學生特別研究禮儀，他可以做外交官。

孔子的這三個學生分別代表軍事、政治、外交三方面的人才，各有特色。

總之，每個人在社會上都可以因其專長而成爲人才，但行仁是最難的事，因爲它與人的生命歷程有關，即使做了大官，不見得都可以達到行仁的境界。做不做官是靠機緣巧合，而行仁則是每個人一輩子都要努力的，這叫「一以貫之」。「仁」是人生的理想、人生的原則，代表整體生命的最後目的。孔子這段話的用意在此。

〈5．8〉

子謂子貢曰：「女（ㄖㄨˇ）與回也孰愈？」對曰：「賜也何敢望回？回也聞一以知十，賜也聞一以知二。」子曰：「弗如也，吾與女弗如也。」

孔子對子貢說：「你與回，誰比較優秀？」

子貢回答說：「賜怎麼敢和回相比？回聽到一個道理可以領悟十個相關的道理；賜聽到一個道理只能領悟兩個相關的道理。」

孔子說：「是比不上，我與你都比不上。」

子貢最喜歡評論別人的優劣（〈14．29〉），孔子就故意問他，與顏淵相比，誰比較優秀？子貢不愧是個會說話的人，不但回答得非常得體，也頗有自知之明。

子貢知道顏淵是孔子最好的學生，於是便回答說顏淵是「聞一知十」，可以對一個道理領悟透徹、觸類旁通，無所遺漏；而他自己只能「聞一知二」，對一個道理的領悟，有相當的把握，但是還達不到透徹與周全的程度。

顏淵不但本性淳厚，聰明好學，並且努力劍及履及；不料卻短命而死，實在遺憾，這對於孔子的思想闡述是很大的損失。當顏淵死時，孔子說「天喪予」（〈11·9〉），意即顏淵死了，就好像天要滅絕孔子的路一樣。

其他學生都沒有特別發展孔子的思想，只有曾參發展了老師部分的學術心得，把這些心得傳下去，形成一個教育傳統，儒家因此還有影響力。一直要到孟子出來之後，這個思想才得到較大的發展。

學生不必一定不如老師

子貢說「聞一知二」當然是自謙之詞，知道自己的領悟力沒有顏淵高。孔子聽了，也不忍心再說什麼，就說：「弗如也，吾與女弗如也」，「與」指我與你。

孔子這句話同時肯定了兩個學生。就老師不必各方面都勝過學生而言，做為老師可以這樣安慰學生，孔子做出了表率。換句話說，孔子也覺得自己有時候比不上顏淵。

《莊子》裡多次推崇顏淵，認為顏淵比孔子領悟力更高；孔子也覺得學生不必不如老師。如果學生一定都比老師差，豈不是一代比一代更差，那還有什麼希望呢？

〈5·9〉

宰予晝寢。子曰：「朽木不可雕也；糞土之牆不可杇（ㄨ）也。於予與何誅？」

子曰：「始吾於人也，聽其言而信其行；今吾於人也，聽其言而觀其行。於予與改是。」

宰予在白天睡覺。孔子說：「腐朽的木頭沒有辦法用來雕刻，廢土砌成的牆壁沒有辦法塗得平滑。我對予有什麼好責怪的呢？」孔子又說：「過去我對待別人，聽到他的說法就相信他的行爲；現在我對待別人，聽到他的說法，還要觀察他的行爲。我是看到宰予的例子，才改變態度的。」

「晝寢」即白天睡覺。爲什麼宰予白天睡覺會如此嚴重呢？古代沒有電燈，因此要把握寶貴的白天時間才能工作；晚上只有油燈，不太方便做事，更遑論讀書了。在正常情況之下，除非生病或有特殊作息（如上夜班），否則白天睡覺就是志氣昏惰的表現。以今天的情況來說，短暫的午睡應該不在此列。

宰予白天睡覺，不是因爲生病，就代表他偷懶，這在當時是難以想像、不可容忍的事情。古代君子白天是不進臥房的，有時在客廳接待客人，不是工作就是讀書，從事正常的活動。

所以，孔子很難接受宰予白天睡懶覺的行爲，才會語重心長地說：「朽木不可雕也，糞土之牆不可杇也。」這兩句比喻都是扣緊內心的眞誠狀態而言，木與牆都是本身素材不好，很難使之美化。

對人要聽其言，更要觀其行

「始吾於人也，聽其言而信其行……」這一段，說明孔子爲人厚道，不知別人會欺騙他，直到現在才知道。

宰予對孔子的影響是，讓孔子變得聰明，他以前是聽到別人的話就相信，很天眞；現在聽到別人的說法，也會同時觀察對方的行爲。因爲宰予是言語科的高材生，想必很容易言之有理，連孔子都以爲他可以言行合一，事實上卻未必如此。

關於宰予的其他事，還可參考〈3・21〉、〈6・26〉、〈17・21〉。

〈5・10〉

子曰：「吾未見剛者。」或對曰：「申棖（ㄔㄥˊ）。」

子曰：「棖也欲，焉得剛？」

孔子說：「我不曾見過剛強的人。」有人回答說：「申棖就是一位。」

孔子說：「棖有不少欲望，怎麼做得到剛強呢！」

申棖即申堂，字周，魯國人，孔子的學生。

欲望從「自我中心的」到「非自我中心的」

「無欲則剛」一詞即出自本章。一個人沒有欲望，別人就無法勉強他做不該做的事；有欲望之後就容易遷就。譬如，一個人想得到官位，只好拜託別人幫忙，那就可能受制於別人；反之，不把官位放在心上的人，才能像包青天一樣公正廉明。

由此可見，有欲則受制於外，無欲則無待於外，但是又非消極無爲，而是能夠剛強，可以積極進取，但也不可因而陷於狂妄的後遺症。

有欲與無欲的二分法，其實並不多見。我們能做的，是將欲望由「自我中心的」調整爲「非自我中心的」。

譬如，一個公務員奉公守法，如果他希望升官發財，就可能對某些事縱容，因而也難以剛強下去；如果他只想盡忠職守、服務百姓，則心中自有快樂之源，在原則上也能剛正不阿，這就是「無欲則剛」。換言之，無欲不是沒有任何欲望，而是沒有偏私的欲望。

關於「未見」，可參考〈5．26〉。

〈5．11〉

子貢曰：「我不欲人之加諸我也，吾亦欲無加諸人。」

子曰：「賜也，非爾所及也。」

子貢說：「我不願意別人加在我身上的，我也但願自己不要加在別人身上。」

孔子說：「賜，這還不是你做得到的。」

本章是子貢提出他個人的志向，孔子做了點撥。

子貢表明自己的志向，目標就是孔子所說的「己所不欲，勿施於人」（〈12．2〉、〈15．24〉）。但是，這種志向說起來容易，做起來困難，因此志向要以一生的努力去實現。

「吾亦欲」顯示其主動，意即志向很好，但不是說完就算了。子貢的口才很好，能把許多話說得頭頭是道，但是做的時候不見得完全落實。除了目標很難達成之外，可能還有一個理由，就是子貢用了「吾亦欲」來表示「主動願意」，因而比「勿施於人」之單純的勸誡與禁止，更爲困難多了。孔子的話不是澆冷水，而是提醒他不可低估挑戰。

要做到這一點，必須把別人和自己劃上等號，亦即把別人當成自己來看。但天下人都是「別人」，我們又怎能在所有與人交往的場合，都實現這種要求呢？並且，人際關係是多樣而複雜的，要使每一種關係都能適當實現，有時力不從心，有時互相衝突，有時顧此失彼。子貢似乎是小看這些困難了。

〈5・12〉

子貢曰：「夫子之文章，可得而聞也。夫子之言性與天道，不可得而聞也。」

子貢說：「老師在文獻與修養方面的成就，我們有機會可以聽到；老師關於人性與天道的說法，我們就沒有機會聽到了。」

本章是子貢個人的學習心得。「文章」一詞不是今天我們所熟知的用法，「文」是文獻，「章」指修養表現於外，讓別人可以看到。兩字合起來，就是表現於外的知與行，尤其指燦然可觀者。

「夫子之言性與天道，不可得而聞也」，後代學者根據這句話，認爲《易傳》繼承孔子的思想而「發揮天道」，孟子則依據這一點進而「發揮人性」。因爲《易傳》裡面談了有關天道的思想，如「一陰一陽之謂道，繼之者善也，成之者性也」，「易有太極，是生兩儀，兩儀生四象」等等，這些一路下去，是偏向天道的，而孟子則針對人性提出精彩的論述。

以上這種理解不一定完全正確。子貢個人對此較有心得，因此《論語》裡面出現與「天道」有關的討論，大部分都與子貢有關，也就是說子貢是唯一發現天道重要性的學生，算是非常特別的一個。

孔子的「仁」是基於他對人性的觀點，所提出的人生應行之道。有此性，才有此道，如《中庸》所云：「率性之謂道。」人性也是人類社會現象背後的先驗根據。在此，子貢感嘆未曾聽到老師直接談論人性。

至於「天道」一詞，側重的是天的客觀規則與天對人世的禍福效應，代表宇宙存在的根源。人活在世界上，如果了解「道」，在遇到生命危險時有天做爲支持，就不用擔心，這就是天道的意義。

孔子在《論語》裡面從來沒有說過「天道」二字，他說的比較多的是天命。天命則偏重人對天意的主觀領悟與實踐天意的責任，如孔子「五十而知天命」（〈2・4〉）。孔子的天命觀如何由當時流行的天道觀推衍而成？這是子貢特別想了解的。因此，爲了深入明白仁與天命，必須先懂得人性與天道。子貢能夠同時提出這兩點，已經是極爲寶貴的心得了。

〈5・13〉

子路有聞，未之能行，唯恐有聞。

子路聽了做人處事的道理，還未抵達能夠實踐的程度以前，就只怕自己又聽到新的道理。

做人處事的道理永遠也聽不完，是一生的考驗，實踐的過程至少要努力一段時日，有「能行」的把握以後，再去學習新的。

聽了之後就要去做，光聽而不做，將會有兩種可能。第一，道理聽久了，會以爲自己已經做到了。譬如經常說要幫助別人，說多了會有一種自我催眠作用，覺得自己做得不錯了。第二，道理聽久了，但自己又做不到，會感到內疚，覺得自己很差勁，甚至最後自暴自棄，認爲自己不可能改善了。

這兩種可能性都是負面的。子路雖然個性有些莽撞，但是他聽到該做的事還沒做到時，很怕又聽到新的教訓，就好像欠債永遠還不了一樣，壓力很大。能夠這樣，已經難能可貴了。

〈5．14〉

子貢問曰：「孔文子何以謂之『文』也？」子曰：「敏而好學，不恥下問，是以謂之文也。」

子貢請教說：「孔文子憑什麼得到『文』的諡號？」孔子說：「他聰明又愛好學習，並且不以放下身段向人請教爲可恥，所以得到『文』的諡號。」

孔文子即衛國大夫孔圉，「文」是其諡號。諡號是人死之後所得的名號，古代根據一個人一生表現的特色，死後給他一個尊稱，通常是取其優點來表彰。譬如勇、文、德、孝，這些都是謚號。孔文子「敏而好學，不恥下問」，所以得到文的謚號。

「文」這個謚號，還可參考〈14．18〉：公叔文子之臣大夫僎與文子同升諸公。

子聞之曰：「可以爲『文』矣。」

「文」有六個等級，即經緯天地、道德博厚、學勤好問、慈惠愛民、愍民惠禮、錫民爵位。孔文子的「文」就代表學勤好問。

「下」是指向比自己年齡小、輩分或官位低的人請教。雖有上下之區分，但是好學者是不會在意這些的。不管身分、角色、年齡、輩分，只要別人懂得比自己多，就向他請教。

在孔子眼裡，一個人好學就是不簡單的了。《論語》裡「好學」總共出現過四次，第一次是說君子（〈1．14〉）；第二次是說孔子自己（〈5．27〉）；第三次是說顏淵（〈6．3〉）；第四次就是說孔文子。

〈5．15〉

子謂子產：「有君子之道四焉：其行己也恭，其事上也敬，其養民也惠，其使民也義。」

孔子評論子產，說：「他有四種行爲合乎君子的作風：容貌態度保持恭謹，服事君上出於敬意，照顧百姓廣施恩惠，役使百姓合於分寸。」

子產即鄭國大夫公孫僑，字子產，在鄭國擔任執政卿相二十二年。

在春秋初期，鄭國的國勢很強盛。孔子說子產表現君子作風，這個君子當然是配合子產卿大夫的身分，站在統治階級的角度來看的。子產位高權重，卻能夠做到「恭」、「敬」、「惠」、「義」，實在不容易。這四種作風裡面，養民、使民是古代的政治領袖應該做到的事。

《論語》中談到「君子之道」還有一處，就是〈14・28〉：「仁者不憂，知者不惑，勇者不懼。」子產的表現合乎君子之道，這個「君子」主要是描寫統治者；另外所說的君子之道，則專就人格典型而言，是每一個讀書人都要努力以赴的。

在《中庸》裡，把「智、仁、勇」稱為「三達德」，也就是走上人生正途的三種修養。

〈5・16〉

子曰：「晏平仲善與人交，久而敬之。」

孔子說：「晏平仲很懂得與人交往的道理，交往愈久，別人愈敬重他。」

晏平仲，名嬰，又稱晏子，齊國大夫。「晏子使楚」是我們耳熟能詳的故事。孔子三十五歲時，旅居齊國，齊景公有意任用他，後因晏嬰的反對而作罷。

晏子爲什麼反對任用孔子呢？一方面因爲孔子是魯國人，他的儒家觀念未必適合用在齊國；一方面齊國有本身政治的特色與發展，孔子再怎麼傑出，也未必可以在那裡一展抱負。

「久而敬之」有兩種解釋：其一，久而人敬之，時間愈久，別人愈敬重他；其二，「之」指別人，意即他很懂得與人交往，交往愈久愈尊重別人。

第一種解釋比較合理。俗話說「見面不如聞名」，認識一個人愈久，愈容易發現他的缺點，最後可能覺得他比自己還差。與人交往愈久，別人愈不尊重他，這種人就是不懂得與人交往。

人與人交往，往往喜歡推心置腹，把心裡面的話毫無保留地傾訴。事實上，人與人交往還是要「約」，即約束，懂得收斂，把握分寸。兩個人交往久了，彼此關係非疏即親，還能保持敬意，才是難得。所以，我們做人處事，對自己有原則，對別人有分寸，這是孔子所強調的一貫態度。

〈5．17〉

子曰：「臧文仲居蔡，山節藻棁（ㄓㄨㄛˊ），何如其知也？」

孔子說：「臧文仲供養大龜的屋子裡，柱頭刻成山的形狀，梁上短柱則畫著海藻，這怎麼算得上大家所說的明智呢？」

臧文仲，即魯國大夫臧孫辰，謚號文。

「蔡」是指大烏龜，古代有蔡國，專門出產烏龜。烏龜被當作有靈之物，叫做靈物，可以用來占卜。那時的人想要知道天意，占卜是很重要的方法。

商朝每個王都有占卜，譬如天子想出兵打仗，就把烏龜殼放在火上烤，看哪一邊先裂開，就知道應不應該這麼做。占卜之後，打這場戰爭就具有合法性；如果沒有經過這道手續，打仗就是窮兵黷武。遷都也是一樣，夏朝、商朝就靠著這種方式，先後維持了一千多年。

到了春秋時代還是一樣，很重視烏龜。臧文仲供養大龜的屋子裡，「山節藻梲」，目的無非是希望使烏龜住得舒服一點，有賓至如歸的感覺。但是把烏龜住的房間布置得和海邊、山邊一樣，這樣做算得上明智嗎？孔子並不贊成。一方面這樣做太奢侈；另一方面是花那麼多人工去照顧烏龜，對百姓反而沒那麼重視，就會淪爲「不問蒼生問鬼神」的情況。

〈5．18〉

子張問曰：「令尹子文三仕爲令尹，無喜色；三已之，無慍色。舊令尹之政，必以告新令尹。何如？」子曰：「忠矣。」曰：「仁矣乎？」曰：「未知，焉得仁？」

「崔子弒齊君，陳文子有馬十乘，棄而違之。至於他邦，則曰：『猶吾大夫崔子也。』違之。之一邦，則又曰：『猶吾大夫崔子也。』違之。何如？」子曰：「清矣。」曰：「仁矣乎？」曰：「未知，焉得仁？」

子張請教說：「楚國宰相子文，三次出任宰相，沒有得意的神色，三次從宰相去職，也沒有不悅的神色。去職時，一定把過去的政務，告訴接任的宰相。這個人怎麼樣？」孔子說：「盡忠職守。」再問：「他達到仁的標準了嗎？」孔子說：「不知道，怎麼能說是合乎行仁的要求了呢？」

「崔杼以下犯上，殺了齊莊公。陳文子有四十匹馬，全部放棄了，離開齊國。到了一個國家不久，就說：『這裡的執政者與我們的大夫崔子差不多。』再度離開。到了另一個國家，不久又說：『這裡的執政者與我們的大夫崔子差不多。』然後又再離開。這個人怎麼樣？」孔子說：「潔身自愛。」再問：「他達到仁的標準了嗎？」孔子說：「不知道，怎麼能說是合乎行仁的要求了呢？」

子文即鬬穀，字於菟，楚國的宰相稱為令尹。崔子即崔杼，齊國大夫，弒其君莊公。這件事發生在孔子四歲的時候，崔杼後來所立的是齊景公。陳文子，名須無，齊國大夫。

楚國宰相子文三上三下，臉色皆與平日無異，這實在很不簡單。《莊子．田子方》裡提到類似的故事：別人問子文，當宰相怎麼一點也沒有高興的樣子呢？他說，如果高興的話，表示宰相的職位比他重要，那應該是宰相那個職位高興，他有什麼好高興的呢？他還是原來的他啊。如果當宰相就高興，沒有當就難過，那他豈不是受宰相之職所影響嗎？應該是他來當宰相，而不是宰相來當他。這些都是很有智慧的話。當他去職時，一定會把過去的政務告訴接任的宰相，這就更不簡單了。

行仁的要求

孔子很推崇仁，但是哪裡有眞正具體的行仁者呢？誰合乎仁的標準呢？大家只要看到一個人很傑出，就問孔子有沒有達到仁的標準。這些人都不理解孔子的意思，孔子的「仁」是「人之道」，是一生都要努力去完成的。

崔杼弒莊公，因爲齊莊公荒淫好色。陳文子離開齊國，放棄了四十匹馬，等於連財產都不要了，遷居到別的國家。去了之後很失望，因爲每一國裡都有像崔杼這樣的人，可見春秋時代已經亂了規矩。一知道有像崔杼這樣的官員，他就離開，表示他非常清高，所以孔子說他是潔身自愛。

在子張看來，「仁」是堅持某一德行到極高的程度（如忠、清），所以才提出這兩個問題，因此譯文爲「仁的標準」。但是，孔子的回答卻是側重「行仁的要求」，這是需要擇善固執與蓋棺論定的，不能只以一種德行來界定。

〈5・19〉

季文子三思而後行，子聞之曰：「再，斯可矣。」

季文子每件事都要考慮許多次才去做。孔子聽到這種描述，說：「考慮兩次也就可以了。」

季文子即季孫行父，魯國大夫。他在孔子出生前十三年已卒，因此孔子所聽到的是別人的描述。

「三」字在古代經常代表多數；孔子認爲考慮兩次就可以了。任何事情要想該不該做，怎麼做，考慮太多，最後發現還是第一個念頭最好，反而浪費時間。

在本章，孔子的意思是做事不要猶豫不決，把時間浪費在思想、權衡得失上，而是該做就立刻放手去做，想多了反而會錯失行動的時機。

〈5・20〉

子曰：「甯（ㄋㄧㄥˋ）武子邦有道則知（ㄓˋ），邦無道則愚。其知可及也，其愚不可及也。」

孔子說：「甯武子在國家上軌道時，顯得很明智；在國家不上軌道時，就變得很愚笨。他的明智，別人趕得上；他的愚笨，別人趕不上。」

甯武子即寧俞，衛國大夫。

甯武子在國家上軌道和不上軌道時，表現截然不同，一下明智，一下愚笨，但孔子卻讚許他，因爲在國亂民危時，愚笨反而可以得到保安；國泰民安時，政治上軌道，聰明才智就可以充分發揮。

國家混亂時往往奸佞當道，愈聰明的人愈容易惹禍上身，此時聰明者就要裝糊塗。鄭板橋很喜歡「難得糊塗」這四個字，正是此理。人生在世，有時候要難得糊塗，不要太計較，什麼事都分得太清楚反而容易遭怨，帶來後患。關於邦有道和邦無道的表現，可參考〈15．7〉。

智與愚要看情況而定

在整本《論語》裡，這是孔子很難得的觀察，有一點道家的傾向。道家的思想在亂世出現，提醒人要裝得傻一點、笨一點，太聰明就會有危險。可見孔子對道家的思想還是可以欣賞的，雙方並不是勢不兩立，兩種立場不一樣卻有可以互補之處。況且人是一樣的人，生活是一樣的生活，智慧的層次有高有低，最主要是看你的心思置於何地，怎麼運用而已。

「視其所以，觀其所由，察其所安。人焉廋哉？人焉廋哉？」（〈2．10〉），這就是孔子表現出來的智與愚，要看情況而定，有時候明哲保身是必要的。像孔子說要「乘桴浮於海」（〈5・6〉），要「居九夷」（〈9・14〉），離開政治紛亂的地方，也是明哲保身，以待將來有好的國君出現。

我們平常說一個人愚不可及，意思是某人笨得不得了，想趕都趕不上。本章孔子所談的「愚不可及」卻是好事，是聰明過人的表現，裝得像眞的一樣，可以避免不必要的犧牲，的確是大智若愚。

〈5・21〉

子在陳，曰：「歸與！歸與！吾黨之小子狂簡，斐然成章，不知所以裁之。」

孔子在陳國時，說：「回去吧！回去吧！我們家鄉的學生們志向高遠、奮發進取，基本修養已經頗爲可觀了，只是還不知道裁度事理的原則。」

陳國即現在的河南淮陽縣。孔子周遊列國時，所走的路線大概就是魯國、曹國、宋國、陳國及匡，也就是現在山東、河南一直到山西邊境一帶。

孔子在陳國的時候，非常不順利，又碰到戰爭，可以說是動彈不得，所以他想回到自己的家鄉。「歸與！歸與」，就是「不如歸去」，畢竟人不親土親，鄉音、人緣、地緣、血緣，同鄉人都比較親切。

「吾黨之小子狂簡，斐然成章，不知所以裁之」，這裡分為三個階段，「狂簡」，指志向而言；「斐然成章」指經過一段學習與努力的過程，顯示可觀的成績；「所以裁之」，屬於應用的智慧，猶如「擇善」之擇，必須靠孔子因材施教，隨機提點。

孔子的學生，志向高遠，奮發進取是沒有問題的，這是第一步；第二步，不斷地跟著孔子念書，隔一段時間之後就會斐然成章，基本修養已經頗有可觀，能夠彰顯出各自的成就，但是他們還不知道裁度事理的原則。

我們也可以這麼理解：「狂簡」是對應孔子「吾十有五而志於學」；「斐然成章」對應「三十而立」，已經頗有可觀了；「不知所以裁之」對應「四十而不惑」，孔子的學生大多數還沒有到四十歲，尚未達到「不惑」。

孔子簡單的話，對照他生平的經驗與步驟，正好可以分三個階段來理解：第一，要有志向；第二，努力念書；第三，能夠判斷事理。

〈5・22〉

子曰：「伯夷、叔齊不念舊惡，怨是用希。」

孔子說：「伯夷與叔齊心中不記著別人過去的惡行，別人對他們的怨恨也就很少了。」

伯夷、叔齊是殷代末年孤竹國的國君之子，因爲互以王位相讓，一起逃往西伯姬昌（周文王）的領地，勸阻武王伐紂而未成，後來武王滅商，他們兄弟不願「食周粟」，餓死於首陽山。

即使他們的下場看似悽慘，但是後代仍有很多人稱讚他們，因爲他們代表忠與清。孔子對他們也是很肯定的，《論語》裡面至少有好幾處提到。相關資料，可參考〈7·15〉、〈16·12〉、〈18·8〉。

〈5·23〉

子曰：「孰謂微生高直？或乞醯（ㄒㄧ）焉，乞諸其鄰而與之。」

孔子說：「誰說微生高直爽？有人向他要一點醋，他去向鄰居要來給人。」

微生高，姓微生，名高，魯國人。一般人都認爲微生高很直爽，眞誠而正直，但孔子有意見。

事實上，「或乞醯焉，乞諸其鄰而與之」，對我們來說很平常。別人向我借醋而我正好沒有，我就跑去鄰居那裡借一點給他。但是孔子認爲，如果有人向你借醋，你沒有就說沒有，這才是直爽；爲了讓別人知道你很慷慨，從後門跑到鄰居那兒去借一點醋給別人，這就是沽名釣譽。

那麼，應該怎麼做才對呢？如果自己沒有，可以介紹別人去向鄰居借，讓別人感謝鄰居，否則就不夠直爽。孔子只是要強調這一點而已，因爲他首重眞誠。

「乞」是希望別人給，得到就會感激別人。微生高的作爲也許出於一番好意，但是自己沒有而不坦白說沒有，就不能算是直爽。

關於「直」，可參考〈13．18〉。直爽的個性該怎麼修養？可參考〈8．2〉、〈17．8〉、〈17．24〉。孔子說過「人之生也直」（〈6．19〉）一語，意思側重於以「直」爲眞誠與正直。

單純會帶來生命能量的集中

不要小看這件事情，在小事上彎彎曲曲，顧慮太多，大事上就會弄得很複雜、牽扯不清。單純會帶來生命能量的集中，所以人活在世界上，想要快樂的話，就必須愈單純愈好，任何人際關係都清清楚楚，來來去去都很清爽。

做任何事情都稍微想一下，不要太複雜，做完之後看別人的回應如何，有誤會立刻解釋，不可以讓它慢慢發酵。這麼一來，與別人來往時效率會提高，也不用花時間去處理各種後遺症。這就是孔子教我們直爽、眞誠的用意所在。

〈5．24〉

子曰：「巧言、令色、足（ㄐㄩˋ）恭，左丘明恥之，丘亦恥之。匿怨而

友其人，左丘明恥之，丘亦恥之。」

孔子說：「說話美妙動聽，表情討好熱絡，態度極其恭順；左丘明認爲這樣的行爲可恥，我也認爲可恥。內心怨恨一個人，表面上卻與他繼續交往；左丘明認爲這樣的行爲可恥，我也認爲可恥。」

左丘明，魯國太史，相傳爲《左傳》的作者。孔子對他很推崇。

「足恭」指態度過度恭順。「巧言、令色、足恭」這三件事，全部都是外在的，而沒有內在，這就會變得非常虛假，好像專門做表面功夫。這樣的行爲，左丘明認爲可恥，孔子也認爲可恥。

在生活上，與人有嫌隙時，就要把話說清楚。如表面裝作不在意，實則心裡很在意，這也是「匿怨而友其人」。這種情況相當普遍，所以要提醒自己，經常與別人溝通，把問題解決，以後繼續來往，過去即使有什麼恩怨，也還有未來可說。

眞誠是從內而發的力量

整部《論語》用兩個字來說，即「眞誠」。只有在眞誠時，才有可能從內而發，感覺到向善的力量在自我要求。如果過於考慮外在的各種情況，就難以眞誠，往往爲了外在的目的而討好別人，虛與委蛇。一旦習慣了這種思考方式以後，就會覺得與自己愈來愈疏遠，最後成爲一個社會角色而已，只注意到別人如何看自己。

總之，人間恩怨十分複雜，前因後果糾結不清。這時應該眞誠省思與人交往時，是否內心藏著怨恨？朋友不能以直爽的態度相處，就是虛與委蛇、浪費生命而已。若是遇到不能不相處的情況，至少可以做到「不與之爲友」。

眞誠並不是很困難的事，只要眞的撇開各種顧慮，有什麼話就說什麼，有什麼感情就表現出來，這本來是很簡單的事。從最容易的事開始，走出來的路，反而是人生的康莊大道。

〈5．25〉

顏淵、季路侍。子曰：「盍（ㄏㄜˊ）各言爾志？」

子路曰：「願車馬衣裘，與朋友共敝之而無憾。」

顏淵曰：「願無伐善，無施勞。」

子路曰：「願聞子之志。」

子曰：「老者安之，朋友信之，少者懷之。」

顏淵與季路站在孔子身邊。孔子說：「你們何不說說自己的志向？」

子路說：「我希望做到：把自己的車子、馬匹、衣服、棉袍，與朋友一起用壞了都沒有一點遺憾。」

顏淵說：「我希望做到：不誇耀自己的優點，不把勞苦的事推給別人。」

子路說：「希望聽到老師的志向。」

孔子說：「使老年人都得到安養，使朋友們都互相信賴，使青少年都得到照顧。」

情義遠重於個人財物

「無憾」是指不覺可惜或懊惱。子路對朋友的情義遠重於個人的財物，已經把握了正確的價值觀。車馬衣裘和朋友一起用，用壞了也沒有什麼遺憾，這很不容易做到。

儒家的價值觀，分三個階段：一是自我中心，以生存和發展爲其價值；二是人我互動，以禮法和情義爲其價值；三是超越自我，以無私和至善爲其價值。這是孔子思想中的價值系統，這個價值系統與他的人性論——人性向善是完全配合的。

第一個是自我中心，就是每個人按照生物本能，都有自我保存的願望。自我中心所表現的生存與發展，也是價值，孔子絕沒有否定的意思，他認爲一個人活著是很好的事。譬如，他在衛國看到人口非常多，學生問他該怎麼辦？孔子就說讓他們「富之」（〈13．9〉），先改善生活，接著就要教育，使他們重禮守法，並且還要進而追求情義。

但是一般人只停在爲了自己的生存與發展，即追求富貴。孔子並不反對追求富貴，一個人只要有本事，儘量去賺錢、做官，但是手段要正當，而且在追求層次上應該往上調整，注意到人我互動。如果不擇手段，就會傷害禮與法，進而危及人我互動的關係。

人我互動層面的第一個價值是禮法，禮與法合在一起，是因爲兩者都是行爲的規範。法律比較消極，叫人不要做壞事，不要違背社會上的秩序或規矩。相較之下，禮儀顯然比較積極，通過禮儀的實施，人際關係顯得穩定而和諧，並朝向正面發展。

第二個價值是情義，就是有情有義。它有兩個條件：一、情義的對象一定是認識的人，包括親戚、朋友、同學、同事；二、情義一定是有所犧牲，要花時間、精神、金錢。所以，對認識的人才可能實現情義，有所犧牲才可能實現情義。子路就是如此，他的志向就在於追求情義，已經合乎孔子對學生的基本要求。

消除人我界線，走向無私的目標

顏淵的年紀比子路小了很多，兩人相差了二十一歲，但是顏淵好學，名列德行科第一名。所以子路看到顏淵，心裡難免會有壓力，但是不服氣也不行，顏淵就是比他高明。

顏淵說的「無伐善，無施勞」看似簡單，卻是他志在自我修養、消除人我界線、走向無私的目標。「無伐善」，有優點而不誇耀，等於是把自我慢慢消解掉。

「無施勞」的正確翻譯是：不要把勞苦的事情加給別人，由此慢慢就變得沒有私心。所謂的無私，就是沒有個人的主觀享受，或是自我膨脹的問題；亦即不但只是人我互動，還要超越自我。顏淵比子路高明在於此。

然而，子路還是鼓起勇氣，想聽聽老師的志向。還好有子路的提問，我們因此知道孔子的志向：「老者安之，朋友信之，少者懷之。」這三句話的意思遠比表面上看到的深刻，必須分成兩半來理解，前後合為一組，中間獨立成為一組。

天下人，即所有的人，孔子都希望能夠以自己的力量，使他們安之、懷之。真正偉大的聖哲都是這樣的心思，譬如釋迦牟尼、耶穌也是如此，都是想要化解人間的苦難。所以對於老者、少者這些弱勢群體，應該加以照顧。

「朋友信之」，孔子的志向是讓朋友都互相信任。如何使天下做朋友的人都能互相信賴呢？那只有設法使政治上軌道，教育很合理，整個社會的架構都充滿正義才行。換言之，孔子要改造世界，使世界變成人間天堂，人人都可以互相信賴。孔子有這樣的志向，實在是太偉大了。

「老者安之，朋友信之，少者懷之」，當然是治國平天下的理想，弱勢群體要好好照顧，任何人交朋友都能夠互相信賴，社會就能進入大同世界了。所以孔子的理想是「止於至善」，天下太平。

〈5．26〉

子曰：「已矣乎，吾未見能見其過而內自訟者也。」

孔子說：「算了吧，我不曾見過能夠看到自己的過失就在內心自我批評的人。」

在《論語》裡面，孔子宣稱「未見」的人有五種，除了本章的「能見其過而內自訟者」以外，還有：一、好仁者惡不仁者（〈4．6〉）；二、剛者（〈5．10〉）；三、好德如好色者（〈9．18〉）；四、隱居以求其志，行義以達其道之人（〈16．11〉）。仔細思考這五種未見之人的表現，可以了解孔子對世間的感嘆。

坦白說，看到過失之後自我反省並非難事，就看有沒有足夠的警覺心。譬如別人批評自己，不管自認爲有沒有這種缺點，至少自己讓別人感覺有這種缺點，就應該多反省了。〈4．17〉談過：「見不賢而內自省也」，那是看到別人的缺點而自我警惕。本章則是在看到自己的缺點時，要找藉口推卸責任，還是矢口否認，就在於自己的選擇了。

其實，孔子認爲「過而不改，是謂過矣。」（〈15．30〉）只要勇於改過，就不會受過錯所困了。關於「過」，還可參考〈4．7〉。

〈5．27〉

子曰：「十室之邑，必有忠信如丘者焉，不如丘之好學也。」

孔子說：「就是十戶人家的小地方，一定有像我這樣做事盡責又講求信用的人，只是不像我這麼愛好學習而已。」

孔子說沒有人比他好學，代表孔子已經盡了全力。所以不管別人如何好學，最多和他一樣，不可能超越他。孔子說自己「學而不厭，誨人不倦」（〈7．2〉），也曾經「終日不食，終夜不寢，以思」（〈15．31〉），都是證明。好學這種自許，本身就包含謙虛在內，因爲覺得自己知道得不夠，才需要好學，絕不是爲了宣傳或自誇。

好學是自己的事情，而忠信則是比較普遍的。因爲人性向善，所以做到忠信的人還是不少，但沒有學習就很難明白人生的完整道理。關於好學，可參考〈1．14〉、〈5．14〉、〈6．3〉。

雍也篇第六

〈6·1〉

子曰：「雍也，可使南面。」

孔子說：「雍可以出任政治領袖。」

「可使南面」，以前有人把它理解爲「面向南就要稱王」，好像孔子要他的學生起來造反。事實上，「南面」是指治理百姓。

有三種人「可使南面」，第一個是天子；第二個是諸侯，因爲當時的諸侯已經各自分封，有獨立的領域，也有各級官員；第三個是卿大夫，卿大夫就是指執政的卿。古代政治領袖的座位是面向南方的，這裡是就冉雍（仲弓）的德行與能力而言，所指的應該是擔任卿大夫。

這代表孔子對學生有一定的信心，當培養學生到達某一個程度時，在政治上的表現是可以放心的，這也可以看作是老師對學生的了解和欣賞。

孔子對冉雍的評價，還可參考〈6·6〉。

〈6・2〉

仲弓問子桑伯子。子曰：「可也簡。」仲弓曰：「居敬而行簡，以臨其民，不亦可乎？居簡而行簡，無乃大簡乎？」子曰：「雍之言然。」

仲弓請教有關子桑伯子的作風。孔子說：「子桑戶凡事求簡便。」

仲弓再請教說：「本身態度嚴肅，行事力求簡便，這樣治理百姓，不就可以了嗎？如果本身態度簡便，行事也力求簡便，豈不是太過於簡便了？」孔子說：「雍的話是正確的。」

子桑伯子即子桑戶，名可。孔子說的「可也」是指子桑戶。子桑伯子應該是當時的名人，根據後來莊子的描述，這個人像是個隱士，言行有自己的一套作風。莊子很欣賞他，認爲他順乎自然，與別人在一起時完全沒有身分階級的觀念，隨順自然條件安排自己的生活，也因此看似隨便，不太在乎各種禮儀，於是仲弓就請教孔子，子桑伯子此人的作風究竟如何。

孔子以三個字形容：「可也簡。」意即凡事求簡便。仲弓則認爲「居敬而行簡」，「居」是自己平日的生活態度，「行」是表現出來的行爲；「以臨其民」，表示他負有治理百姓的任務，所以態度應該要嚴肅。

「居敬窮理」在宋明理學上是非常重要的概念，在日常生活上態度嚴肅，同時要努力窮盡事物的道理，這是理學家的生活準則。「居敬而行簡」是指治理百姓時，本身要求嚴肅，但繁文縟節不要過於複雜，以免百姓也吃不消，就像生活中總有嚴肅和輕鬆的部分互相搭配。

政治人物是百姓仰望的對象，他的「居敬」有安定民心的作用。譬如，孔子曾教導仲弓說：「出門如見大賓，使民如承大祭。」（〈12．2〉）這就是居敬的具體作爲。如果「居簡」，就會顯得草率而不夠莊重，如果再加上「行簡」的話，恐怕禮樂教化都將失去作用了，所以說它是「太簡」了。

〈6．3〉

哀公問：「弟子孰爲好學？」孔子對曰：「有顏回者好學，不遷怒，不貳過。不幸短命死矣。今也則亡，未聞好學者也。」

魯哀公問孔子說：「你的學生裡面，誰是愛好學習的？」孔子回答說：「有一個叫顏回的愛好學習。他不把怒氣發洩在不相干的人身上，也從不再犯同樣的過錯。遺憾的是，他年歲不大，已經死了。現在沒有這樣的學生了，沒有聽說愛好學習的人了。」

顏回即顏淵，死於魯哀公十四年，孔子七十一歲時，他比孔子小三十歲，得年四十一歲。

在《論語》裡面，同樣的問題出現過兩次，另外一次在〈11．7〉，季康子問：「弟子孰為好學？」孔子對曰：「有顏回者好學，不幸短命死矣。今也則亡。」

季康子問時，孔子回答得較簡單；魯哀公問時，他回答得很詳細。顏淵一向好學，可用六個字來形容他：「不遷怒，不貳過。」

不遷怒，就是不把怒氣發洩在不相干的人身上。譬如，某位老師因為自己沒趕上車而遲到，心裡不太舒坦，上課時不但把學生叫來責怪一頓，還責怪交通，甚至責怪整個社會，這就叫做遷怒。

人的情緒有時難以掌握，人的身體謂之「形」，「形」接觸外物，外在的一切並非自己所能控制。「形」接收外物之後，就會在心裡生出「情」，即七情六欲，情之主宰稱為「心」，此心要設法穩住。

心不要受情緒的影響

我們的身體透過感官接觸到外界的事物，情緒就受影響，所以人的情緒常常處在變化之中。重要的是學習「不動心」，心不受情緒影響，情緒變化由心來穩住。如果心也隨之變化，心思發散出去，自己的生命就缺乏主體性，不能夠穩住自己，言行舉止，就如脫韁的野馬，無法控制；如此一來，學習就談不上任何成果了。

所以好學的人，應該表現出「不遷怒」的態度，也就是不動心；情緒接觸外物而產生波動，但是心可以保持超然。這是學習的效果，這種學習離不開實際的修養或德行方面的自我要求。

「不貳過」，更不容易做到，因爲人的缺點往往來自本身的性格，古人和今人皆是如此，有優點就可能有相對的缺點，有缺點也可能有相對的優點。重要的是在發現自己有缺點的時候，思索如何把缺點轉換成優點，這是可以做到的。顏淵做到「不貳過」，等於是針對天生的性格，在自己的生命裡面加以改造。

不遷怒，重在待人，所謂「己所不欲，勿施於人」；不貳過，則重在克己，所謂「日新又新」。一個是對人，一個是對己，兩者都是德行的高度修養。可見孔子心目中的「好學」，是以德行爲首要目標，而不只是學習各種典籍，還須在學習之後不斷努力實踐以改變自己。

顏淵的身體不好，家境貧困，「不幸短命死矣」，由此推想大概是營養不良。

孔子號稱三千弟子，精通六藝者七十二人，卻在顏淵死了之後，聲稱再沒有聽過誰是好學的了。可見，孔子是多麼欣賞顏淵這個學生。其他學生有的不夠好學，學了一半做上小官就滿意了；有的學了之後三心二意，找不到人生目標；也有的學了之後，對自己生命沒有起什麼作用，也談不上有什麼效果，諸如此類的例子不少。

〈6・4〉

子華使於齊，冉子爲其母請粟。

子曰：「與之釜。」請益。曰：「與之庾（ㄩˇ）。」冉子與之粟五秉。

子曰：「赤之適齊也，乘肥馬，衣（十）輕裘。吾聞之也：君子周急不繼富。」

公西華奉派出使齊國，冉有替他的母親申請小米。孔子說：「給他六斗四升。」冉有請求增加一些。孔子說：「再給他二斗四升。」結果冉有給了他八百斗。

孔子說：「赤到齊國去，乘坐的是肥馬駕的車，穿的是又輕又暖的棉袍。我聽人說過：君子濟助別人的窮困，而不增加別人的財富。」

公西赤，字子華，魯國人。釜、庾、秉，都是古代容器。

孔子此時可能已官拜大司寇，或是擔任魯君的顧問，冉有應是孔子的總管，負責出納之職。冉有本事好又多才多藝，孔子對他的能力很有信心，但談到做人的原則，則又是另一回事了。

公西華奉派出使齊國的命令，本應由國君指派，但有時國君不管事，就讓執政的卿來負責；如果連執政的卿也忙，就由孔子安排，因此孔子才有資格和權力決定要給怎樣的俸祿。

通常「請益」是說請指教，在此是說增加一點。孔子認爲子華的家境富裕，饋贈即可，所以給得不多；而冉有卻假公濟私給了他相當於一年的薪資。

孔子對此很不滿，認爲此舉不當，因爲「君子周急不繼富」，不能浪費國庫公帑來照顧自己人。「周」是指把別人不足的補起來，讓他周全，也就是救急；「繼富」是指繼續增加別人的財富。按今日的說法，前者像是雪中送炭，後者像是錦上添花。

君子應該雪中送炭，不可錦上添花。做爲君子，處事要大公無私。冉有顯然有私心，自己當總管，遇到同學出國，有機會就假公濟私，大概他認爲這樣並不違法。

在孔子看來，不違法只是最低限度的行爲標準，若要做個君子，還應該努力做到「無私」，並且考慮實際狀況，以免受人詬病。

〈6．5〉

原思爲之宰，與之粟九百，辭。子曰：「毋！以與爾鄰里鄉黨乎！」

原思擔任孔子家的總管，孔子給他小米九百斗，他不肯接受這麼多。孔子說：「不要推辭！多的可以濟助家鄉地方的窮人啊！」

原思即原憲，字子思，小孔子三十六歲。此事應發生在孔子擔任魯國大司寇時，因爲大夫之家可以任用家臣，原思當時二十歲左右。

古代五家爲鄰，二十五家爲里，五百家爲黨，一萬二千五百家爲鄉。

孔子在魯國擔任大司寇時，任用過學生當總管，之前是冉有，後來則是原思。

原思當總管時，孔子給他小米九百斗的俸祿，原思可能聽過前面一章的故事，知道孔子不太滿意冉有的作爲，因此不肯接受。他並非完全不要，而是覺得太多了。孔子卻認爲不必推辭，因爲多的可以救濟家鄉的窮人。由此可以看出孔子細心體貼的地方，做事有該得的薪水，自己多餘的可以用來幫助其他人，具體做一點好事。

從孔子的言行，可以學習到對金錢的觀念。沒有一個人會嫌錢太多，既然不嫌多，如何運用才是最重要的。有錢而不用，就和錢不在身邊一樣；更何況金錢是「生不帶來，死不帶去」的。這麼一想，就比較容易覺悟，錢要有適當的用途，我相信如果古代有慈善機構，孔子一定也會贊助的。

〈6·6〉

子謂仲弓，曰：「犁牛之子騂（ㄒㄧㄥ）且角，雖欲勿用，山川其舍（ㄕㄜˇ）諸？」

孔子談到仲弓時，說：「耕牛的後代，長著紅色的毛與整齊的角，就算不想用牠來祭祀，山川之神難道會捨棄牠嗎？」

周代崇尚赤色，所以選用紅毛牛；耕牛可以耕田，用來祭祀卻不夠資格。孔子的意思是，像仲弓這樣的學生，好比耕牛的後代，出身很平凡，但是他長著「紅色的毛」與「整齊的角」，這種「牛」就是要用來祭祀；他不爲自己活，活著是爲了替大家服務以及和上天保持關係的；他做官等於犧牲，是爲了替社稷與百姓奉獻。人才不問出身，只問傑不傑出。仲弓屬於國家的人才，自然應該出來服務國家。

本章寓意很明顯，孔子說明這名學生將來在政治上可能有所發展。值得注意的是，仲弓在德行科名列第二（〈11・3〉），這表示他是以卓越的德行表現而受到孔子的肯定，並不是眞的一生下來就頭角峥嶸。

〈6・7〉

子曰：「回也，其心三月不違仁，其餘則日月至焉而已矣。」

孔子說：「回的心可以在相當長的時間內，不背離人生正途；其餘的學生只能在短時間内做到這一步。」

「三月」表示相當長的時間，約一個季節左右。「日月」則指時間的短暫，有的人堅持人生正途一兩天，久一點的堅持一兩個月，但都無法持久，通常是「三天打魚，兩天曬網」。顏淵不一樣，他的志向堅定，可以很長時間不違「仁」。

「仁」即人生的正途。人生還有其他的歧路，所謂「歧路多亡羊」，碰到歧路，很多羊就會迷路；這就好比現代資訊爆炸，書種也多，如果沒有仔細挑選，徒然浪費時間事小，吸收到錯誤的知識或資訊，那就不妙了。

學生們可能不只有孔子一個老師，有時自己讀書，到處聽一聽消息，然後自己再想一想，會面臨各種誘惑與選擇機會；反觀顏淵，他能掌握人生正途，長期堅持。由此可知，心其實並不可靠。

很多儒家學者把「心」看得太偉大，演變成「唯心論」，他們認爲儒家偏向把心當良知。譬如，我的良知本身非常圓滿，所以善是內在的。而良知本身是善的嗎？不一定，良知是沒有人教你，就知道自我要求的一種力量，所以良知本身不是善，而是要你行善。如果良知本身是善，有了良知，又何必行善呢？

儒家肯定人有良知，是要人眞誠，讓良知運作，然後良知自然會要求你去行善、去孝順、去友愛。談到心的時候，在〈2．4〉提到，孔子「七十而從心所欲不踰矩」，代表他在七十歲以前，從心所欲可能會踰矩，這說明「心之所欲」常常會發生問題，因爲受到欲望、情緒的各種影響。因此，就連孔子也要七十歲才能做到，好不容易把心收服了，心的選擇與人生正途終於合而爲一。

談儒家如果是談唯心論，說良心如何完美、人性如何善良，這些都不是孔子的意思。心是一種選擇的能力，它會讓人安或不安，接著就有自我要求，選擇引導。心不是最高的神明，也不完美，心本身是指思考、衡量的能力；這種能力不只是一般的認知而已，還包括對於人生正路的要求。

人的生命有限，人生並不完美，這些都不是別人告訴我們的，而是我們自己體會到的。看看周圍的人，同樣不完美，也需要不斷改善。由現代人的觀念來看，可以說儒家重視理性，強調學習，也肯定良知，但是說良知很圓滿，就未免太天眞了。孔子沒有這樣的觀念，我們讓王陽明、朱熹牽著鼻子走，以致都走偏了。

總之，心與仁不同，心可以做自覺的選擇，仁是人之道，因此，心可以選擇行仁，也可以不選擇行仁。心選擇行仁是如此困難，爲何人還必須行仁？答案是「人性向善」，除了走上人生正途以外，別無出路。

由本章可知，要讓「心」與「仁」結合，需要長期修練，才有可能達成。

〈6．8〉

季康子問：「仲由可使從政也與？」子曰：「由也果，於從政乎何有？」

曰：「賜也可使從政也與？」曰：「賜也達，於從政乎何有？」

曰：「求也可使從政也與？」曰：「求也藝，於從政乎何有？」

季康子請教：「可以讓仲由擔任大夫嗎？」孔子說：「由勇敢果決，擔任大夫有什麼困難呢？」

又問：「可以讓賜擔任大夫嗎？」孔子說：「賜識見通達，擔任大夫有什麼困難呢？」

再問：「可以讓求擔任大夫嗎？」孔子說：「求多才多藝，擔任大夫有什麼困難呢？」

孔子自衛返魯時，季康子正好擔任魯國執政的卿，可以推薦人才出任大夫。古代有「爲政者君，執政者卿，從政者大夫」的說法。由此可見，孔子肯定子路、子貢、冉有這三名學生都是政治人才。

季康子即季孫肥，他連問了孔子的三名學生是否可以擔任大夫？孔子認爲子路勇敢果決，子貢識見通達，冉有多才多藝，三人各有特色，擔任大夫沒有任何問題。

古代的政治往往爲貴族所獨攬，唯有貴族的子弟才能接受大學教育，他們讀大學的主要目的就是爲了做官，做官需要專門的知識和能力。平民只有受鄉村教育，到十五歲就結束了，沒有進一步學習經典，無法了解古人如何治理百姓，也不懂得各種具體的作爲，自然不可能做官。

孔子是開啓平民教育的第一人，他的學生都是民間人才，擁有各自的專長，可以出來做官，「布衣可爲卿相」的傳統慢慢形成了。有關子路與冉有二人的做官能力，可參考〈5．7〉。

〈6．9〉

季氏使閔子騫爲費（ㄅㄧˋ）宰。閔子騫曰：「善爲（ㄨㄟˋ）我辭焉！如有復我者，則吾必在汶（ㄨㄣˋ）上矣。」

季氏想派閔子騫擔任費邑的縣長。閔子騫對傳達的人說：「好好地替我辭掉吧！如果再有人來找我，我一定逃到汶水以北去了。」

閔子騫即閔損，字子騫，孔子學生，小孔子十五歲。名列於德行科（〈11．3〉）。費是季氏的采邑，位於山東省費縣西北二十里。「汶上」即山東的大汶河，過此向北即是齊境。齊國和魯國相隔一條汶水。

閔子騫爲什麼不做官呢？第一，他大概覺得自己還沒準備好，學問不夠，譬如漆雕開即是如此（〈5．5〉）；第二，他對季氏沒信心，加上覺得政治太複雜。季氏讓他做官，也不見得能讓他發揮，說不定只是用他來做擋箭牌。

一個人能夠潔身自愛，就不會與人同流合汙。孔子比學生看得更開，他擁有一種自信，即使遇到再壞的情況，他都可以改善；有的學生缺乏這樣的自信，心想現在的政治如此紛亂，做官豈不是糟蹋了自己嗎？

眞有能力的人，要像孔子一樣，愈亂做得愈好，愈亂表現得愈傑出。雖然孔子最後也難逃被排斥的厄運，做得太好，反而讓別人無法容忍。

〈6．10〉

伯牛有疾，子問之，自牖（ㄧㄡˇ）執其手，曰：「亡之，命矣夫（ㄈㄨˊ），斯人也而有斯疾也！斯人也而有斯疾也！」

伯牛生病了，孔子去探望他，從窗戶握著他的手，說：「我們要失去他了，這是命啊！這樣的人竟得了這樣的病！這樣的人竟得了這樣的病！」

伯牛即冉耕，字伯牛，魯國人，小孔子七歲，名列於德行科。冉伯牛德行非常好，只可惜我們沒有機會知道他有什麼樣的言行表現，因爲他一出現在《論語》中就生病了。「問」在古代是探病之意；「自牖執其手」，有人根據這一句，認爲這是孔子在爲伯牛把脈，此事並非不可能。

「亡之」是指要失去他了，像冉伯牛德行這樣好的人竟身染重病，孔子當然感到很遺憾。可參考「死生有命，富貴在天」（〈12．5〉）一語。

「命矣夫」，這一句比較重要，「命」是不以人的意志爲轉移，又不是人的理智可以說明的；「命」是被動的、盲目的、無可奈何的命運。另一方面，「天命」則是人們自覺的使命，可以歸之於天者。

孔子學說的重點之一，是要使人在面對命運的時候，仍可領悟自己的天命。可參考〈2．4〉。儒家的思想就是要從命運裡看出使命。這是一個簡要的說法。

人生在世一定有其命運，包括出生的時間、地點、家庭環境、背景、成長過程，最後是死亡。這樣的命運任何人都只能被動地接受，無論你喜歡與否都一樣。既然如此，做爲一個人，會思想，會選擇，又有什麼用呢？孔子於是提出了使命，使命就是不管命運如何，都可以選擇自己要往哪裡走。

沒有任何自由不以命運做基礎。自由就是要突破各種限制，沒有限制，也就無所謂自由。倘若人有完全的自由，反而會不知道該做什麼事，感覺自己的生命好像在眞空裡面，有力量也使不出來。

把命運轉變成使命

所以對於命，我們不一定要抱著悲觀的想法，要把命當成存在的必然。人不是神仙或上帝，只要是人，就不能避免是受造者，也因此，一定是在一個特定的時空裡，在某種條件下才能出現。

黑格爾有一個很清楚的觀點：存在就是限制。如果沒有限制，就沒有存在。何謂沒有限制呢？一個東西如果根本看不清它的範圍，就無法明確地說出它到底是什麼，那它根本就不能存在。說它什麼都是，它就什麼都不是，因爲限制才能夠凸顯存在。這就是談命的正面意義。

換句話說，無論命之好壞，一定要有命。命好不好是相對的，從人的生命過程來看，有時過去常常抱怨的事，到後來發現那是幸福所在，這就像小時候歷經許多困難，反而能錘鍊出比較成熟的人格。反之，有些人從小寵命優渥，沒有經歷任何困難，長大後反而覺得自己的命不好。

這麼看來，命好命壞，在於自己能不能把命運轉成一種使命。我立志讀書，或立志加強某一方面的修養，如此能夠清楚而明確地突破命運的限制。一旦理解自己的命運，並且採取正確的態度，限制的壓力就降低了，也就可以被接受和超越了。

孔子肯定「貧而樂道」（〈1．15〉），他的生活也是如此（〈7．16〉）。

〈6．11〉

子曰：「賢哉，回也！一簞食，一瓢飲，在陋巷，人不堪其憂，回也不改其樂。賢哉，回也！」

孔子說：「回的德行眞好啊！一竹筐飯，一瓜瓢水，住在破舊的巷子裡，別人都受不了這種生活的憂愁，他卻不改變自己原有的快樂。回的德行眞好啊！」

孔子對顏淵眞是稱讚備至。「一簞食，一瓢飲，在陋巷，人不堪其憂，回也不改其樂」，可見顏淵德行之卓越。

「人不堪其憂」，「人」是指普通人，窮困的生活使人憂愁不已；但是，舒適的生活又沒有止境，該怎麼辦呢？顏淵爲什麼快樂？又憑什麼快樂？這個問題在宋代變成很有趣的問題，很多老師教學生的第一件事就是要「尋孔、顏樂處」，意即要尋找孔子和顏淵快樂的地方在哪裡呢？

人的生命由內在決定

外在的條件再怎麼差都不會影響自身，因爲人的生命不是由外在決定，而是由內在決定的。「朝聞道，夕死可矣」（〈4．8〉），人生最大的痛苦就是對死亡的畏懼；了解了「道」，連死都不怕了，怎麼會不快樂呢？

活在世界上，良知的要求最重要，懂得人性向善，所以可以不斷地行善，感覺到內在的充實。了解人性向善就知道要眞誠，順著內心的自我要求，可以不斷地實現與別人之間的適當關係。適當關係的實現不一定要靠金錢，窮困時照樣可以孝順和講信用。講信用不一定需要錢，能做就做，不能做就不要答應，這些都是原則。

掌握住原則之後，對自我的信念就會非常明確，快樂也將由內而發。所以，孔、顏的樂處，一定是從學習、理解、掌握人性的眞相而來，知道人生的重點在內不在外，這時候快樂就如源頭活水，源源不絕；自己的遭遇、得不得意、有沒有做官，有沒有發財，都不重要了。一般人沒有理解這一點，就以外在得失做爲快樂的主要考慮，差別就很大了。

總之，顏淵的原則是：只要活著就可以快樂；樂的是走在人生正途上，完成人性向善的天賦使命。人的尊嚴就在這種「樂」中得到充分的肯定。

〈6・12〉

冉求曰：「非不說（ㄩㄝ）子之道，力不足也。」

子曰：「力不足者，中道而廢。今女（ㄖㄨˇ）畫。」

冉求說：「我不是不喜歡老師的人生觀，只是我的力量不夠。」

孔子說：「力量不夠的人，走到半路才會放棄。現在的你卻是畫地自限。」

冉求即冉有，多才多藝的他，卻畫地自限，可見他沒有恆心，受孔子的教訓是必然的。冉有雖有才華，但個性比較內向和懦弱。此外，孔子也說過「我未見力不足者」一語（〈4．6〉）。

孔子的學生裡，個性最明顯的兩個代表，一個是子路，一個就是冉有，兩人正好都在政事這一科。孔子看冉有比較退縮，總是鼓勵他進取；子路則過於進取，孔子就提醒他要收斂（〈11．22〉）。

「道」即人生觀、理想、學說。冉求很誠實，因為孔子的道，是要人擇善固執以成就完美人格，很難達成，所以冉有會有力量不夠的想法。像「君子喻於義，小人喻於利」，到底選哪一個？還是選「利」比較方便吧！

孔子的很多觀念，冉求覺得難以做到，本來他學到了很多技巧，什麼事情都會，辦事也沒有遺漏任何細節，但是卻自信不足。每個人本來就有認知與能力的差別，所以不能只看理性，而要移轉到實際行為的表現上，因此不管懂不懂，真正去做，才是最後的試金石。

〈6．13〉

子謂子夏曰：「女（ㄖㄨˇ）為君子儒，無為小人儒。」

孔子對子夏說：「你要做個器度恢弘的學者，不要做個志趣偏狹的學者。」

君子與小人，在此既不指德也不指位，而是就器量與見識而言。《周禮．天官．大宰》說，「儒以道得民」，注說：「儒，諸侯保氏有六藝以教民者。」因此，儒可以泛指古代學者。今日所謂的「儒家」，則是專指孔子以後所成立的學派。

君子是有志向的，有了志向之後，就會器度恢弘。「小人儒」只看到自己現在的需求和利益的滿足，談不上任何志向，所以只能算是個教書匠。

孔子爲什麼要對子夏說這句話呢？很有可能是擔心子夏變成志趣比較偏狹的人，顯得器度格局太小。

有一次，子貢請教老師：子張與子夏兩人，誰比較傑出？孔子說：子張的言行過於激進，子夏則稍嫌不足。這兩者都不夠好，因爲「過猶不及」（〈11．16〉）。由此可見，子夏確實不夠進取。至於把「小人」當成志趣偏狹的人，可參考〈13．20〉：「言必信，行必果，硜硜然小人哉。」

〈6．14〉

子游爲武城宰。子曰：「女（ㄖㄨˇ）得人焉耳乎？」曰：「有澹（ㄊㄢˊ）臺滅明者，行不由徑，非公事，未嘗至於偃之室也。」

子游擔任武城的縣長。孔子說：「你在這裡找到什麼人才了嗎？」他說：「有一個叫澹臺滅明的，他走路時不抄捷徑，若不是公事，也從不到我屋裡來。」

澹臺滅明，字子羽，小孔子三十九歲。有一句話說「以貌取人，失之子羽」，就是指澹臺滅明，意即從外表來看一個人，就會錯過像子羽這樣的學生，因爲子羽長得很醜陋。子游說這些話時，子羽可能尚未進入孔子的門下學習。

澹臺滅明的優點在於公私分明。我們都知道法理不外人情，因此有時很難做到公平。

「行不由徑」，是指走路不抄捷徑。抄捷徑沒什麼不好，可以節省時間，只是古代認爲走大路比較正當，不走正路不但不太適合官員的身分，也容易發生危險。如果走捷徑是爲了趕時間，那爲什麼不一開始就先算好時間呢？人如果連時間都不能控制，還能把握自己的生活嗎？

「非公事，未嘗至於偃之室也」，這是子游對子羽的評價。子羽平常公事公辦，走路時大大方方，不會隨便抄捷徑。由這兩句描述，可知澹臺滅明奉公守法與有所不爲，的確是個政治人才。

〈6．15〉

子曰：「孟之反不伐，奔而殿，將入門，策其馬曰：『非敢後也，馬不進也。』」

孔子說：「孟之反不誇耀自己。魯軍戰敗撤退時，他負責殿後，將進城門時，鞭策著馬匹說：『不是我敢殿後，是馬不肯快走啊！』」

孟之反即孟側，字之反，魯國大夫。這事發生在魯哀公十一年。

「不伐」即敗軍之將，不可言勇。孔子的話或許有這樣的意思。只要實事求是，自然就不會誇耀自己了。孟之反戰敗撤退時負責殿後，因爲這一點，孔子才稱讚他。

在《易經．繫辭傳》談到謙卦（䷎）的九三時，記載著孔子說：「勞而不伐，有功而不德，厚之至也。」意思是：勞苦而不誇耀，有功績但不自認爲有德，眞是忠厚到了極點。由此可見，孔子對於謙虛的肯定。

〈6．16〉

子曰：「不有祝鮀（ㄊㄨㄛˊ）之佞，而有宋朝（ㄓㄠ）之美，難乎免於今之世矣。」

孔子說：「不重視祝鮀的口才，卻重視宋朝的美貌，衛國在當前各國爭強的形勢下，恐怕免不了災禍了。」

祝鮀即衛國大夫，字子魚。祝是掌管宗廟的官。宋朝，是宋國一位公子，名朝，當時的美男子。他投奔衛國，受到衛靈公夫人南子所寵幸。

本章談的是衛國的政治，孔子曾在衛國住過好幾年。他說不重視口才，卻重視美貌，恐怕要有危險。

口才好，可以運用在外交事物上。當時國家的外交非常重要，有祝鮀這樣好口才的人不用，不讓他去發揮專長，卻重視宋朝，而宋朝與南子在當時也引來閒話，所以孔子很擔心。

本章所引二人皆爲衛國當時的名人，因此主詞應該是衛國。衛靈公亡後，衛國內亂頻仍，爲孔子所不幸而言中。這句話中的兩個「有」字，不是指「擁有」，而是譯爲「重視」，因爲天下「有宋朝之美」的人屈指可數，孔子又何必感嘆及憂慮呢？

〈6．17〉

子曰：「誰能出不由戶？何莫由斯道也？」

孔子說：「誰能走出屋外而不經由門戶？爲什麼做人處事卻不經由我所提供的正途呢？」

一個人不可能「出不由戶」，從屋裡出去，一定要經過門，這是很簡單的道理。但孔子爲什麼認爲他的門是唯一的門呢？出去的門有可能很多，譬如有孔子的門、老子的門、墨子的門……孔子會這樣說，表示對自己深具信心，他相信如果別人能想清楚，一定可以理解他的這扇門，才是眞正的人生之門，可以讓每個人走出去之後大展鴻圖。

在本章裡，孔子一方面以比喻說明他的道是人生正途，另一方面也感嘆一般人無法依道而行。

〈6・18〉

子曰：「質勝文則野，文勝質則史。文質彬彬，然後君子。」

孔子說：「質樸多於文飾，就會顯得粗野；文飾多於質樸，就會流於虛浮。文飾與質樸搭配得宜，才是君子的修養。」

「質」是指未經加工的質樸，樸實淳厚，但易顯得粗野。質樸是天生的，沒有經過雕琢，但因未受教育，在言行上無法表現比較文雅。

「文」是指後天習得的文飾，雖華麗可觀，但易流於虛浮。一個人接受教育後變得文雅，說起話來婉轉客氣，但往往說了半天卻讓人如墜五里霧中，不知他葫蘆裡賣的是什麼藥。事實上，婉轉的說法很難聽到眞話。

孔子認爲最好的是「文質彬彬，然後君子」，「君子」是指修養而言，側重於文質搭配的過程與心得；「彬彬」的本義是指顏色不一樣的東西，一個一個搭配，但看起來很調和。文飾與質樸搭配得宜，這才是君子的修養。

在具體作爲上，有兩種可能的辦法：一是在表現文飾時保持質樸之心；二是該文雅時文雅，該樸實時樸實，完全依環境及對象而定。另外，有關質與文的關係，可參考〈12．8〉。

〈6．19〉

子曰：「人之生也直，罔之生也幸而免。」

孔子說：「人活在世間，原本應該眞誠；沒有眞誠而能活下去，那是靠著僥倖來免於災禍。」

「直」是指眞誠。一個人只要眞誠，就會順著向善的人性，走上擇善固執的人生正途。很多學者都把「直」字翻成「正直」，意思是人活在世界上原本應該正直，正直是正義的行爲表現，相對於眞誠，這就比較不容易。

由於正直牽涉到對行爲的判斷，往往出現自以爲正直而別人不認同的情況。若是眞誠，則全部存乎一念之間，不可自欺欺人。

「直」字的原意是指內外一致，從內到外沒有彎曲。「幸而免」是指不走人生正途的人，就要靠運氣活下去了。

世間靠運氣的人何其多啊！如果經常虛僞欺騙，必定會招致災禍；有些人爲什麼無災無禍呢？僥倖而已。反過來說，我們很多時候都是靠僥倖才能活到現在，多少災難近在咫尺，卻都發生在別人身上，我們一方面感嘆生命的脆弱，一方面覺得自己實在是很僥倖，因此要在努力改過之時心懷感激。

「直」字當眞誠解釋，還可以參考〈13．18〉：葉公語孔子曰：「吾黨有直躬者，其父攘羊，而子證之。」孔子曰：「吾黨之直者異於是。父爲子隱，子爲父隱，直在其中矣。」

從這段話看來，孔子莫非有一點徇私舞弊，竟然隱瞞之後還覺得正直？因爲這些隱瞞者的行爲出於眞誠。儒家不講大義滅親，強調不能爲了社會正義的理由而犧牲眞誠。

試想，一個眞誠的人，怎麼忍心讓父親去坐牢？爲了保護父親，替父親隱瞞，這是天性；如果別人蒐集到證據，把父親抓去，也只好認了；如果沒有證據，當然不說父親偷羊之事；父親替兒子隱瞞、兒子替父親隱瞞，這些都是眞心誠意的表現。

從真誠出發，自然就有正直

人生在世，任何抉擇都是考驗，因爲一定會有取捨。所以選擇是很不容易的事。孔子的這個選擇好像有一些偏差，偏向互相隱瞞，但卻是出於眞誠。人生的任何選擇都會有偏差，只要做了選擇，就一定會有所得、有所失。

因此，重要的不是做什麼選擇，而是必須了解自己選擇的理由是什麼。面對問題，思考自己在這種情況下會考慮什麼；或者如果換個角度或角色來思考，又會有不同的答案，經過這些深思熟慮的過程後，就可以增強自己做判斷的能力。

《論語》裡面的「直」，不能離開眞誠。孔子談到「直」的地方，還有〈5．23〉、〈8．2〉、〈17．8〉等處。

〈6．20〉

子曰：「知之者不如好（ㄏㄠˋ）之者，好之者不如樂之者。」

孔子說：「了解做人處事的道理，比不上進一步去喜愛這個道理；喜愛這個道理，比不上更進一步去樂在其中。」

「好之」，是指喜愛一種道理，自然會付諸實踐，所以這是由知而行的。譬如，學習《論語》時，開始只是有興趣，但不一定眞的很喜愛，這是第一步；喜愛它，則是第二步。第三步，「樂之」，也就是樂在其中。這是從知與行，提升到「我與道理合而爲一」的境界，把「應該」轉化爲「自然」去做。

「好」和「樂」有什麼差別呢？光是喜愛有時只是一種情感的接納，以它爲樂，代表已經做到，才能以它爲樂。光是愛好還不一定會做，這是有先後步驟的，一要先了解，二是喜歡它，三是做的時候以它爲樂。

譬如，與朋友來往，首先「知道」應該守信用；其次，聽到許多守信用的故事而覺得「喜歡」，自己也樂意去做；然後自己眞正守信用時，雖然十分辛苦，但是快樂由內而發，也可以樂在其中了。

〈6・21〉

子曰：「中人以上，可以語（ㄩˋ）上也；中人以下，不可以語上也。」

孔子說：「中等材質的人願意上進，就可以告訴他們高深的道理；中等材質的人自甘墮落，就沒有辦法告訴他們高深的道理了。」

「以上」和「以下」，可以當作動詞看，即「而上」、「而下」，古代的「以」和「而」可以通用。「中人」即中等材質的人；「上」是指高深的學問，如「仁」。由於很難釐清「中人」的判斷標準，所以譯文的重點在於「以上、以下」，以中人之上進與自甘墮落爲標準。

這說明立志的重要，孔子十五歲才開始立志求學，可知一個人即使只有中等才智也無所謂，要看自己是否願意努力上進。願意上進者，生命才能有更進一步的提升。

求學是一個動態的過程。人的生命本身就是動態的，每天的所思、所看、所聽，只要一個念頭進來，就會讓生命產生或深或淺的變化，一個行動的抉擇更會讓生命邁向不同的境界，這就是動態的人生觀。

在教學過程中，孔子和學生無論是否談論高深的道理，都和教師的角色有關。他是老師，說出來的話一定要具有啓發性，光以中等材質以上、以下，做爲客觀評價，並不公平。

譬如，一個中等材質的人，生來智商只有八十，難道這輩子就沒希望提升自己了嗎？孔子對所有的學生都一樣給予不斷地啓發。「不憤不啓，不悱不發」（〈7．8〉），只要你問，他一定回答。孔子也曾說過「爲上知與下愚不移」（〈17．3〉），既然這兩種人「不移」，孔子又何必考慮是否「語上」呢？由此可見，「以上、以下」不能指天生材質之優劣。

〈6．22〉

樊遲問知（ㄓˋ）。子曰：「務民之義，敬鬼神而遠（ㄩㄢˋ）之，可謂知（ㄓˋ）矣。」問仁。曰：「仁者先難而後獲，可謂仁矣。」

樊遲請教什麼是明智。孔子說：「專心做好爲百姓服務所該做的事，敬奉鬼神但是保持適當的距離，這樣可以說是明智了。」

他又請教什麼是行仁。孔子說：「行仁的人先努力辛苦耕耘，然後才收穫成果，這樣可以說是行仁了。」

「知」即明智。什麼是明智呢？其一，「務民之義」，「務」是指專心去做，「民」指百姓，「義」是宜，指應不應該，百姓認爲該做的，就好好去做。其二，「敬鬼神而遠之」，敬奉鬼神，但是保持適當的距離，這也是明智，這話是針對做官的人。以上兩件事都要運用智慧，尤其要以適當態度與鬼神來往。

孔子對待人、鬼神和萬物的態度不同，人與人的關係是「善」，人與鬼神的關係是「敬」。人性向善，首先應該幫助活著的人；何況敬奉鬼神並非一定要用錢，因爲心誠就是敬，不可本末倒置。譬如，投入大筆錢財於奉祭鬼神的祭品上，而不肯用錢財幫助窮人，這樣對行善就造成排擠。

擇善不能脫離個人生命的具體處境

經常有人批評我對「善」的解釋太狹隘了。請不要忽略了儒家的立場重在人與人之間，對鬼神和其他的動植物，當然也要照顧，但是有不同的概念。對鬼神是敬，敬是以心爲主；對萬物要照顧，但要先考慮到人的需求，行有餘力，再來照顧其他萬物。

譬如，我是有錢人，養了一隻寵物，當我死後，是應該把錢留給寵物，還是留給窮人？我也許可以留給寵物，因為牠和我很熟悉，那些快餓死的窮人，我卻一個也不認識。

美國就有一例，某富婆死後，將五百萬美元的遺產留給她的貓，並立下遺囑讓五個人來伺候這隻貓，包括多久得洗澡，每天吃的食物怎麼調理，都由律師來監督執行，直到牠死亡為止。在我看來，這實在是很錯亂。所以千萬不要小看這個「善」的界定，儒家強調人與人之間的關係，這是唯一的人生之路。

樊遲本身並不聰明，從他的各種提問就看得出來。「先難而後獲」，就是要人先努力耕耘，才能有收穫的成果；很多人還沒耕耘就等著成果，有些人是專門收成果而不耕耘的。可見，「先難而後獲」是自我要求，先把該做的事做完，以後再考慮收穫，這是從自我出發的正確心態。

敬鬼神而遠之

總之，「敬而遠之」是古代認可的正確態度，並非始於孔子的想法。這種態度提醒人不要「不問蒼生問鬼神」，而應該在尊敬鬼神時保持人的責任意識，這樣才算明智，孔子在此顯然並無否定或懷疑鬼神之意。可參考〈2．24〉。

而「仁」字，可以明白說成「走上人生正途」。孔子對於學生「問仁」，提供的答案都各不相同。樊遲先後三次問仁，答案都不同。參考〈12．22〉、〈13．19〉。何以如此？因為人生正途在於擇善固執，而擇善的方法不能脫離個人生命的具體處境，所以孔子不但因材施教，還能因時、因地、因事、因狀況而提出答案，希望學生由此增加明智的抉擇能力，可以舉一反三，自行走上人生正途。

「敬鬼神而遠之」六字提醒我們，孔子絕對沒有否定或是懷疑鬼神的存在。中國很多讀書人沒有明確的宗教信仰，對於民間信仰又不太了解，提到鬼神時覺得像是對理性的挑戰，總不太願意接受。孔子當然相信鬼神的存在，但他要我們敬奉之後保持適當距離，這並非表示不要來往，而是要採取適當的方式。

人和鬼神的關係，內在即爲敬，外在即爲祭祀。祭祀有特定的時間，應該祭祀時就祭祀，這就是適當的距離。當時，大家都認爲鬼神的存在是不用證明的，人死爲鬼，神是古代守護高山、大川的人，死後就被稱爲山神、河神，這是一般人都接受的事實。

如果不接受鬼神的存在，就會碰到一個困難：人死後到哪裡去了？如果說人死後完全消失，變成虛無，就更讓人難以接受了。這樣一來，人生所有的教訓，包括「人生應該怎麼做」這個問題的答案，都必須重新思考。

與其說人死後什麼都沒有，還不如說人死後變成另外一種存在，也就是身體消滅了，但是他的靈魂變成鬼神，這種說法比較爲人所接受。

人是萬物之靈，死後當然應該有另外的發展。所以古代把人的結構叫做「三魂七魄」。魂比較輕，魄比較重，死後魂歸於天，魄歸於地，兩者就分開了。

我們常說這個人的體魄如何，表示魄和身體具體的結構有關；「魂」字的左邊是雲，它往上走，也比較輕。人的生命來自大自然，經過父母的合作得到天地之精華，然後成爲一個人，死了之後留下魂魄，所謂鬼神是指魂而言。

由此可知，孔子對鬼神從來沒有懷疑和否定過，也沒有真的要去證明鬼神是否存在。事實上，鬼神的存在對當時一般人來說，是不證自明的。

〈6．23〉

子曰：「知（ㄓˋ）者樂（ㄧㄠˋ）水，仁者樂山。知者動，仁者靜。知者樂，仁者壽。」

孔子說：「明智的人欣賞流水，行仁的人欣賞高山。明智的人與物推移，行仁的人安穩厚重。明智的人常保喜樂，行仁的人得享天年。」

「知者」即明智的人；「仁者」，即行仁的人。綜合而言，人的最高境界應是能樂水，還能樂山；能動，還能靜；能樂，還能壽。「還能」兩字是關鍵所在。

行仁的人把握到內在的向善力量，本身有一種安穩的狀態，像山一樣，可以非常寬厚地接納一切生命；明智的人像流水一般，水在流動時活潑無比，碰到山就繞過去，碰到低地就塡滿它，按照地勢的各種條件與之變化。

所以明智的人，本身是充滿變化的，面對任何處境，他都懂得應對。行仁的人像山一樣，山的特色就在於能包容一切的生命，山裡面的礦物、植物、動物，都可以完全容納，這就像仁者的胸襟，只要是存在之物都可以接納，有一股穩定的力量。

「知者動，仁者靜」，強調的是智者、仁者並列；另一方面，仁者所體現的境界可以超越智者，行仁的人是能動能靜，而智者未必能靜下來，也就是說，仁者比智者更進一步。

「知者樂，仁者壽」，仁者顯然是很快樂，同時也能長壽。行仁的人是表裡一致，心安理得，因而容易顯示長壽；明智的人非常快樂，因爲他在任何地方碰到困難時也不會覺得有什麼阻礙。

人生本來就要面對許多挑戰，如果了解自己的條件，與外在的環境特色，就沒有什麼好煩惱的。退一步海闊天空；眼光看遠一點，思考想遠一點，現在是現在，將來也許會不同。

明智的人所做的事，行仁的人都做得到；倒過來則未必，行仁的人做得到的，明智的人不見得做得到。行仁的人能樂水也能樂山；明智的人不一定會樂山。明智的人可以與物推移，但不一定靜得下來；而行仁的人不但能在變化裡面發展，同時也可以靜下來。同樣，明智的人能夠快樂，但不一定能夠安享天年，而行仁的人能夠快樂，也能安享天年。孔子認爲，仁者是最高的，智者則是往仁者這個方向發展的重要階段。

總之，本章的智者與仁者並列，指的是明智的人與行仁的人。在理解上，先談明智的人，再進一步談行仁的人。孔子教導學生並不是分「智」與「仁」兩科，而是全以行仁爲主，智者是走向仁者的必經之路。智者懂得如何「擇善」，仁者才能「固執」到底。

〈6・24〉

子曰：「齊一變，至於魯；魯一變，至於道。」

孔子說：「齊國只要一改善，就可以達到魯國的教化水準；魯國只要一改善，就可以達到周初的王道理想。」

周初封姜太公於齊國。春秋初期，齊桓公為五霸之首，而教化水準則有待改善。周初封周公之子伯禽於魯國，魯國在各國中以重視教化聞名。「道」即周初的王道理想。本章所論與當時的背景有關，意思在指出教化的改善有漸進的步驟，最後的目標則是道——王道。

姜太公的後代被封在齊國時，其政策是放任百姓發展，齊國百姓還是沿襲商朝以前的習慣，沒有什麼改變，和周朝的人文教化相距較遠，孔子才會這麼說。事實上，齊桓公是春秋五霸的第一霸，教化雖然有待改善，但是武力很強盛。魯國的武力不行，但教化很好。

重視教化，軍備就可能不夠，這是古代國家立國的一個特點。

〈6・25〉

子曰：「觚（ㄍㄨ）不觚，觚哉！觚哉！」

孔子說：「觚這種酒器已經不像個有稜有角的觚了。這還是個觚嗎？這還是個觚嗎？」

「觚」，古代酒器，可裝二升酒。形狀上圓下方，腹部有稜角。後來稜角變成圓形，仍名為觚，但已名不副實。

在此，孔子的感嘆還有一個理由，就是觚的容量有限，可以戒人少飲，淺嚐輒止，而當時的風氣是仍用觚盛酒而未必少飲。

本章所談的，一方面是名實問題，亦即「觚」之名與「觚」之實是否相符？另一方面是名分問題，亦即「觚」之名，與它原來所要達成的社會效應，是否相符？名存實亡的情況並不少見，孔子感嘆的更是名分之間無法配合，以取社會風氣日趨浮華的現象啊！

〈6・26〉

宰我問曰：「仁者，雖告之曰『井有仁焉』，其從之也？」子曰：「何為其然也？君子可逝也，不可陷也；可欺也，不可罔也。」

宰我請教說：「行仁的人，若是告訴他『井裡有仁可取』，他是否跟著跳下去呢？」孔子說：「他怎麼會這麼做呢？對一個君子來說，你可以讓他過去，卻不能讓他跳井；你可以欺騙他井裡有仁可取，卻不能誣賴他分辨不了道理。」

宰我是孔子的學生當中很特別的一位，名列言語科第一人，第二名才是子貢。子貢經常在《論語》各章出現，反觀宰我，不但很少出現，而且每一次出現時都會發生狀況，大概是愈聰明的學生，沒有把握好原則，就愈容易出問題。所謂「以言取人，失之宰予」，就是因爲宰我的口才太好，容易使人相信他的說法。

耍小聰明無助於學習

宰我大概聽說了「殺身成仁」（〈15．9〉）的觀點，所以設想一種情況來請教老師，他顯然不清楚行仁者的作爲。「可逝也，不可陷也，可欺也，不可罔也」，孔子認爲連君子都不至於如此天眞和愚昧，任意的犧牲生命，更何況是行仁者了。

從宰我的這個提問也可以知道，他連什麼叫「仁者」都弄不清楚，只是故意想在言語上找毛病來爲難老師。孔子對宰我的教誨，還可參照〈3．21〉、〈5．9〉、〈17．21〉。

孔子的回答重點在於：行仁的人也是很聰明的，不單是只有好心而已。孔子以這個方式來告訴宰我，耍小聰明是沒用的，君子還是可以做出正確的判斷。

譬如，你在行仁時，別人對你說，既然你要行仁，爲何不把家產捐給慈善機構？這時你不必附和或反對他，而是要清楚知道「善是我與別人之間適當關係的實現」，然後依然走在自己選擇的行善之路上。

〈6・27〉

子曰：「君子博學於文，約之以禮，亦可以弗畔矣夫！」

孔子說：「有志成爲君子的人，廣泛學習文獻知識，再以禮來約束自己的行爲，這樣也就不至於背離人生正途了。」

「博」代表廣博，愈多愈好；「約」代表收斂，愈少愈好，也就是規範之意。「畔」通「叛」，指背離人生正途而言。所以教育要分別對待，譬如小學畢業之前，要注重體育和美育；體育促進身體健康，美育造成心靈和諧。中學時就要注重智育和群育；智育就是認眞讀書，才能博學。此時相對的行爲規範就很重要，即群育，在群體當中如何相處，就要靠規範。

所以兩者要配合，知識上愈多愈好，行爲上愈收斂愈好。這兩者是相對的，行爲若不收斂，一天到晚都有活動，哪還有時間讀書呢？如果把時間都花在讀書上，行爲自然就沒什麼問題了。

我讀中學時，血氣方剛，有一次跟同學吵架，差點要動起手來。正在推擠時，老師來了，他叫我過去，只說：「你的功課很好，一定是好學生，絕對不會打架的。」

這一句話對我影響深遠，老師認爲我的功課好，一定花了很多工夫在讀書，哪裡還有時間做壞事呢？時間決定我們生命的內容，我們的生命是靠時間累積起來的。

由此可見，「有志於成爲君子者」，都應由動態的過程觀點來理解，不然，既已是君子了，又怎麼還需要這一類的叮嚀？

本章也見於〈12·15〉，顏淵在〈9·11〉談受教於孔子，也有類似的體驗。

〈6·28〉

子見南子，子路不說（ㄩㄝˋ）。夫子矢（ㄕˇ）之曰：「予所否者，天厭之！天厭之！」

孔子應邀與南子相見，子路對此很不高興。孔子發誓說：「我如果做得不對的話，讓天來厭棄我吧！讓天來厭棄我吧！」

整部《論語》裡，學生膽敢給老師臉色看的，也只有子路一人了。

南子是衛靈公的夫人，她想利用孔子幫忙參政，又無眞心任用之意。正好孔子周遊列國到了衛國，她愼重其事地發出正式的請帖給孔子。孔子之前曾推辭一、兩次，但這次沒有理由再拒絕，只好勉爲其難地赴約。

會面之後，他們一行人坐馬車出來，衛靈公和南子坐在前面，孔子的馬車尾隨在後，像是表示支持之意，別人看了會覺得孔子被收買了。

子路對此事深感不悅，他大概還記得「名不正，則言不順」（〈13．3〉）的教訓，所以無法釋懷。他的不悅之情完全顯露在臉色，因此孔子才會對他發誓。「矢」即發誓。

孔子認爲自己做得對，因爲他依禮而行。國君的夫人出面正式邀請，拒絕就顯得失禮。赴約後，坐在馬車上招搖過市，也眞是無可奈何，如果做得不對，就由「天厭之」吧。由此可見，孔子認爲自己的行爲合乎天命，所以會說出「天厭之」一語。

孔子口中的「天」，不是一般所謂的「窮則呼天」，而是他眞心信仰的對象，意即「獲罪於天，無所禱也」（〈3．13〉），同時也是他的使命之來源，亦即「天命」（〈2．4〉）。一個人只要問心無愧，依禮而行，又何必在乎別人的誤會呢？

〈6．29〉

子曰：「中庸之爲德也，其至矣乎！民鮮（ㄒㄧㄢˇ）久矣。」

孔子說：「中庸這種德行，實在是最高的了！長期以來，百姓很少有能做到的。」

「中庸」，就選擇行爲之恰到好處，可名爲「中」；就日常生活之長期堅持，可名爲「庸」。合而言之，就是擇善固執，也就是人生正途。

也有人把「中庸」講成「用中」，中之用也。舜在治理國家時，也有類似的作法，叫做「用其中於民」，「中」可以理解爲善，「用」當然是選擇怎麼用，有選擇的意味。如果說「用其中」就變成擇其善而行，人生的正道是與「擇善固執」完全配合。這種觀點與《中庸》一書的立場相符。

爲什麼稱「中國人」？從文化上看，「中」字在古代是指一面旗子，旗子插在部落首領所在處，發生事情時一敲鐘，部族民衆從四方趕來，向中間靠攏，後來「中」就代表最重要的地方，以它爲準才分出東南西北，於是稱自己的國家叫做中國。

可見，「中」字的意思非常豐富而深刻，此處，我們把它講成「人性向善」內在的結構或表現，如此一來，「中庸」是「用中」，即是要擇善固執，孔子認爲這種德行是最高的，長久以來，百姓很少能做到。

〈6・30〉

子貢曰：「如有博施於民而能濟衆，何如？可謂仁乎？」

子曰：「何事於仁，必也聖乎！堯舜其猶病諸！夫仁者，己欲立而立人，己欲達而達人。能近取譬，可謂仁之方也已。」

子貢說：「如果有人普遍照顧百姓又能確實濟助眾人，這樣如何呢？可以稱得上行仁嗎？」

孔子說：「這樣何止於行仁，一定要說的話，已經算是成聖了！連堯舜都會覺得難以做到啊！所謂行仁，就是在自己想要安穩立足時，也幫助別人安穩立足，在自己想要進展通達時，也幫助別人進展通達。能夠從自己的情況來設想如何與人相處，可以說是行仁的方法了。」

「博施於民而能濟眾」，孔子認爲這樣算是成聖了。「聖」是仁的第三義「人之成」的描述。人之成，必有偉大的效應，就是由於一人「充分實現」其向善之性，導致天下大同的美境。

要補充說明的是：「善」是人與人之間適當關係的實現。因此，一人與天下人之間皆有適當關係，博施濟眾就是一切人際關係的實現，通常只有帝王可以做到。堯、舜正是這樣的帝王，卻還覺得這種要求難以做到（〈14．42〉）。

如果不由上述「善」的定義來理解，無法說明孔子之意。我們一再以「行仁」來譯「仁」，並且強調其爲動態的過程，也可以在本章獲得印證。

古代由堯、舜之後，慢慢發展下來還是有很多社會問題，代表這種事情是永遠做不完的。每個人都要想辦法掌握自身的能力，儘量發揮作用於社會上，讓社會變得更爲完善，更爲理想，這是每個人都有的責任，背後的理想與原則就是「人性向善」。

什麼叫仁呢？就是「己欲立而立人，己欲達而達人」。「能近取譬」意即推己及人，設身處地去關心別人。如此才能做到「己所不欲，勿施於人」，再進一步求其立人與達人。

一般談仁，談儒家的思想會說「己所不欲，勿施於人」，但是再怎麼好，仍然是消極的。人總要消極地不做壞事，才能積極地去做好事；壞事可能出現時，就要消極，寧可讓人覺得自己膽小而不去做。

事實上，膽小是很多德行的來源，很多人沒做壞事是因爲膽小，怕被抓，怕被笑，怕發生各種其他問題。相反的，膽大的人什麼都不怕，反而容易莽撞行事，易生麻煩。

古希臘時代的「德行」認爲膽小代表謹愼，謹愼才可能明智。積極的就是「己欲立而立人，己欲達而達人」，行仁就是在自己安穩立足時，也幫助別人安穩立足，在自己進展通達時，也幫助別人進展通達。一個是安穩立足，一個是進展通達。從這兩方面把自己的能力推廣出去，希望與別人都能夠站得穩，可以走得遠。

述而篇第七

〈7・1〉

子曰：「述而不作，信而好古，竊比於我老彭。」

孔子說：「傳述而不創作，對古代文化既相信又愛好，我想自己很像我們的老彭吧。」

老彭是商朝的大夫，事蹟不可考，他的作風大概就像孔子這裡所描寫的。孔子的祖先是宋國人，商朝的後代封於宋，所以孔子覺得和老彭特別親切。「竊」在此是謙虛之詞。「我」是親近之意。

古代的「述」和「作」兩字，不能隨便亂用，尤其是「作」字，通常是指創作禮樂，不是指寫文章。像「制禮作樂」，有德沒位者，不能作禮樂。《中庸》二十八章說：「雖有其位，苟無其德，不敢作禮樂焉；雖有其德，苟無其位，亦不敢作禮樂焉。」必須德如聖人，位如天子，兩者配合才能夠作禮樂；換句話說，內聖外王者，才能作禮樂。

這也代表孔子若要創作禮樂，不合當時的要求，所以他「述而不作」，只敘述古代的禮樂，不從事創作。

「信而好古」，孔子非常重視傳統，他教導學生的教材都是以五經：《詩》、《書》、《禮》、《樂》、《易》爲準，再加上自己「溫故而知新」的心得，所以可以擔任老師。

對於傳統，我們要先尊重與了解，畢竟傳統累積了幾千年的智慧。有一些學者認爲，古代的東西落伍或過時了；孔子則不然，他認爲要先找到自己的基礎，肯定傳統的說法，再結合自己的生活經驗。

〈7・2〉

子曰：「默而識之，學而不厭，誨人不倦，何有於我哉？」

孔子說：「默默存思所見所聞，認眞學習而不厭煩，教導別人而不倦怠，這些事情我做到了多少？」

本章所說的三件事，是孔子的自我期許，因此「何有於我哉」，要譯爲「我做到了多少」比較符合實際的情況。

在此，「多少」是側重「程度」而言，表示已經做得不錯，但還要繼續努力，求其更完美。如果譯爲「對我有何困難」，就顯得太過驕傲；若是解讀爲「何者能有於我」，又顯得過分謙虛了。

凡是從事教學的人都應該問自己：是不是一學習就容易厭煩、一教別人就容易疲倦？要做到本章所說的這三件事很困難，孔子能做到實在不簡單，但是他還是不斷反覆自問：「這些事情我做到了多少？」希望藉此與學生互相勉勵，可以一輩子做下去。相關說法，還可參考〈7・34〉、〈9・16〉。

〈7・3〉

子曰：「德之不修，學之不講，聞義不能徙，不善不能改，是吾憂也。」

孔子說：「德行不好好修養，學問不好好講習，聽到該做的事卻不能跟著去做，自己有缺失卻不能立刻改正；這些都是我的憂慮啊。」

本章提及四件事，前兩件的修德與講學，是每個人只要「願意」就可以做到的；用「不」字，表示主動性不夠，應該增強的是志向。後兩件事，用的是「不能」，表示落實在具體生活中，無論遷善或改過，都是在願意之外，還必須經過「努力」，並且需要終身行之。

孔子以這四點爲自己的憂慮，提醒自己不犯這樣的錯。憂慮，意即最爲關切者。

把這些可能的缺點經常記在心裡，加以防範，錯誤自然而然就減少了。孔子不會裝出道貌岸然的模樣，好像自己是多麼了不起的聖人或學者，他很了解人性的弱點，所以謹慎自處。

從另一方面來看，整天擔心「德行有沒有修養好，學問有沒有講習好」，也滿辛苦的，人生也應該有一些娛樂來調節情緒。孔子有沒有娛樂呢？當然有，我們在其他章還會提及。總之，孔子不是做不到這四點要求，而是他對這些念茲在茲，並且從不懈怠。

〈7・4〉

子之燕居，申申如也，夭夭如也。

孔子平日閒暇時，態度安穩，神情舒緩。

「燕居」指閒坐，「申申如也」即態度安穩，「夭夭如也」即神情舒緩。在亂世時期，孔子能做到如此很不容易；換作別人，恐怕是整日愁眉苦臉、緊張兮兮的。

孔子一生遭遇坎坷，他周遊列國十餘年，帶著一群學生，四處爲家，但他還是「申申如也，夭夭如也」，充分彰顯了「君子坦蕩蕩」的心態（〈7・37〉）。這也讓我想起《聖經》的話：「不要爲明天憂慮，因爲明天自有明天的憂慮；一天的難處一天當就夠了。」

人生在世，難免會爲了未來而憂慮，以致缺乏安全感，想太多也沒有用。與其靠外在的保障，還不如增加內在觀念上的免疫力。

〈7．5〉

子曰：「甚矣吾衰也，久矣吾不復夢見周公。」

孔子說：「我實在太衰老了，竟然很久都沒有夢見周公了。」．

周公即姬旦，周文王之子，武王之弟；輔佐武王之子成王，奠定周朝的基業，後代受封於魯國。

「不復夢見周公」，有思則有夢，說明孔子志在學習周公，既能匡正天下，又能制禮作樂。雖然孔子出身平凡，但他能走出平凡，不斷往上提升，不斷自我超越。孔子類似的感嘆，還可見於〈9．9〉。

我們研究儒家思想時，不必對孔子盲目推崇。有些學者提到孔子，就說：「天不生仲尼，萬古如長夜。」事實上，在孔子之前，還有周公，還有堯、舜、禹、湯，又怎麼能說是「長夜」呢？孔子很了不起，但也不認爲自己超越古代，他本身就是「述而不作，信而好古」（〈7．1〉），也是繼承了中國傳統的一部分。

〈7・6〉

子曰：「志於道，據於德，依於仁，游於藝。」

孔子說：「立志追求人生理想，確實把握德行修養，絕不背離人生正途，自在涵泳藝文活動。」

「道」是人生的康莊大道，指人生理想或完美人格，所以要立志追求（〈4・9〉）。「德」是個人的德行修養，修德之原則相同而程度各自有別，所以要確實把握（〈7・3〉）。「仁」是在個人身上顯示的人生正途，側重於擇善固執，所以要絕不背離（〈6・7〉）。「藝」是禮、樂、射、御、書、數之「六藝」，可以統稱爲藝文活動，所以要自在涵泳（〈9・7〉）。

人生理想是抽象而就遠大目標來說的，是人類共同的正路。德是修養的結果，每個人都有或多或少的德行修養，德行修養要好好把握住，絕不背離人生正途。仁是指自己的具體處境所顯示的正路。

「游於藝」說明孔子有生活快樂、輕鬆的一面，充滿很多選擇，可以調節自己。譬如〈7・27〉提及孔子的休閒活動是釣魚與射鳥，〈7・32〉提及孔子與朋友一起唱歌的情景等。

本章的前三步都很嚴肅，「游於藝」則輕鬆自在。一面努力，一面調適，人生要自得其樂。如此，生命才會比較活潑，不受一般世俗的功利思想所左右。

〈7·7〉

子曰：「自行束脩以上，吾未嘗無誨焉。」

孔子說：「從十五歲以上的人，我是沒有不教導的。」

何謂「行束脩」之禮呢？古代的貴族子弟十五歲進大學時，要帶著「束脩」——即十束肉乾給老師。那是一種禮的形式，表示心意，後來就用「行束脩」代表年齡（十五歲）。東漢鄭玄尚知此說，參考《後漢書·延篤傳》的李賢注所引。從此變成習慣，後人紛紛以弱冠、及笄、行束脩來代表年齡的各階段。

《論語》有五百一十一章，沒有任何一章可以證明孔子曾收過肉乾或學費。在〈10·8〉還明確描寫孔子是「沽酒市脯，不食」（不吃市面買來的酒與肉乾）。事實上，孔子在此所說的是「從十五歲以上的人」。

孔子在十五歲時立志求學，他有學問之後就回饋社會，宣稱只要是十五歲以上的人就教，打破當時只有貴族子弟才能繼續升學的限制，也開啟了平民教育。

古人說「自……以上」，皆指數字的增加，並且主要用於年齡，如《周禮·秋官司寇》的「自生齒（一歲）以上，皆錄於版」。

這段話足以顯示孔子的有教無類，與薄禮、學費、敬意、誠心都無關；所側重的不是學生的態度，而是孔子身為老師的心願，相關資料可見〈7·29〉、〈9·8〉、〈17·20〉。

〈7・8〉

子曰：「不憤不啓，不悱（ㄈㄟˇ）不發。舉一隅（ㄩˊ）不以三隅反，則不復也。」

孔子說：「不到他努力想懂而懂不了，我不去開導；不到他努力想說而說不出，我不去引發。告訴他一個角落是如此，他不能隨之聯想到另外三個角落也是如此，我就不再多說了。」

「憤」是指想懂而懂不了，心都快要生氣了；「悱」是指想說而說不出，臉都脹紅了，這時特別需要老師的指點。

現在我們常說的啓發式教學，在《論語》裡面，「啓」和「發」兩字是分開的。孔子的原則是，學生提問時，一定是自己感到困惑，想了很久還想不通，此時只要老師一說，便會終身記得。

所以做爲學生，凡事要懂得自己先想，如果不動腦筋，只是隨便聽一聽，老師說得再多也是枉然。

「隅」是指房子的角落。看到一個角落的情況，就可以推想出另外三個角落，就是所謂的「舉一反三」。我們在學習時，如果對事物有了理解，就要設法去推理，把類似的情況都掌握住。

孔子很注重學生的主動學習和理解過程，這是孔子教學的特色，值得今人借鑑。

〈7·9〉

子食於有喪者之側，未嘗飽也。

孔子在家有喪事的人旁邊吃飯時，從來不曾吃飽過。

在古代，辦喪事的禮儀非常複雜而繁瑣，一個人從過世到入土爲安，共需經過五十幾道手續，一般百姓根本無法明白其中細節，一旦發生此事，往往束手無策；不像現在，可以交給宗教團體或舉行簡單的追悼儀式即可。

我們知道，孔子曾以「助喪」爲職業，也就是幫別人辦喪事，這在當時屬於高難度的正當職業，是長期訓練的專業能力。他一個月裡，大概會有三、四次爲人辦喪事，在過程中自然要在喪家的家裡吃飯。但是孔子非常眞誠，在喪禮氣氛的感染下，別人的悲傷他也感同身受，自然沒有胃口，所以每次都簡單吃一點就不吃了。

久而久之，學生們也觀察到這種情形。由此可知，孔子也是平常人，只是比我們更能保有原本的眞誠心意。他也常提醒自己「喪事不敢不勉」（〈9·16〉），如果朋友過世而無人料理其後事，孔子就說：「於我殯。」（〈10·22〉）

〈7·10〉

子於是日哭，則不歌。

孔子在這一天哭過，就不再唱歌了。

哭是感情的自然流露，有感而發或觸景生情，都可能使人落淚。孔子的學生記下這句話，表示孔子一定常常哭，也不怕被人知道。

學生另外發現，老師只要這一天哭過，就不再唱歌；如果他哪天沒哭，就有可能「歌」，而且一「歌」起來，必定歡愉和樂。

由此可知，孔子能感受到別人的痛苦，這是感情豐富的表現；另一方面，他還很能自得其樂，可以參照（〈7．32〉）。

這樣的人實在很可愛，我想，如果孔子出現在我們面前，一定不會讓人望而生畏，反而會讓人感覺親切和藹，這也是孔子的人格特質。

〈7．11〉

子謂顏淵曰：「用之則行，舍之則藏，唯我與爾有是夫。」

子路曰：「子行三軍則誰與？」

子曰：「暴虎馮（ㄆㄧㄥˊ）河，死而無悔者，吾不與也；必也臨事而懼，好謀而成者也。」

孔子對顏淵說：「有人任用，就發揮抱負；沒人任用，就安靜修行；只有我與你可以做到吧！」

子路說：「老師率領軍隊的話，要找誰同去？」

孔子說：「空手打虎，徒步過河，這樣死了都不後悔的人，我是不與他同去的。一定要找同去的人，那就是面對任務戒愼恐懼，仔細籌劃以求成功的人。」

「用之則行，舍之則藏」，任用權在別人，如何因應則在自己。孔子認爲這是極其艱鉅的挑戰，一般人是易「行」難「藏」。

「唯我與爾有是夫」，孔子把自己與顏淵看作同一水準，對顏淵來說，這眞是至高的讚美。不過，孔子說話時，並沒有注意到子路就在旁邊；子路聽完，自然心生不滿了。

子路是專門研究作戰的軍事家，況且孔子也說過：「乘桴浮於海，從我者，其由與。」（〈5．6〉）因此，子路馬上問：「子行三軍則誰與？」想藉此替自己扳回一城。

孔子卻不以爲然，他認爲子路是「暴虎馮河」，屬於莽夫之勇，平時就好逞一時之勇。大國有三軍，每軍一萬二千五百人，帶領三軍的統帥不能有勇無謀，這句話說明「行」也不容易。

「必也」是假設語氣。孔子告誡子路，面對任務一定要學會「臨事而懼，好謀而成」，遇到任何事情，寧可小心謹愼一點，千萬不可大意，大意就會忽略細微的變數。

尤其是作戰，一旦戰敗，國家就會陷於危險，孔子不輕易稱讚子路的原因就在這裡。

〈7．12〉

子曰：「富而可求也，雖執鞭之士，吾亦爲之，如不可求，從吾所好（ㄏㄠˋ）。」

孔子說：「財富如果可以求得，就算在市場擔任守門員，我也去做；如果無法以正當手段求得，那麼還是追隨我所愛好的理想吧。」

古代有兩種人可稱爲「執鞭之士」。一種是天子、諸侯外出的時候，有人會替他們開道，開道的人手執鞭子，看見誰擋路就揮鞭相向；第二種執鞭的人是市場守門員，因爲市場上金錢往來熱絡，爲防範不法份子，他們也要手執鞭子。

在此，孔子的意思應該是指市場守門員。這句話表示，只要手段正當，即使當個市場守門員謀生或發財，也不會感到委屈；但如果無法以正當手段求得的話，就要「從吾所好」。所好者不是指財富，而是指原則或理想。財富是附加於人生的，可多可少。

由此可見，本章的「可」與「不可」是就手段而言，亦即手段是否正當。即使是執鞭的市場守門員，只要手段正當而可以賺錢，再辛苦再卑微的工作都無妨。

孔子對財富的相關態度，還可參考〈4．5〉和〈7．16〉。

〈7．13〉

子之所慎：齊（ㄓㄞ）、戰、疾。

孔子以慎重態度對待的三件事是：齋戒、戰爭、疾病。

本章與孔子本身的行爲有關。我們知道人活在世界上，一定是有所爲，有所不爲，有些事很謹慎，有些事則輕鬆以對。孔子謹慎的事有三件：

第一個是「齊」，即齋戒，就是祭祀之前的準備。在順序上排第一，表示孔子對鬼神的誠敬態度，已經成爲他的生活特色了，可參考〈3．12〉。如果沒有信仰，又何能如此？

第二個是「戰」，即戰爭，戰爭決定國家的興衰榮辱與個人的生死存亡，豈可不慎？在後面的〈14．16〉和〈14．17〉，可以看到孔子對管仲的肯定，就是因爲管仲化解了戰爭的災難。古代的國家都不大，諸侯之國，人口從幾萬到幾百萬人不等，一旦戰敗，就有可能導致亡國滅種，因此必須謹慎。

第三個是「疾」，即疾病，做爲個人，應該珍惜生命，以完成人生理想。孔子小心飲食，可從〈10．8〉和〈10．16〉得知。

但孔子最謹愼的是齋戒，目的是保持人與神明的關係。可見孔子具有宗教情操或宗教信仰，只不過他不願多談，因爲信仰需要個人的修行和體驗；沒有修行體驗而光談信仰，到最後可能變成「口頭禪」。

祭祀祖先，是為了提升心靈對世界的關懷

孔子認爲，宗教是一個人最根本的關懷，是內心最隱祕、最深刻的部分。關於孔子的齋戒，〈10．7〉上提到，齋戒時，沐浴一定有浴衣，還要改變平日的飲食，居住也一定要換房間。

改變吃、住的方式，才會注意到更根本的問題，因爲人的生命總是有開始、有結束。想起祖先，就會想起自己將來有一天也會過去，這就是齋戒的用意，讓人的心靈可以提升超越對世事的關懷，不要一天到晚想著世間的成敗得失。

〈7．14〉

子在齊聞韶（ㄕㄠˊ），三月不知肉味，曰：「不圖爲樂（ㄩㄝˋ）之至於斯也。」

孔子在齊國聆聽韶樂的演奏，有一段相當長的時間食肉而不知其味，於是他說：「想不到製作音樂可以到達這麼完美的地步。」

「三月」代表一段相當長的時間。人的感官功能有相通的作用，若是其中一種受到強烈的震撼，別的就退居幕後。這也可以說是「用心」所在，可以使人暫時忽略其他官能。

孔子在齊國聽到韶樂的演奏之後，腦中所想的都是韶樂的美妙，整個人好像醍醐灌頂，很長時間都不知肉有什麼味道。正如看到一幅美好的畫，或是聽到一首動人的歌曲，一旦入迷，即使周遭環境紛亂、人聲鼎沸，你都毫無感覺。

由此可見，視覺、聽覺、味覺可以相通，人的生命有一種凝聚的力量，可以通過某種感官特別的作用，忽略其他的感官。

韶樂究竟有多美，可參考〈3・25〉。

〈7・15〉

冉有曰：「夫子為（ㄨㄟˋ）衛君乎？」子貢曰：「諾，吾將問之。」入，曰：「伯夷、叔齊何人也？」曰：「古之賢人也。」曰：「怨乎？」曰：「求仁而得仁，又何怨？」出，曰：「夫子不為也。」

冉有說：「老師會幫助衛君嗎？」子貢說：「好，我去請教他。」子貢走進屋子，說：「伯夷、叔齊是什麼樣的人？」孔子說：「古代的有德之士。」

子貢說：「他們會抱怨自己的遭遇嗎？」孔子說：「他們所求的是行仁，也得到了行仁的結果，還抱怨什麼呢？」

子貢走出屋子，說：「老師不會幫助衛君。」

衛君即衛出公，名輒，為靈公之孫，太子蒯聵之子。蒯聵得罪南子，逃往晉國；靈公死後，孫輒立為國君。晉國送回蒯聵，乘機犯衛，衛國抵抗晉兵，並阻止蒯聵回國。這是父子爭國的局面。

此時，孔子一行人正好在衛國，學生們不知老師是否會幫助衛出公，子貢便自告奮勇地去請教孔子。

子貢不直接問孔子是否幫忙，反而問了老師對伯夷、叔齊的看法。這兩人是周初有名的賢者，為了不當孤竹國的國君而逃走，最後餓死在首陽山，這是兄弟讓國的故事。

孔子認為這對兄弟所求的是行仁，也得到了行仁的結果，還會抱怨什麼呢？他們若是無怨，就表示孔子不會認同衛國目前的局面，自然不會介入幫助了。

孔子一說完，子貢心裡就有底了，出來就對冉有說，老師不會幫助衛君。同樣是孔子的得意門生，冉有為什麼不敢自己去問老師呢？由此可見，子貢的口才和聰明機智果然一流，難怪他做生意可以大發利市。司馬遷寫的〈貨殖列傳〉，子貢就是其中一位。

〈7．16〉

子曰：「飯疏食飲水，曲肱（ㄍㄨㄥ）而枕（ㄓㄣˋ）之，樂亦在其中矣。不義而富且貴，於我如浮雲。」

孔子說：「吃的是粗食，喝的是冷水，彎起手臂做枕頭，這樣的生活也有樂趣啊！用不正當的手段得來的富貴，對我就好像浮雲一樣。」

孔子曾經稱讚顏淵，說他是「一簞食，一瓢飲，在陋巷，人不堪其憂，回也不改其樂」（〈6．11〉），其實孔子的生活和顏淵差不多，本章就是證明。

快樂的來源由內而發

「曲肱而枕之」，代表家徒四壁，連床也沒有。耶穌說過：「狐狸有穴，天上的飛鳥有巢，但是人子卻沒有放枕頭的地方。」代表他到處傳教，四處爲家，任何地方都可以安睡，與孔子所要表達的幾乎完全一樣。聖哲之所以了不起，就在於他們從來沒想要滿足自己生活的需求。

「樂亦在其中矣」，是指這裡面也有快樂。一個人活著只要具備最基本的生活條件，照樣可以快樂。這種快樂是走在人生正途上的效應，其明確目標是「從心所欲不逾矩」（〈2．4〉）；若能進而兼善天下，與民同樂，更是足以快慰平生。

這絕不是說吃粗食、喝冷水就等於快樂，重要的是另有快樂的來源，它是由內而發的。我們知道，在世上愈得意愈成功，外在的考慮就愈多，如此一來，內在能發出來的力量就愈小。

「不義而富且貴，於我如浮雲」，富貴怎麼來就會怎麼去，重要的是做該做的事，人生才會充實。孔子對富貴的態度，可參考〈4・5〉、〈7・12〉。

超越生命既有的限制

與人溝通，要從每個人自身的角度來了解，就好像海水，沒有固定的形狀，卻可由裝水容器的形狀來決定。一口很大的缸，可以裝很多水，一個小酒杯，就只能裝一點點水。

人在社會上發展定型之後，如果習慣於某個職業、特殊的生活領域，就會變得和小酒杯一樣。海水不能斗量，用一個小杯子裝水，豈不是太狹隘了嗎？所以我們要練習超越自己生命裡特定的限制，包括所學的專業科目，以及從事的職業、生活的範圍，讓自己回歸到人的完整生命。

〈7・17〉

子曰：「加我數年，五十以學《易》，可以無大過矣。」

孔子說：「讓我多活幾年，到五十歲時專心研究《易經》，以後就不會有大的過錯了。」

孔子自十五歲立志求學，並且終身學而不厭，到五十歲時，再專心一意地研究《易經》，就可減少過失，因爲《易經》的道理，簡單地說就是了解天之道，然後安排人之道。

學習《易經》，可以讓個人生命不斷成長

「天」代表可見的萬物整體，包括大自然以及人間的變化，是遠遠超過個人生命的力量。通過《易經》可以了解大自然的規律，以及人類歷史的發展，然後妥善安排個人的生活方式。

本章的「學」，是謙虛之詞，意指專心研究，並且把心得應用於生活中，然後成效自明。

「無大過」，則是用來自勉，意指唯有如此戒愼，才可日進於德。學習《易經》，懂得配合「天之道」的發展來安排自己的言行，做任何事情都能順其自然，自然可以做到「無大過」。

譬如，年輕時是「潛龍勿用」，要好好讀書；有一點成就時是「見龍在田」；這還不夠，必須再往上努力，達到「飛龍在天」，發展到最後變成「亢龍有悔」，提醒自己到達最高地步時就會懊惱，所以要懂得明哲保身。

《易經》有六十四卦，三百八十四爻，所代表的是人生處境與個人位置，至於吉

凶悔吝這些占驗之詞，則提醒我們早做準備。學習《易經》，將會在培養德行、增強能力、提升智慧這三方面不斷成長。

〈7．18〉

子所雅言：《詩》、《書》、執禮，皆雅言也。

孔子在讀《詩經》、《書經》與執行禮儀時，都說標準古音。

古代也有國語，即「雅言」，就是標準古音，不同於當時的各國方言。雅言不但是正式官話，還可以顯示古籍與禮儀中的原始音義。

孔子是山東人，平常說的是山東腔調；但在讀《詩經》、讀《書經》、執行禮儀等公開場合時，就使用標準古音，這樣大家才聽得懂。

現在許多人習慣說家鄉話，這是合情合理的。但是在公眾場合則以說國語爲宜，不然將失去傳意及溝通的效果。

〈7．19〉

葉（ㄕㄜˋ）公問孔子於子路，子路不對。

子曰：「女（ㄖㄨˇ）奚不曰：『其爲人也，發憤忘食，樂以忘憂，不知老之將至云爾。』」

葉公問子路有關孔子的爲人，子路沒有回答。

孔子說：「你爲什麼不這樣說：『他這個人，發憤用功就忘記了吃飯，內心快樂就忘記了煩惱，連自己快要衰老了都不知道，如此而已。』」

葉公即沈諸梁，字子高，楚國大夫，擔任葉地縣長。楚君稱王，大夫也跟著稱公。「子路不對」的意思，不是「子路錯了」，而是子路沒有回答。子路的口才一向不怎麼好，所以當葉公問他關於孔子的爲人，而他不知如何回答時，最聰明的作法就是保持沉默。

這事傳到孔子的耳中，孔子就教子路該如何應對。孔子以「三忘」來描述自己：

第一是**忘食**，發憤用功就忘記了吃飯。

第二是**忘憂**，內心快樂就忘記煩惱。人生在世，難免有煩惱，重要的是自己培養快樂的來源。

第三是**忘老**，連自己快要衰老了都不知道。人在有事做的時候，自然不易想到老邁與否的問題。無論老不老，我們只能活在當下，因此對於年齡，我們要設法超越它的壓力，不要太在乎年紀多大或外表如何。

《莊子》裡面有「德全形不全」的觀念。「形」是指身體，意思是德行很完美，但身體有缺陷。這說明一個人的形體並不重要，重要的是內在的德表現出來的完美人格。

譬如，蘇格拉底是有名的醜男，哲學史上描寫他的外表是朝天鼻、順風耳、眼睛大如銅鈴，蹲著像個酒桶，走起路來像隻水鴨。但只要與他聊天後就會發現，外表如此醜陋的他，內心居然充滿光彩燦爛的智慧，更讓人由衷的佩服。

〈7・20〉

子曰：「我非生而知之者，好古，敏以求之者也。」

孔子說：「我不是生來就有知識的，我的知識是愛好古代文化，再勤奮敏捷去學習得來的。」

孔子以博學知名，有人以爲他是「生而知之」，但孔子自認爲是「敏以求之者」，因而有這段說明。

「知」有兩種情況，一種是偏重在德行方面的知，也就是在德行上有一種高度的自覺能力。另外一種是本章所說的文化問題。

「古」即指古代文化，是指愛好古代的人生正途。「好古，敏以求之」，正是孔子的學習態度。

孔子認爲確實有「生而知之」的人（〈16・9〉），這種「知」應該是就認知善惡或做人處事的道理而言。如果在此所謂的「知」是指對外物的知識，則世間不可能有人「生而知之」。

〈7．21〉

子不語：怪、力、亂、神。

孔子不談論有關反常的、勇力的、悖亂的、神異的事情。

「語」即討論，孔子不與人討論以下四件事：

第一個不談的是「怪」，因爲反常的事使人迷惑，有很多事說不清楚，譬如靈異方面的事。我們常說怪事年年有，一直談論也找不出理由，只會製造困惑而已，所以孔子儘量不談。

第二個不談的是「力」，勇力的事使人忘德。儒家認爲「以德服人者王，以力服人者霸」，意即用德行來使別人服從，這是王道；用力量讓別人服從，就是霸道。譬如春秋五霸，都是軍力比別人強盛。儒家推崇王道思想，但並不容易做到，因爲權力會使人腐化。

第三個不談的是「亂」，悖亂的事使人不安。當時每個國家都發生許多作亂造反之事。多談只會使得人心惶惶。

第四個不談的是「神」，神異的事使人產生妄想。神異之事，與迷信有關。在此並非指古代所信的鬼神，孔子曾說「未能事人，焉能事鬼」（〈11．12〉），還有「敬鬼神而遠之」（〈6．22〉），即是明證。

孔子不討論這些事情，並不代表這些事情不存在，只不過孔子不去談論，因爲這些事情屬於特殊狀況，只關乎少數人的生活。孔子關心的是中庸之道：穩定、持久，且與大多數人生活有關的人生正路。

〈7．22〉

子曰：「三人行，必有我師焉：擇其善者而從之，其不善者而改之。」

孔子說：「幾個人一起走路，其中一定有我可以效法的：我選擇他們的優點來學習，看到他們的缺點就警惕自己不要學壞。」

「三人」是指少數幾個人。「其善者」、「其不善者」是每個人身上都有的。孔子的這句話，給人一種高度的警惕感，讓我們感覺到生活實在是一種挑戰，與任何人在一起，都有可供學習之處，遇到好的要學習，遇到壞的就要提醒自己不要那麼做。

孔子能夠成就如此偉大的思想行爲，就因爲他到處學習，而且沒有固定的老師。

像衛國的公孫朝問子貢，孔子師承何處？子貢回說孔子何處不曾學習過，「何常師之有？」（〈19．22〉）這說明孔子處處不忘學習。

我們常說「禮失求諸野」，在鄉下地方照樣可以看到禮的體現。重要的是要有心學習，到哪裡都可以找到學習的機會，又何必要跟定一個老師呢？這是孔子的意思，可以當作我們為人處事的方針。

〈7．23〉

子曰：「天生德於予，桓魋（ㄊㄨㄟˊ）其如予何？」

孔子說：「天是我這一生德行的來源，桓魋又能對我怎麼樣呢？」

《論語》裡面，提過兩次孔子差一點被殺，一次在此，另一次是被匡城的百姓圍困（〈9．5〉）。

桓魋即向魋，為宋國軍事統帥，孔子曾批評過他，因而惹禍。當時孔子五十九歲，是知天命之後的順天命時期，因此遇到生命危險時，立即訴求於天。

孔子有一次經過宋國，桓魋企圖殺他。當時孔子帶著學生逃出宋國，在路上他說：「天生德於予，桓魋其如予何？」可見孔子對於死亡並不畏懼，重要的是他借這個機會表達自己的信念，即順天命。

天是德行的來源

「天生德於予」一語很難解釋，照字面來看，是「上天給我一種特別的德行」，好像是說我這種德行是天給的。這種解釋難免引起疑問，天對你特別好，不是不公平嗎？並且，天可以給你德行嗎？因此，我們先要了解「生」這個字。「生」之本意是指來源而言。譬如，父母生我，父母就是我的來源。

這裡講的是「德」，在《論語》裡面，德絕對沒有天生的，一定要修行有得才稱爲德。因此，「天生德於予」就要解釋爲：天是我這一生德行的來源。

孔子爲什麼說一個人活在世界上要修養德行？就是因爲「天」，孔子五十而知天命，肯定了天是他一生德行的來源。對孔子而言，是因爲了解了人性，以及「知天命」與「順天命」，這一切根本的來源是天。如果沒有對天的信仰，這一生就沒有修養德行的根本理由。

孔子碰到死亡的危險，就把他內心裡面眞正的信念指向天。孔子五十而知天命，周遊列國，明明知道不可能實現理想，還是照樣努力，爲什麼？那是因爲「天將以夫子爲木鐸」（〈3·24〉），有什麼辦法呢？孔子只好全力以赴，此時遇到危險，別人要殺他，也沒關係，因爲他自認爲是在奉行天的命令。

〈7·24〉

子曰：「二三子以我爲隱乎？吾無隱乎爾。吾無行而不與二三子者，

是丘也。」

孔子說：「你們幾位學生以爲我有所隱藏嗎？我對你們沒有任何隱藏。我的一切作爲都呈現在你們眼前，那就是我的作風啊。」

「隱」即隱藏，是指另外有進德修業的祕訣之意。孔子的學生可能覺得自己進步有限，想要盡快有所成就，所以提出這樣的疑問。

爲什麼會進步有限呢？可以教的都教了，但是孔子本身有一貫的思想，而學生確實不了解這一點。

孔子教學時因材施教，學生問了他才說。這些學生年齡不同，又出自不同的背景與社會環境，每個人的情況不一，程度落差很大。譬如孔子同樣的一句話，年輕學生缺乏足夠的生活經驗，就無法領略其意義；相反的，有些學生到了中年，有過去的經驗配合，聽起來就收穫匪淺，也會產生比較明確的心得。所以，學習者本身要準備，並且願意學習，才能豁然開朗。

當時的社會，由於受教育的人很少，學習遇到瓶頸時找不到人討論，缺少互相切磋的機會。學生們因而誤以爲孔子有所隱藏，可能保留了一些祕笈，於是竊竊私語。由此亦可知，孔子爲何感嘆「莫我知也夫」（〈14．35〉）。

孔子知道之後，就說自己的一切作爲都呈現在學生眼前了，無所隱藏，其中包括讀書的態度，像是「發憤忘食，樂以忘憂」（〈7．19〉）、「吾嘗終日不食，夜不寢，以思：無益，不如學也」（〈15・31〉）、「溫故而知新，可以爲師矣」（〈2・11〉）。

孔子以「行」來回應，表示任何高深的道理都必須落實於人生中。

〈7・25〉

子以四教：文、行、忠、信。

孔子教學有四項重點：文獻知識、行爲規範、忠於職守、言而有信。

孔子教學的四個重點，即「文、行、忠、信」；顏淵還提過孔子教學的兩大原則，即「博我以文，約我以禮」（〈9・11〉），以文獻知識廣博見解，以禮制規範約束行爲，這也是孔子教學的標準模式。

「文」即一個人在社會上學習到的文化傳統，如：《詩》、《書》、《禮》、《樂》、《易》，再加上各種禮儀與規範。「博」是指知識淵博，可以廣泛了解。「約」是就行爲而言，行爲要靠禮與法來約束。這兩項原則一個是知識方面的，一個是行爲方面的。兩者互相配合，走在人生路上就不會有太大問題，其他則視個人的興趣與專長，然後再去培養。

一般來說，有「文」有「行」就夠了，孔子爲什麼還要另外談「忠」和「信」

呢？盡自己的力量做自己該做的事，叫做忠；信是指對別人言而有信。

我們在各種群體中，本身一定扮演某種角色，譬如在外是老師或企業家，在家裡就是父親、母親或兒子、女兒，這是一種角色或職務，不管置身於何地，都要「盡忠職守」，也就是忠於自己的職務與角色，這是第一步，如此才能站穩腳跟。

第二步是與人來往。對別人要言而有信，除非出現明顯的意外情況，否則就要儘量做到答應別人的事情。

總之，孔子教學的四個原則，「文、行」是一組，「忠、信」則是補充加強實際生活的需求，用來強調眞心誠意的重要。

〈7・26〉

子曰：「聖人，吾不得而見之矣；得見君子者，斯可矣。」

子曰：「善人，吾不得而見之矣，得見有恆者斯可矣。亡（ㄨˊ）而爲有，虛而爲盈，約而爲泰，難乎有恆矣。」

孔子說：「聖人，我是沒有機會見到了；能夠見到君子，也就不錯了。」

孔子又說：「善人，我是沒有機會見到了；能夠見到有恆的人，也就不錯了。明明沒有卻裝作有，明明空虛卻裝作充實，明明窮困卻裝作豪華；要做到有恆，是多麼困難啊！」

「聖人」是指人格完美又能周濟天下的人；「君子」則是指朝著這個目標奮鬥的人。這段話可以說明，君子是達到聖人的中途站，要做聖人，必須先做君子。在孔子眼中，聖人一方面要有最完美的德行，另一方面要有機會當帝王。《論語》裡提到的聖人，往往就是指堯、舜、禹、湯這些君王。

孔子之所以無法看見聖人，與周朝分裂的局勢有關，當時的天子無德無能，又怎可能出現聖人呢？既然有生之年看不到聖人，能看到君子也不錯了。成爲君子是一個動態的過程，立志成爲君子的人，努力希望在各方面追求完美，當然值得欽羨。

有恆是走向善途的關鍵

「善人」是指行善有成的人，在此與「仁者」相近。「恆」是就擇善的「固執」而言。若是有恆到一定程度，即可成爲善人，亦即行善有成。但是，如果注意力轉向外在的得失，就很難做到有恆了。

要做善人，就必須先做有恆的人。爲什麼說「有恆於行善」呢？由於人性向善，要做善人原本不難，但是需要有恆，而有恆是挑戰所在。

「亡而爲有，虛而爲盈，約而爲泰」，是指一般人明明沒什麼學問，硬要裝有，因爲怕別人嘲笑。譬如與人聊天時，聽到別人說：「你知道嗎？」此時即使不知道，也不願承認，免得被人輕視。這三種孔子所批評的毛病，將會阻礙我們的進步。

因此，先明白自己有所不足，才會虛心求教，並且能持之以恆走上善途。關於有恆，參考〈13．22〉；關於善人，參考〈11．20〉、〈13．11〉、〈13．29〉。

〈7・27〉

子釣而不綱，弋不射（ㄕˋ）宿。

孔子釣魚時，不使用綁著許多鉤子的綱繩；以附帶生絲的箭射鳥時，不針對在巢中休息的鳥。

「釣」，是古代男性的休閒活動。有些學者認爲「綱」即是網，亦即「子釣而不網」，這就顯然不對了，難道孔子是漁夫嗎？「綱」是指古代捕魚的方法，用一根粗繩子，旁邊綁很多鉤子來釣魚，目的可能是希望多釣一些魚，拿魚做爲食物，以物易物或送給別人。但釣魚純粹是休閒活動而已，以適可而止爲原則，所以孔子「釣而不綱」。

「弋」即射，其箭後附有生絲，一旦射中就會自動將獵物纏繞起來，使鳥無法再飛而立即墜下。孔子用箭射鳥時，不針對在巢中休息的鳥，因爲牠們沒有防禦能力，射中了也不算什麼本事；要射就要在鳥飛的時候，如果能夠射中，則在戰場上就更有威力了。

〈7・28〉

子曰：「蓋有不知而作之者，我無是也。多聞，擇其善者而從之；多

見而識之；知之次也。」

孔子說：「也許有人是自己不懂卻去創作的，我與他們不同。多聽，選擇其中正確的部分來接受；多看，把好的記在心裡。這種知是僅次於『生而知之』的。」

「知之次」是指第二等的知，即「學而知之」，僅次於「生而知之」。如果想做「知之次」者，就要多聞、多見，但是要有選擇和判斷的能力。關於「生而知之」，可參考〈7．20〉、〈16．9〉。

選擇的難題在於對善的判斷。人的選擇有其階段性，現在肯定是善的，經過幾年會發現不夠，於是需要建立更高的標準。人必須爲自己負責，最好有一本屬於自己生命的筆記本，上面記錄著自己認爲重要的觀念，每隔兩、三年檢視一遍，就會發現自己有無進步，以及觀點如何改變。

就像「溫故而知新」，每複習一次，都有不一樣的心得，這些心得要記下來。譬如讀書，書是工具，我們可以利用書本上的空白處，寫下心得，經過不斷累積和反省，把書本裡的知識轉化成自己的智慧，如此一來，才能讓它成爲自己的書。

對每一本書都一樣，讀過一遍就要有記號或效果，讀書在精不在多，好好咀嚼消化一本書，勝過囫圇吞棗略讀很多書。行爲上要約，知識上要博，找到好書，反覆精讀，才能徹底理解。

〈7・29〉

互鄉難與言，童子見，門人惑。子曰：「與其進也，不與其退也，唯何甚？人潔己以進，與其潔也，不保其往也。」

互鄉的人很難溝通，有一個少年卻得到孔子接見，學生們覺得困惑。孔子說：「我是贊成他上進，不希望他退步，又何必過度苛責？別人修飾整潔來找我，我就嘉許他整潔的一面，不去追究他過去的作爲。」

「互鄉」是地名，現已不可考；「難與言」，也許是他們對外來的人不太友善。「童子見」，童子，是指年齡未滿十五歲者。本章並未指出童子是否帶著薄禮，但是卻明確顯示他是十五歲以下，那麼孔子說「從十五歲以上的人，我沒有不教導的」（〈7・7〉）是否有問題呢？

答案是沒有，因爲孔子的話並不排斥有例外的情況。不過，也許正因爲這種例外，學生們才在「難與言」的顧慮中更覺得困惑。一方面因爲互鄉人很難溝通，另一方面又是十五歲以下者。

那麼，孔子爲什麼要接見來自互鄉的這位少年呢？從這段回答裡，我們可以了解孔子的爲師之道。

如果老師因爲學生曾經犯錯，就不接納他，又怎麼配稱爲「老師」？如果學生都很完美，又何必要老師教呢？孔子這番話令人感動，做爲老師的心態是最重要的。推而廣之，不僅做老師如此，為人父母、朋友也一樣，「以前種種譬如昨日死」，只要現在的他修飾整潔，就要接納他。每個人都可以改過遷善，過而不改才是過失；願意改過，未來就大有可為。

「人非聖賢，孰能無過？」歷史上有許多偉大的人都曾犯錯，我們自己也不見得完美。身為老師的孔子能說出這番話，尤其是對一個出身於風氣不好之處的年輕人，他的心態是非常可貴的。

〈7・30〉

子曰：「仁遠乎哉？我欲仁，斯仁至矣。」

孔子說：「行仁離我很遠嗎？只要我願意行仁，立刻就可以行仁。」

「仁」即行仁，或直接譯為「人生正途」。這種人生正途不能說是「在內不在外」，只能說是在於一個人「欲不欲行」，只要欲行，當下即可擇善固執。在此，「行仁」是動詞，而「人生正途」是名詞，這兩者合而言之，就是以「仁」代表「走在人生正途上」。

孔子經常談仁，他的學生卻總是不太能理解，因為「仁」字在古代很少出現，《詩經》裡出現過兩次，如「不如叔也，洵美且仁」、「盧令令，其人美且仁」。每一次出現，都是描寫好的行為，所以仁、美、善常常可以互用。

在孔子以前，「仁」字並不特殊，但是孔子特別把此字提出來，然後反覆去談論，不免讓學生感到困惑，不知「仁」究竟為何如此重要。

《論語》裡面，常看到學生向孔子請教什麼是「仁」，每個人得到的答案都不一樣，因為此字的原意，是指人在世上應該如何去成長發展、選擇怎樣的路線、怎樣讓一個人的生命得到完成。

孔子不會教學生如何升官發財，或是怎麼運動來保持健康，他主要教導學生如何成就理想的人格，像「學而時習之」，學了之後在適當的時候印證與練習。

行仁的力量出於自我的要求

人生在世，有思想與自由選擇的能力，無可避免就會有對與錯的情況。做壞事是順著欲望走，好像比較容易，做好事就相對困難了。孔子面臨的正是禮壞樂崩、社會瓦解的紛亂時代。

正常社會的運作，是靠著人與人的規範——「禮」來維繫；「禮」是分，區分後有各自的責任和角色；然後就要和諧，和諧則需要「樂」，「樂」則匯聚大家融洽與溫馨的情緒。禮壞樂崩的話，大家都失去了應對進退的分寸，無法感覺到充實的快樂，只知享受靡靡之音，如此一來當然不容易好好做人處事了。

正因為如此，孔子才會把「仁」標舉出來，希望從內在讓一個人真誠，讓他了解內在的力量，進而行善。本來行善是禮的要求，但社會已經禮壞樂崩，就必須靠自己了。此時一定要有人教導，學習者也要眞誠的自覺，孔子希望用「仁」字來達成任務，所以學生們經常會問：到底什麼是仁呢？仁是不是很難做到？：

什麼是仁？只知道它很重要，卻不知從何說起，但是我們應該知道該如何落實在自己的生命中。孔子講得很直接，也很有把握：只要願意行仁，立刻就可以行仁。譬如搭公車時，如果有人在我面前抱著孩子，「我欲仁，斯仁至矣」，我馬上起身讓座，這就是行仁。

人的價値觀往往著重於外在的衡量，計較什麼比較有利、誰升官發財，這些都是社會價値觀。這種社會價値觀很有問題，因爲它是相對的，有時反而會讓人忘記什麼是重要的。

如果以人性做爲基礎，我們會知道，到處都可以行仁。譬如，在父母身邊，隨時可以孝順。仁需要實踐，它本身有一種自我要求的力量，只要實現，就是行仁。

總之，行仁在於「自己」這個主體，才能說「我欲仁，斯仁至矣」。此外，孔子也強調「志於仁」（〈4．4〉），「依於仁」（〈7．6〉），「不違仁」（〈6．7〉），可見仁是要人選擇才能實現的。

〈7．31〉

陳司敗問：「昭公知禮乎？」孔子曰：「知禮。」

孔子退，揖巫馬期而進之，曰：「吾聞君子不黨，君子亦黨乎？君取

於吳，爲同姓，謂之吳孟子。君而知禮，孰不知禮？」巫馬期以告。子曰：「丘也幸，苟有過，人必知之。」

陳司敗問：「魯昭公懂得禮制嗎？」孔子說：「懂得禮制。」孔子離開後，陳司敗向巫馬期作揖，上前對他說：「我聽說君子不偏袒自己人，難道君子也偏袒自己人嗎？魯昭公從吳國娶了一位夫人，魯、吳兩國是同姓，所以稱她爲吳孟子。魯君如果懂得禮制，那麼誰不懂得？」巫馬期轉述了這番話，孔子說：「我眞幸運，只要有什麼過錯，別人一定會知道。」

陳司敗是陳國的大夫，司敗是官名，專門管理治安。昭公是魯昭公，名裯，繼襄公之位。

巫馬期，姓巫馬，名施，字子期，小孔子三十歲，是孔子的學生。魯爲周公之後，吳爲太伯（泰伯，爲周文王的大伯）之後；皆姓姬。吳孟子原本名爲吳姬（國名加上本姓，爲國君夫人稱號），爲了避開「同姓不婚」的禮制，所以改稱吳孟子（孟子可能是她的字）。

魯國國君姓姬，吳孟子也姓姬，古代同姓不應該結婚，屬違禮之事。孔子卻認爲魯昭公這樣做是知禮，因此陳司敗才會覺得孔子偏袒自己人。

孔子聽到陳司敗的話以後，虛心認錯。但古代有「不言君親之惡」的規範，爲人子女者不說父母的過，爲大臣者不說國君的錯。儒家遇到父母有過錯時，只能委婉勸告；如果父母不聽，繼續孝順而不怨，但內心憂愁，這是原則。所以孔子的這個過錯，變得情有可原了。

〈7・32〉

子與人歌而善，必使反之，而後和（ㄏㄜˋ）之。

孔子與別人一起唱歌，唱得開懷時，一定請對方再唱一遍，然後自己又和一遍。

從本章可以看出孔子的生活很有趣，可謂自得其樂。

生活的快樂需要自己創造。我們常覺得活在世上，似乎沒什麼值得快樂的事，其實快樂操之在自己。如果一定要等待時代和社會都海晏河清、天下太平，我想是永遠也等不到的。

我們要學習在煩惱裡面快樂，因爲煩惱是正常現象。佛教說得好，離開煩惱就沒有菩提，菩提就是智慧，不要奢望在煩惱之外得到智慧。相反的，愈煩惱愈可能從中得到覺悟，如果什麼煩惱都沒有，等於是溫室裡的花朵。

本章描寫的是孔子日常生活的情況，他與別人一起唱歌所流露的愉悅氣氛，著實令人羨慕。可參考〈7・10〉。

〈7．33〉

子曰：「文莫吾猶人也，躬行君子，則吾未之有得。」

孔子說：「文獻知識，大概我與別人差不多；確實做到君子的修養，我還沒有辦法。」

「文」即文獻知識，與「行」對應。「莫」即大概，可能是「其」之誤，也有說是「大約」之意。這兩者在此意思相近。

「則吾未之有得」，這是事實，還是孔子的自謙之詞呢？做君子本來就是立志成爲君子的過程，所以「未之有得」，這代表孔子還沒有到達最高境界，這是合理的說法。

這也說明追求知識比較容易，成爲君子則比較辛苦，需要花一輩子的時間。關於孔子說「吾猶人也」，可參考〈12．13〉。

〈7．34〉

子曰：「若聖與仁，則吾豈敢？抑爲之不厭，誨人不倦，則可謂云爾而已矣。」

公西華曰：「正唯弟子不能學也。」

孔子說：「像聖與仁的境界，我怎麼敢當？如果說是以此爲目標，努力實踐而不厭煩，教導別人而不倦怠，那麼或許我還可以做到。」

公西華說：「這正是我們學生沒有辦法學到的。」

聖與仁並列時，聖所側重的是結果，仁則側重於過程，兩者都是凡人所嚮往的完美境界。

孔子爲什麼會說「則吾豈敢」？我猜一定有許多人稱讚他，既擁有「溫、良、恭、儉、讓」這麼好的德行，知識又淵博，孔子才會謙虛地表示自己不敢當。

仁是每個人都可以做到的，聖則需要當上帝王，把美德實現出來，照顧所有的百姓。「爲之不厭，誨人不倦」，以聖與仁爲目標，努力實踐並且教導學生而不厭倦，這就不容易了，孔子的終身志向也確是如此。

關於孔子的志向，還可參考〈5．25〉、〈7．2〉。

〈7．35〉

子疾病，子路請禱。

子曰：「有諸？」子路曰：「有之；《誄（ㄌㄟˇ）》曰：『禱爾於上下神祇。』」

子曰：「丘之禱久矣。」

孔子病得很重，子路請示要做禱告。

孔子說：「有這樣的事嗎？」子路說：「有的，《誄文》上說：『為你向天神地祇禱告。』」

孔子說：「我長期以來一直都在禱告啊！」

「《誄》曰」原為「《誄》曰」，但是為生者求福是「誄」，紀念死者才用「誄」，本章據此改正。

孔子病重，子路要做禱告，然而孔子從來沒有教過學生應該如何禱告，所以才會問「有諸」，子路趕緊搬出《誄文》為證。

子路的行為，有點像是病急亂投醫，用意無非是希望孔子能早日病癒；不過，還是遭到了孔子的婉拒。

「丘之禱久矣」，有些費解，難道孔子長期以來一直在向神鬼禱告嗎？顯然不是如此。我們看《論語》時，孔子最慎重的事是「齋」（〈7．13〉），對於祭祀極為虔誠（〈3．12〉），平日飲食每飯必「祭」（〈10．11〉），生活中無時無地不與天神地祇交往，因此不需要於這時再去刻意禱告。

另一方面，孔子說過「獲罪於天，無所禱也」（〈3．13〉），顯示他以天為唯一禱告的對象，因此他不願再去勞煩神祇。鬼神再怎麼偉大，其實與人屬於同一個層次；人死為鬼，鬼只不過是祖先，所以不要向鬼神禱告，要禱告的話，只有天是最終的對象。

但是，這種道理孔子不願意與子路說，因爲子路講求實際的效果，也不見得了解孔子爲什麼這樣回答。子路也是出於一片好心，但如果靠禱告就能治病，那麼誰不會呢？

〈7・36〉

子曰：「奢則不孫（ㄒㄩㄣˋ），儉則固。與其不孫也，寧固。」

孔子說：「奢侈就會變得驕傲，儉約就會流於固陋。與其驕傲，寧可固陋。」

「不孫」即不謙遜，驕傲自大；「固」即固陋。兩者都是缺點，兩害相權取其輕，孔子認爲與其驕傲，寧可固陋。

驕傲的人注意力很容易分散；固陋的人雖然看起來比較簡陋或是不知變通，但至少沒有什麼外在的誘惑，不會想太多。當然，最好的辦法是行中庸之道，該大方就大方，該小氣就小氣。但是多少人能做到呢？

人世間財產的掌握及分配很難做到恰到好處，人們有時覺得自己過於浪費，有時又覺得自己太過節省；現在的生活也和以前截然不同，有些人家產豐厚，靠收房租和田租就吃喝不完；但是，如果是靠自己的能力賺錢，萬一失業就活不下去了。

所以，與其奢侈浪費而變得驕傲自大，倒不如節省一點，看起來似乎小氣，至少不會妨害別人。關於「儉」，可參考〈3．4〉、〈3．22〉。

〈7．37〉

子曰：「君子坦蕩蕩，小人長戚戚。」

孔子說：「君子心胸光明開朗，小人經常愁眉苦臉。」.

「君子」是指修養有成者。不論窮達順逆，都因爲走在人生正途上而充滿自信與喜悅；「小人」即無志之人，即使富貴，也會「患得患失」，更不用說身處困境了。坦蕩蕩的人，即使身受委屈，心裡也想得很開，知道什麼是人生正途，其他一切如富貴貧賤、得失成敗，就顯得不是那麼重要了。

人的生命本來就有節奏，這次得意，下次可能失意，何必每次都緊張兮兮的呢？重要的是要知道，自己是否走在正確的路上。

有關君子與小人的對比，可參考〈2．14〉的資料。

〈7．38〉

子溫而厲，威而不猛，恭而安。

孔子看起來溫和而嚴肅，威嚴而不剛猛，謙恭而安適。

本章的每一句話，都是兩種對立神情的描述，調和起來恰到好處，可以做爲今日培養情緒智商的參考。

「溫而厲」，一般人是溫而不厲，溫和的人沒辦法嚴肅，平常在一起很愉快，但是碰到重要的事時，就拿不出主意了。孔子不一樣，溫和但嚴肅。

「威而不猛」，一般人一威就猛；孔子不一樣，有威嚴卻不凶猛，讓別人覺得可以接近。

「恭而安」最難，一般人謙恭就不安，譬如面對很多長輩、大官，表現得非常謙恭，卻是坐立不安、手足無措。這種經驗，相信大家多少都有。因此要做到「恭而安」，需要有一定的自信。孔子表現出高度的情緒智商，可以自我管理，自我平衡，非常人所能及。

泰伯篇第八

〈8．1〉

子曰：「泰伯，其可謂至德也已矣。三以天下讓，民無得而稱焉。」

孔子說：「泰伯，可以說表現了至高的德行。他多次把天下讓給人，百姓卻找不出具體的德行來讚美他。」

泰伯，即太伯，是周文王的大伯。周朝祖先古公亶父有三子：泰伯、仲雍、季歷。季歷生子姬昌（周文王），古公亶父想把王位傳給季歷，泰伯與仲雍出走到後來的吳國，使季歷接位，以後才有周文王與其子武王建立的周朝。

清朝也有類似的故事，在康熙、雍正、乾隆三朝，康熙特別喜歡乾隆這個孫子，就想把王位傳給乾隆之父雍正，讓乾隆將來能繼位，以便光大皇族。

爲什麼說找不出具體的德行去稱讚泰伯？因爲泰伯並不刻意在某一方面努力去成就什麼，而屢次把帝王之位讓給弟弟們，結果弟弟們也互相推辭，最後他還因此出走，好讓季歷接位，這種情況就是「民無得而稱焉」。

泰伯能把天子之位看得那麼淡然，實在不簡單，所謂至德無形，不著痕跡，但泰伯卻是成全了孝悌與其他德行，孔子的重點在於此。其實，行善除了眞誠，也需要智慧，否則如何擇而行之？相對於「民無得而稱焉」，可參考〈16．12〉。

〈8．2〉

子曰：「恭而無禮則勞，愼而無禮則葸（ㄒㄧˇ），勇而無禮則亂，直而無禮則絞。君子篤於親，則民興於仁；故舊不遺，則民不偷。」

孔子說：「一味謙恭而沒有禮的節制，就會流於勞倦；一味謹愼而沒有禮的節制，就會顯得畏縮；只知勇敢行事而沒有禮的節制，就會製造亂局；只知直言無隱而沒有禮的節制，就會尖刻傷人。政治領袖對待親族厚道，百姓就會漸漸走上人生正途；他們不遺棄過去的友人，百姓就不會刻薄無情。」

「禮」即禮的節制。一個人謙恭、謹愼、勇敢或正直，都是好的美德。但是所有的美德都需要有一個適當的方式，也就是以「禮」來節制；若沒有禮的適當規範而陷於極端，則後果難以預料。

美德也需要適當規範

針對「直而無禮則絞」，就像《增廣賢文》上說的：「利刀割體痕易合，惡語傷人恨難消。」利劍雖傷人，但傷口經過一段時間仍可復原；如果以惡言傷人，就如我們常說的「言語暴力」，這種傷害烙印在心裡，反而更難消解。

此處的「君子」與民相對，指政治領袖；「仁」是指人生正途。每個人都有或近或遠的親戚，如果一國之君對親族比較寬厚，百姓也會漸漸養成淳厚的風氣，由此慢慢推廣開來，最後整個國家都能獲益。

「偷」字代表風俗的刻薄。有時候我們因爲搬家或移民，不免和昔日的好友逐漸疏遠。如果在官場上，能不遺棄舊日的朋友，百姓看在眼裡，自然不會刻薄無情，因爲在上位的人溫和而重感情，百姓也會跟著學習，這就是上行下效的結果。

〈8・3〉

曾子有疾，召門弟子曰：「啓予足！啓予手！《詩》云：『戰戰兢兢，如臨深淵，如履薄冰。』而今而後，吾知免夫！小子。」

曾子生病時，把他的學生召集到家中，說：「看看我的腳，看看我的手！《詩經》上說：『戰戰兢兢啊，好像走在深淵旁邊，好像走在薄冰上面。』直到現在，我才敢說自己可以免於毀傷了。同學們記住啊！」

曾子成年後也擔任老師，收了不少學生，這些言行是由他的學生記錄下來的。

腳是用來走路的，腳還在表示身體健康；另外，中國古代有一種刑罰叫做「刖刑」，就是砍掉犯人的腳或腳趾。因此，當曾子覺得自己將死之際，他叫學生來看看他的腳，再看看他的手是否完好無缺。

「免」是指手腳健全，這表示曾子一生愛護身體，不曾犯法受刑。「身體髮膚受之父母，不可損傷」，曾子的用意是告訴學生們，他一生當中沒有犯法受刑，也不曾與別人鬥毆，這是對父母的孝心與對個人生命的盡責。

但如果只把孝順當作「身體髮膚受之父母，不可損傷」，就太狹隘了。譬如，爲了救人一命而斷了一隻手，這算不算不孝呢？因爲救人而能光耀門楣，讓別人知道自己的家庭教育很成功，所以即使手受傷，仍是孝順的表現。

總之，曾子的意思，是要每個人一生都愛護身體，並在行爲上不要有偏差。他所謂的「戰戰兢兢」，還有認眞修德的意思，因爲對德行的重視與對罪惡的戒愼，才會使人有「臨深履薄」之感。

〈8．4〉

曾子有疾，孟敬子問之。曾子言曰：「鳥之將死，其鳴也哀；人之將死，其言也善。君子所貴乎道者三：動容貌，斯遠（ㄩㄢˋ）暴慢矣；正顏色，斯近信矣；出辭氣，斯遠鄙倍矣。籩（ㄅㄧㄢ）豆之事，則有司存。」

曾子生病時，孟敬子來探望他。曾子對他說：「鳥快死時，叫聲是悲悽的；人臨死時，說話是有道理的。政治領袖要把握以下三個原則：舉止與態度要威嚴，如此可以使自己避免粗暴與怠慢；神情與臉色要端莊，如此可以使自己容易表現誠信；言語與聲調要穩重，如此可以使自己避免鄙陋與狂妄。至於禮儀方面的細節，自有主管其事的人去負責。」

孟敬子，即仲孫捷，孟武伯之子，爲魯國大夫。

「善」指具有一定的道理。人之將死，其言出於眞心，總結一些心得，應有參考的價値。

曾子也是因材施教，他告訴孟敬子，政治領袖要把握三個原則——動容貌、正顏色、出辭氣。但是這三項都比較偏重外表的訓練，從外表容貌、神情臉色到言語聲調，談的是技巧；至於爲何要這麼做，卻並未說明。這有可能是因爲孟敬子也沒有能力深入理解。

教育要看對象，有些學生只能抵達「知其然而不知其所以然」的地步；或者老師只能在外在表現上指點一二，其餘則要靠個人的歷練與體會了。

〈8・5〉

曾子曰：「以能問於不能，以多問於寡；有若無，實若虛，犯而不校

（ㄐㄧㄠ）；昔者吾友嘗從事於斯矣。」

曾子說：「自己有本事，卻去請教沒有本事的人；自己知識豐富，卻去請教知識有限的人；有學問卻像沒有學問，內心充實卻像空無一物；被人冒犯了也不計較。從前我的一位朋友就曾這樣做了。」

「能」是就行爲而言，「多」是就知識而言。前兩句是眞誠地向別人請教，因爲孔子說過「三人行必有我師焉」，不要以爲自己是老師就驕矜自滿，反而要繼續「見賢思齊」。

「吾友」應該是指顏淵，曾子的同學裡，只有顏淵有這種表現。顏淵「犯而不較」，因爲他無私；顏淵的志向是「願無伐善，無施勞」，被人冒犯了也不計較，因爲他根本不在乎這些事。

至於「有若無」與「實若虛」，則是謙虛的態度。顏淵在同學心目中的表率，由此可見一斑。

〈8・6〉

曾子曰：「可以託六尺之孤，可以寄百里之命，臨大節而不可奪也；君子人與？君子人也。」

曾子說：「可以把年少的孤兒託給他照顧，可以把國家的命脈交給他負責，遇到重大變故也不能使他放棄操守；這種人稱得上是君子嗎？這種人是君子啊！」

古代以兩歲半長高一尺（二十三公分），六尺爲十五歲。六尺相當於今日的一百三十八公分，形容尙未成年者。古人的身長不高，大概是因爲營養不良或體質不佳，反觀現代年輕人的營養都不錯，加上不斷運動，體形比較高大。

「託六尺之孤」、「寄百里之命」、「臨大節而不可奪」，的確不容易做到！由此可見，君子雖是有德之人，還必須兼具能力與節操，不能只是高談心性而已。

本章是曾子對「君子」概念的體認，清楚顯示了君子具有獨立自主的人格、堅定不移的意志，以及卓越的處事能力。

〈8．7〉

曾子曰：「士不可以不弘毅，任重而道遠。仁以爲己任，不亦重乎？死而後已，不亦遠乎？」

曾子說：「讀書人不能沒有恢弘的氣度與剛毅的性格，因爲他承擔重任而路途遙遠。以行仁爲自己的責任，這個擔子還不沉重嗎？直到死時才停下腳步，這個路程還不遙遠嗎？」

本章的「士」指讀書人，其目標是行仁。行仁時，走在人生正途上，不論是否從政，都是很大的挑戰。關於「士」，還可參考〈4．9〉、〈13．20〉、〈14．2〉、〈19．1〉。

曾參晚年時，確實理解了「一以貫之」，他以前說的是「夫子之道，忠恕而已矣」（〈4．15〉），現在則是「仁以爲己任，不亦重乎？死而後已，不亦遠乎」。他把「死」帶出來，代表仁是要奉行一輩子，直到死爲止，這表示「仁」才是一貫之道，是能貫穿整個生命的原則。

不過，曾參並未說明什麼叫做仁，也許他已經理解了「仁」是指行仁，「仁」是擇善固執，是人生的正途。所以，我們對於概念一定要能先辨明，才能在生命過程中實踐，否則努力研讀《論語》、《孟子》，滿口的仁義道德，卻還不知如何與生命建立關係，就十分可惜了。

總之，行仁是一生的事，要推己及人，兼善天下，所以是重任；死而後已，所以道遠。本章充分顯示仁爲人生正途的觀點，值得深思。

〈8．8〉

子曰：「興於詩，立於禮，成於樂。」

孔子說：「啓發上進的意志，要靠讀詩；具備處世的條件，要靠學禮；達成教化的目標，要靠習樂。」

本章共九個字，就把人生應該怎麼走的正路都指出來了。「興」、「立」、「成」是針對個人而言；「詩」、「禮」、「樂」則是主要的憑藉。讀詩、學禮與習樂，並非階梯式的上升，而是交互爲用，相與並行，只是在效應上有先後之別。

孔子在談詩的時候，常常用到「興」字，譬如〈17·9〉：「小子何莫學夫詩？詩，可以興，可以觀，可以群，可以怨。邇之事父，遠之事君；多識於鳥獸草木之名。」

「興」是指啓發眞誠的情感。「立」是指在社會上立身處世，要靠學禮達成教化的目標，可參考〈20·3〉：「不知禮，無以立也。」

「樂」列爲最後一步，是因爲教化的「化」字可以在樂曲中充分彰顯，進而達到人我的感通與協調。可參考〈3·25〉。

《中庸》開頭就說：「天命之謂性，率性之謂道，修道之謂教。」這三句話，從天命開始一路談到教化，告訴人什麼是人性根源，應該如何發展，最後的目標何在。

人性是來自天之所命，這表示人有一個使命，順著人性的要求去走，就是「道」。道就是人生的正路，在這條路上認眞修行，就是教化。本章對照來看，可知其具體的方法。

〈8・9〉

子曰：「民，可使由之，不可使知之。」

孔子說：「對待百姓，可以使他們走在人生正途上，卻沒有辦法使他們了解其中的道理。」

本章是《論語》裡，因斷句不同而影響最大的一句話。有些人強調孔子有民主思想，在當時就知道民主的可貴，所以斷句爲：「民可，使由之，不可，使知之。」意即：百姓認同，就讓他們照著做；百姓不認同，就設法使他們了解。

第二個斷法是：「民可使，由之，不可使，知之。」意即：百姓可以使喚，那就讓他們這樣做；不可使喚，就要了解他們到底想怎麼做。

這些翻譯，顯然是把現代的民主觀念放進古代社會，我覺得並不合適。有些人研究古籍時，喜歡從中發掘民主基礎的蛛絲馬跡，然後把孔、孟說成很民主、很現代，其實大可不必。

孔、孟所處的時代有其限制，不可能產生這一類想法；加上百姓連受教育的機會都有限，自然無法了解社會人生的大道理，只能著重眼前的事，別人要他怎麼做，他就怎麼做。所以在當時要談民主，不但吃力不討好，也不可能有效果。

我的斷句是根據孔子的中心思想：「由之」，是說有的是效法政治領袖的表率，有的是依循禮樂教化，也有的是遵守法令規章。「知之」，人生的道理有淺有深，若要使百姓透澈了解，恐怕事倍功半，甚至徒勞無功。

這麼一來，意思就清楚多了，孔子認爲自己有辦法讓百姓走在人生正途上，但是要讓百姓了解爲什麼這樣做，就比較困難，可能需要百姓都受過教育，聰明懂事又講道理。

無論如何，只要能讓百姓走在人生正途上，都是好的。

〈8．10〉

子曰：「好（ㄏㄠˋ）勇疾貧，亂也。人而不仁，疾之已甚，亂也。」

孔子說：「愛好勇敢的人，如果厭惡貧困，就會作亂生事。對於不肯走在人生正途上的人，如果厭惡得太過分，也會使他作亂生事。」

「疾」是指厭惡到憎恨的地步。「勇」是美德，但是若不節制或不明理，就會陷於亂局。「疾貧」則是既不明理也不節制的表現。

一個人遇到貧困時，如果他愛好勇敢，討厭貧困，就會作亂，譬如歷史上的起義，大部分都是百姓忍無可忍。有句話說：「秀才造反，三年不成。」讀書人要造反是困難的，因爲他會先研究考量，看有沒有可能性和成功的希望。然而，造反有時就是做了再說，即使開始做時看起來希望渺茫，後來也可能造成風起雲湧的效果。這是第一個「亂」。

第二個造成亂的是「人而不仁，疾之已甚」。「不仁」，是指不肯或未能行仁的人。這種判斷，有的是根據明顯的偏邪行爲，有的則是黨派立場互異所致。譬如，如果朋友的行爲有偏差，大家都厭惡他，等於沒有留路給他走，這就可能使他作亂。所以我們平常就要注意，要給別人保留餘地，讓人有路可走；而不要把人貶得體無完膚，完全否定他的價值，讓他覺得一點希望都沒有了。

由此可見，孔子的性格是溫和的，雖然我們要嫉惡，但也不能太過分。

〈8・11〉

子曰：「如有周公之才之美，使驕且吝，其餘不足觀也已。」

孔子說：「即使一個人才華卓越有如周公，如果他既驕傲又吝嗇，其他部分也就不值得欣賞了。」

「美」代表才華卓越，非常出色。「驕」是自我中心、自我膨脹，自認爲了不起。「吝」是對人小氣，不肯與人分享。「驕且吝」表示這人的價值觀還停在自我中心的階段，只顧自己的生存與發展，對社會卻毫無助益。

孔子非常崇拜周公，他認爲像周公這麼有才華的人，還懂得與人分享，不會驕矜自滿，這樣的人多多益善。「才華」是指天賦優點，善加發揮可以成己成物。但是，如果因此驕傲自大，又吝於關懷別人，這種人就不值一談了。

本章是孔子對有才華者的勸告，希望這些人在人際交往中，能保持不驕也不吝的態度。

〈8．12〉

子曰：「三年學，不至於穀，不易得也。」

孔子說：「入學讀書三年，還未起做官的念頭，已經是很不容易的事了。」

古代進入大學三年，就要測試所學，這時往往會出現從政的念頭，因爲學以致用是順理成章的事。像孟孫、叔孫、季孫等權貴子弟，通常很年輕就出來做官，十五歲進大學，經過三年的學習，如果測驗後發現能力未及，就再讀三年，此時也不過二十一歲，就可以正式做官了。這是當時以貴族爲主的社會，普遍存在的情況。

「穀」即俸祿，指做官而言。不想到穀，表示全心全意在求學一事上，願意努力充實自己，這是非常可貴的。

孔子以此做比喻，說明入學三年，知道應該繼續進步，一生要不斷成長。如果學得不夠，卻老想著做官，就談不上學以致用了。三年畢竟不算長，學到的大多是原則而已，要應用到實際的政治上，還需要多加磨練。

〈8．13〉

子曰：「篤信好學，守死善道。危邦不入，亂邦不居。天下有道則見（ㄒㄧㄢˋ），無道則隱。邦有道，貧且賤焉，恥也。邦無道，富且貴焉，恥也。」

孔子說：「以堅定的信心愛好學習，爲了完成人生理想可以犧牲生命。不前往危險的國家，也不住在混亂的國家。天下上軌道，就出來做事；不上軌道就隱居起來。國家上軌道時，要以貧窮與卑微爲可恥；國家不上軌道時，要以富有與高位爲可恥。」

「守死」是指持守至死；「善道」是指完成理想。

「危邦不入，亂邦不居」，別的國家正在打仗，卻還去那個國家旅行，豈不是自找麻煩嗎？「天下有道則見，無道則隱」，社會是動態發展的，所以我們必須注意趨勢的走向，至於這個趨勢是好是壞，有時很難判斷。

人也一樣，好壞都是就趨勢或走向來說，每天的思考與行爲，就會形成一個走向；如果現在學的是正確的道理，自然就會走向好的方面，這就叫「蓬生麻中，不扶自直」。環境與個人的覺悟是息息相關的，多交好朋友，在耳濡目染下，自然就會變好。交到壞朋友，就像「白沙在泥，與之俱黑」，想要變好，可能就比較困難了。

所以，人要認眞選擇自己生活的範圍，以及自己經常來往的朋友。獨自一個人想做好事時，如果周圍的氣氛不對，就會覺得孤單、無力，實行起來也不容易；如果是一群人聚在一起就不同了，大家互相鼓勵、彼此支持，行善的力量就很大了。

孔子在此提醒我們注意趨勢問題。天下有道無道，國家有道無道，都是指其趨勢，要學會如何判斷，才會知道應該往哪裡走。

〈8．14〉

子曰：「不在其位，不謀其政。」

孔子說：「不是擔任某一職位，就不去設想那個職位的業務。」．

「位」是指職位。政治要分工合作，譬如在今日的民主社會中，除了各級政府官員，還有專職的民意代表，各有各的職責，不可任意表示意見，全無章法。

不過，情況也不可能只是那麼單純，我們還是可以提出意見，供別人參考。譬如，我常常寫文章批評教育問題，別人就以「不在其位，不謀其政」來說我；但如果我不去反映一般知識份子的心聲，上位者也沒有材料可供參考。

《易經》在艮卦〈象傳〉提及「君子以思不出其位」一語，可見古人確實有分層負責的觀念。

本章還可參考〈14．26〉。

〈8．15〉

子曰：「師摯之始，〈關雎〉之亂，洋洋乎盈耳哉！」

孔子說：「從師摯開始演奏，到結束時的〈關雎〉之曲，我的耳中一直洋溢著美妙的音樂啊！」

師摯是魯國的音樂大師，名摯。〈關雎〉是指《詩經．周南．關雎》，古詩皆可入樂。

「亂」爲音樂演奏的結束。亂和治有時候可以相反互用。譬如〈8．20〉提到「予有亂臣十人」，其實指的是治臣。因此，音樂演奏用「亂」（或治）來做爲結束，表示已經完成的意思。

「洋洋乎盈耳哉」，這是當時的情況，我們今天較難想像。有時聆聽一首美妙的歌曲，會有「繞梁三日」之感，這正是「洋洋乎」（到處充滿的樣子）所描寫的狀態。

〈8．16〉

子曰：「狂而不直，侗（ㄊㄨㄥˊ）而不愿，悾（ㄎㄨㄥ）悾而不信，吾不知之矣。」

孔子說：「狂妄而不直爽，愚昧而不忠厚，無能而不守信。這種人我不知道他是怎麼回事。」

本章有三小段，各自提到的兩種不良表現，原本是不易並存的，現在卻出現在同一人身上，所以讓孔子覺得莫名其妙。

通常，狂妄的人比較直爽，愚昧的人比較忠厚，無能的人不會耍花樣，也就比較守信。但孔子的時代卻已不一樣了，這些人既狂妄又愛鉤心鬥角，既愚昧又不忠厚老實，既無能又不守信，也難怪他會感嘆不已。

人的性格有優點也有缺點，這是天生的事實。若是不知修養及改善缺點，則優點將被遮蔽而形成雙重缺點，這就是人生的困境所在。孔子的類似感嘆，還可參考〈17．16〉。

〈8．17〉

子曰：「學如不及，猶恐失之。」

孔子說：「學習時要像趕不上什麼一樣，趕上了還擔心會失去啊。」

本章是孔子的自我期許，這八個字說來容易，做起來困難，要求自己「學如不及，猶恐失之」，表示他有這樣做的決心。我們說話時，經常有兩種情況，一是敘述事實（表示已經存在），一是表示一種理想或是自我要求。在這裡，孔子並不是看到許多人都做到才說的，而是他對自己的要求。

學海無涯，必須把握時機努力學習。學了之後，還要有心得，才能守住成果。即使現在做不到，也不必灰心，要繼續以這句話做為標竿來警惕與要求自己。

〈8．18〉

子曰：「巍（ㄨㄟˊ）巍乎，舜禹之有天下也而不與（ㄩˋ）焉。」

孔子說：「眞是崇高啊！舜與禹擁有天下而不刻意去統治。」

「不與」是指不刻意去統治，因爲舜與禹知人善任，政事交由百官分層負責；他們看似不參與實際政務，當然也談不上圖謀自己的利益了。所以孔子才會以「巍巍乎」來讚美他們。

在此也印證了儒家「無爲而治」的作法。統治者一方面要有高明的智慧，可以分辨人才；另一方面，還要有無私的德行，絕不考慮個人利害。

統治者缺少這兩點本事，則天下難免在有道與無道之間擺盪，人民也只能跟著浮沉了。因此，儒家的政治理想是值得肯定及珍惜的。

〈8．19〉

子曰：「大哉堯之爲君也！巍巍乎！唯天爲大，唯堯則之。蕩蕩乎，民無能名焉。巍巍乎其有成功也，煥乎其有文章。」

孔子說：「偉大啊，像堯這樣的天子！眞是崇高啊！只有天是最偉大的，只有堯是效法天的。他的恩澤廣博啊，百姓沒有辦法去形容。他的豐功偉業令人景仰，他的典章制度也輝煌可觀。」

從「巍巍乎」、「蕩蕩乎」可以看出孔子對堯的崇拜。「唯天爲大」裡的「天」不是指天空，而是指中國傳統信仰的天。譬如，《詩經》上說：「天生烝民，有物有則」，《尚書》也說：「天降下民，作之君，作之師。」

古代稱帝王爲天子，意即大家相信天是政權的合法基礎和萬物的存在基礎。本章談到堯效法天，正好反映了此一信念。如果不從這個角度理解，而以爲天只是自然之天，那麼將很難避免後來荀子所說的：「天行有常，不爲堯存，不爲桀亡。」（《荀

子·天論》）

孔子提到堯時，就是以此做爲背景。天是最偉大的，只有堯是效法天的，堯等於是替天做事，他的恩澤廣博，他的豐功偉業令人敬仰，他建立的典章制度也輝煌可觀。堯太完美了，使百姓想不出該如何稱頌他。

司馬遷在《史記》介紹堯時，說他「其仁如天，其智如神」，這無異於推崇備至了。古代帝王的統治心法，可參考〈20．1〉。

〈8．20〉

舜有臣五人而天下治。武王曰：「予有亂臣十人。」孔子曰：「才難，不其然乎？唐虞之際，於斯爲盛。有婦人焉，九人而已。三分天下有其二，以服事殷，周之德，其可謂至德也已矣。」

舜有五位賢臣而天下太平。周武王說：「我有十位能治理國家的大臣。」孔子說：「人才難得，不正是如此嗎？從唐堯和虞舜的時代以來，到周朝人才鼎盛。武王的人才中有一位是婦女，所以實際上是九位。擁有三分之二的天下，還繼續臣服於殷朝，周朝的德行，可以說是至高的德行了。」

「五人」，是指禹、稷、契、皋陶、伯益。「十人」即指周公旦、召公奭、太公望、畢公、榮公、太顛、閎夭、散宜生、南宮适；加上邑姜（武王之妻，負責治理宮內之事，所以隨後接著說九人而已）。

「亂臣」變成治臣，這是古代的特殊用法，並非我們常說的「亂臣賊子」。孔子認爲人才難得，「有婦人焉，九人而已」，說明有婦女表現傑出是非常難得的，這是因爲古代婦女沒有機會在政治社會上擔任重要職務。

〈8・21〉

子曰：「禹，吾無間（ㄐㄧㄢˋ）然矣。菲（ㄈㄟˇ）飲食而致孝乎鬼神，惡（ㄜˋ）衣服而致美乎黻（ㄈㄨˊ）冕，卑宮室而盡力乎溝洫（ㄒㄩˋ）。禹，吾無間然矣。」

孔子說：「禹，我對他沒有任何批評啊。他吃得簡單，對鬼神的祭品卻辦得很豐盛；他穿得粗糙，祭祀的衣冠卻做得很華美；他住得簡陋，卻把全部力量用在溝渠水利上。禹，我對他沒有任何批評啊。」

「間」代表空隙，意即有空隙可以批評。如果說這個人的德行有一點空隙，就表示他的品行有瑕疵。孔子認爲大禹很偉大，沒有任何可以批評之處，是從以下三點來看：

第一、大禹吃得簡單，對鬼神的祭品卻辦得很豐盛。由此我們可以知道，孔子對於宗教的肯定是無庸置疑的。第二、大禹衣服穿得粗糙，祭祀的衣冠卻做得很華美；第三、大禹住得簡陋，卻把全副心力用在溝渠水利上，這是重視對百姓的照顧。

大禹虔誠面對齋戒祭祀，又妥善照顧百姓，孔子對他沒有任何批評。人若尊重鬼神的世界，比較容易接受正確的價值觀。人活在世上，除了身、心層面，還有靈的層面（宗教信仰），這點可從《論語》看出。

本章的前兩段談及鬼神和祭祀，可見古人對信仰的態度。孔子敘述此事時，語氣是十分肯定的，由此他顯示了信仰的價值不容忽視。但是若無第三小段的爲民服務觀念，則未必合宜。

子罕篇第九

〈9・1〉

子罕言利與命與仁。

孔子很少主動談起有關利益、命運與行仁的問題。

「言」是指主動談起，「語」是指與人討論。「罕言」不是不語（〈7・21〉），是指自己很少去說，表示愼重之意。但是當學生請教這些問題時，孔子也會答覆。何以必須愼重？因爲「利」、「命」、「仁」這三者皆爲世人所關懷，是人生重要之物；又由於聽者有個別差異而容易引起誤解，所以不宜做泛泛之論。

成就大事業，先放棄小利益

「利」是人之所欲，但必須與義配合。義與利的分辨並不簡單，直接談利，更容易使聽者誤入歧途，如「見小利則大事不成」（〈13・17〉），看到小利就去追求，結果把力量都用在上面，反而做不成大事業。要成就大事業，往往需要放棄小利益，甚至把利益送給別人。

像亞歷山大大帝因爲有亞里斯多德這樣的哲學老師，就比別人擁有更開闊的視野，知道人在世界上應該要如何發展自己；他位居帝王，就開疆拓土，要把他們的文明帶到其他地方去。

這種作法不見得正確，但在當時來說，他建立了一個龐大的帝國，文明開化的世界，幾乎有一半在他的統治之下。他爲什麼能成就如此偉大的功業？因爲他占領任何地方時，都將掠奪來的財產全部分給部下，這說明他不要小利。有道是「人爲財死，鳥爲食亡」，因此，他的部下打起仗來，皆勇於衝鋒陷陣，當然就所向披靡。

正因爲如此，孔子很少談到利益，只怕一談及，大家都興奮不已，很容易就錯過人生的正途。

面對命運，擇善固執

再如「命」，命運是難以解釋的謎。重要的是，如何在面對命運時，把握自己的使命。命運與使命的分辨更是微妙，不能不愼重言之。譬如，有些人會去算命，但算出來之後反而更沒趣了，所以算不算得出來，又有何差別呢？重要的是要從命轉到使命，這就非常複雜了。孔子說：「不知命，無以爲君子也。」（〈20．3〉）可見談命必須愼重。

而「仁」在於擇善固執，必須依個人的處境來判斷，很難做概括的說明。此外，孔子的「仁」字統攝了人之「性、道、成」，是一個整體的、連續的、動態的人生歷程，所以，最好留待學生請教時再做說明。

樊遲三次問仁，孔子給了三個不同的答案，原因正是「仁」要隨著學生的特定處境來判斷「如何擇善」。人生充滿變化的可能性，學生若不激發主動的意願及能力，孔子也幫不上忙。

〈9・2〉

達巷黨人曰：「大哉孔子！博學而無所成名。」子聞之，謂門弟子曰：「吾何執？執御乎？執射乎？吾執御矣。」

達巷地區有人說：「偉大啊，孔子這個人，學問眞是廣博，沒有辦法說他是哪一方面的專家。」孔子聽到這話，對學生們說：「我要以什麼做專長呢？駕車嗎？射箭嗎？我駕車好了。」

「無所成名」是推崇孔子的話，否則不能冠以「大哉」。一般人精於一藝，孔子則無所不學，使人無以名之。在此，孔子自己選擇了駕車，他身高有一百九十二公分，駕起車來，控制自如，既威風又有效率。

若是射箭，相信孔子一定也技術不凡，否則他怎麼會說出：「君子無所爭，必也射乎。」（〈3・7〉）即使孔子的箭術不錯，但是駕車更能表現他的專長。

孔子說這些話，當然是出於輕鬆的心情。他以具體的執御表示謙虛，也藉此提醒別人要有眞才實學。

〈9・3〉

子曰：「麻冕（ㄇㄢˇ），禮也；今也純，儉，吾從衆。拜下，禮也；今拜乎上，泰也。雖違衆，吾從下。」

孔子說：「大夫的禮帽以麻織成，這是禮制的規定；現在大家都戴以絲織成的，這樣比較節省人力，所以我贊同大家的做法。臣見君時，先在堂下磕頭，升堂後再磕頭，這是禮制的規定；現在大家只是升堂後再磕頭，這樣顯得不太恭順。所以，雖然與大家的作法不合，我還是贊同要先在堂下磕頭。」

「麻冕」，是指卿大夫階級所戴的禮帽。若爲天子、諸侯或貴族，則另有製冕的布料。麻冕雖然是禮制的規定，但製作極費工夫，較不節省人力，改用絲織成的禮帽，孔子也表示認同。換句話說，孔子和衆人一樣，認爲只要節省人力、物力，就可以改變製作的材料。

「拜下」是指先在堂下拜，升堂後再拜，共有兩次。「拜上」就只保留了後者，孔子認爲這不太恭順，他贊同要先在堂下磕頭，這也是遵守禮制的規定，但卻因此被別人視為「諂媚」（〈3．18〉），實在無可奈何。

〈9．4〉

子絕四：毋意、毋必、毋固、毋我。

孔子完全沒有四種毛病，就是：他不憑空猜測，他不堅持己見，他不頑固拘泥，他不自我膨脹。

「意」、「必」、「固」、「我」，往往是一個人有了成就之後的表現。這四個「毋」字皆是針對自我而言，要化解自我中心的困境，從起心動念到狂妄自大，都是一般人常犯的毛病，值得深思。

孔子當然有自己堅持和奉行的原則或道，但是卻與私心或欲望無關。教書的人特別容易如此，說話時憑空猜測，猜想別人的動機，又堅持自己的看法，最後難免自我膨脹。孔子在這方面非常注意，儘量避免犯這四種毛病。

有些人認為避免這四種毛病之後，不就變成一個沒有主見的人了嗎？其實不然，這四點正說明孔子有自我約束的能力。由此，我們可以知道孔子的為人如何：

第一，謹慎。孔子謹慎的事有三件：齋、戰、疾。（〈7．13〉）

第二，罕言。他不會隨便發言，很少談到「利、命、仁」。（〈9．1〉）

第三，不語。他不和別人討論「怪、力、亂、神」。（〈7．21〉）

第四就是本章的「子絕四」，有四件事絕對不做。從這裡，就知道孔子的生命可用一個字表示——約，亦即自我約束。

生命是高度的警覺

孔子是懂得自我約束、非常嚴謹的人，他清楚知道人性的弱點，所以「罕言」、「不語」，也很注意說話，因爲「禍從口出」，許多問題都是說話製造出來的。孔子的生命隨時保持高度的警覺，時刻提醒自己要小心謹慎。如果一般人像他這樣，可能會覺得活在世上還有什麼樂趣呢？但孔子還是很快樂，這就是他的修養了。

若能做到以上這些，人的生命就會凝聚於一個內在的核心，可以化被動爲主動，表現出來的是經過自己考慮而願意表現的。換句話說，絕不會做出莫名其妙的事，需要事後道歉或別人的原諒。

自我約束者少有言行的過失，這就是孔子的身體力行，他比任何人都了解人性的弱點以及人的軟弱。

〈9．5〉

子畏於匡，曰：「文王既沒（ㄇㄛˋ），文不在茲乎？天之將喪斯文也，後死者不得與於斯文也；天之未喪斯文也，匡人其如予何？」

孔子被匡城的群眾所圍困，他說：「周文王死了以後，文化傳統不都在我這裡嗎？天如果要廢棄這種文化，後代的人就不會有機會學習；天如果還不要廢棄這種文化，那麼匡人又能對我怎麼樣呢？」

匡城百姓曾遭魯國的陽貨所欺凌，一直想找機會報復。而孔子周遊列國經過時，因爲替孔子駕車的學生曾經爲陽貨駕車，竟引來匡城群衆的包圍。

情勢一時很危急，孔子一行人隨時有可能被這些憤怒的民衆傷害。孔子知道是誤會，就先安撫學生，然後彈琴唱歌。

匡人覺得很奇怪，因爲陽貨不像是會彈琴唱歌的高雅之士，仔細調查後，才發現圍錯了人。此段解說，請參考《莊子．秋水》。

天是文化傳統存亡的最後裁決者

「文」即文化傳統，包括禮樂制度與典籍文物。孔子在生死存亡的關頭，以「天」爲依歸，他認爲若是天要讓他維持文化傳統，他就死不了；天若不讓他維持，也只好作罷。

一個人在面臨死亡威脅之際，已經沒必要再隱藏自己的信念。當時能夠博學如孔子的人已不可見，所以孔子有此自信。

「後死者」，是指後於孔子的人，必須以孔子爲中介，才有機會學習文化傳統。這種解釋法與前面「文不在茲乎」可以呼應，並且與「將喪斯文」指向未來的語態較爲契合。

由此可見，孔子在生命兩次遇到危險時，都以「天」爲歸依：「天生德於予」（〈7．23〉）、「天之未喪斯文也」。天是古人的信仰對象，不是出於孔子自己的想像。而孔子所信仰的天，與現今我們提到的宗教是不相同的。

從本章可以更深入了解孔子對於生死的看法。生死原本有命，人又能如何？重要的是，能藉此機會反省自己對生命有沒有根本的關懷，有沒有眞正順應天命。

〈9．6〉

大（ㄊㄞˋ）宰問於子貢曰：「夫子聖者與？何其多能也？」子貢曰：「固天縱之將聖，又多能也。」子聞之，曰：「大宰知我乎！吾少也賤，故多能鄙事。君子多乎哉？不多也。」

大宰向子貢詢問：「孔先生是一位聖人吧？他竟有這麼多才幹呢？」子貢說：「這是天要讓他成爲聖人，並且具有多方面的才幹。」

孔子聽到這段話時，就說：「大宰了解我啊！我年輕時貧困卑微，所以學會了一些瑣碎的技藝。做一個君子，需要具備這麼多才幹嗎？我想是不需要的。」

大宰，可能是指吳國大宰，名嚭。他認爲聖人應該是才幹與能力過人的人。孔子爲何多才多藝呢？在子貢看來，是因爲天對聖人有特殊的啓示與造就。但是孔子的評論並未談及這一點，只說「大宰知我乎」，似乎有默認之意。但是，他「多能鄙事」卻是特定的環境所形成的。

可見子貢實在是很會替老師說話，要是大宰問到子路，恐怕子路就沒有話可說了。

君子了解人生的原則與方向

「君子多乎哉」，是指有德者與有位者，才幹比一般人多並不是必要的條件。換句話說，才華多不多，是個人的處境所造成的，重要的是必須了解人生的原則與方向才行。

但是人容易只看表面，孔子在政治、軍事、社會、教育各方面都有優異的能力，就讓人覺得他眞是多才多藝，像聖人一樣。因爲古代以爲聖人是指很有能力的人。

我們常說：「好漢不怕出身低。」孔子很誠實，並不以自己的貧困出身爲恥；反觀今天，在社會上有成就的人，往往不太願意承認自己出身貧困卑微。然而，小時候的艱苦，反而能激起奮鬥的意念，更能成就非凡大事，如孔子說的「吾少也賤」，就是最佳證明。

在《孟子．萬章下》提及孔子年輕時擔任過基層公務員，如「委吏」（管理倉庫）與「乘田」（管理牲畜），表現皆不凡。

〈9．7〉

牢曰：「子云：『吾不試，故藝。』」

牢說：「老師說過：『我沒有機會發揮抱負，所以學會了不少技藝。』」

牢，據說是孔子的學生，但資料不詳。

「試」即用。我們去求職時，一般會有試用期，「試」就是讓你有工作做的意思。「藝」變成動詞，指學會技藝。

這句話的言外之意，就是如果可以從政爲官一試身手，就不會另外學習各種謀生的技藝了。譬如貴族子弟，進大學三年或六年，就可以當官，哪還有必要學習其他才藝？有時甚至連基本的生活技藝都不懂。

孔子就不一樣，因爲家境貧寒，所以從小什麼家事都要做，十五歲以後，做過的事包括：替別人管倉庫記帳、替人看管牛羊並計算牲畜繁殖數目、替人辦喪事……表現都深受肯定。由此可知，孔子的多才多藝，是源自生活磨練的成果。

本章也可以反映出孔子年輕時家裡的情況。

〈9．8〉

子曰：「吾有知乎哉？無知也。有鄙夫問於我，空空如也。我叩其兩

端而竭焉。」

孔子說：「我什麼都懂嗎？不是這樣的。假設一個鄉下人來問我，態度誠懇而虛心；我只是就他的問題正反兩端詳細推敲，然後找到了答案。」

本章很重要，提醒我們如何與別人討論問題，以及如何回答問題。能夠恰當回答別人的疑問，就是知。因此，除了具備基本知識以外，更需要有推理與思考的能力。

樊遲三次問仁，答案都不同

譬如，樊遲的資質不高，他想學老圃（老農），孔子就罵他：「小人哉，樊須也！」（〈13．4〉）

樊遲三次問「仁」，孔子給的答案都不一樣，如「仁者先難而後獲，可謂仁矣」（〈6．22〉），「仁者愛人」（〈12．22〉），「居處恭，執事敬，與人忠。雖之夷狄，不可棄也」（〈13．19〉）。這三個答案都可能對，重要的是，必須逐一思考這三次回答時樊遲所處的狀況。

第一個是「仁者先難而後獲」，意即先努力做好很難的事情，盡好自己的責任，然後再去想收穫，這是原則，即人生正途。這個回答應該是在樊遲比較年輕的時候，因為年輕人往往妄想一步登天，所以孔子要他「先難而後獲」，這也可以視為年輕人行爲的原則。

第二個是「仁者愛人」，這應該是在有能力愛人時，如果一個人還沒有能力愛人、關懷別人，又怎麼懂得如何去愛人呢？此時的樊遲可能開始有機會當官，或者開始表現他的才華，有一點實力可以照顧別人，孔子才會如此回答他。

第三個是「居處恭，執事敬，與人忠」，這個時候樊遲有可能要移居他地，不然就是被派到很偏遠的地方做小官，因此孔子要他做好這三件事，這就是人生的正途。

養成自己思考與負責的好習慣

鄙夫，除了指鄉下人之外，還可以指志節低陋的人。「空空如也」是指態度誠懇而虛心。「叩其兩端」是因爲任何一個問題，都可能會有一正一反的兩種答案。「竭」代表想得很透澈，詳細推敲而無遺漏。

有時候錯誤的決定可以發展出好結果，正確的決定反而結果不見得很理想。所以我們要養成自己思考、負責的習慣，遇到各種突發狀況，都不會猶豫不決。

〈9・9〉

子曰：「鳳鳥不至，河不出圖，吾已矣夫！」

孔子說：「鳳鳥不再飛來，黃河也不再出現圖像，我大概沒有指望了。」

「鳳鳥」是祥瑞的象徵，天下太平就會飛來，這是古代的傳說之一。「河不出圖」，是指聖人受命，黃河就出現圖像，譬如玉球上有紋理，顯示爲某種象徵。

古代認爲鳳鳥不再飛來，黃河的圖像不再出現，就是天下太平沒希望了。對當時的人來說，這不叫迷信，而是個人生命和宇宙萬物相通的證據。譬如，如果政治上軌道，就不會發生重大的自然界災難。但是一般人無法看出這種警告，只有經常觀察天象，並且了解自然界變化者才能看出。

古代人認爲自然界本身的變化，有一種暗示作用，而責任常在天子，譬如「天子失德」，所以才引起地震。一遇到災難，天子就會立刻下詔罪己，穿上粗布衣服，希望天可以原諒他。

古代沒有嚴重的環境破壞，所以這種情況是很合理的思維。現代人都知道，自然界的變化大多是人爲災難所造成的，譬如環境生態的破壞，每個人對自然界的災害都負有一定程度的責任。

觀天知命，慨然心受

孔子的心胸比較開放，對於民間傳說也可以欣賞。古人把鳳鳥當作祥瑞的象徵，這個傳說讓人有一種很美的嚮往。

我們常說「河圖洛書」，是相傳伏羲氏看見龍馬負圖出於黃河，據以演畫八卦，稱爲「河圖」；而夏禹時有神龜出於洛水，背上有九組不同點數組成的圖畫，大禹排列其順序，而成治理天下的九種大法，稱爲「洛書」。後世就將「河圖洛書」視爲聖王治世的祥瑞徵兆，代表都出於自然界的啓示。

孔子眼看這兩種瑞徵都不出現，所以認爲自己大概沒指望了，同時也感嘆如此亂世，使他無以得見明君，無從發揮抱負以平治天下。

本章牽涉孔子本人內心的信仰部分，但他顯然沒有說明清楚。我們知道孔子從來不主動談及信仰，原因在於信仰對個人來說太珍貴了，而且是他與超越界的關係，如果隨口就說出來，反而讓人覺得沒什麼稀奇。人生有一些東西很珍貴，就是無法說，或者是說也說不清楚，即使說清楚了，別人也未必能理解，因爲他還沒到那個層次，所以人在信仰方面最好有所保留。

〈9．10〉

子見齊衰（ㄗ ㄘㄨㄟ）者，冕衣裳者與瞽（ㄍㄨˇ）者，見之，雖少（ㄕㄠˋ）必作；過之必趨。

孔子看見穿喪服的人、有官式禮服的人以及瞎眼的人，在會面的時候，即使這些人年齡較輕，他也一定從座位站起來；經過他們前面時，也一定加快腳步。

「齊衰」，古代指喪服，主要是父母過世時穿的服裝，由衣服之特殊質料與設計來表達穿者服喪之心意。「冕衣裳者」是指有官式禮服的人，或世襲爵位之人。「瞽者」即瞎眼的人。「趨」代表走路時腳步加快。

培養知情善感之心

孔子對三種人特別尊敬：第一種是穿喪服的人，因爲家裡在辦喪事。第二種是有官式禮服的人，這些人有時候比較年輕，但是他的父親或祖先對國家有功。第三種是瞎眼的人，因爲他們行動不方便。可見孔子非常敏感。

人活在世上，最重要的是保有一顆敏感的心。譬如，你今天很累了，坐車時完全不想讓座；然而，你愈累時讓座，就愈能顯示自己的意志堅定。我常強調，勉強去做一件事才能顯示意志，所謂「強行者有志」（《老子》三十三章），當別人放棄的時候你堅持，當然應該是成功的人，所以做任何事情要懂得逆向思考。

文中的兩個「必」字，表示孔子惻隱與恭敬的心意。由此可見，孔子的「必」是非常敏銳的，絕不找任何藉口，該怎麼做，就打定主意一路做下去。

〈9・11〉

顏淵喟然嘆曰：「仰之彌高，鑽之彌堅，瞻之在前，忽焉在後。夫子循循然善誘人，博我以文，約我以禮，欲罷不能。既竭吾才，如有所立卓爾。雖欲從之，末由也已。」

顏淵讚嘆一聲，說：「愈抬頭看，愈覺得崇高；愈深入學，愈難以透澈；看起來是在前面，忽然又到後面去了。老師很能循序漸進地帶領學生；他以文獻知識廣博我的見解，又以禮制規範約束我的行爲，使我想停下來都不可能。我盡了全力之後，好像學會了立身處世的本領。但是，當我想要再進一步追隨老師，卻又找不到路可以走了。」

本章是顏淵做爲孔子學生的學習心得，讓我們知道在這個最優秀的學生心目中，孔子是什麼樣的人。

「瞻之在前，忽焉在後」，「在前」與「在後」合用，描寫孔子神妙難測，可以兼顧前後，對生命做全方位的觀照。

孔子是如何循循善誘的呢？從顏淵的描述可知，孔子的誘導有三步。第一，博文約禮（〈6．27〉）；第二，要「三十而立」，從「既竭吾才，如有所立卓爾」可知顏淵三十而立了；第三，達到「不惑」，顏淵謙稱自己還尚未達到。「末由」是表示無路可循，表示面臨活潑的智慧這一關。過了這一關，就是「不惑」，也就是能權衡抉擇了。

顏淵說的前半段是他個人的心得，後半段是他從孔子那裡學到的三個步驟。從這些描述裡，可以看出他的謙虛和對老師的尊重。事實上，很多人將顏淵與孔子並列，稱作「孔顏」。對顏淵來說，孔子有如命運的作用，或是在前面引導他前行，或是在後面推著他邁進。而孔子有顏淵這樣的學生，也很值得安慰了。由此亦可知，爲何顏淵早死，孔子會說「不幸」（〈6．3〉），並且哭得非常傷心（〈11．10〉）。

〈9．12〉

子疾病，子路使門人爲臣。病間（ㄐㄢˋ），曰：「久矣哉，由之行詐也！無臣而爲有臣。吾誰欺？欺天乎！且予與其死於臣之手也，無寧死於二三子之手乎？且予縱不得大葬，予死於道路乎？」

孔子病得很重，子路安排學生們組織治喪處。後來病情緩和些，孔子說：「這段時日以來，由的做法太偏差了！不該有治喪的組織卻假裝有，我想欺瞞誰呢？難道要欺瞞天嗎？我與其在治喪的人手裡過世，不是不如在你們幾位學生的手裡過世嗎？我就算得不到隆重的葬禮，難道就會死在路上沒人管嗎？」

本章是孔子生病期間發生的事。孔子一度病情告急，由於他曾周遊列國，在魯國當過大夫，交遊範圍較廣，很多人都前來致意，子路就組織了一個治喪處。

「爲臣」是指專管治喪的家臣組織，原來是諸侯以上才可設置，春秋時代卿大夫也仿效了。以孔子當時的身分是不能設家臣的。

孔子病情稍微緩和之後，對子路的處置很不滿意，認爲子路的這種舉動不是等於欺天嗎？孔子認爲就算欺瞞所有人，但就是不能欺天。由此也可以看出，孔子對天的深刻信仰。

「且予縱不得大葬，予死於道路乎」，這句話也頗悽慘。死亡是大事，儒家一向重視死亡，因爲死亡是到另外一個世界的過渡；人死之後，就無法像活在世上一樣與人來往，等於是最後一次送他，所以是大事。孟子說：「養生不足以當大事，唯送死可以當大事。」因爲人的死只有一次。

總之，天不可欺，天明察一切。本章所說的不能以情緒語言視之，孔子能在七十歲時抵達「從心所欲不踰矩」（〈2．4〉）的修養，應與這種凡事不欺天的信念有關。

〈9．13〉

子貢曰：「有美玉於斯，韞匵（ㄩㄣˋ ㄉㄨˊ）而藏諸，求善賈（ㄍㄨˇ）而沽諸？」子曰：「沽之哉，沽之哉，我待賈者也。」

子貢說：「假設這裡有一塊美玉，那麼把它放在櫃子裡藏起來？還是找一位識貨的商人賣掉它呢？」孔子說：「賣掉吧，賣掉吧，我是在等待好商人呢。」

「善賈」是指好商人或識貨的商人，在此借指有眼光的政治領袖。

在此，我們再度見識到子貢的好口才，他的問法婉轉含蓄，又善於比喻，說話完整又能恰到好處，別人不見得聽得懂，只有了解的人才會理解。

孔子的回答，可用「待價而沽」來形容。孔子不是不出來做官，他是要等待識貨的商人。他爲什麼周遊列國？無非是希望各國國君願意重用他，讓他發揮抱負。

本章是老師和學生間的對答，一方面顯示了學生的口才，另一方面則顯示了老師的抱負——希望得君行道，濟助天下百姓。

〈9・14〉

子欲居九夷。或曰：「陋，如之何？」子曰：「君子居之，何陋之有？」

孔子想到九夷去住。有人說：「那種地方很簡陋，怎麼能住呢？」孔子說：「君子去住的話，怎麼會簡陋呢？」

「九夷」即淮夷，在齊、魯的南方，是比較偏遠落後的地區。

孔子這段話說得好，文化的開展本來就需要少數讀書人特別努力，就好像國家需要開疆闢土一樣。在明、清二朝，很多人放逐到東北之後，開始教起書來。那裡天寒地凍，生活方式與中原迥然不同，大部分是游牧民族。這些人以本身教化的水準，慢慢影響當地人，使這些地區的人也慢慢開化了。

文化的優美在於人性的深刻觀點

文化的推廣絕不是靠武力，而是靠文化本身的優美內涵。優美的標準是能看到人性比較深刻的一面，然後表現出來，讓所有人都覺得可以接受。

文化的建立與開展需要孔子、孟子、老子、莊子這些人。他們有一種特別的洞視能力，在兩千多年前就可以看出，人類行爲的外在表現有其內在的核心，以儒家而言，就是「人性向善」；由此引發出整個教育系統，這樣就可以本末兼顧。

譬如，眞誠最重要，但表現出來的禮儀是外在行爲規範，同樣不可或缺，兩者要配合，本末分清楚，人的生命才能夠安頓。這也是儒家思想的核心。由此表現禮樂教化，進而落實在各朝代具體的制度上。

〈9．15〉

子曰：「吾自衛反魯，然後樂（ㄩㄝˋ）正，雅頌各得其所。」

孔子說：「我從衛國回到魯國，然後可以改正用樂的錯誤，使雅與頌各有適當的安排。」

「自衛反魯」，時間在魯哀公十一年，孔子六十八歲時。本章是他整理詩書與修訂禮樂之後的心得。

「樂正」，樂要配合詩體（如雅與頌），依其篇章用於不同場合，樂音也必須隨之調整，以免流於俗陋。

詩的內容分爲三種，即風、雅、頌。風是「國風」，雅有「大雅」、「小雅」，都是不同的內容。「國風」所再現的是各地蒐集而來的材料；「大雅」用在廟堂之上，也就是正式的宮廷或是祭祀；「小雅」則是比較一般性文學方面的材料。

古代讀詩時要配合奏樂，樂和詩不能分開。後來就把詩當作文字，樂只當作演奏了。

〈9．16〉

子曰：「出則事公卿，入則事父兄，喪事不敢不勉，不爲酒困，何有於我哉？」

孔子說：「在外服事有公卿身分的人，回家事奉長輩親人，爲人承辦喪事不敢不盡力而爲，不因爲喝酒而造成任何困擾；這些事情我做到了多少？」

古代公卿退休之後，回到鄉里從事教育工作者很多，因此一般人在日常生活中也可能遇到他們。

「喪事不敢不勉」，孔子有一段時間，是以替人辦喪事為主要收入來源，可參考〈7．9〉。「不為酒困」，表示孔子喝酒有一個原則，如〈10．8〉：「唯酒無量，不及亂。」他沒有酒量的限制，但是絕對不會喝醉。

本章提到的這四件事都是極其常見的，正是孔子落實觀念的地方。最後一句「何有於我哉？」意思是說這些事總是在做，但永遠做不完，所以要常常提醒自己，不要忽略了這四件事。可參考〈7．2〉。

孔子提醒自己的，雖然都是一些小事，但是，如果在日常生活裡都能注意到這些小事，才能成就大的德行。所謂「魔鬼藏在細節裡」，因此，我們千萬不要忽略這些生活上的細節。

〈9．17〉

子在川上，曰：「逝者如斯夫，不舍（ㄕㄜˇ）晝夜。」

孔子站在河邊，說：「消逝的一切就像這樣啊，白天黑夜都不停息。」

「川上」是指在河邊。「逝者」，指時光，也指時光中的事件，而人的生命當然也在裡面。既然如此，怎能不珍惜時光呢？

孔子以河水爲例，因爲河水只會往前，無法倒流。希臘哲學家赫拉克利特（Heraclitus）說過：「你不可能兩次把腳放進同樣的河水裡。」或譯爲「濯足長流，舉足復入，已非前水。」因爲河水不斷流動，不斷變化。

很多人把「逝者如斯夫，不舍晝夜」的解釋，擴展成很多含義，包括宇宙生生不息，「天行健，君子以自強不息」（《易經》乾卦〈象傳〉）等。

歲月如流，生命不能回頭

時間是人類生命最大的特色。人的生命在時間裡展現開來，而時間一去不復返，無法再回頭。當人意識到有「時間」這回事的時候，生命就處於一種緊張狀態。

歲月如流，很快就消逝了，那麼就要問自己，我們置身其間，有什麼變化呢？答案絕非只是身體上的衰老，或只是多讀了一些書；而是該自問，生命有沒有朝向自己設定的目標更接近？我們選的目標是緊急的目標？還是重要的目標？我們經常追逐很多很緊急的事，卻遺忘了大的目標，大的目標往往需要長程的規劃和仔細的準備，才能達成。

什麼叫大事呢？是指每個人在生涯規劃時應該選擇的自我改造過程，讓自己的生命慢慢變成自己所喜歡的形態。例如個人的修養，可以讓自己三、五年之後，變得更爲謙虛或者更爲勇敢、正直、溫和，這些都是我們可以設定的。

每個人都在不斷變化，這種變化往往發生在不知不覺間，我們要經常自問：生命裡出現的那些人物或思想，在那些方面影響或改變了我們，使自己變成現在的模樣？

人生是慢慢轉變的，以前是被迫追求知識，現在是主動追求知識，而且可以爲此排除萬難。這說明我們在選擇價值時，有了新的衡量標準，這中間一定有個轉捩點，就像本章所說的，可能是警覺到時間一去不復返。

〈9・18〉

子曰：「吾未見好（ㄏㄠˋ）德如好色者也。」

孔子說：「我不曾見過愛好德行像愛好美色的人。」

「未見」，這是依孔子個人的觀察而言，其中也顯示了感嘆與期許。

俊男美女大家都喜歡，他們的崇拜者也多如過江之鯽；這就好比一個人很有德行，一般人看到他就不免自慚形穢。崇拜有德行的人，就要學習他，日日修身養性，這是很辛苦的事；反觀喜歡美色的話，往往容易見異思遷，因爲永遠都有更美的人出現。

孔子對人性的觀察很深刻，對於愛好美色者表示理解，也不反對，因爲這是耳目之欲，一種天性的血氣傾向。但要懂得練習愛好美德像愛好美色一樣，看到別人身上有優點，就要像喜歡美色一樣的去欣賞他，這就是孔子說的「見賢思齊」。

反之，「見不賢而內自省」，別人所以「不賢」，很可能是比我們不幸或是比我們軟弱，有他的特殊遭遇，所以不要任意責怪他，只要知道反省自己即可。

總之，好德必須以實踐修身來配合，好色則放縱本能欲望即可，兩者之難易不可以道里計。但是在孔子的學說中，好德出於向善的天性，只是一般人未能覺察而已。他的教育目標就從這裡開始。

本章又見於〈15．13〉。

〈9．19〉

子曰：「譬如爲山，未成一簣（ㄎㄨㄟˋ），止，吾止也。譬如平地，雖覆一簣，進，吾往也。」

孔子說：「譬如堆土成山，只要再加一筐土就成功了，如果停下來，那是我自己停下來的。譬如在平地上，即使才倒了一筐土，如果繼續做，那也是我自己向前進的。」

「譬如爲山，未成一簣」，表示山有一定的高度，沒有達到那個高度前，即使差一筐土也不是山。中國有一句老話：「五嶽歸來不看山；黃山歸來不看嶽。」從黃山回來後，就覺得連五嶽都沒什麼好看的了，這有點像《孟子》裡面提到的「觀於海者難爲水」。相反的，沒有看過山的人，看到丘陵就以爲是山。

從「譬如平地，雖覆一簣」可知，孔子認爲學習永遠不嫌晚。曾有人問我，四十歲再讀書是否太晚了？事實上，每個階段讀書都有不同的方法，記憶力衰退，理解力就增加。年輕人的記憶力好，但理解力不夠，因爲生活經驗較爲貧乏；四十歲的人記憶力較差，理解力卻變高，容易理解所要學習的事物，理解後就可以自行消化而變成心得。

讀書是要讀出自己的心得，而不是死背，當然如果行有餘力，可以儘量背下來，但理解還是最重要的關鍵。

智者如教育家、哲學家、宗教家，都很善用比喻，比喻可以引發人更豐富的想像，使學生了解深刻的道理。本章的重點在於強調自我的意願與責任，並且顯示剛健進取的人生態度。

〈9．20〉

子曰：「語（ㄩˋ）之而不惰者，其回也與！」

孔子說：「與他談話而從不顯得懈怠的，大概就是顏回了吧！」

孔子曾經與很多人談話，聽話者不免都有懈怠的時候，只有顏淵例外。這代表孔子本身有很好的學問，顏淵又能夠用心學習。

事實上，身爲老師，看到學生懈怠，就得先自我反省，到底是哪裡教得不好，或是課程本身的設計有無問題。

孔子說得有道理，學生才能不懈怠。本章說明顏淵不但能專心聽講，也能領悟道理，並且在平日努力實踐，才能長期不懈，可參照〈9．21〉。

〈9．21〉

子謂顏淵，曰：「惜乎，吾見其進也，未見其止也。」

孔子談到顏淵時，說：「可惜他已經死了！我只看到他不斷進步，沒有見到他停下來過。」

顏淵比孔子早逝，孔子對此曾感嘆地說顏淵：「不幸短命死矣。」（〈6．3〉）如果顏淵還活著，相信成就將會不可限量。

〈9．17〉提過「逝者如斯夫，不舍晝夜」，人生像河水一般一直往前奔流，時間一去不再復返；顏淵卻能不斷進步，正如水流得愈快，他進步得也愈快。

顏淵只有進步，沒有停止過，我對此深有體會。身爲老師，我有一個原則，就是要求自己：比學生用功。這並不容易，因爲學生當中總有非常用功的。

譬如我在美國讀書時，每天讀書超過十二小時，那時候有些老師看到我，都不免有點緊張，因爲我比他們用功。當時我經常買書，有一次剛買了一本詮釋學的書，老師一看到就嚇了一跳，因爲那本書才剛出版，連他都還沒看過呢。這種情況有點像是學生逼著老師讀書一樣。

想想看，如果老師教書時，學生也能逼著老師讀書，如此教學相長，將是很有趣的畫面。

〈9．22〉

子曰：「苗而不秀者有矣夫！秀而不實者有矣夫！」

孔子說：「穀子生長了卻不開花的，有這樣的情形啊！開花了卻不結實的，也有這樣的情形啊！」

「苗」，即穀子，穀子結實才可食用，開花是指吐穗而言。本章讓人想到人生的奮鬥，一定要到結果出來之後，自己才能喘一口氣。「開花結果」分成兩個階段：先開花，再結果。一種植物，要結果就需要開花的階段，花開起來很燦爛，但是顯然還不夠，要等結果出來，才算是學習有成。

譬如讀《論語》，好像已經啓發智慧，這就代表開花了，但還沒有結果，要把心得落實在行爲上，改變自己的生命，這才是一個結果。背誦再多也只是表現，但是改變自己的生命，才是「不言而教」——不必說話，別人就知道他有什麼樣的境界，這才是結果。孔子是鼓勵學生們，學習到最後一定要有成果，否則只是花開花落，毫無意義。

本章所比喻的，可能是感嘆顏淵早死。不過，如果用來描述修養必須堅持到底，才能開花結果，也很恰當。擇善若不能固執，終究令人惋惜。

〈9・23〉

子曰：「後生可畏，焉知來者之不如今也？四十、五十而無聞焉，斯亦不足畏也已。」

孔子說：「年輕人是值得敬重的，怎麼知道他們將來會比不上現在的人呢？不過，到了四十歲或五十歲還沒有什麼好的名望，也就不值得敬重了。」

「畏」在此指敬重、不可低估。「後生可畏」意即年輕人如果肯努力，前途將不可限量。

人不輕狂枉少年，年輕人就是憑著一股銳氣，總覺得天下沒有難事，只要自己願意，就一定能做到，他們不知天高地厚努力奮鬥，最後終有一番成就。

「聞」是指名望爲人所知。古代資訊不發達，名望得來不易。今天的情況不同，因此要譯為「好的名望」。

但一個人如果太年輕就出道，未必是好事，因為就沒有時間好好讀書。譬如胡適寫《中國哲學史大綱（卷上）》，只寫到先秦，兩漢、魏晉，就無以為繼了。中國的哲學有很多，像隋、唐佛學就有十宗：華嚴宗、法相宗、三論宗、天台宗、禪宗……等，需要有時間消化研究才行。胡適成名後太忙，沒有時間鑽研，學問因此受到限制，不過，他對社會的貢獻很大，這就是他的選擇。

換言之，人不能什麼都要，總是需要選擇。如果到了四、五十歲還沒有什麼好的名望，也就不值得敬重了。古代和現在不同，為官者才可能有好的名望或壞的名聲，如果是農夫，還需要什麼名望呢？所以這個名望一定是指做君子，或為官之後的官聲如何。

在自己的領域追求好的名望

反觀現在，一個人要有名望，只要在某個領域裡面發光就可以了。譬如，一個人在哲學界有一定的名望，這就足夠了，怎麼可能在整個學術圈都有名望呢？或者像著名的導演李安，拿下奧斯卡金像獎，為華人爭光，因此在電影界擁有一定的名望。所以，現代人要在社會上出名，重要的是他在自己領域裡的成就。

本章也可以另做解釋，就是把「聞」理解為「聞道」，意思是：一個人到四、五十歲還沒有「聞道」，亦即不明白人生的正途何在，那麼這樣的人又有什麼可畏的呢？但是，在此的問題是：誰來規定這個「道」的內容？孔子如果這麼想，難免會有主觀的成分，別的學派（如道家、墨家）未必會認同。

〈9・24〉

子曰：「法語之言，能無從乎？改之爲貴。巽（ㄒㄩㄣˋ）與之言，能無說（ㄩㄝˋ）乎？繹之爲貴。說而不繹，從而不改，吾末如之何也已矣。」

孔子說：「聽到義正詞嚴的話，能不接受嗎？但是要改正過錯才可貴。聽到委婉順耳的話，能不高興嗎？但是要想通含義才可貴。光是高興而不假思索，表面接受而實際不改，我對這樣的人是沒有什麼辦法的。」

「法」即法規，就是義正辭嚴的話。「巽與之言」，即委婉順耳的話。聽到別人的話很順耳就高興，卻根本不去思索裡面的含義，這樣聽得再多又有什麼用？另外，知過不改要比不知過更麻煩，孔子對此也束手無策。

所以聽別人說話時要注意其中的含義，有些話很嚴厲，有些話較爲溫婉。譬如，許多家庭裡父嚴母慈，父親說話比較嚴厲，母親說話比較柔和，此時，父親說的話要多聽，因爲他說得有理；母親說的話要多想，因爲她是用鼓勵的方式，希望小孩能因此聽懂而眞的去做，並體諒母親的苦心。

孔子另有無可奈何的人，可參考〈15・16〉，都是在描寫人不知上進時，老師再好也沒有用。

〈9・25〉

子曰：「主忠信，毋友不如己者，過則勿憚改。」

孔子說：「以忠信爲做人處事的原則，不與志趣不相似的人交往。有了過錯不怕去改正。」

「毋」即無也。孔子教學生，做人處事要以忠信爲主。盡己之謂「忠」，說話算話之謂「信」。忠是對自己，信是對別人，兩者都要做到；孔子進一步說明，交朋友也要以這兩者爲原則，不與志趣不相似的人交往。

志趣相似很重要，譬如，喜歡讀書、喜歡思考、希望改善自己的生命品質，大家志同道合，就變成志趣相似的人了。

反之，就會變成「怨憎會」，佛教對此談得深刻，它是人生的三苦，第一苦是愛別離，第二苦是怨憎會，第三苦是求不得。相愛的人總是別離，怨憎的人總是相聚在一起，有所求的求不到，心想而事不成，更是一種苦。

我們往往不懂得珍惜身邊的人，非要等到分開之後才開始想念；在身邊時容易變成「怨憎會」，有時還糾纏不清。這些苦皆起因於執著、無明，沒有智慧，沒有想通道理；眞有智慧就會發現，相聚即是有緣，好好珍惜就會快樂；分開則是人各有志，或是這個階段需要分開，因爲還要去實現某個目標。

「過則勿憚改」，有了過錯，不要害怕改正。爲什麼有人會怕呢？第一，要承認自己錯了，擔心遭別人嘲笑；第二，改正錯誤有時要從性格著手，錯誤不是那麼容易改正，所謂「江山易改，本性難移」，人的過錯往往與他的性格有關，改正過錯時需要勇氣。

本章在〈1．8〉出現過，可以參考。

〈9．26〉

子曰：「三軍可奪帥也，匹夫不可奪志也。」

孔子說：「軍隊的統帥可能被劫走，一個平凡人的志向卻不能被改變。」

周朝時，大國的諸侯擁有三軍，與今天的陸、海、空軍不同，可參考〈7．11〉的說明。

古代平凡百姓爲一夫一妻，兩相匹配，稱爲匹夫、匹婦。匹夫的志向由自己負責，所以可以堅持不變，至死不改。軍隊的統帥可以被劫走，但平凡人的志向卻不能被改變。

這表示志向在內不在外，所以別人無法奪走；同時也說明人生唯一可以堅持的就是自己的志向。

〈9．27〉

子曰：「衣敝縕（ㄩㄣˋ）袍與衣狐貉（ㄏㄜˊ）者立，而不恥者，其由也與？『不忮（ㄓˋ）不求，何用不臧？』」子路終身誦之。子曰：「是道也，何足以臧？」

孔子說：「穿著破舊的棉袍，與穿著狐貉皮裘的人站在一起，而不覺得慚愧的，大概就是由吧？《詩經．衛風．雄雉》上說：『不嫉妒，不貪求，怎麼會不好？』」子路聽了，就經常唸著這句詩。孔子說：「這樣固然是正途，但是還不夠好啊！」

孔子難得稱讚子路，所以子路聽了也很興奮，因爲他多次受到孔子的責怪。子路能做到「衣敝縕袍與衣狐貉者立，而不恥」，但是孔子認爲還不夠好。

子路爲什麼要穿破舊的棉袍呢？他的志向是「願車馬衣裘，與朋友共敝之而無憾」（〈5．25〉），衣服借給朋友穿舊、穿破了，他照樣穿在身上；看到別人穿著狐貉，也不覺得自慚形穢，這需要高度的自信。

孔子稱許他「不忮不求，何用不臧」，子路聽了很高興，老師居然引用《詩經》來稱讚他，於是「終身頌之」。孔子認爲，這樣固然是正途，但是還不夠好。不要以小善爲已足，必須日進其德。

〈9．28〉

子曰：「歲寒，然後知松柏之後凋也。」

孔子說：「天氣眞正冷了，才會發現松樹與柏樹是最後凋零的。」

「歲寒」，比喻考驗之嚴酷，由此可以分辨君子與小人。花草平常開得很漂亮，一遇到嚴寒的天氣就全部凋零，只有松、柏依然堅持到最後。

我們常說「時窮節乃見」，平常的生活，看不出一個人的志節如何。歷史上有多少人可以像文天祥一樣，堅持志節連命都不要？如果一輩子都沒有機會考驗，又如何知道誰的志節比較堅貞呢？所以，我們要經常自問：如果是我，做得到嗎？

若人生一路順遂，一直有很好的環境保護，或許不錯，但總不可能這樣一路到底，終有一天必須自行成家立業。當社會經濟動盪時，如果小時候沒有窮困的經驗，比較缺乏內在的錘鍊，遇到考驗時，恐怕很容易灰心喪志或誤入歧途。

可參考〈15・2〉：「君子固窮，小人窮斯濫矣。」

〈9・29〉

子曰：「知（ㄓˋ）者不惑，仁者不憂，勇者不懼。」

孔子說：「明智的人沒有困惑，行仁的人沒有憂慮，勇敢的人沒有畏懼。」

這三句話倒過來看比較清楚：沒有困惑的人明智，沒有憂慮的人行仁，沒有畏懼的人勇敢。

碰到困惑時，就要設法思考。培養思考的習慣和能力，可以讓自己減少困惑。譬如，有一次我演講之後，一位女性聽眾問我，她與男朋友交往很久，現在發現不太能與他相處了，應該怎麼辦呢？

我要她先好好想一想，以前爲什麼可以相處？是從什麼時候、什麼事情之後，開始覺得不能相處？如果那些可以相處的條件都還在，就要思考，將來找的另一個人雖然可能有更好的條件，但也可能缺少現在這個男朋友所具備的某些條件。這樣思考才比較周全。

想清楚之後，第二步是與對方進行溝通。有哪些事是你無法接受的，他能否改善？或是他覺得你的想法有問題。互相溝通後，才能找出問題，對症下藥。

我並沒有指導她該怎麼做，只是分享了我的思考方法，讓她想得比較透澈，也減少了困惑。

也曾有憂心的母親，說她的兒子當兵回來後，每天都出去抽菸、喝酒到半夜才回家，她擔心兒子發生意外，痛苦得不得了。我要她先別急，既然現在勸說無效，就讓自己過得快樂一點，然後暗暗觀察兒子的情況，不要讓狀況日益嚴重。

人的生命是一個趨勢，兩個人的關係愈來愈惡化，將來的結果如何可以預測，如果暫時先保持冷淡，慢慢演變之後，最後會發現冷冷淡淡也是一種生活方式，也可以互相尊重。

我告訴她，至少她的孩子每天還有錢去喝酒，有朋友願意理他。這段期間，或許他心裡也很苦，只好借酒澆愁，現在不讓他喝酒，說不定他就活不下去了。總之，他還活著，即使只是喝酒，就代表還有希望。只不過此時要注意這個趨勢，看看誰說的話他會聽，給他一些時間、空間，說不定他到某一個時候就會自己轉變過來。

所謂的「不惑」，也就是對人生了解較多之後，許多事就能看得比較完整，不再無謂的擔心。人生在世，不必把自己弄得痛苦不堪，活不下去而想自殺，或者因爲別人而痛苦，很不值得。

別人讓自己痛苦，但自己不一定要跟著受苦，反而應該努力活得快樂，安排自己的生活。既然無法改變別人，何必再賠上自己呢？就讓對方暫時如此，只要他繼續活著，就可能有所變化。你讓自己過得快樂一點，自己的快樂說不定會使他轉變過來，嚮往快樂。

其次，仁者不憂，是因爲走在人生的正路上，心安理得，對日常生活沒有任何特別的憂慮。孔子認爲「君子坦蕩蕩」（〈7．37〉），即是此意。

至於「勇者不懼」，則是指勇於實踐自己的承諾或執行自己的工作而言，當爲則爲，又何懼之有？

〈9．30〉

子曰：「可與共學，未可與適道；可與適道，未可與立；可與立，未可與權。」

孔子說：「可以一起學習的人，未必可以一起走上人生正途；可以一起走上人生正途的人，未必可以一起立身處世；可以一起立身處世的人，未必可以一起權衡是非。」

「共學」、「適道」、「立」、「權」，代表學習的四個階段，所學的是做人處事的道理。「道」是人生正途，必須步步前行；「立」是可以立身處世；「權」是最難的，如孔子的「無可無不可」（〈18．8〉）。並且，自己權衡又異於與人一起權衡。這樣的人自然不易求得。

孔子的這些想法，出於他生平的經歷，與他教學的內容和學生的心得，配合起來都可以相通。

人生最難得的是找到可以一起商量的朋友。譬如處於迷惑之中，可以找朋友一起商量，讓他從旁觀者清的立場提供意見，從中得到啓發。這樣的朋友是最難得的，畢竟一個人活在世上，如果凡事只靠自己，是很難依一個標準一路走下去的。

〈9・31〉

「唐棣（ㄉㄧˋ）之華，偏其反而。豈不爾思？室是遠而。」

子曰：「未之思也，夫何遠之有？」

「唐棣樹的花，翩翩搖擺而各自方向相反。我怎麼不思念你呢？只是住處太遠了啊！」

孔子說：「只是沒有眞去思念而已，事實上，怎麼會遙遠呢？」

本章的前四句話引自一首古詩，可能是佚詩。「唐棣」是樹名，這種樹的花朵，同在一莖上卻方向相反。正如兩人本在一處而背對背，以致感覺遙不可及。詩人以此寄意，顯示浪漫的情懷。

孔子的話可以理解爲就事論事，因爲如果眞的想清楚，就知道花朵本在一處。本章也可以理解爲，人與道（人生正途）並不遙遠，只要眞去想，立刻就可以把握住。

我們活在世上，有時候覺得前無去路，而事實上，路往往就在背後緊挨著，等你驀然回首。「我欲仁，斯仁至矣」，只要去找人生的路，人生的路立刻出現，任何時候都可以讓自己走上正確的路。譬如走路時，對面有人行色匆匆，就側身讓開，避免麻煩。很多事根本不必相爭，以免製造無謂的困擾。人生難得，時間寶貴，有時逃避或隱藏也是上策。

西方哲學家斯賓諾莎說：「善於隱藏者，乃善於生活。」隱藏起來不受別人的干擾，才能過自己想要的生活。如果不肯隱藏，到處曝光，活在衆人的焦點下，怎麼可能保有自己的生活？所到之處都覺得像在舞台上，別人都看著你，這樣活著多辛苦啊。爲什麼不想想，人生要把握在自己手上？

鄉黨篇第十

〈10．1〉

孔子於鄉黨，恂（ㄒㄩㄣˊ）恂如也，似不能言者。其在宗廟朝廷，便（ㄆㄧㄢˊ）便言，唯謹爾。

孔子在鄉里之間，溫和而恭順的樣子，像是不太會說話的人。他在宗廟裡、朝廷上，說話明白流暢，但是很有分寸。

「恂恂如也」，即溫和而恭順的樣子。孔子在鄉里之間，不願誇示自己的本領，沒有必要就不多說；但是在宗廟、朝廷做官時，說話就明白流暢，但是謹守分寸。

本章描寫孔子生活上的細節，從觀察者眼中所見到的孔子。他的表現出於高度的自覺，對環境的準確判斷，以及自身言行的修養成效。後續各章，都是類似的表現。

〈10．2〉

朝，與下大夫言，侃侃如也；與上大夫言，誾（ㄧㄣˊ）誾如也。君在，

踧踖（ㄘㄨˋ ㄐㄧˊ）如也，與（ㄩˊ）與如也。

上朝時，與下大夫說話，溫和而愉快的樣子；與上大夫說話，正直而坦誠的樣子；國君臨朝時，恭敬而警惕的樣子，穩重而安詳的樣子。

孔子在朝廷上的態度以爵位為依歸，這是禮的教育成果，也合乎禮的規範。古代大夫的職位一般分為三種，依次是：卿大夫、上大夫、下大夫。上大夫的地位比較高，孔子做過上大夫，擔任過大司寇。他與官階比他低的人說話時，態度溫和而愉快；與同級的人說話時，態度正直而坦誠；國君臨朝時，他則是恭敬而警惕、穩重而安詳，表現皆合宜守禮。

孔子曾說：「博我以文，約我以禮。」（〈9．11〉）人不能狂妄自大，應有的禮數要做到，無論對上級、下級，在言行上要不卑不亢。即使今天是民主社會，但是基本的禮儀還是要遵守，尤其在知識方面要謙虛，因為「學無止境」，不懂的事物實在太多，遠超過我們所能想像。

〈10．3〉

君召使擯（ㄅㄧㄣˋ），色勃如也，足躩（ㄐㄩㄝˊ）如也。揖所與立，左右手，衣前後，襜（ㄔㄢ）如也。趨進，翼如也。

賓退，必復命曰：「賓不顧矣。」

國君召令孔子接待外國貴賓時，他臉色顯得矜持莊重，腳步隨之加快。他向同朝官員作揖，向左邊拱手，再向右邊拱手，衣裳隨之一前一後，看來整齊而俐落。他快步前進的時候，衣袂飄起，好像鳥兒舒展翅膀。貴賓辭別後，他一定回來向國君報告說：「客人已經走遠了。」

這是魯定公十年以後，孔子五十二歲至五十五歲之間從政時期的資料。「君召使擯」，這本來是由卿負責的事，因爲孔子知禮，所以有此任命。

除上擯外，另有「承擯」與「末擯」，這兩者都是幫助上擯的。孔子行爲舉止，都能合乎禮，他向同朝官員作揖，先左再右，因爲左邊的人站在朝廷的右方，地位比較高。「衣前後，襜如也」，場面可謂壯觀，孔子的身高約一九二公分，走路時，該快該慢都控制得宜，看起來眞是瀟灑。「襜」是整齊之意。

說到瀟灑，西方有名的藝術家達文西，曾經專門訓練自己的多種智慧，其中就包括身體的智慧，亦即讓身體保持健美，走路要有走路的樣子。達文西的舉手投足，都經過設計，包括與別人來往、說話，全都經過研究。所以他在公開場合，無論是走路或身體的姿態，都令人眼睛一亮，覺得眞是好看。

達文西所畫的人體圖像，也經過精密的測量比例，他曾說：「完美的人，是衡量宇宙的尺度。」他可以將身體比例，講究到十分精準的程度，實在很不容易。孔子也具有這種水準，表現有如孟子所言：「萬物皆備於我，反身而誠。」

〈10．4〉

入公門，鞠躬如也，如不容。立不中門，行不履閾（ㄩˋ）。過位，色勃如也，足躩如也，其言似不足者。攝齊（ㄗ）升堂，鞠躬如也，屏（ㄅㄧㄥˇ）氣似不息者。出，降一等，逞顏色，怡怡如也。沒階，趨進，翼如也。復其位，踧踖如也。

孔子走進朝廷大門時，謹慎而敬畏的樣子，好像沒有容身之處。站，不站在門中間；走，不踩在門檻上。經過國君平日的座位前，臉色顯得矜持莊重，腳步隨之加快，說話也輕得聽不清楚。提起衣襬向堂上走時，謹慎而敬畏的樣子，憋著氣好像不呼吸一樣。退出堂時，走下一級台階，臉色才放輕鬆，顯得自在而愉快。下了台階，快步前進時，衣袂飄起，好像鳥兒舒展翅膀。回到自己的位置時，又顯得恭敬而警惕的樣子。

「鞠躬」，古代讀爲「鞠窮」，形容敬畏謹慎的樣子。孔子走近朝廷大門時，非常謹慎，不會大搖大擺，而是表現得很恭敬。「立不中門，行不履閾」，這是出於內心的敬重。

「齊」是指衣裳的下襬。孔子退堂時，臉色才放輕鬆，能控制自己的身體和表情到這種境界，實在不簡單。「沒階，趨進，翼如也」，他大概經常表演這種「好像鳥兒舒展翅膀」的姿態，讓他的學生們印象深刻。

〈10・5〉

執圭，鞠躬如也，如不勝（ㄕㄥ）。上如揖，下如授。勃如戰色，足蹜（ㄙㄨˋ）蹜如有循。享禮，有容色。私覿（ㄉㄧˊ），愉愉如也。

孔子出使外國，舉行典禮時，手捧著圭，謹慎而敬畏的樣子，好像力量不夠似的。向上拿，好像在作揖，向下拿，好像要給人。臉色矜持而警覺，腳步緊湊而拘謹。獻禮物時，顯得雍容大方。私下與外國君臣會面時，顯得和悅自在。

「圭」是一種玉器，出使外國時，執此爲代表諸侯的信物。古代出使之禮，稱爲聘問禮。「勃如」是指矜持，「戰色」是指警覺，好像要作戰一樣。「蹜蹜」即走路時不敢放大步伐的樣子，比喻小心謹慎。「享禮」就是獻禮物。「私覿」即指私下與外國君臣會面。

本章是孔子在外國擔任大使的表現。

〈10・6〉

君子不以紺緅（ㄍㄢˋ ㄗㄡ）飾，紅紫不以爲褻服。當暑，袗絺綌（ㄓㄣˇ ㄔ ㄒㄧˋ），必表而出之。緇衣，羔裘；素衣，麑（ㄋㄧˊ）裘；黃衣，狐裘。褻裘長，短右袂（ㄇㄟˋ）。必有寢衣，長一身有半。狐貉之厚以居。去喪，無所不佩。非帷裳，必殺（ㄕㄞˋ）之。羔裘玄冠不以弔。吉月，必朝服而朝。

君子不用天青色與鐵灰色做衣服的鑲邊，平常居家的衣服則不用淺紅色與紫色。夏天時，穿著細的或粗的葛布單衣，出門一定加一件上衣。穿黑色禮服時，上衣配的是黑色的羔裘；白色禮服配白色的麑裘；黃色禮服配黃色的狐裘。居家所穿的皮裘上衣比一般的要長些，但是保持短的袖子。睡覺時一定要蓋比身長多一半的被子。座位上鋪著厚的狐貉皮。服喪期滿之後，沒有什麼不可以佩戴在身。平常穿的衣裳，不必折疊太多層，一定要裁去一些布。不穿戴黑色的羔裘與黑色的禮帽去弔喪。正月初一，一定穿著正式的朝服去朝賀。

古代人重視禮，在服裝上也很講究。「飾」即鑲邊，「紺緅」兩字在現在已很少用了，是指兩種衣服的顏色，即天青色和鐵灰色。「褻」是指平常的家居便服；如果是宗教儀式場合，包括在教堂、寺廟，則要特別恭敬，否則會有褻瀆的嫌疑。

「絺」即「葛之精者」，亦即葛布中比較細緻的單衣，「綌」是指較粗的。「表」即加一件外衣。「緇衣」即黑色禮服；「素衣」指白色的禮服。「短右袂」是保持短的袖子，古代有以「右」兼指左右手的說法，所以是指兩個袖子，而非一長一短。這是相對於「褻裘長」而說的。

「必有寢衣，長一身有半」，因爲若被子與身體一樣長，腳會露出來，容易著涼。「居」即座。「去喪」即服喪期滿。「吉月」是指正月初一。

孔子在本章清楚說明了古人在夏、冬兩季如何穿著與搭配衣服，先教做人處事，又教如何穿衣服。服飾文化的演進，早已與今日不同，但是做人處事、講信用等道理，則永遠是一樣的。

〈10．7〉

齊（ㄓㄞ），必有明衣，布。齊必變食，居必遷坐。

齋戒前，沐浴一定有浴衣，用布做的。齋戒時，一定改變平日的飲食，居住也一定換個房間。

「明衣」即古代浴衣，是用布做的。變食，即改變平日飲食的內容，以簡單、潔淨、使人寡欲爲主。「遷坐」，是指不住平常所居住較舒適的房間。

古代齋戒的規矩很多，衣食住行都有講究。住得簡陋，吃得簡單樸素，通過住與食來提醒自己，如此才能專心祭祀。如果與平日無異，就很難轉變心情。透過齋戒，心情就會收斂。

所以人要注意如何區隔，讓自己通過環境的調整，進入不同的心境，然後可以從事特定的活動，尤其像齋戒是與鬼神來往的，更應該如此。

〈10・8〉

食不厭精，膾（ㄎㄨㄞˋ）不厭細。食饐（ㄧˋ）而餲（ㄞˋ），魚餒而肉敗，不食。色惡，不食。臭惡，不食。失飪，不食。不時，不食。割不正，不食。不得其醬，不食。肉雖多，不使勝食氣。唯酒無量，不及亂。沽酒市脯，不食。不撤薑食，不多食。

食物不以做得精緻為滿足，肉類也不以切得細巧為滿足。食物放久變了味道，魚與肉腐爛了，都不吃。顏色難看的，不吃。味道難聞的，不吃。烹調不當的，不吃。季節不對的菜，不吃。切割方式不對的肉，不吃。沒有相配的調味料，不吃。即使吃的肉較多，也不超過所吃的飯量。只有喝酒不規定分量，但是從不喝醉。買來的酒與肉乾，不吃。薑不隨著食物撤走，但不多吃。

本章說明孔子如何對待飲食。「厭」同饜，滿足之意。他對食物的精粗並不挑剔，卻因這些話而遭到誤解，以爲他是個美食主義者，這實在是很離譜。「飯疏食飲水，曲肱而枕之，樂亦在其中矣」（〈7．16〉），這才是孔子。

孔子不吃什麼東西呢？

第一，「食饐而餲，魚餒而肉敗」。魚腐爛叫做「餒」，肉腐爛叫做「敗」。這些當然不能吃，吃了會生病。〈7．13〉提到，孔子以慎重態度對待以下三件事：齋戒、戰爭、疾病。因爲生病往往是自找的麻煩，所謂「病從口入」，如何避免生病，就要多注意食物的新鮮度。

第二，「色惡，不食」。好吃的菜色香味俱全，顏色難看的菜，通常問題很多。

第三，「臭惡，不食」。聞起來有怪味的食物，怎麼吃得下去？

第四，「失飪，不食」和「不時，不食」。以現代營養學的眼光看，孔子的想法很前衛。古代也有冷藏方法，可以把菜儲存在比較蔭涼之處。

第五，「割不正，不食」。有些肉或魚，如果切割的方法不對，容易有筋，硬得根本沒辦法咬，所以孔子並不是挑食。

第六，「不得其醬，不食」。每一種食物都有特定的調味料，配合得當能使食物更好吃。

第七，「肉雖多，不使勝食氣」。肉是營養來源，但不能超過所吃的飯。

第八，「唯酒無量，不及亂」。要做到這一點很難，人的酒量會隨著體力與情緒而調整，所以不必太在意酒量，但是切記不要喝醉。孔子曾提醒自己「不爲酒困」

（〈9．16〉），可以爲證。

第九，「沽酒市脯，不食」。不吃買來的酒與乾肉，吃的是自己或是朋友做的，這是考慮到衛生與健康。孔子很注意養生，外面買來的食物，因爲來路不明，不能隨便亂吃，萬一吃到有問題的食物，可就得不償失了。很多人的毛病都是吃出來的，卻記不得自己吃過什麼。在此，亦可證明孔子不收肉乾（束脩）（〈7．7〉），因爲他不吃買來的肉乾，又怎麼會公開宣稱要收「束脩」呢？

第十，「不撤薑食，不多食」。薑可以幫助消化，但也不宜多吃。

以上就是孔子關於飲食的考慮，事實上，他並不挑剔，而是重視養生之道，不能草率視之。

〈10．9〉

祭於公，不宿肉。祭肉不出三日。出三日，不食之矣。

參與國家祭祀典禮之後，帶回來的祭肉不留到第二天。一般的祭肉保存不超過三天。超過三天的，就不吃了。

「祭於公」，大夫與士在幫助國君祭祀時，自己必須帶一份祭肉，兩天典禮結束後，再分配一些國家的祭肉。因此這種祭肉帶回家之後，不能再多放一天了。

「宿」即過夜，亦即不讓肉過第二天。普通的祭肉保存不超過三天，超過的就不吃了。

〈10．10〉

食不語，寢不言。

吃飯時不討論，睡覺時不說話。

「語」即交談、討論，是與別人討論問題。「食不語」，是因為這樣會影響食欲及消化。「言」表示意見，是自己在說話。「寢不言」，這樣將使心思複雜而無法入夢。

吃飯時，血液都跑到胃裡幫助消化，所以不宜討論問題，以免影響健康。人在討論問題時，血液又會調回腦袋，當然辛苦了。這是孔子的原則，與養生直接有關，所以要養成習慣。

〈10．11〉

雖疏食菜羹，必祭，必齊如也。

即使吃的是粗飯與菜湯，也一定要祭拜，態度一定恭敬而虔誠。

「祭」是指取出一點食物，放於食器之間。祭最初發明熟食的人，表示不忘本。孔子吃飯時，雖然吃的是粗飯和菜湯，卻一定要祭拜，每日如此，他的心靈之深邃與虔敬可以想見。關於祭，可參考〈3．12〉。

對待食物也要虔誠感恩

基督徒在飯前都必須禱告，感謝上帝讓他們聚在一起吃飯；當然也會感謝做菜的人，但天是一切的來源，它使我們有生命，使人們得以愉快的相聚，所以必須感謝，這是一種宗教心態的表現。

孔子也一樣，再怎麼簡單的食物，他在吃飯時都會祭拜。一個人如果連吃飯時都能想到祖先，他的心靈很容易產生一股內斂的力量，不會只看眼前變化之事，心裡有一處是保留給鬼神與祖先來往的。因此，人要注意心靈的深度，不能把自己放在表面上隨著別人轉。外面再怎麼變化，我們的內心有一些地方是永恆不變的。

很多人不理解孔子，認爲他沒有信仰宗教。事實上，孔子沒有故意信或故意不信的問題，他從小生活的環境就是如此。古代信仰宗教的表現是很自然的，表示不忘本。今天所說的信仰與不信仰，往往是長大成人或後天所做的選擇。我們很容易用現代人的觀點去想像孔子，連他有沒有信仰宗教都要討論半天，其實大可不必如此。就連國君都必須去祭泰山，一般人哪裡有不祭祖先的呢？

〈10・12〉

席不正，不坐。

席子沒有放正，就不坐下來。

正席然後就坐，也是禮的一種規定。連這種小地方，孔子也一絲不苟。席子若沒擺正，自己坐得也不舒服；在別人看來則不夠雅觀。

〈10・13〉

鄉人飲酒，杖者出，斯出矣。

與鄉里的人一起聚會飲酒，要等年長的人都離席了，他才走出去。

「鄉飲酒」是一個術語，為古禮之一，有四種情況：

一、三年賓賢能，即一個鄉里每三年要把賢能的人請來吃飯。

二、鄉大夫宴國中賢者，大夫是指鄉里的鄉長，賢者是指這個地區的卓越人才。

三、州長習射飲酒。州比鄉大，習射是練習射箭，此時要飲酒。

四、黨正蜡祭飲酒。鄉黨裡面的負責人叫做黨正，蜡是祭祀的名稱，這時候也要飲酒。不過，現在已經無法想像鄉里有這一類的活動了。

「杖者」，古代人到了六十歲，就可以在鄉里扶杖而行，表示年長之意，可以得到應有的尊敬。一般人不能隨便扶杖，除非腳不方便，不到六十歲扶杖就是違禮。

孔子當過上大夫，官位很高，但是他回到家鄉，與鄉人一起喝酒時，都會讓鄉里的長者先行，這就是「序齒」，亦即依年齡的長幼排定先後次序，年紀大者先離席。從今天看來，孔子的表現還是非常適當的。

〈10・14〉

鄉人儺（ㄋㄨㄛˊ），朝服而立於阼（ㄗㄨㄛˋ）階。

鄉里的人舉行驅逐疫鬼的儀式時，他穿著正式朝服站在東邊的台階上。

「儺」是民俗信仰的儀式，用來驅除疫鬼。從「朝服而立於阼階」一詞，可知孔子從來沒有反對或是批評民俗信仰。

就好像我們看到廟會舉行的巡遊活動，不可隨便輕視，因爲對參加活動的人來說非常重要，那是他們在爲自己的生命尋找定位點，調整自己的生命，祈求有一個重新出發的機會。

「阼階」，是指東邊的台階。古代的房子若是坐北朝南，進門台階在東、西兩方。站在東階，表示自己是主人。由此可知，孔子雖不參與鄉人的儀式，但表示尊重的心意。

〈10．15〉

問人於他邦，再拜而送之。

託人向國外的朋友問候送禮時，對所託之人兩次作揖才辭別。

「問」，古代包括探訪病人或是拜訪別人。「再拜」就是兩次作揖，表示感謝，也表示向國外友人的敬意。因爲別人替你送禮到外國去，路途如此遙遠，當然要表示感謝。這雖是古代的習慣，在現代看來也是一樣值得肯定。

〈10．16〉

康子饋藥，拜而受之。曰：「丘未達，不敢嘗。」

季康子派人送藥來，孔子作揖接受。他後來說：「我不清楚這種藥的藥性，不敢服用。」

季康子派人送藥來，孔子雖然接受，但卻不敢服用，因爲他不了解藥性，這是他的謹愼之處。

有人認爲孔子深通醫理，即是由此推知的（〈6．10〉）。一般來說，我們信賴醫生開的藥，但醫生有時不一定可靠，因爲一種藥可以適用於很多病症，如果自己能了解藥性，就可以按照身體的特別狀況來服用了。

〈10．17〉

廄（ㄐㄧㄡˋ）焚。子退朝，曰：「傷人乎？」不問馬。

家裡馬棚失火燒了。孔子從朝廷回來，說：「有人受傷嗎？」沒有問到馬。

從本章可以看到，孔子對待人和動物，在態度上截然不同。馬棚燒毀，受傷的很可能是車伕、馬伕、工人等身分較卑微者，而孔子並無階級意識，只是以平等的態度來關懷所有的人。至於馬，在古代屬於財物，顯然不能與人相提並論。

在人的社會裡，首先要採取人本主義、人文主義或人道主義的立場，這三者雖不一樣，但都是以人爲主。孔子完全不在乎馬，這說明他對人的重視。

在古代要說出這句話很不容易，因爲往往人不如馬。孟子說：「率獸食人。」就是批評當時社會許多有權有勢的人，庖有肥肉、廄有肥馬，但是卻「野有餓莩」。

孔、孟的原則，就是以人爲最主要價值的主體，不能本末倒置。不能因爲馬沒有養好就處罰人。這種人文主義的精神應該宣揚，只要是人，就應該尊重人超過財物。

本章短短十二個字，卻說出了包含一個人生命的特色。如果社會眞的建立在儒家思想爲主體的文化下，不會有任何人權的問題，孟子後來也說「民爲貴，社稷次之，君爲輕」。

儒家的人文情懷顯然來自對人性的共識，知道人應該重視什麼，物質財產雖然重要，但是不值得特別強調。如果可以用財產幫助別人以表示關懷，爲什麼不做呢？對自己也一樣，如果物質、財產能讓自己的心靈有成長機會，爲什麼不做呢？一個是隨時會失去的，一個是內在可以掌握的，並且表達對別人的深情厚意，爲什麼不做呢？

〈10・18〉

君賜食，必正席先嘗之。君賜腥，必熟而薦之。君賜生，必畜（ㄒㄩˋ）之。侍食於君，君祭，先飯。

國君賞賜煮熟的食物，孔子一定端坐好，先吃一些。國君賞賜未煮的食物，他一定煮熟之後，先向祖先進奉。國君賞賜活的生物，他一定先養著。陪同國君進食，在國君飯前行祭時，他先吃飯。

對於國君賞賜的三種食物，孔子有不同的領受方式：第一種是煮熟的食物，要端坐好，先吃一點；第二種是未煮的食物，煮熟後先向祖先進奉，代表感謝父母，感謝祖先，並將榮耀歸於他們；第三種是活的生物，他就先養著。

「先飯」，是指先爲國君嚐食物，不敢自居爲客人，表示尊敬之意。

本章談到與國君之間的互動，也顯示了古代君臣在飲食上的規矩。

〈10．19〉

疾，君視之，東首，加朝服，拖紳。

孔子生病時，國君來探望，他改臥在面朝東的方向，身上加蓋正式的朝服，還拖著大腰帶。

孔子生病，「君視之，東首」，這是爲什麼呢？因爲國君在自己的國中自視爲主人，從東階入門，所以孔子必須面向東來迎接；不但如此，他還「加朝服，拖紳」，非常守禮。

孔子的一舉一動都要合乎禮的規範，有時看似很辛苦，但是社會上每個人都依禮而行，許多事反而變得簡單而合宜。從利益方面來看，有時守禮反而單純。

〈10．20〉

君命召，不俟（ㄙˋ）駕行矣。

國君有命傳召，他不等車駕準備好，就立刻前往。

「行」是指立即動身。大臣接到國君傳喚，本來可以等馬車準備好再出門。但是孔子卻立即出門，讓馬車準備好之後再趕去載他。孔子這麼做，可以節省時間，更表示對國君的敬慎之意。

做大臣者有這樣的心態，表示忠於國家，也忠於國君，表現出深刻的敬意。

〈10．21〉

入大（ㄊㄞˋ）廟，每事問。

孔子進入周公廟，對每一項禮器與擺設都要發問。

本章可參考〈3．15〉。禮儀是非常繁複的，有些因爲年代久遠而模糊了原先的用意。孔子在一一詢問這些禮器與擺設的時候，也可以提醒人們以虔誠的心態去行禮如儀。

〈10・22〉

朋友死，無所歸，曰：「於我殯（ㄅㄧㄣˋ）。」

遇到朋友過世而沒人料理後事，孔子就說：「我來負責喪葬。」

朋友過世而無人料理後事的不幸情況，通常是因爲家道中落或子孫不肖。爲人子女者在父母去世時，看見有人來幫忙，眞是點滴在心頭，那份感恩之情更深刻。這裡正好相反，是人死了卻沒有人管，此時出面幫忙，就全屬義務了。孔子對於喪葬雖是專家，讓他來負責絕對駕輕就熟，但喪事必須要花錢、花時間、花力氣，這時的幫忙就是雪中送炭，只爲成全情義。他是純粹的人文主義者，對人十分尊重，能與孔子這種擁有俠義心腸的人交往，實在是人生一大美事。

〈10・23〉

朋友之饋，雖車馬，非祭肉，不拜。

朋友送的禮，即使是車與馬，只要不是祭肉，孔子也不作揖拜謝。

祭肉則拜，表示尊重朋友的祖先。至於車馬，雖然貴重，而合乎情義，收之可也，不用作揖拜謝，拿來就可以用。

「朋友」有很多種，見面三分情是朋友，幾十年的生死交情也是朋友。在此，孔子說的，自然是眞正能稱得上朋友的人。

譬如，子路「願車馬衣裘，與朋友共敝之而無憾」。人與人之間互相幫忙，無法用物質來衡量，交朋友最主要是志趣相投，像是重信用、輕財物、眞誠正直。但我們必須自己先是這樣的人，才會交到這樣的朋友，所謂「物以類聚」，就是這個道理。假如我們急功近利、一毛不拔，卻希望朋友對我們好，這不是很奇怪嗎？

所以，朋友之間的對待一定是互相的，今天你幫了他，明天換他幫你；他正好有錢，就用金錢來表達鼓勵，這雖不失爲好方法，但精神上的安慰更爲重要。當別人有困難，或是天下人都批評他時，你還繼續支持他，這才是最困難的。就如《呻吟語》一書提到，「爲人辯冤白謗」是第一等事。碰到別人被冤枉時，我們往往事不關已、袖手旁觀，甚至幸災樂禍；此時願意站出來替人將毀謗冤屈說清楚，這就難能可貴了。通常，客觀第三者的話遠比自己的辯護更有效。

不以貧富來衡量朋友的價値

我常說的「朋友」有兩個定義。第一，一起製造回憶的人。人的生命就靠回憶累積起來，雖然不是每一件事都值得回憶，但是有些事，在你的生命裡像一個個明確的里程碑，標誌著你走過的每一段路。能與你一起製造這些回憶的，才算是朋友。

第二，在背後替我辯護的人。就像《呻吟語》提到的一樣，聽到有人批評我，就立刻替我辯護，並不容易，他要有勇氣力排眾議。

人容易嫌貧愛富，對有錢的朋友很客氣，對窮朋友就敬而遠之。這是不對的，不要以窮或富做爲衡量朋友的價值。眞正的好朋友往往在需要的時候才出現，有些朋友平常看起來很窮困，好像沒什麼本事，等你眞有困難時，第一個跑來幫忙的就是他。

人活在世上，一定要有朋友。交朋友必須付出時間、力量、金錢。朋友有難，有時間就要陪他，如果必要時，在精神上和物質上，都要給予支持。

〈10・24〉

寢不尸（ㄕ），居不客。

睡覺的姿勢不拘謹僵臥，平時也不像作客那樣跪坐著。

古代祭祀時，以小孩代替祖先坐在台上，稱爲「尸」，必須保持端正的姿勢，而不是指死屍。「居」是指日常家裡的生活。

睡覺時好像屍體一樣平躺著，對於身體健康不太好，因爲平躺時呼吸不見得會順暢。通常睡覺的姿勢以右側臥最好，因爲人的胃和心臟在左邊，左側臥容易壓到這些器官。

平時家居生活不妨輕鬆些，不必像在外作客一般正襟危坐。這些生活細節可能只是習慣，沒有什麼必然的道理。

〈10・25〉

見齊衰（ㄗ ㄘㄨㄟ）者，雖狎（ㄒㄧㄚˊ）必變。見冕者與瞽者，雖褻必以貌。凶服者式之，式負版者。有盛饌，必變色而作。迅雷風烈，必變。

孔子看見穿孝服的人，雖是平日熟識的，也一定改變態度。看見戴禮帽的與瞎眼的，雖然常常碰面，也一定顯出關切的神色。坐在車上時，看見穿喪服的，即使是販夫走卒，他也身向前傾，手扶橫木，以示心意。作客時，有特別豐盛的菜肴，一定端正神色，站起來向主人致意。遇到急雷狂風，一定改變態度。

「狎」是指親切熟悉，「變」即改變態度。遇到別人家裡有喪事，平常再怎麼熟悉，這時候也要神情嚴肅。狎與褻二字都是代表隨隨便便、不拘小節的互動方式。

「貌」是指露出關切的神色，顯示一種特殊的表情。「式」本是車前的橫木，後來變成動詞，即扳著扶手站起來表示敬意。「負版者」是指販夫走卒。

「有盛饌，必變色而作」，這是孔子的作法，他知道這是對方的心意，要準備這麼多菜，肯定要花不少工夫。

「風烈」是指很大的風，看到迅雷風烈，就要想安全不安全，這是求生的本能。古代的建築不像今天安全，必須分外小心、改變態度準備逃生。

朱熹的天理

南宋的朱熹，對於「迅雷風烈，必變」這一句，在注釋時多寫了「敬天之怒」。朱熹對孔子的「天」原本毫無興趣，他把孔子的「天」全部解釋成「天理」。事實上，天理和天命的差別很大，天理是客觀的規則，天命則蘊含一種信仰的態度。

宋代的哲學家最喜歡說：「存天理，去人欲。」要保存天理（良知），去掉人的欲望。但是，人如果沒有欲望，要如何傳宗接代、發展經濟呢？這是宋代理學家對儒家哲學的錯誤理解，他們沒有掌握到人性向善論。

儒家並不是要我們「存天理，去人欲」，而是要求人首先要眞誠，即「仁」，眞誠才能感覺到內心向善的要求。其次是守禮，禮是行爲的規範，內心再如何要求自己，表現出來都要符合行爲規範。行爲規範是社會大多數人接受的一種善——人與人之間適當關係的實現。仁與禮配合，一個從內在發出來，一個從外在給予明確的規範，人生正途就在這裡。

眞正的哲學家要把學問用在日常生活裡，讓百姓都有路走，亦即可以擇善固執。擇善時內心眞誠，了解對方的期許，配合社會的規範，人人都可以走上人生正途。

朱熹在整本《論語》裡，都以天理來解釋天。此處卻很特別，他認爲孔子是「敬天之怒」，這代表天會生氣。朱熹連天命的說法都不能接受，居然可以把閃電打雷當作天在生氣，這又是他的敗筆，可歸咎於他本身的思想不夠圓融。很多人到現在還沿用朱熹的注解，在這些地方必須仔細分辨。

〈10．26〉

升車，必正立，執綏。車中，不內顧，不疾言，不親指。

上車時，一定端正站好，再抓住扶手帶跨上去。在車中，不向內回顧，不急速說話，不用手指點。

「內顧」，是指東張西望的樣子。「不內顧，不疾言，不親指」裡的三個「不」字，都是防止不禮貌也不恰當的表現。

爲什麼不向內回顧呢？因爲在坐車時，要和別人溝通較爲困難；如果急速說話，用手指點，很容易產生誤會。現代人的駕駛規則之一，是「勿與駕駛員談話」，以免讓他分神而出現危險。這也是出於類似的考慮。

〈10．27〉

色斯舉矣，翔而後集。曰：「山梁雌雉，時哉時哉！」

子路共之，三嗅而作。

人的臉色稍有變化，山雞就飛起來，在空中盤旋之後再聚在一起。孔子說：「山谷中橋梁上的這些母山雞啊，懂得時宜，懂得時宜！」子路向牠們拱拱手，牠們振幾下翅膀又飛走了。

「色」即人的臉色，這裡作動詞用，代表人的臉色發生變化。「舉」就是飛起來。「時哉」即懂得時宜，意指山雞看到情況不對，立即飛走。

動物有一種本能，可以感覺到殺氣，這種本能可以保護自己。孔子說這些母山雞懂得時宜，遇到危險立刻飛起來，等到危機解除再下來，比喻人也應該依時機而行動。

人有理性，卻最不懂得時機，不該說話時說話，不該做事時做事，完全沒有照規則來進行。動物有求生本能，反而懂得如何保護自己，任何反應都能順應時機。人往往會逆天而行，結果當然不好。人生有很多問題，如果未能善用理性的能力，情況只有愈來愈壞，而不會變得更好。理性的潛能需要培養與鍾鍊，否則光是自己胡思亂想，當然於事無補了。

先進篇第十一

〈11．1〉

子曰：「先進於禮樂，野人也；後進於禮樂，君子也。如用之，則吾從先進。」

孔子說：「先學習禮樂再得到官位的，是純樸的一般人；先得到官位再學習禮樂的，是卿大夫的子弟。如果要選用人才，我主張選用先學習再做官的人。」

「先進於禮樂，野人也」，有三種說法。

一、以時代來做爲區分。把「先進」當作比較早的朝代，像商朝。孔子的祖先是商朝的後裔，商朝後裔封在宋。最早的商朝人，文明尚未發達，以禮樂來說，他們是「野人」。「野人」即指沒有受過教育的鄉下人，或是質樸的人。

「後進」是周朝，周朝經過制禮作樂，文明層次比較高，所以周朝人以禮樂而言，屬於「君子」，不再是普通百姓。

這種區分顯然不對，因爲最後一句「如用之，則吾從先進」，選用人才時，怎麼會去想到商朝、周朝呢？

二、以人物及時間來區分。有些人先學到禮樂，有些人後學到禮樂。這個分法無法顧及君子與小人的區分。

三、「先進」與「野人」相提並論，表示由質樸再加以教化。「後進」則是先有官位的貴族子弟，未必保有質樸的性格，能否學好禮樂亦成問題。這是比較合理的解釋，也比較符合當時的情況。

孔子開平民教育之先河，希望平民子弟也能做官，但這些年輕人必須先學習禮樂，才有機會；反觀貴族子弟們，生下來就有官位，然後才學習禮樂。因此「先進」、「後進」是針對學習禮樂的先後，而目的是爲了做官。

先學習禮樂，從純樸的人出發，學習到有成就之後，才能做客觀的考核；如果一生下來就有官位，還會好好學習嗎？因此，孔子選用人才，主張選用先學習禮樂再做官的民間人才。

〈11．2〉

子曰：「從我於陳蔡者，皆不及門也。」

孔子說：「跟隨我在陳國、蔡國之間的學生，與這兩國的君臣都沒有什麼交往。」

本章也有兩種解釋。一是說這些學生都不夠水準，「不及門」表示還沒到門口，尚未學到重要的知識。像子路就被批評爲「登堂而尚未入室」。

古代房子的結構，最裡面的叫「室」，是最深奧的部分；客人來時在「堂」，就是客廳；外面爲庭院，再往外才是大門。要從大門進來，必須先經過庭院，再到客廳，最後到內室，代表思想最精微之處，也就是所謂「登堂入室」。孔子思想「一以貫之」就是他的「室」，也就是最精彩的部分。

二是說這些學生都不在身邊。這也不太可能，畢竟孔子身邊總是圍著一些學生。合理的翻譯是，「不及門」是指沒有交往則不得其門而入。孔子的學生與陳、蔡的君臣沒有交往，所以孔子在這兩地絕糧多日，飽受憂患，境遇可謂悽慘。時値魯哀公六年，孔子六十三歲。後經楚王出兵相助，才化解危機。

如果孔子和弟子們與當地國君有交情，就不會陷入困境了。《孟子·盡心下》上說：「君子之戹於陳、蔡之間，無上下之交也。」這句話可以做爲明證。

〈11·3〉

德行：顏淵、閔子騫、冉伯牛、仲弓。言語：宰我、子貢。政事：冉有、季路。文學：子游、子夏。

德行優良者：顏淵、閔子騫、冉伯牛、仲弓。言語傑出者：宰我、子貢。長於政事者：冉有、季路。熟悉文獻者：子游、子夏。

孔子的學生相當多，這裡就提到了十位。四科十哲以德行爲首，可見孔子的教學主旨。四科由上而下，有優先性與涵蓋性，其次才是各有所長。

德行方面，顏淵是第一名，閔子騫則以孝順聞名。仲弓「可使南面」，表示他可以獨當一面，負責政治上的重要任務，擔任國家的重要領袖。

言語方面，思想通達，見解過人，才能精於言語。可惜，孔門的這一科在後代未受重視。能入言語科者，是一個人學習有了心得，能夠自由表達。

言語科居於第二，說明在孔子的心目中，言語表達很重要。希臘悲劇家歐里庇得斯（Euripides）說：「一個人不能自由表達自己的思想，就是奴隸。」奴隸沒有人身自由，結果就連思想也無法自由表達。

可見，懂得表達非常重要。學習如何把心裡的想法自由表達出來，才是自由人。古代的政治，除了國內政務與事務外，外交事務也很重要。外交當然需要靠言語，但這種言語絕不是要嘴皮子，而是引經據典。孔子說：「不學詩，無以言。」（〈16．13〉）沒有好好學習《詩經》，說話就沒有憑藉。「言之無文，行之不遠」，說出來的話沒有文采，不會流傳很久。因此，凡是爲文、作詩都要經過檢驗，文章雋永者，才能歷久彌新，長期流傳。

孔子重視言語，因爲言爲心聲，如果連話都說不好，怎麼能算受過教育呢？孔子說出來的話總是準確、清楚，能近取譬，這需要不斷的訓練。

言語科裡的第一名是宰我，子貢排名第二。孔子雖然多次責怪宰我，卻並未否定他的才華。最有名的就是〈5．9〉提到的「宰予晝寢」，孔子就說他「朽木不可雕也，糞土之牆不可杇也」。

宰我的智慧表現在他的提問上，他的問題很尖銳，經常讓孔子全神貫注，如臨大敵。子貢說話時善用比喻，時常旁敲側擊去了解，顯得委婉而游刃有餘。

政事方面，以冉有、子路爲代表。冉有也常挨孔子的罵，他的性格比較懦弱，但多才多藝。冉有常常覺得老師的理想太高，自己的力量不夠，只要能混口飯吃就好。對這樣的學生，孔子有點「恨鐵不成鋼」。子路在軍事方面能力很強，在帶兵打仗方面有傑出的表現，但在政治上的智慧不能與冉有相比。

文學方面，以子游、子夏爲代表。文學是指熟悉文獻，與今天所謂的寫文章不同，他們熟悉歷代的書籍文獻資料，而且可以深入加以討論研究。

以上就是孔子列出的四科十哲代表，當然還有一些遺珠未能列出，譬如公西華是外交家，還有子張、曾參等。

學生的能力與志趣不同，學習之後也各有可觀之處。孔子所列的這四科，提醒我們一個優先順序，若能在德行方面下功夫，每一個人都會卓然有成。

〈11．4〉

子曰：「回也，非助我者也，於吾言無所不說（ㄩㄝˋ）。」

孔子說：「回啊，不是幫助我的人，他對我所說的話沒有不滿意的。」

「助」，老師希望學生提問，以便教學相長。但是，本章所論的顏淵，卻是智慧極高又勤於實踐的學生，對孔子的學說可以完全相契，可參考〈2．9〉。

孔子認爲，顏淵要是能多提問，自己才會進一步深思及回應，甚至有所進步。譬如孔子與子夏在〈3．8〉談《詩》「巧笑倩兮，美目盼兮」時，孔子就說啓發他的人就是子夏。他希望學生對他所說的話，要有批判和反省能力，才能使雙方都進步。

顏淵聽到孔子的每一句話都欣然接受，孔子這麼說不是批評，而是對顏淵的另一種稱讚。理由是：一、孔子說的話，顏淵一聽就懂了，自然不用再提問題，或是表示反對。二、顏淵重實踐。反觀宰我，喜歡提問題，給孔子重新思考的空間，但他本身卻未必可以實踐。

〈11．5〉

子曰：「孝哉閔子騫！人不間（ㄐㄢˋ）於其父母昆弟之言。」

孔子說：「閔子騫眞是孝順啊！別人都不質疑他父母兄弟稱讚他的話。」

閔子騫的故事很有名。有一年，冬日嚴寒，父親叫他去拉車，他拉不動，父親就拿皮鞭打他。這一打之下，衣服破了，露出裡面的稻草。父親才發現繼母給自己生的小孩穿棉襖，卻給閔子騫穿內裡只有稻草的衣服，根本無法禦寒。父親一氣之下，正想把後母休掉時，閔子騫立即勸阻：「母在一子寒，母去三子單。」

人與人之間，最重要的是眞情相待，即使剛開始可能產生各種誤會，只要精誠所至，金石也會打開。但我們還是不免半途而廢，古人說得好：「行百里者半九十。」要走一百里路的人，走到九十里時才算一半路程，因爲最難的是後面十里。人活在世界上，往往就是差在最後那一點就前功盡棄，實在很可惜。

這個世界上有恆心、有耐力的人畢竟是少數，當你決定對一個人好時，就要去想是不是要一路到底、無怨無悔。這個「底」不是指眞有底線，而是要看對方的回應。如果你做到底，他還不回應，代表你開始時的判斷錯了。不過人生在世，這種判斷很冒險，有些人甚至是死後才被發現他的好心。

「間」，是指有不同的意見或質疑。像閔子騫這麼孝順，別人都不質疑，可見他孝順的程度讓大家敬佩。

學習道家的孝順

曾有學生問我：「老師，母親節到了，莊子會想到如何孝順父母嗎？」大概因爲道家對於人間的情感比較超越，學生才會有此一問。

莊子認爲孝順有六種，第一種叫敬。看到父母就鞠躬叫尊敬，這比較容易做到。第二種叫愛。愛一定要發自內心，這就比較難。第三種是要忘記父母，也就是不要把父母當成父母，而是把他們視爲朋友，無話不說，這比愛更難。第四種是使父母忘記你是子女，而把你當成最好的朋友，毫無隔閡，這是很難達成的目標。第五種是忘記天下人；第六種是使天下人忘記你在行孝。

父母和子女只是特殊的緣分而已，將來一切都要化成一體，化成一氣。換句話說，看到父母時，不要想著他們是父母，而要想著他們也是別人的子女，他們生了我們，只是因緣巧合，有幸生在同一個家庭裡，爲什麼還要拘謹呢？我們就好像是一個大氣在流轉，大家同爲天地、陰陽的子女。這麼一來，我們和父母就不會有代溝了。

以上是出於《莊子．天運》的看法，可供參考。

〈11・6〉

南容三復〈白圭〉。孔子以其兄之子妻（ㄑㄧˋ）之。

南容一再誦讀《白圭》之詩。孔子把哥哥的女兒嫁給他。

古代的婚姻多是奉父母之命或是媒妁之言，女性的終身是由父母來決定的。孔子的哥哥過世後，哥哥的女兒到了婚嫁的年齡，就由做爲叔叔的孔子負責替她選個好丈夫。

關於南容，我們在〈5・1〉提過：「邦有道，不廢；邦無道，免於刑戮」，就是形容他，可見南容言行謹愼又有判斷能力，是值得託付終身的人。〈白圭〉的解釋可參考〈5．1〉。

《易經．繫辭傳》說：「君子居其室，出其言善，則千里之外應之，況其邇者乎？居其室，出其言不善，則千里之外違之，況其邇者乎？」一個人說話不管有沒有道理，都會有普遍的回應，說話的重要性不是很明顯嗎？

〈11．7〉

季康子問：「弟子孰爲好學？」

孔子對曰：「有顏回者好學，不幸短命死矣。今也則亡（ㄨˊ）。」

季康子問說：「你的學生裡面，誰是愛好學習的？」

孔子回答說：「有一個叫顏回的愛好學習。遺憾的是，他年歲不大，已經死了。現在沒有這樣的學生了。」

在前面的〈6．3〉，魯哀公也問過同樣的問題。孔子用「不遷怒，不貳過」六字做了精確的回答。

因爲魯哀公是國君，孔子的回答比較詳細。季康子畢竟是較年輕的卿大夫，所以孔子的回答只是點到爲止。

〈11．8〉

顏淵死，顏路請子之車（ㄐㄩ）以爲之椁（ㄍㄜˇ）。子曰：「才不才，亦各言其子也。鯉也死，有棺而無椁。吾不徒行，以爲之椁。以吾從大夫之後，不可徒行也。」

顏淵死了，顏路向孔子借車來做運棺的禮車。孔子說：「不管有沒有才能，說起來總是自己的兒子。鯉死時，也是只有棺而沒有禮車。我並未自己步行而把車當禮車。因爲我曾擔任大夫，依禮是不可以步行送葬的。」

顏路是顏淵的父親，名無繇，字路，小孔子六歲，也是孔子的學生。一般人認爲內棺外椁，如果身分較低，家裡窮，則是有棺無椁。對此，我有不同的看法，先說兩種可能性：

第一，顏淵死了，他的父親就向孔子請求，把馬車賣掉，給顏淵做棺材。這麼一來，等於要別人拿錢財來幫助自己安葬兒子。

第二，把「椁」解釋爲馬車，送葬出殯的馬車，用完之後歸還給孔子。這兩種可能，以第二種比較合理。孔子認爲不能違禮，百姓可以走路送葬，做過大夫的，則不能如此。如果椁是指外椁，那麼顏路何不直接向孔子借錢來買，而要讓孔子去變賣馬車呢？顏路又怎麼會有這樣的要求？孔子的兒子比顏淵早死一年，所以把椁譯作「棺材的外棺」，不太合情理。

到現在爲止，很多人還認爲內棺外椁，我的解釋很清楚，「椁」字本來就可以當禮車來解釋，這是有根據的，只是我沒辦法把四百家的注解全部列出來而已。

顏路向孔子借車充當禮車，因爲顏淵家境清寒，沒有馬車；而孔子是做過大夫的人，他的馬車恐怕是顏路認識的人裡面最漂亮的，所以顏路才會動念向他借車。

總之，椁是出殯時的禮車。孔鯉與顏淵的身分都是士，依禮出殯不得用禮車。顏淵死時，孔子七十一歲。前一年，兒子孔鯉去世了。

「才不才，亦各言其子也」，也道出孔子的無奈，孔子這麼傑出，一生苦學有成，但孔鯉卻早死，孔鯉的才華顯然比不上顏淵，所以他才會說出這樣的感嘆。

〈11・9〉

顏淵死。子曰：「噫！天喪予！天喪予！」

顏淵死了。孔子說：「噫！天亡我也，天亡我也。」

顏淵死時，孔子連呼「天亡我也」，他心中早就認定，顏淵是他學術上最理想的繼承人。人的理想很少在活著的時候就可以完全實現，如果理想是人類生命潛能的實現，譬如「向善」到「至善」這樣的理想，就很難在一個人的一生或一個時代完成，需要代代相傳，長期努力。

孔子會說：「天亡我也。」這個「天」代表他信念的基礎。天到底要做什麼？孔子也不知道，他絕不會想到一百多年後會出現孟子，來承繼他的道統。事實上，孟子在很多地方顯然比顏淵表現出更強的活力，「江山代有人才出」，這又是一例。

孔子說過：「後生可畏，焉知來者之不如今也？」（〈9．23〉）要對人的生命潛能永遠抱持希望。「人能弘道，非道弘人」（〈15．29〉），人能去發揚、弘揚人生的理想，但任憑理想再怎麼偉大，也必須靠人來弘揚才行。

耶穌被釘在十字架上時，曾說：「父啊，祢爲什麼捨棄了我？」這說明像孔子、耶穌這樣的人，都有明確的使命感，知道自己的這一生要完成某種任務。但是就人來說，不能了解天意到底是如何安排的。

就人的生命過程來說，死亡就是結束，但也恐怕是另一種新的開始。《聖經》上說：「一粒麥子不落在地裡死了，仍舊是一粒；若是死了，就結出許多子粒來。」麥子必須死了並落土後，才能從那個基礎上長出新果實。人爲什麼要學習謙卑、學習敬畏？就是因爲對命運與死亡無可奈何，所以我們要學會超越。

總之，當天命與人意相違時，孔子也只能感嘆。這種情緒的背後，仍是深刻的信仰，即使不了解天命，也安心接受。

「天」是孔子信仰的對象。孔子認爲人應該「知天命」（〈2．4〉）與「畏天命」（〈16．8〉），若是得罪了天，就無處可以禱告（〈3．13〉），不可欺天（〈9．12〉），否則「天厭之」（〈6．28〉）。

他還認爲：只有天了解他（〈14．35〉），他默認別人所說「天將以夫子爲木鐸」（〈3．24〉），他自己則相信「天生德於予」（〈7．23〉），以及「天之未喪斯文也，匡人其如予何？」（〈9．5〉）因此之故，在顏淵死時，他才會如此感嘆，說：「天喪予！」

〈11．10〉

顏淵死，子哭之慟（ㄊㄨㄥˋ）。從（ㄗㄨㄥˋ）者曰：「子慟矣！」曰：「有慟乎？非夫（ㄈㄨˊ）人之爲慟而誰爲？」

顏淵死了，孔子哭得非常傷心。跟隨在旁的學生說：「老師過度傷心了！」孔子說：「我有過度傷心嗎？我不爲這樣的人過度傷心，又要爲誰過度傷心呢？」

顏淵的死，讓孔子非常傷心，不但爲顏淵而慟，也爲自己的理想無法傳承、爲天下人少了聖賢之才而慟。孔子在傷心欲絕之際，還能思緒清晰的回答問題，並且說得很有道理。

儒家談喜、怒、哀、樂，還沒有發叫做「中」，發出來之後要恰到好處，叫做

「和」。人一定有喜怒哀樂，適當的時候發洩出來，那是一種高度的修養。該發脾氣時就發，這叫正義的憤怒；該要求時就要求，絕不讓步，讓步就沒有原則了。

同時，像「樂而不淫，哀而不傷」（〈3．20〉），就是情感的調節。古人講究的是「發乎情，止乎禮義」。

〈11．11〉

顏淵死，門人欲厚葬之。子曰：「不可。」門人厚葬之。子曰：「回也，視予猶父也，予不得視猶子也。非我也，夫二三子也。」

顏淵死了，同學們想要舉行隆重的葬禮。孔子說：「這樣不可以。」同學們還是舉行了隆重的葬禮。

孔子說：「回啊！你把我看作像父親一樣，我卻不能把你看作像兒子一樣。這件不合禮的事不是我的主意，是你的同學們做的啊！」

顏淵死了，同學對他既尊重又懷念，因此想舉行隆重的葬禮。但是，家貧不應厚葬，否則就有違禮之嫌。

古代的葬禮是社會規範的一種，一定要按照身分和地位來舉辦，厚葬顏淵反而是陷他於不義。但是同學們沒有聽孔子的話，仍然為顏淵舉辦了隆重的葬禮。雖然知道同學們是出於一片好心，卻因而忽略了禮儀，孔子對此也莫可奈何。

古代的師生關係猶如父子關係，孔子與顏淵是典型的例子。蘇格拉底死的時候，他的學生柏拉圖曾說：「老師死了，我們變成無父的孤兒。」柏拉圖也把蘇格拉底當作父親。眞正的父母賜給他肉身，但是老師所給予的卻是精神上的啓蒙，使靈魂或心靈有了父母，人格因此得以成長。老師的責任，由此可以想見。

〈11・12〉

季路問事鬼神。子曰：「未能事人，焉能事鬼？」曰：「敢問死？」曰：「未知生，焉知死？」

子路請教如何服事鬼神。孔子說：「沒有辦法服事活人，怎麼有辦法服事死人？」

子路又問：「膽敢請教死是怎麼回事？」孔子說：「沒有了解生的道理，怎麼會了解死的道理？」

本章的「鬼神」，包括天神、地祇、人鬼等超自然的存在或力量。人應該如何與他們保持適當關係？子路的問題非常重要，而孔子的回答舉重若輕，推源於當下的人類世界，因爲這些問題都與人的生活選擇有關，若沒有人類，一切皆不必談。

子路屬於行動派，聽到好的見解立刻就想實踐，做不到的話，也不太願意聽其他的新道理。所以當他問到「事鬼神」時，孔子說「未能事人，焉能事鬼」，意思是：如果連如何好好服事父母、國君都沒有辦法了，又怎麼懂得如何與死人相處？凡事有本末順序，必須循序漸進，不能捨近求遠。談論鬼神之處，還可參考〈2·24〉、〈6·22〉。

子路不死心，繼續請教死是怎麼回事。針對子路的問題，孔子說「未知生，焉知死」，換句話說，如果了解生，就會知道什麼是死。死可說是生的結束，或是生的轉換。因爲死亡並非經驗的範圍，人只能談論活著的經驗；但是，又不能因爲死亡不是經驗的範圍，就完全不談。對於非經驗的範圍，雖然不能用論證或確知，卻可以採取特定態度，有了態度以後，就可以影響及安排我們的生活，這就是孔子的意思。

先能好好活著，才能面對死亡

孔子當然了解什麼是死亡，有生就有死，死亡是必然的現象。如果把死亡當作結束，那人死之後就一了百了；如果把死亡當作目的的完成，人生就變得有使命，這一生就是來完成某項任務的。

莊子說：「善其生者，乃所以善其死者也。」意即那妥善安排我出生的，也會妥善安排我的死亡。他指的是「道」，把一切交付給道。孔子則將生死歸之於天。

人的生與死是連貫的，個人生命的運作與發展，最後終會結束。孔子所知之死，與生密不可分。只有知道如何生與爲何生，才能明白死的意義。離生而言死，只是妄誕；離死而言生，只是愚蒙。《論語》中，「生」字出現十六次，「死」字出現三十八次，所以孔子不是不知死的道理。

從本章看來，孔子並沒有否定鬼神，也並未說他不了解死亡。試想，如果他不了解，又怎麼可能會說「殺身成仁」（〈15·9〉）、「朝聞道，夕死可矣」（〈4·8〉）呢？沒有人，怎麼會有鬼神？有人的話，就要注意一定是人與人相處，將來和誰都好相處，包括鬼神在內。譬如，對人要眞誠，將來碰到鬼神也要眞誠。像《聊齋誌異》裡的許多故事，人只要眞誠，連鬼神也會被感動。

如果要談人生哲學，教導大家怎麼活著，卻對死亡避而不談，這也是愚笨的作法。無論我們再怎麼努力生存，生命最後還是會結束，對這個結束豈能不加以了解？

然而，了解不代表就可以認識深入，因爲人對終點的認識，只能靠遠遠觀望，或是按照別人死亡的情況來思考，只有當自己慢慢接近時，感覺才會愈來愈清楚。就如有個演講大師上台，主題是戀愛，才說了兩句話就下台了，他說：「沒有戀愛經驗的人，我說得再多，聽了也不會懂；有了戀愛經驗的人，不用聽我說也會懂。」生命過程需要以實際經驗做爲理解的前提，能了解生命，對於死亡又有什麼好擔心的？

〈11·13〉

閔子侍側，誾（ㄧㄣˊ）誾如也；子路，行（ㄏㄤˋ）行如也；冉有、子貢，

侃侃如也。

子樂。曰：「若由也，不得其死然。」

閔子騫站在孔子旁邊，看來正直的樣子；子路，看來剛強的樣子；冉有與子貢，看來和悅的樣子。

孔子很高興。稍後又說：「像由這樣，恐怕將來不得善終。」

孔子的學生，個性不同，其中以子路最讓他操心。子路剛強又好勇，在亂世中恐怕難以免禍。子路後來捲入衛國父子爭位的亂局，不幸遇害，孔子當時七十二歲。所謂「強梁易折」，木頭太剛強容易折斷，人太剛強，不懂得轉圜、直來直往，就難以苟全性命於亂世，子路的慘死，正好應驗了這句話。

〈11．14〉

魯人爲長府。閔子騫曰：「仍舊貫，如之何？何必改作？」

子曰：「夫（ㄈㄨˊ）人不言，言必有中（ㄓㄨㄥˋ）。」

魯國官員準備擴建叫長府的國庫。閔子騫說：「照著原來的規模有什麼不可以呢？爲什麼一定要重新擴建？」

孔子說：「這個人平常不說話，一說話就很中肯。」

「長府」是指魯國國庫，內有財貨兵械。當時魯昭公正與三家大夫之間爭奪權力，閔子騫認為擴建國庫不但勞民傷財，而且將會帶來動亂。

這三家稱作「三桓」，是魯桓公的後代，勢力龐大，而魯君在魯國只有大約四分之一的力量，所以想擴建國庫的財貨兵械，準備將來打仗之用。

閔子騫認為增加武器只會帶來危險，別人會以為你已有能力自我防衛，乾脆「先下手為強」，發動攻擊。孔子對閔子騫的話，表示肯定與讚許。

〈11・15〉

子曰：「由之瑟，奚為於丘之門？」門人不敬子路。子曰：「由也升堂矣，未入於室也。」

孔子說：「由所彈的這種瑟聲，怎麼會出現在我的門下呢？」其他的學生聽了這話就不尊重子路。

孔子說：「由的修養已經登上大廳，還沒有進入深奧的內室而已。」

「瑟」是古代的樂器，常以琴瑟並稱。據說，孔子聽見子路所彈的瑟聲，覺得有北鄙殺伐之聲，不免感慨子路愛好軍事，人文素養卻不足。孔子的學生都要學習音樂，像子路這樣被迫學習彈琴、彈瑟，實在委屈，但又彈得不理想。

其他的學生聽了老師的說法，就不尊重子路了。孔子認爲同學間還是要有倫理規範，就說：「由也升堂矣，未入於室也。」「堂」即正廳，再走進去則是內室，表示抵達最高境界，意思是子路已經不錯了。

孔子希望學生們不要因爲他的一句批評，就否定了子路的一切，影響同學間的合宜關係。子路小孔子九歲，是學生中的大家長，理應得到同學的尊重。

〈11．16〉

子貢問：「師與商也孰賢？」子曰：「師也過，商也不及。」曰：「然則師愈與？」子曰：「過猶不及。」

子貢請教：「師與商兩個人，誰比較傑出？」孔子說：「師的言行過於急進，商則稍嫌不足。」

子貢說：「那麼，師要好一些嗎？」孔子說：「過度與不足同樣不好。」

成語「過猶不及」出自本章。「師」即顓孫師，也就是子張，可參考〈19．16〉；「商」即卜商，子夏，參考〈6．13〉。

子貢向孔子請教子張與子夏的優劣。孔子認為子張比較激進強勢，子夏就比較保守退縮。

子張一表人才，年紀很輕，理想很高，有一點好高騖遠，說起話來都比較堂皇，使同學覺得有些壓力。「然則師愈與」，子貢認為子張個性進取，做事也積極，應該比較好。孔子則不以為然，他認為個性有「過」與「不及」，都需要向中間修正。關於子張和子夏的對比，可參考〈19．3〉。

人的一生往往受制於性格而莫可奈何，知道「過猶不及」，就要設法修正自己，衡量自己是過還是不及，這兩者都不夠理想，就要向中間修正，以合乎中庸之道。

我們的中庸之道，講求的是和諧，有時候難免變成沒有立場，站在中間。西方的中庸之道若以亞里斯多德來說，他認為是兩種極端情感的中間。譬如，一個人不是太粗暴，就是太懦弱，中間的才叫勇敢，亦即既不會太粗暴，也不會太懦弱。

〈11．17〉

季氏富於周公，而求也為之聚斂而附益之。子曰：「非吾徒也。小子鳴鼓而攻之可也。」

季氏的財富超過魯君，而冉求還為他聚集收斂，更增加了他的財富。孔子說：「冉求不是我的同道，同學們可以敲著大鼓去批判他。」

「周公」是指周公後代的魯君。當時魯國由魯君與三家大夫分而有之，其中以季氏獨大，他又增加田賦收入，冉求就是忠於季氏而忽略照顧百姓的人。孔子對他的失望，溢於言表。

冉有是替誰做事就忠於誰，缺乏遠大的眼光或原則。孔子實在看不下去，於是說出「小子鳴鼓而攻之可也」。孔子很少這麼生氣，居然要學生們敲著大鼓去批判冉有。

季氏貪財，冉有就想盡辦法幫他增加稅收、替他賺錢，這當然是不對的。冉有本來應該輔佐季氏，讓他成爲好的政治領袖，這樣魯國才有希望。像冉有這樣，就是「逢君之惡」，即使孔子教導多年也沒用，等冉有一做官，缺點馬上顯露出來，上司做壞事，仍然迎合他，這種罪過實在很大。

可見，人有劣根性，身體有具體的欲望，容易受耳目眩惑，稍微有一點利益或害處，馬上選擇利益。所以小人所了解的是利益，君子所了解的是道義。堅持道義很辛苦，但合乎人性向善的要求，所以雖苦猶樂。

〈11・18〉

柴也愚，參也魯，師也辟（ㄆㄧˋ）**，由也喭**（ㄧㄢˋ）**。**

柴生性愚笨，參生性遲鈍，師生性偏激，由生性魯莽。

本章所提到的四位學生：高柴、曾參、子張、子路，皆就他們的性格而言，側重在天生的氣質與性向。所謂「因材施教」，正是由此展開。孔子的學生原來也是平凡人，但是受過教育之後，使人刮目相看。

柴即高柴，字子羔，孔子學生，小孔子三十歲。高柴的母親過世時，他在三年的守喪期間，天天都哭，「未嘗見齒」，意思是三年之內都不笑；不但如此，他還哭到眼睛流血。父母過世是子女必經的關卡，高柴不知愛惜自己的身體，卻爲此哭到眼睛差點瞎掉，孔子認爲這是愚笨的行爲。

「魯」是指遲鈍，代表反應很慢。但是遲鈍的好處是，會比較老實、用功，像曾參雖然資質駑鈍，卻是把孔子學說傳下去的其中一人。

「辟」即偏激，子張覺得自己有高尚的理想，就不太願意同流合汙，這雖是好事，但有時候容易偏激。「喭」即魯莽，子路這個人好動，聽到老師說什麼，立刻就去做，有時顯得莽撞。

從這四名學生的情況，看得出孔子很了解學生的性格，因而可以因材施教。學生各有性格上的弱點是難免的，事實上，每一個人都有缺點，只不過這四個人各用一個字來說，代表這種弱點實在很明顯。

〈11・19〉

子曰：「回也其庶乎，屢空。賜不受命而貨殖焉，億則屢中。」

孔子說：「回的修養已經差不多了，可是常常窮得一文不名。賜不受官府之命所約束，自行經營生意，猜測漲跌常常準確。」

「屢空」是指空空如也，口袋裡沒有錢。「不受命」，古代的正式商人必須受命於官府，子貢不算這種商人，不屬於「商賈」。司馬遷的《史記》有〈貨殖列傳〉，其中也特別介紹了子貢。因此，不受命與此有關，而非指天命、祿命、教命等。「億」同「臆」，是指猜測，「屢中」即屢次都會猜中。子貢的口才好，人也聰明，他把聰明用在做生意上，當然容易成功。

人的聰明才智可以發揮在不一樣的地方。像古希臘時代有位哲學家叫做泰勒斯（Thales），他本來一天到晚都在談論人生重要的道理。後來有人對他說：「你說的都沒有用，因爲不切實際。」他立刻把這些思想放一邊，開始認眞做生意。結果他做一年，就比別人做十幾年賺的錢還多，從此，沒有人敢再嘲笑他。

有些人認爲儒家講究道義，似乎有反商情節。由本章看來，這根本不是問題。只要手段正當，做生意賺錢有何不可？但是切記不要把賺錢當成人生目的，以致爲了賺錢而不擇手段。

〈11．20〉

子張問善人之道。子曰：「不踐跡，亦不入於室。」

子張請教善人的作風如何。孔子說：「他不會隨俗從眾，但是修養也還沒有抵達最高境界。」

「善人」是指有志爲善的人或行善有成的人。若是領悟了「仁」，才能明白「爲何」行善，就是爲何必須從自我要求到兼善天下，必要時還可犧牲生命。善人未必知仁，光是行善仍有不足。關於善人，可以參考〈7．26〉、〈13．11〉〈13．29〉。「踐跡」就是走在別人走過的路上。「亦不入於室」，善人不會去做壞事，他有自己的路要走，但還沒有抵達最高境界。《論語》裡面談到的君子、善人，通常都是正在進行的狀態。譬如君子是指有志成爲君子的人，而不是已成爲完美的君子。

孔子談到人生問題時，往往是從一種動態的角度來看。人生是不斷選擇和成長的過程。凡立志者就有方向，有方向就會慢慢前進。善人也是一樣，善人是有志於行善或行善有成，而不是已經全善的。領悟了什麼是仁，才能明白爲何應該行善。

很多人從小天性善良又聽話，當父母、老師教他行善，他就好好行善，但是他不知爲什麼要行善，這樣一來，行善的力量就不夠。當碰到困難時，就會有掙扎，不知如何是好。有時行善看來比較吃虧，行惡比較有利，那又爲什麼還要堅持呢？除非他先了解爲什麼要行善，這個力量才能由內而發，變成主動。

所以，我常說，化被動爲主動，就是教育成功的基本原則。無論教育子女或年輕人，剛開始他們都是被動的；等到有一天，他知道自己爲什麼這樣做而主動去做，教育就成功了，也代表這個人成熟，可以獨立了。孔子正是此意。

〈11・21〉

子曰：「論篤是與，君子者乎？色莊者乎？」

孔子說：「言論篤實固然值得肯定，但也要分辨他是言行合一的君子，還是面貌顯得莊重的人？」

「與」即肯定、讚許，「色」即面貌，「莊」即莊重。

有些人在面貌上顯得莊重，但我們要觀察的是他是言行合一的君子，還是只有面貌顯得莊重而已？判斷標準仍以君子爲重。

人的聰明才智或社會經驗豐富了，的確有可能僞裝得很好，尤其有些人善於利用傳播媒體的力量，塑造自己成熟穩重、言行得宜的形象；但私底下卻是鉤心鬥角、言行粗魯，令人失望。

孔子在此提醒我們，察言觀色雖重要，但實踐更爲重要。

〈11・22〉

子路問：「聞斯行諸？」子曰：「有父兄在，如之何其聞斯行之？」

冉有問：「聞斯行諸？」子曰：「聞斯行之。」

公西華曰：「由也問聞斯行諸，子曰：『有父兄在』；求也問聞斯行諸，子曰：『聞斯行之』。赤也惑，敢問。」

子曰：「求也退，故進之；由也兼人，故退之。」

子路請教：「聽到可以做的事，就去做嗎？」孔子說：「父親與哥哥還在，怎麼能聽到可以做的事就去做呢？」

冉有請教：「聽到可以做的事就去做嗎？」孔子說：「聽到可以做的事就去做。」

公西華說：「當由請教聽到可以做的事就去做嗎，老師說：『父親與哥哥還在』；當求請教聽到可以做的事就去做嗎，老師說：『聽到可以做的事就去做』。我覺得有些困惑，冒昧來請教。」

孔子說：「求做事比較退縮，所以我鼓勵他邁進；由做事勇往直前，所以我讓他保守些。」

本章是非常具體的生活和學習經驗。孔子對於兩個學生來問同樣的問題，給的答案卻正好相反，這是根據學生的性格差異而來，因此沒什麼可疑惑的。關於冉有的性格，可參考〈3．6〉、〈6．12〉；子路的性格可參考〈5．6〉、〈11．18〉。

「聞斯行諸」，是指聽到可以做的事；「可以」不是指合義合禮之事，而是指可以選擇做或不做的事，如賑窮救災，必須量力而爲。

本章是因材施教的典型例子。一進一退之間，學生終身受益。

〈11・23〉

子畏於匡，顏淵後。子曰：「吾以女（ㄖㄨˇ）爲死矣。」曰：「子在，回何敢死？」

孔子被匡城的群衆所圍困，顏淵後來才趕到。孔子說：「我以爲你遇害了呢。」顏淵說：「老師活著，回怎麼敢死呢？」

本章記錄了孔子和顏淵師生間幽默的對話，也可以看出他們之間的深厚情感。關於「何敢死」，古代的觀念中，父母健在時，子女不輕易冒險，更不必談先死了。顏淵視孔子如父親，所以會這樣說。若老師有了不幸，則師仇亦不共戴天，將求伸張正義，死而無悔。

關於「子畏於匡」一事，還可參考〈9・5〉。

〈11・24〉

季子然問：「仲由、冉求可謂大臣與？」子曰：「吾以子爲異之問，曾由與求之問。所謂大臣者，以道事君，不可則止。今由與求也，可謂具臣矣。」曰：「然則從之者與？」

子曰：「弑父與君，亦不從也。」

季子然請教：「仲由與冉求可以稱得上是大臣嗎？」

孔子說：「我以爲你要問別的事，原來是問由與求。所謂大臣，是以正道來服事君主，行不通就辭職。現在由與求二人，只可以說是稱職的臣子。」

季子然說：「那麼，他們唯命是從嗎？」

孔子說：「遇到長官殺父親與殺君主的事，他們也不會順從的。」

季子然是季氏子弟。冉有和子路同在季氏手下服務，一個當總管，一個負責軍事。對於季子然的問題，孔子以「可謂具臣矣」對之。他認爲子路與冉有都是稱職的臣子，可以盡忠職守。

所謂的「具臣」，是指專業的臣子，可以盡忠職守；觀諸今天的政治，「具臣」很多，但「大臣」卻很少見。「大」字是代表人格的成就，表現出來，就是「以道事君，不可則止」，亦即以正當的道理相處，行不通就自動辭職不幹。這樣的人對國君來說是制衡的力量，使國君不敢爲所欲爲，如此才是大臣風範。

孔子非常公平的評價自己的學生，認爲他們都具備了專業能力，冉有多才多藝，可以幫助收稅；子路行動勇敢，可以練兵打仗，雖然他們都還不夠資格做爲「大臣」，但是他們仍然保有原則，譬如「弑父與君，亦不從也」，因爲當時就有很多這樣的例子。

〈11・25〉

子路使子羔爲費宰。子曰：「賊夫人之子。」子路曰：「有民人焉，有社稷焉，何必讀書，然後爲學？」子曰：「是故惡夫佞者。」

子路安排子羔擔任費縣縣長。孔子說：「你這樣做，害了這個年輕人。」子路說：「有百姓與各級官員，也有土地與五穀，爲什麼一定要讀書才算是求學呢？」孔子說：「這就是我討厭能言善辯者的緣故。」

子路安排子羔擔任費縣縣長，孔子認爲是害了子羔。「賊」是指傷害。子路認爲，未必一定要讀書才算是求學，在生活經驗裡也可以磨練。雖然爲學本來不限於讀書，子路的說法並沒有錯，但是不讀書或讀書未成，就貿然投入實際政事，所學的不僅有限，而且可能會付出不少犯錯的代價。

孔子當然不同意這種看法，於是回了「是故惡夫佞者」，等於給子路當頭一棒。

服人之口，未必能服人之心

子路不善言詞，在此卻說出一番道理，結果引來孔子的教訓。要讓別人無話可說，其實不難；但是，能服人之口，不一定能服人之心。很多事不能光說不練，還必須去實踐才行。即使你能說得過天下人，活著還是不踏實。

人的生命充滿奧妙，知與行不能脫節太遠。追求知識的時候，一定要記得，要不斷地把所知道的付諸實踐，看看是否眞能在生命中起作用；否則，知道得愈多，也只是在知識裡打轉，面對生命的難題，仍是束手無策。

有些人討厭知識份子，就是因爲他們與日常生活完全脫節，正所謂「行不顧言，言不顧行」，言行不一，擁有再多的知識也沒有用。

〈11・26〉

子路、曾皙、冉有、公西華侍坐。

子曰：「以吾一日長（ㄓㄤˇ）乎爾，毋吾以也。居則曰：『不吾知也！』如或知爾，則何以哉？」

子路率爾而對曰：「千乘之國，攝乎大國之間，加之以師旅，因之以饑饉；由也爲之，比（ㄅㄧˋ）及三年，可使有勇，且知方也。」

夫子哂（ㄕㄣˇ）之。

「求！爾何如？」

對曰：「方六七十，如五六十，求也爲之，比及三年，可使足民。如其禮樂，以俟君子。」

「赤！爾何如？」

對曰：「非曰能之，願學焉。宗廟之事，如會同，端章甫，願爲小相焉。」

「點！爾何如？」

鼓瑟希，鏗（ㄎㄥ）爾，舍瑟而作，對曰：「異乎三子者之撰。」

子曰：「何傷乎？亦各言其志也。」

曰：「莫（ㄇㄨˋ）春者，春服既成，冠者五六人，童子六七人，浴乎沂（ㄧˊ），風乎舞雩（ㄩˊ），詠而歸。」

夫子喟然嘆曰：「吾與點也！」

三子者出，曾皙後。曾皙曰：「夫三子者之言何如？」

子曰：「亦各言其志也已矣。」

曰：「夫子何哂由也？」

曰：「爲國以禮，其言不讓，是故哂之。」

「唯求則非邦也與？」

「安見方六七十，如五六十，而非邦也者？」

「唯赤則非邦也與？」

「宗廟會同，非諸侯而何？赤也爲之小，孰能爲之大？」

子路、曾皙、冉有、公西華在旁邊坐著。

孔子說：「我比你們虛長幾歲，希望你們不要因此覺得拘謹。平日你們常說：『沒有人了解我！』如果有人了解你們，又要怎麼做呢？」

子路立刻回答說：「一千輛兵車的國家，夾處在幾個大國之間，外面有軍隊侵犯，國內又碰上饑荒；如果讓我來治理，只要三年，就可以使百姓變得勇敢，並且明白道理。」

孔子聽了微微一笑。

接著問：「求！你怎麼樣？」

冉有回答說：「縱橫有六、七十里或五、六十里的地方，如果讓我來治理，只要三年，就可以使百姓富足。至於禮樂教化，則須等待高明的君子了。」

再問：「赤！你怎麼樣？」

公西華回答說：「我不敢說自己可以做到，只是想要這樣學習：宗廟祭祀或者國際盟會，我願意穿禮服戴禮帽，擔任一個小司儀。」

又問：「點！你怎麼樣？」

曾皙彈瑟的聲音漸稀，然後鏗的一聲，把瑟推開，站起來回答：「我與三位同學的說法有所不同。」

孔子說：「有什麼妨礙呢？各人說出自己的志向罷了。」

曾皙說：「暮春三月時，春天的衣服早就穿上了，我陪同五、六個成年人，六、七個小孩子，到沂水邊洗洗澡，在舞雩台上吹吹風，然後一路唱著歌回家。」

孔子聽了讚嘆一聲，說：「我欣賞點的志向啊！」

三位同學離開了房間，曾皙留在後面。曾皙說：「那麼三位同學的話怎麼樣？」

孔子說：「各人說出自己的志向罷了。」

曾晳接著問：「老師爲什麼對由的話要微笑呢？」

孔子說：「治理國家要靠禮，他的話卻毫不謙讓，所以笑笑他。」

曾晳再問：「難道求所講的不是指國家嗎？」

孔子說：「怎麼看出縱橫六、七十里或五、六十里的地方不是國家呢？」

曾晳又問：「難道赤所講的不是指國家嗎？」

孔子說：「有宗廟祭祀的國際盟會，不是諸侯之國又是什麼？赤如果只做個小司儀，誰又能做大司儀呢？」

曾晳即曾點，字子晳，與其子曾參皆爲孔子的學生。他的志向是要配合天時（暮春）、地利（沂水、舞雩台）、人和（冠者五六人、童子六七人），由此自得其樂，隨遇而安。孔子欣賞他的志向，顯示了儒家在深刻的入世情懷中，也有瀟灑自在的意趣。

「不吾知也」，人往往覺得別人不了解自己，孔子因此詢問四個學生的志向。子路的志向是治理千乘之國，帶兵作戰。「哂」即微微一笑。孔子的這個表情也被學生記下來，這說明他平常不苟言笑。別的學生，大概看到孔子這麼一笑，就不敢亂說話了。接著，孔子點名冉有談志向。

冉有對於經濟很在行，由他治理可以使百姓富足，但他把禮樂教化一事，交由等待其他的高明君子。公西華的志向是擔任祭祀及外交儀式的小司儀，這也是根據他的長處來說的。

不受限於外在條件，就會自在快樂

曾皙有點與衆不同，別人談志向時，他卻在彈瑟，而且他的說法比較其他人可謂大異其趣。曾皙的志向一說完，孔子表示很欣賞，原因可能有：

第一，配合時間，時序正好是暮春三月（天時）；第二，五、六個大人帶著六、七個小孩，去郊外踏青（人和）；第三，住的地方靠近沂水，而舞雩台是祈雨之處，平常沒有舉行儀式時，就變成觀光景點，大家在那裡休閒（地利）。

這個志向的最大特色在於，他活在世上能配合天時、人和，再加上地利，所以可以不受外在條件的限制。不管有沒有從政的機會，都可以自得其樂。

人的志向是要投入社會，特別是儒家，因爲善是我與別人之間適當關係的實現；如果沒有機會做官，志向豈不是落空了嗎？前面三個學生都提到具體的社會成就，把它當作志向，這固然很好；但只達到孔子所教的一種層面；而曾皙可以體會到，即使沒有達成自己的志向，照樣可以配合天時、地利、人和，隨時隨地都可以快樂，夫復何求？

由此可知，曾皙的境界，的確很了不起。很多後代學者提到這一段時，大都加以稱讚。朱熹說：「曾點之學，蓋有以見夫人欲盡處，天理流行，隨處充滿，無稍欠缺。故其動靜之際，從容如此。而其言志，則又不過即其所居之位，樂其日用之常，初無舍己爲人之意，而其胸次悠然，直與天地萬物上下同流，各得其所之妙，隱然自見於言外。」意即人欲到了最後全部都消解了，到處都是天理，或動或靜，從容大方。

孔子很少在學生講完志向後，直接讚嘆一聲的。其他三個同學一看，心裡大概不是滋味，就離開了教室。曾晳留在後面，還想問個究竟，「夫三子者之言何如」，可見其心態。

孔子的回答很含蓄，他不想助長學生的驕氣。但曾晳想打破砂鍋問到底，孔子就很簡略地說，子路毫不謙讓，所以笑笑他；冉有做官沒有問題；公西華的才能何止做一個小司儀而已。

曾晳的生活如同道家的隱士，不屑與別人同流合汙，孔子基本上欣賞這種典型，因爲他的志向顯示自由的生命情調，不受任何限制。如果志向被別人限制，就是身不由己；身處亂世，就必須自己設法配合天時、人和、地利，讓自己快樂，這當然是人生的美妙境界。

顏淵篇第十二

〈12・1〉

顏淵問仁。子曰：「克己復禮爲仁。一日克己復禮，天下歸仁焉。爲仁由己，而由人乎哉？」

顏淵曰：「請問其目。」

子曰：「非禮勿視，非禮勿聽，非禮勿言，非禮勿動。」

顏淵曰：「回雖不敏，請事斯語矣。」

顏淵請教如何行仁。孔子說：「能夠自己做主去實踐禮的要求，就是人生正途。不論任何時候，只要能夠自己做主去實踐禮的要求，天下人都會肯定你是走在人生正途上。走上人生正途是完全靠自己的，難道還能靠別人嗎？」

顏淵說：「希望指點一些具體作法。」

孔子說：「不合乎禮的不去看，不合乎禮的不去聽，不合乎禮的不去說，不合乎禮的不去做。」

顏淵說：「我雖然不夠聰明，也要努力做到這些話。」

我曾提過，《論語》裡面的內容可以分成四個等級，其中最重要的是孔子說的話，其次是孔子與最好的學生說的話，再來是孔子和一般學生說的話，最後才是學生自己說的話。「顏淵問仁」，「仁」是孔子「一以貫之」的核心理念，由顏淵來問，那眞是不得了。本章可以找到孔子思想的精髓，可惜很多人認爲這段話很普通。

「仁」即行仁，是動名詞。在學生心目中，只知道行仁很重要，但不明白「行仁」所指的就是人生正途，所以經常向孔子請教，這種人生正途又與擇善固執有關。孔子的回答正是指點個別學生如何擇善，因而沒有標準答案。

「克己復禮爲仁」，這句話的解釋歷來有分歧。一般的翻譯是：「克制自己的欲望，然後去遵守禮的規範，就是行仁。」這個譯法有很大的問題。

如果把克己復禮分成兩件事，那麼「仁」和「己」有沒有關係呢？要「克己」，代表自己是壞的；要「復禮」，代表禮是好的，如果這就是「仁」，孔子的思想根本就沒有任何創造性。因爲禮是周公之禮，又不是孔子發明的。那麼，人活在世上不就是復古嗎？只要把古代的禮掌握住就可以了，何必多此一舉要談「仁」呢？

另一種解釋是：有人把「克」改成「修」，「克己」就是「修身」，或說是「約身」，「復」是實踐。這種解釋法還是不妥當，我的理解是：這句話是孔子思想的關鍵，如果分成兩半，就變成一個難題，代表人性是惡的，本身有問題，才需要來克己或約束，這與孔子在其他地方表達對人性的理解，顯然有差距。

我認爲「克己復禮」不能分成兩段來說，而是一氣呵成，否則，「己」與「禮」互相對立，難免淪於性惡之說或以禮爲外加於人的觀點。應該把「克」解釋爲能夠，這種譯法在古代也有根據，如《大學》中引述的「克明俊德」，意即「能夠」昭明你那高尚的德行。

自覺而自願實踐禮的要求

這麼一來，「克己復禮」的意思是：人應該自覺而自願，自主而自動，去實踐禮的要求；禮的規範是群體的秩序與和諧所不可或缺的；個人與群體的緊張關係在此化解於無形，使「仁」字「從人從二」的感通意義充分實現，然後天下人自然肯定你是走在人生正途上了。

這四個字的類似說法，還有〈5．15〉的「行己也恭」，〈13．20〉的「行己有恥」，〈15．5〉的「恭己正南面」。

「爲仁由己」和「克己復禮」在同一句話中出現，兩者不可能存在意義的矛盾。假如說「克己復禮」是克制自己，那麼「爲仁由己」的「己」不是有問題的「己」嗎？如果前面說要「克制」，後面說要「順著」，豈不是互相矛盾？因此，我推論這兩個「己」的意思應該都一樣。即「爲仁由己」，要把「克己」的意思明顯說出來。孔子給顏淵的回答，簡而言之就是化被動爲主動，這也是判斷人格是否成熟的關鍵。

壓力只是被動的力量

被動是指做一件事是因爲外在的壓力所造成的。譬如，搭公車時遇到有殘疾或是年長者卻不讓座，就會感覺到一股外在的壓力；又如開車遇到紅燈就停下來，大部分也是出於擔心違規受罰而被動去做的。

如果哪一天這些被動的條件消失，就無法化被動爲主動了。人的行爲只有在化被動爲主動的時候，才有道德價值。

何謂道德價值呢？譬如，對朋友講信用，就變成有信用的人；但若守信用是出於害怕不守信用而被責怪，這就是被動的。相反的，若人格成熟，一諾千金，言出必行，面對再嚴苛的情況，即使沒人知道，都會自動守信用。

這是從內心對於信用的尊重，言出必行，也是對自我人格的期許。做到之後，所作所爲就會屬於自身人格的特質，給自己帶來更強烈的自信。因爲人性是自我要求的力量，不斷去做，內在的自己就會覺得非常踏實。

如果做好事是出於別人的要求，那麼「做這件事」就變成工具，希望博得別人的稱讚。如果做一件事是自己要求做的，這件事情就是目的，別人稱不稱讚都沒關係。這個目的回到自己身上，就會像孟子所說的「集義」，久而久之就生出浩然之氣。

人的主動性是行仁的關鍵

只有主動去做該做的事時，我們的內心才會自我肯定，滿足了對自己的要求，外面的效果如何就變得不重要了。換句話說，不管外在發生任何情況，沒有人可以奪走內心的快樂。

孔子和顏淵之所以快樂，就在於能化被動爲主動，自己願意去做該做的事，是出於義務，而不是爲了符合義務。

「天下歸仁焉」，是因爲自己作主實現禮的要求。「爲仁由己，而由人乎哉」，「克己」與「由己」並觀，更顯示人的主動性是行仁的關鍵。

顏淵聽了這個答案，就想知道該如何做，孔子給了四個答案：非禮勿視，非禮勿聽，非禮勿言，非禮勿動。

所謂實踐禮的要求，在具體的作法上必須先求以上「四勿」，猶如在固定的航道上，人生之行才可一帆風順。中國人後來把這「四勿」，變成生活上的信仰，並付諸實踐。即使是化被動爲主動，所做之事還是要與禮配合，不可以隨便行事。像孔子「七十而從心所欲不踰矩」，就是化被動爲主動的體現。

〈12・2〉

仲弓問仁。子曰：「出門如見大賓，使民如承大祭。己所不欲，勿施於人。在邦無怨，在家無怨。」仲弓曰：「雍雖不敏，請事斯語矣。」

仲弓請教如何行仁。孔子說：「走出家門，像是去接待重要賓客；使喚百姓，像是去承辦重要祭典。自己不喜歡的，不要加在別人身上。在諸侯之國服務，沒有人抱怨；在大夫之家服務，也沒有人抱怨。」

仲弓說：「我雖然不夠聰明，也要努力做到這些話。」

仲弓是孔子的學生，名列德行科的第四名。仲弓請教如何行仁，孔子所說的三小段話，其含義分別是：

一、「出門如見大賓，使民如承大祭」，說明與人交往要存敬守禮；二、「己所不欲，勿施於人」，亦見於〈15．24〉，這是孔子有名的格言，說明要以恕道增益人間情義；三、「在邦無怨，在家無怨」，說明要由無私促成群體和諧。一步比一步高，這正是「仁」的明確標竿。

千萬不要小看這三點，第一層比較具體，與任何人交往都要「存敬」，內心要保持尊敬；「守禮」，遵守外在的禮節。第二層能「己所不欲，勿施於人」時，自然就可以表現出人與人之間的溫情，不喜歡的事就不會加在別人身上。第三層促成群體和諧，一生無怨無悔，代表有很寬厚的心胸，可以用一種無私的情懷與別人來往。

〈12．3〉

司馬牛問仁。子曰：「仁者，其言也訒（ㄖㄣˋ）。」曰：「其言也訒，斯謂之仁已乎？」子曰：「爲之難，言之得無訒乎！」

司馬牛請教如何行仁。孔子說：「行仁的人，說話非常謹慎。」

司馬牛再問：「說話非常謹慎，就可以稱得上是行仁了嗎？」孔子說：「這是很難做到的，一般人說話做不到非常謹慎的！」

「訒」是指說話非常謹慎。孔子的回答或許是針對司馬牛「多言而躁」的毛病，爲他指點一條人生正途。不過，從「剛、毅、木、訥，近仁」（〈13・27〉）看來，這也可以說是孔子的基本觀點：行仁的人不輕易說話，卻敏於實踐。

司馬牛的毛病就是話很多，脾氣又暴躁。針對這個學生的缺點，要求他說話謹慎就夠了。孔子在教育上採取因材施教，絕不會隨便應付學生，他回答問題非常直接。只可惜司馬牛沒有自知之明，對孔子的回答顯然不甚滿意，無法進一步領會孔子的深義，可見司馬牛並沒有注意到自己的缺點。

〈12・4〉

司馬牛問君子。子曰：「君子不憂不懼。」曰：「不憂不懼，斯謂之君子已乎？」子曰：「內省不疚，夫（ㄈㄨˊ）何憂何懼？」

司馬牛請教怎樣才是君子。孔子說：「君子不憂愁也不恐懼。」

司馬牛再問：「不憂愁也不恐懼，這樣就可以稱得上是君子嗎？」孔子說：「要能自己反省而沒有任何愧疚，這樣又憂愁什麼與恐懼什麼？」

從這兩段話裡，可以看出司馬牛眞是「多言而躁」。

「內省不疚」即問心無愧，這是不憂不懼的前提。要做到這一點，談何容易！司馬牛未及深思就以爲很容易，眞是個難教的學生。

我們活在世上，總覺得對不起很多人，譬如以前有恩於我們的人，無論是父母、老師，不見得都能及時報答，往往是「樹欲靜而風不止，子欲養而親不待」。

要做到「內省不疚」的最好方法，就是每天設法自我反省，如果心有愧疚，第二天就趕快彌補。從現在開始，做任何事，與任何人來往，一事歸一事，避免將來的恩怨太複雜。

耶穌說：「太陽下山前，平息心中的憤怒。」這就說明一天的事歸一天，不要拖延到明天。更何況「一天的苦夠一天受了」，這樣才可以每天消化心中的負面情緒，明天又是全新的開始。

「不憂不懼」也不容易做到，「知者不惑，仁者不憂，勇者不懼」（〈9．29〉），必須具備仁者與勇者的智慧，可見司馬牛的追問並不恰當。

〈12．5〉

司馬牛憂曰：「人皆有兄弟，我獨亡（ㄨˊ）。」

子夏曰：「商聞之矣：『死生有命，富貴在天。君子敬而無失，與人恭而有禮。四海之內皆兄弟也。』君子何患乎無兄弟也？」

司馬牛很憂愁，說：「別人都有兄弟，就是我沒有。」

子夏說：「我聽到的說法是：『死生各有命運，富貴由天安排。君子態度認眞而言行沒有差錯，對人謙恭而往來合乎禮節，那麼四海之內的人都可以稱兄道弟。』君子又何必擔心沒有兄弟呢？」

「人皆有兄弟，我獨亡」，有兩種說法：一是司馬牛是獨生子，眞的沒有兄弟；二是他有兄弟，叫做桓魋，桓魋的名聲很不好，司馬牛與他沒有來往，所以才會有此感嘆。

「四海之內皆兄弟也」一語，就是出自這裡。子夏的回答，應該是引述孔子的說法。命與天，在此是就人的遭遇而言，屬於命運範圍。關於命，還可參考〈6．10〉。接下去談的君子，則屬於個人可以自行抉擇的使命了。

「生死有命」，是說人有生老病死，是很平常的說法；而一說「死生有命」，死就成爲人最重大的命運。人活在世上最後一定會死，但不知什麼時候會死，所以說「死生有命」，代表死由命來安排。

「富貴在天」，有些人努力而無成就，有些人卻有富貴命，所以要懂得安排自己現在的生活。「敬」是態度認眞，言行無差錯。「恭」是對人謙恭，往來合乎禮節。「四海之內」是指天下人。天下人都如此，乃因人性向善，對「敬」與「恭」都有正面回應。可參考〈13．4〉。

本章可以做爲我們行爲的規範。君子不卑不亢，久而久之，別人就會覺得他是值得尊敬的朋友。譬如在陌生的環境裡，和新的朋友來往時，一定要把「敬而無失，與人恭而有禮，四海之內皆兄弟也」這句話放在心上。

〈12・6〉

子張問明。子曰：「浸潤之譖（ㄗㄣˋ），膚受之愬（ㄙㄨˋ），不行焉，可謂明也已矣。浸潤之譖，膚受之愬，不行焉，可謂遠也已矣。」

子張請教明見的道理。孔子說：「日積月累的讒言與急迫切身的毀謗，在你這裡都行不通，你可以說是有明見了。日積月累的讒言與急迫切身的毀謗，在你這裡都行不通，你可以說是有遠見了。」

「明」即明見，看得明白，不會被遮蔽。明與遠並論，大概是為了解說《書經．太甲》的「視遠唯明」一語。

來說是非者，便是是非人

「浸潤之譖」是指日積月累的讒言。若身邊有人日積月累地說讒言，很少人能不受影響；尤其像政治領袖，如果有人天天在他身邊搬弄是非，聽久了也會積非成是。

「膚受之愬」是指急迫切身的毀謗。君子的修養再好，也許可以無視有人每天與他說什麼壞話；但若忽然間有人對他毀謗，他恐怕立刻就會暴跳如雷。

孔子認爲如果「浸潤之譖，膚受之愬」，在子張這裡都行不通，表示子張有遠見。不過這眞是難以做到，我們要以此做爲平常待人接物的原則。一聽到「膚受之愬」，就要讓它行不通，這些人就不會再來說了。

俗語云：「來說是非者，便是是非人。」別人在背後搬弄是非，代表見不得光。不要把它當一回事，不妨當作風吹過來所形成的波動。謠言止於智者，有自己的生活方向，又爲什麼要受干擾呢？

儘量剔除掉生活裡不必要之物，如此一來才能變得單純，更容易朝著目標前進。就好像一顆樹在成長時，枝幹和葉子長得太茂盛，如果不經修剪，就不容易長高；好好修剪的話，它就會漸漸長得又高又直。人生一定要好好把握自己的時間，時間就是生命，不要輕易浪費了，所以常常要在這方面「節儉」，約束自己使用時間的方法。

譬如對我來說，別人怎麼在背後批評我，我根本不想知道，每天讀書、寫作、上課都已不及，哪還有心思去管別人怎麼說呢？回顧我的成長過程，一路走來，沒有什麼人值得我去憎恨的。生活中有很多「敵人」，如果我們不去管他，繼續往前走，走到最後就會發現，這些「敵人」都不見了，再也構不成傷害。

〈12・7〉

子貢問政。子曰：「足食，足兵，民信之矣。」

子貢曰：「必不得已而去，於斯三者何先？」曰：「去兵。」子貢曰：「必不得已而去，於斯二者何先？」曰：「去食。自古皆有死，民無信不立。」

子貢請教政治的作法。孔子說：「使糧食充足，使軍備充足，使百姓信賴政府。」

子貢再問：「如果迫不得已要去掉一項，先去掉這三項中的哪一項？」孔子說：「去掉軍備。」

子貢又問：「如果迫不得已還要去掉一項，先去掉這兩項中的哪一項？」孔子說：「去掉糧食。自古以來，人總難免一死，但是百姓若不信賴政府，國家就無法存在了。」

子貢問政，孔子提到三點，即「足食」、「足兵」、「民信之」。「足食」是經濟面，民以食爲天，讓百姓都有飯吃；若沒有飯吃，根本不能活，還談什麼呢？「足兵」，軍備充足，古代各國紛爭很多，如果沒有堅強的武力做爲後盾，難免亡國；「民信之」，這個顯然更重要，是國家的根本。

如果要捨棄這三項當中的一項，應該是哪一項呢？孔子認爲首先是「去兵」，沒有軍備，沒有國防武力，百姓至少還可以活下去。但是如果百姓沒有飯吃，就無法活下去了。

子貢再繼續問，如果還要去掉一項，該是哪一項呢？孔子認爲「去食」。孔子的理由是：人難免一死，但是百姓不能信賴政府，國家即使存在也很悲慘。

如果現在出現選擇，要從容就義，還是苟延殘喘地活下來？那就要看生活的處境。如果是活在一個人與人之間不能信賴，與政府之間不能信賴，政府也不能信賴人民的環境中，大家互相猜忌，社會動盪不安。那麼寧可選擇死，在沒有信賴的社會中，不啻是人間煉獄，生不如死。

「自古皆有死，民無信不立」可謂千古名言。人與人之間、政府與百姓之間互相信賴，才能使人間的秩序維持一定的標準。否則，大家活著，爾虞我詐、鉤心鬥角，一點快樂都沒有，還奢談什麼生活的品質呢？

由此可知，孔子的價值觀，最不重視的是軍備，因爲軍備可多可少。其次可以忽略的是食物，而最重要的是信賴政府，百姓不信賴政府，國家就不能存在了；亦即人不只是爲了活著而已，還需要活著而有尊嚴，這是出自人的自由抉擇，合乎人性的特色。可參考〈13・9〉的「庶之、富之、教之」。

〈12・8〉

棘（ㄐㄧˊ）子成曰：「君子質而已矣，何以文爲？」

子貢曰：「惜乎，夫子之說君子也！駟不及舌。文猶質也，質猶文也。虎豹之鞟（ㄎㄨㄛˋ）猶犬羊之鞟。」

棘子成說：「君子只要有質樸就夠了，要文飾做什麼呢？」

子貢說：「先生這樣談論君子，令人感到遺憾！須知一言既出，駟馬難追。如果文飾就像質樸一樣，質樸也像文飾一樣，那麼去掉文飾的話，虎豹的皮就像犬羊的皮一樣了。」

棘子成是衛國大夫，古代對大夫可稱夫子。子貢的評論是基於孔子「文質彬彬」（〈6・18〉）的觀點，可惜他的話有些憤世嫉俗，說得太偏激。

棘子成認爲君子只要質樸就夠了，不必加以文飾。子貢的反駁很有趣，他用了兩個比喻。其一，「駟不及舌」，馬跑得再快，沒有說話快，也就是我們常說的「一言既出，駟馬難追」。其二，「虎豹之鞟猶犬羊之鞟」，如果去掉文飾的話，虎豹的皮就像犬羊的皮一樣。

這說明人活在世界上，質樸方面可以很接近，但文飾是後天的，包括說話內容和表達方式。正如虎豹之所以爲虎豹，是因爲皮毛色彩斑斕。如果把老虎皮上面的毛去掉，光禿禿的與狗羊的皮又有何異？誰還會想要呢？人活在世界上，除了純樸之外，還需要文飾，要通過學習與理解來做到。言之無文，行之不遠，正是此理。

〈12・9〉

哀公問於有若曰：「年饑，用不足，如之何？」有若對曰：「盍

（ㄔㄜˋ）徹乎？」曰：「二，吾猶不足，如之何其徹也？」對曰：「百姓足，君孰與不足？百姓不足，君孰與足？」

哀公問有若：「今年收成不好，國家財用不夠，要怎麼辦呢？」有若回答說：「爲什麼不實行抽稅十分之一的辦法呢？」

哀公說：「抽稅十分之二，我都還嫌不夠用，怎麼能抽稅十分之一呢？」有若回答說：「百姓夠用的話，您怎麼會不夠用？百姓不夠用的話，您又怎麼會夠用？」

在《論語》中，有若常稱有子。他說話的口氣有些像孔子。魯哀公的問題攸關自身利益，有若回答得非常好，即「藏富於民」，這四個字也是中國古代的理想政治。百姓有錢了，國君自然就有錢；百姓生活窮困，即使國君有錢也沒有用，說不定國家反而因此招致大亂。所以藏富於民是最好的辦法。

〈12．10〉

子張問崇德辨惑。

子曰：「主忠信，徙義，崇德也。愛之欲其生，惡（ㄨˋ）之欲其死，

既欲其生又欲其死，是惑也。」

子張請教如何增進德行與辨別迷惑。

孔子說：「以忠誠信實爲原則，認眞實踐該做的事，這樣就能增進德行。喜愛一個人，希望他活久一些；厭惡他時，又希望他早些死去；既要他生，又要他死，這樣就是迷惑。」

「崇德」即增進德行，代表行爲方面；「辨惑」即辨別迷惑，代表理性方面。如何崇德呢？以忠誠和信實爲原則，做該做的事。「徙義」有如隨時準備搬家，哪裡有義就搬到哪邊去。

愛恨之情緒很難處理，愛之深、恨之切，恨之深、愛之切。情感有時給人帶來很多困惑，人如果對愛恨方面的情緒可以調節好，當然不會陷入迷惑。我們對一個人往往是又愛又恨，如此將使自己陷入困惑。

孔子雖然不談感情，但他也知道這種情緒給人帶來的困擾。這麼強烈的情緒一般是指男女情感，只是孔子當時沒有那個背景去談這方面的問題，他只看到人的感情非常不穩定。

所以人生要辨別迷惑，就要先排除情緒的干擾，情緒常使一個人判斷失常，給自己製造許多「結」或「繭」，正所謂作繭自縛。如果能妥善處理情緒方面的問題，迷惑自然就會減少。關於辨惑，可參考〈12．21〉。

〈12・11〉

齊景公問政於孔子。孔子對曰：「君君，臣臣，父父，子子。」公曰：「善哉！信如君不君，臣不臣，父不父，子不子，雖有粟，吾得而食諸？」

齊景公詢問孔子政治的作法。孔子回答說：「君要像君，臣要像臣，父要像父，子要像子。」

齊景公說：「說得對呀！如果君不像君，臣不像臣，父不像父，子不像子，就算糧食很多，我有辦法吃到嗎？」

本章揭示了「名」和「實」的問題，即有君之名還必須有君之實。「實」是指「分」而言，就是標準、理想之意。君、臣、父、子都應該努力效法成爲理想的君、臣、父、子，而不能徒有其名。此事應發生在孔子三十六歲時，他當時旅遊齊國。

名實相符方可安國

對於齊景公的詢問，孔子的回答簡單扼要。這八個字，兩兩一組，都是疊字，第一個字和第二個字的意思不同，第一個字是指名稱內容（名），第二個字是指實際的內容（實）。

譬如，「君君」，前一個「君」就是名稱，即國君，後一個「君」就代表要有國君的眞實作爲。

又如，成爲父母這個事實很容易，兩個人只要結婚生子就可以。但是父親要做得像父親，母親要做得像母親，則需要學習和長期的努力，最後才能成爲「父父、母母」。這就是先有名稱，然後要達到這個名稱的要求。這在古代稱作「名分」，有什麼樣的名，就應該有什麼樣適當的作法，「分」就是適當的作法，亦即名實相符。

孔子的回答告訴我們，社會上每個人都有一個角色，有君就有臣，有父就有子，人人都要盡其本分，這就是孔子所謂理想的政治。齊景公只考慮到「吾得而食諸」的問題，只想到利害關係，聰明程度有限，孔子恐怕也很難與他繼續談論下去。齊景公的相關資料，還可參考〈16・12〉、〈18・3〉。

〈12・12〉

子曰：「片言可以折獄者，其由也與？」子路無宿諾。

孔子說：「根據一面之詞，就可以查出實情、判決案件的，大概就是由吧！」子路答應要做任何事，從不拖延。

「片言」即訴訟中的一面之詞。別人判案必須聽兩造說法，子路爲人忠信果決，所以有些特殊才幹。審判時一般都要根據原告和被告的陳訴，法官再行判決。子路不一樣，光聽一面之詞就可以判斷，很多犯人看到子路自然就說眞話，就好像看到包青天一樣。

孔子的意思，不是在強調子路經常片言折獄，而是肯定子路有這種能力。如果以「片言」爲「三言兩語」，則並非難事，又何必說「其由也與」？

「宿」就是睡覺的意思，子路這個人非常果決，不會容忍有任何事情，慢吞吞地遲疑不決。孔子對子路的肯定還可以參考〈5．6〉、〈9．27〉。

〈12．13〉

子曰：「聽訟，吾猶人也。必也使無訟乎。」

孔子說：「審判訴訟案件，我與別人差不多。如果一定要有所不同，我希望使訴訟案件完全消失。」

「聽訟，吾猶人也」，這句話說明很多人都可以審判案件，孔子自認與別人差不多，如果一定要有所不同，就是「必也使無訟乎」。「必也」是一個假設的語詞，「無訟」即教化大行，人人守法重禮，訴訟案件自然消失。換句話說，孔子判案的最終目的，是希望天下無訟，大家各安其分。

由此可見，孔子胸懷廣大，希望政治上軌道，百姓沒有爭訟的事；即使有爭訟，討論商量就好了。爲什麼非打官司不可呢？從這裡可以看到孔子對於政治，與一般人不一樣的態度。

〈12．14〉

子張問政。子曰：「居之無倦，行之以忠。」

子張請教政治的作法。孔子說：「在職位上不要倦怠，執行職務態度忠誠。」

「居之無倦，行之以忠」，一語道盡做官的實質。

事實上，這個道理在任何行業都是一樣。我教了二十幾年書，也沒有什麼可以稱讚的，就是從來不請假、不缺課，光是這麼一點要堅持二十幾年也不容易。這是基本的原則，堅持原則，從不倦勤，自己才能站得穩，做任何事都會心安。

關於子張問政，還可參考〈20．2〉。

〈12．15〉

子曰：「博學於文，約之以禮，亦可以弗（ㄈㄨˊ）畔矣夫！」

孔子說：「有志成爲君子的人，廣泛學習文獻知識，再以禮來約束自己的行爲，這樣也就不至於背離人生正途了。」

「弗畔」並非是指不背叛別人，而是不會背離人生正途。本章在〈6．27〉已經出現過，就是說文和禮要配合，一方面要多讀書，另一方面行爲要有基本的規範，如此一個人將變得文質彬彬。

〈12．16〉

子曰：「君子成人之美，不成人之惡。小人反是。」

孔子說：「君子幫助別人完成善行，不幫助別人完成惡行。小人則正好相反。」

「美」與「惡」相對，是指善行而言，但意思更廣，包括一切可喜可欲、無傷大雅之事。

「君子成人之美」已成爲現在的俗語。「成人之美」堪稱美談，看到別人想做一件好事，就設法從明處、暗處幫忙，讓他做成。人做好事時需要鼓勵，如果沒有受到鼓勵，往後也不容易堅持。所以適時稱讚一下，也算是成人之美。

「不成人之惡」，幫忙一個人做壞事，比自己做壞事更可惡，這種行為最要不得。但小人卻是如此，看到別人做壞事，就補上一腳，看到別人做好事則袖手旁觀。

一念之間，就可以分出君子和小人。君子常常看到人生的光明面，對於周圍的人，總是看到他們在做什麼好事。小人總是盯著社會的黑暗處，只要一有機會，就趁虛而入。有關君子與小人的對比，可參考〈2・14〉。

〈12・17〉

季康子問政於孔子。孔子對曰：「政者，正也。子帥以正，孰敢不正？」

季康子請教孔子政治的作法。孔子回答說：「政的意思就是正。您帶頭走上正道，誰敢不走上正道呢？」

「政者，正也」，這是很有名的話；我們常說「上梁不正，下梁歪」，就是從這裡引申出來的。上面的人如果走正道，那麼下屬自然而然就容易走上正道。

孟子說過：「仁者宜在高位。不仁而在高位，是播其惡於衆也。」（《孟子・離婁》）一個不仁的人居高位，行為有偏差，就是將他的惡散播於衆人。所以政治人物要特別小心，因為他的行為不是個人的事，而是公衆行為的示範者。

「子帥以正，孰敢不正」，孔子之所以如此說，肯定是季康子自己有問題了，這些貴族子弟生下來就注定要當官，本身的修養卻差得很遠。相關資料，還可參考〈12·19〉、〈13·6〉。

〈12·18〉

季康子患盜，問於孔子。孔子對曰：「苟子之不欲，雖賞之不竊。」

季康子爲了盜賊太多而煩惱，向孔子請教對付的辦法。孔子回答說：「如果您自己不貪求財貨，就是有獎勵他們也不會去偷竊。」

季康子爲了盜賊太多而向孔子請教，孔子回答：「苟子之不欲，雖賞之不竊。」這話說得很重，等於當面罵他。季康子自己的欲望那麼多，還怪小偷，在上位者搶大的，底下人就搶小的，整個社會亂成一團，爲什麼不怪自己呢？孔子這句話對我們是很好的提醒。

在上位者貪得無厭，一般人迫於生計或有樣學樣，不免淪爲盜賊了。反之，百姓就會有廉恥之心，自重自愛。

孔子當時快要七十歲了，身分相當於國策顧問，當然不會對他客氣，所以話說得很直率，故意用較誇張的說法，讓聽話者能心生覺悟。相關資料，還可參考〈12·

17〉、〈12．19〉。

〈12．19〉

季康子問政於孔子曰：「如殺無道，以就有道，何如？」孔子對曰：「子爲政，焉用殺？子欲善而民善矣。君子之德風，小人之德草。草上之風，必偃（ㄧㄢˇ）。」

季康子向孔子請教政治的作法，他說：「如果殺掉爲非作歹的人，親近修德行善的人，這樣做如何？」孔子回答說：「您負責政治，何必要殺人？您有心爲善，百姓就會跟著爲善了。政治領袖的言行表現，像風一樣；一般百姓的言行表現，像草一樣；風吹在草上，草一定跟著倒下。」

「無道」與「有道」，泛指惡人與善人。所謂惡人，大概是季康子心目中的違法亂紀之輩。把天下人分成兩半，一邊是「無道」，一邊是「有道」，將「無道」者全殺光，有道者就會變好嗎？不一定。事實上人生是一個趨勢，「無道」也不是一天形成的，很多人是慢慢變壞的，也有些壞人是在慢慢改過的。

季康子算是孔子的孫子輩，年紀輕輕就執政，孔子說得再多，他也不見得會做，像「子帥以正，孰敢不正」，他會「正」嗎？他正不了。「苟子之不欲，雖賞之不竊」，他能夠不欲嗎？他的欲望很多，只懂得用「殺」字訣。

善用政治領袖的影響力

爲政者只要表現好，就像風吹在草上，風往東吹，百姓當然往東倒，往西吹，百姓當然往西倒，草就是百姓的表現，這就是風動草偃，也是孔子根本的信念。

我們現在常常用「風行草偃」這句成語來形容政治風氣。遇到問題時，爲政者要先想想，是不是自己的責任，是不是政策有問題，是不是審判不公平，以致百姓誤入歧途；或是沒有給予百姓好的教育，又不能設計合理的社會制度。像季康子只知要用殺的辦法，實在是太過分了。

古代的百姓沒有什麼受教育的機會，十五歲以後就必須就業，所想的只是生計問題。如果作奸犯科、殺人放火，一定是政治有問題，如官官相護、欺壓百姓、苛捐雜稅，而使民不聊生，以致誤入歧途。爲政者往往不知反省自己，只知道採取某種手段來對付刁民，其實刁民也是良民變成的，難道把壞人殺光就會沒有壞人了嗎？

從「子欲善，而民善矣」到「草上之風，必偃」，也說明人性向善的觀點。上位者一表現善，百姓自然而然就會去行善。像「舉直錯諸枉，則民服；舉枉錯諸直，則民不服」（〈2・19〉），百姓看到提拔正直的人就服氣；看到提拔壞人，就不服氣，這是爲什麼呢？因爲人性向善，所以把壞人提拔上來，他們的內心就無法忍受。

總之，善會造成「必偃」，惡也會造成「必偃」，亦即孟子所謂的「上有好者，下必有甚焉者」；但是，談到政治效應時，孔子一向論善不論惡，因爲他對人的觀念不能離開「仁」，亦即「人性向善」。

〈12．20〉

子張問：「士何如斯可謂之達矣？」

子曰：「何哉？爾所謂達者？」

子張對曰：「在邦必聞，在家必聞。」

子曰：「是聞也，非達也。夫（ㄈㄨˊ）達也者，質直而好義，察言而觀色，慮以下人。在邦必達，在家必達。夫聞也者，色取仁而行違，居之不疑。在邦必聞，在家必聞。」

子張請教：「讀書人要怎麼做，才可以稱爲通達？」

孔子說：「你所謂的通達是什麼意思？」

子張回答說：「在諸侯之國任官一定成名；在大夫之家任職，也一定成名。」

孔子說：「這是成名，不是通達。通達的人，品性正直而愛好行義，認眞聽人說話與看人神色，凡事都想以謙遜自處。這樣的人，在諸侯之國任官一定通達，在大夫之家任職也一定通達。至於成名的人，表面看來忠厚而實際行爲是另一回事，他還自認爲不錯而毫不疑惑。這種人在諸侯之國任官一定成名，在大夫之家任職也一定成名。」

「達」即通達，也可以說是發達，所以子張才會把它與成名混淆。

「何哉？爾所謂達者」，因爲子張沒有說清楚要問什麼，孔子就以反問的方式，讓他先把問題釐清。

「在邦必聞，在家必聞」是子張的答案。孔子認爲這只是成名而已，並非通達。子張以爲成名之後自然吃得開，而沒有想到通達的實質是「質直而好義，察言而觀色，慮以下人」。做到這三點，當然通達，到處行得通。而成名的人表面看起來忠厚，而實際的行爲是另一回事。有些人自認爲不錯而毫不疑惑，這種人很容易成名，但是未必通達。

〈12．21〉

樊遲從遊於舞雩之下，曰：「敢問崇德，修慝（ㄊㄜˋ），辨惑。」

子曰：「善哉問！先事後得，非崇德與？攻其惡，無攻人之惡，非修慝與？一朝（ㄓㄠ）之忿，忘其身以及其親，非惑與？」

樊遲陪同孔子在舞雩台下遊憩時，說：「膽敢請教如何增進德行，消除積怨與辨別迷惑？」

孔子說：「問得好！先努力工作然後再想報酬的事，不是可以增進德行嗎？批判自己的過錯而不要批判別人的過錯，不是可以消除積怨嗎？因爲一時的憤怒就忘記自己的處境與父母的安危，不是迷惑嗎？」

本章提到的是自我修養的功夫。「遊」字代表他們還是有休閒生活。

消除積怨不如自己改過

「崇德」、「辨惑」雖在〈12．10〉已經說過，但是孔子對不一樣的學生，給的是不一樣的答案。

「先事後得」乃崇德，這句話聽起來很簡單，先自我要求，盡好自己的責任，不去計較別人怎麼對待自己，這樣一來德行就會提升。

「修慝」即消除積怨。「慝」是藏匿在心中的怨恨。如果經常反省與批判自己的過錯，就沒有多餘的心力去怨恨別人了。我們如果與別人有一些怨恨，去攻擊別人的錯誤，只會更增加別人的討厭，所以消除積怨不如自己改過。

「一朝之忿，忘其身以及其親」，這裡把自己的處境與父母的安危放在一起，是因爲古代的人與別人鬥毆，父母可能也會受到連累而遭殃。

「一朝之忿」就是迷惑，人的情緒最難控制的是一時的憤怒，有時怒從心上起，惡向膽邊生，提起刀來就容易失控。因爲發怒時容易失去理性，做事一時衝動，往往是先做再說，以致忘記自己的處境與父母的安危，可見古人的家庭關係比較密切。

以上是孔子回答樊遲的三點內容，又帶給我們一個更豐富的材料。

〈12・22〉

樊遲問仁。子曰：「愛人。」問知（ㄓˋ）。子曰：「知人。」樊遲未達。子曰：「舉直錯（ㄘㄨˋ）諸枉，能使枉者直。」樊遲退，見子夏曰：「鄉（ㄒㄧㄤˋ）也吾見於夫子而問知（ㄓˋ），子曰：『舉直錯諸枉，能使枉者直』，何謂也？」子夏曰：「富哉言乎！舜有天下，選於眾，舉皋陶（ㄍㄠ ㄧㄠˊ），不仁者遠矣。湯有天下，選於眾，舉伊尹，不仁者遠矣。」

樊遲請教如何行仁，孔子說：「愛護別人。」他再請教如何算是明智，孔子說：「了解別人。」樊遲沒有聽懂，孔子說：「提拔正直的人，使他們位於偏曲的人之上，就可以使偏曲的人也變得正直。」

樊遲退出房間，看到子夏說：「剛才我去見老師，向他請教如何算是明智，老師說『提拔正直的人，使他們位於偏曲的人之上，就可以使偏曲的人也變得正直』，這是什麼意思呢？」

子夏說：「這句話眞是含義豐富啊！舜統治天下時，在眾人中挑選，把皋陶提拔出來，不走正路的人就自然疏遠了。湯統治天下時，在眾人中挑選，把伊尹提拔出來，不走正路的人就自然疏遠了。」

樊遲問仁問了三次，另兩次是在〈6·22〉與〈13·19〉。這一次孔子的答案是「愛人」，因爲「仁者愛人」。「愛人」即愛護別人。這是孔子指點樊遲的人生正途，既切身又明白，希望他從最容易的事做起。

樊遲再問「知」，孔子說：「知人。」樊遲沒有聽懂，孔子只好把答案揭曉：「舉直錯諸枉，能使枉者直。」樊遲還是沒有弄明白，只好與子夏討論。幸好子夏比較聰明，很具體地詮釋了孔子的回答。

「不仁者」，泛指不走正路的人，亦即壞人。但是，人之好壞並非一成不變，而是在人生歷程中上進或墮落的結果。孔子希望這個學生將來有機會做官時，能夠實踐這樣的理想。只是他說的是比較遠的成效，不知樊遲能否明白。

〈12·23〉

子貢問友。子曰：「忠告（ㄍㄨˋ）而善道（ㄉㄠˇ）之，不可則止，毋自辱焉。」

子貢請教交友之道。孔子說：「朋友若有過錯，要眞誠相告而委婉勸導；他若不肯聽從，就閉口不說，以免自取其辱。」

「友」即交友之道。眞正的朋友應該是「道義相期、肝膽相照、榮辱相關、過失相規」。以此標準來看，稱得上朋友的實在不多。一般所謂朋友，常由同學、同鄉、同事、同行、同道、同教的情感所衍生而成。「忠告而善道之，不可則止，毋自辱焉」這是孔子所說的原則，在此也照樣適用。

我們看到朋友有錯，一定要規勸他，不過點到爲止就好。與他說幾遍不聽，就不要再提，大家還可以做朋友；反覆一直說下去，他受不了，說不定疏遠你，甚至於翻臉，這樣反而不好。人各有志，即使大家因緣湊巧聚在一起，每個人都有自己的遭遇，人與人之間要互相體諒。

譬如，因爲參加讀書會而成爲朋友，大家一起讀書與思考問題，至於其他事情就不一定幫得上忙，也不是原來交朋友最初的想法。了解這種情況之後，就要把握說話的分寸。能做到「忠告而善道之，不可則止」就夠了，這是謹守分寸。很多事情的發生不是一天就形成的，要改過也不是一天可以做到的。可參考〈4．26〉。

〈12．24〉

曾子曰：「君子以文會友，以友輔仁。」

曾子說：「君子以談文論藝來與朋友相聚，再以這樣的朋友來幫助自己走上人生正途。」

「文」即談文論藝。這在古代是少數知識份子的活動，現在教育普及，媒體發達，人人皆可談文論藝。譬如讀書會、研習會，都算是這一類活動。

一般來說，談文論藝比較有正面意義的啓發，而較少後遺症。

文化的三個層次

文化在古代的中國，稱作「人文化成」，出於《易經》賁卦〈彖傳〉。「文」本來是指鳥獸在地上交錯的足跡，在人的世界則是指「錯畫」，代表是經過設計而使它形成的，因此，「文化」指的是與人有關的事物，和大自然不一樣。

沒有人類之前，大自然就已經存在了幾十億年，像山河大地、日月星辰；而文化則是經過人手所改造的一切，有人類才有文化。因此，有人說，文化是人類生活的全部。爲什麼有的文化會興盛，有的文化會衰亡呢？文化爲什麼好像有生命一樣，有些地方的文化可以長期保存，有些地方的文化卻整個消滅？

進一步來看，文化是一個整體，它有三個層次，第一是簡單的器物層次，第二個即制度層次，第三個即理念層次。

器物就是人類爲了生活，發明各種方便食衣住行的東西，往往與經濟發展甚至科技水準有關。譬如，古代去一個地方，坐馬車要花三天；現代人搭飛機，可能只需要半個鐘頭，這就是器物的進步。人類的文化進步在器物程度上最明顯，並且有最大的效益，多出來的時間就可以選擇自己喜歡的生活，也就是我們說的現代化。

第二個層面是制度。人的社會一定有制度，這是因爲人有自由，表現出來一定是只爲自己著想，人與人之間相處就會出現各種問題。因此，自古以來就有從風俗習慣轉變爲明文規定的法律規範，這些都稱作制度。換句話說，如果沒有制度，一個社會不可能保持和諧，所以制度自古以來就有。

那麼，什麼制度比較合適呢？綜觀古今中外，民主制度還是比較好的，因爲它尊重人權。所以制度要配合傳統，並且通過教育，慢慢轉變，不能過急。

第三個是理念：理想與觀念。人爲什麼活著？活著要完成怎樣的使命或任務？譬如，歐美某些國家，他們的器物是全世界最先進的，不但社會福利完備，制度也非常民主，完全合乎現代的要求。但是，照樣有很多人自殺、吸毒、酗酒，放棄自己的生命。所以，人類文化的發展絕不能滿足於器物或制度，否則這些先進國家爲什麼還有很多人自殺呢？問題出在理念。

理念是古人的信仰

譬如，丹麥、瑞典、澳洲自殺率都很高，這些國家的理念出了什麼問題呢？因爲他們原來信仰的都是基督教，但是由基督教思想所主導的西方文明，在現代化之後也受到很大的衝擊。有些人信仰的基督教的思想瓦解了，又找不到新的理念支撐自己活下去，反正人難免一死，沒什麼好奮鬥和好堅持的，從而厭世悲觀。這是一個很大的挑戰。

因此，我們如果要了解文化，譬如，想知道中華文化是什麼？就要看儒家、道家思想，這就是理念。儒家會告訴你，什麼是人？人與社會的關係如何？人要如何生存發展？人性向善開展出來的，是一種對社會的積極態度。而道家可以讓我們的生命，從具體的生活中超越，保持心靈的自由空間，讓自己產生逍遙、審美的感受，這就是所謂的理念。有這種理念之後，人活在世界上，物質生活再苦，也有活下去的信心，社會制度再黑暗、再不公平，也活得下去。

我小時候家裡很苦，根本談不上物質生活，但是照樣過得很快樂，因爲覺得親情很溫暖，可見人生最重要的是理念層次。

人活在世界上，如果沒有理念，文化根本沒有任何實質的力量。文化的理念具體表現在文學、藝術、宗教、哲學上。考古所發現的古代器物，就是透過藝術的方式來表達理念的。但是理念平常是隱藏在其中，蘊含了古人的信仰。

文化一詞比較寬廣，往往涵蓋了人文科學、社會科學與自然科學。自然科學偏重器物層次，社會科學偏重制度層次，人文科學偏重理念層次。人文主義簡單來說，就是肯定人的價值不能被替代及交換，人的價值勝過物質，人應該被當作目的，不能僅僅被當作手段來利用。由此可知，文化的內涵是非常豐富的。

子路篇第十三

〈13．1〉

子路問政。子曰：「先之勞之。」請益。曰：「無倦。」

子路請教政治的作法。孔子說：「自己帶頭做事，同時使百姓勤勞工作。」子路想知道進一步的作爲，孔子說：「不要倦怠。」

「政」，是指子路向孔子請教如何治理百姓。「之」是指百姓。「先之」即自己帶頭做事，如此才能「勞之」，使百姓勤勞工作，等於是上行下效。

領導者最大的影響力

子路聽了孔子的回答，想進一步知道如何作爲。「請益」在以前是指請再多說一點，現在變成專用術語，即向某某人請教。「無倦」是孔子的答覆，意即擇善固執的「固執」。

擇善並不難，一個人只要有心爲善，眞誠發現內心向善的力量，就會選擇善，並加以實踐。如果只是一種情緒感染或衝動，要堅持下去而沒有倦怠，就比較困難。

人生在世，有時覺得茫然，好像進入汪洋大海，找不到方向，這就是忽略了「無倦」，因爲人的情緒容易波動，只有志向確定，才可能承受考驗。

一個人的能力不在於能夠得到什麼，而在於能夠承受失去什麼。「承受失去」就是一種耐力。凡事能穩住腳跟，面對變化，內心都有一股力量在支撐。向外追求一個目標比較容易，但向內持守一種穩定的力量，則是比較困難的事。

總之，孔子教學生的方法很簡單，他不喜歡好高騖遠，但子路卻是喜歡行動而未必堅持到底的人。人生路上，不必常想新的點子或辦法，照著該做的去做，能持之以恆是最重要的。關於「無倦」，可參考〈12．14〉。

〈13．2〉

仲弓爲季氏宰，問政。子曰：「先有司，赦小過，舉賢才。」曰：「焉知賢才而舉之？」子曰：「舉爾所知；爾所不知，人其舍諸？」

仲弓擔任季氏的總管，向孔子請教政治的作法。孔子說：「先責成各級官員任事，不計較他們的小過失，提拔優秀的人才。」

仲弓再問：「怎樣才能認出優秀的人才，進而予以提拔呢？」孔子說：「提拔你所認識的；你不認識的，別人難道會錯過嗎？」

「宰」即大夫之家的家臣，其下有各級官員，稱爲有司，各司其職。仲弓向孔子請教政治，孔子的答覆是「先有司」，先責成手下官員盡職負責。

其次是「赦小過」。人難免會犯一些小過失，有時判斷錯誤，有時行爲偏差，甚至品德有些問題。這時如果詳細追究，做到弊絕風清，很容易過於苛刻而成爲酷吏。記得有位政界的長輩曾說：「要用人的話，最好用一個有過失的人。」因爲這樣的人，會奮鬥向上，將功抵過；看到別人有過失時，也比較能將心比心，不會用完美的標準來要求。

心理學也強調，一個人如果從小沒有經歷任何生活考驗，即使他道理說得再好，別人也會不以爲然。人要有同理心，能從他人的角度設想，這就是所謂「赦小過」。由此可見，孔子很有人情味。

再來是「舉賢才」，要提拔優秀的人才。如何選拔呢？這也是仲弓的難處。前兩點容易做到，因爲是自我要求；但「舉賢才」得靠判斷，天下人那麼多，如何發掘賢才？一個好的社會是「野無遺才」，意即天下沒有任何地方的人才被遺漏。

孔子教仲弓一個簡單的祕訣：「舉爾所知。」這個回答很切合實際。由於當時還沒有合理的考試制度，只能從自己認識的人裡面提拔人才。這當然不能隨便選擇，也不是專門提拔認識的人。至於你不認識的人才，只要夠優秀，別人也不會錯過他們的。

〈13・3〉

子路曰：「衛君待子而爲政，子將奚先？」子曰：「必也正名乎！」

子路曰：「有是哉，子之迂也！奚其正？」

子曰：「野哉，由也！君子於其所不知，蓋闕如也。名不正，則言不順；言不順，則事不成；事不成，則禮樂不興；禮樂不興，則刑罰不中；刑罰不中，則民無所措手足。故君子名之必可言也，言之必可行也。君子於其言，無所苟而已矣。」

子路說：「假如衛君請您去治理國政，您要先做什麼？」孔子說：「一定要我做的話，就是糾正名分了！」

子路說：「您未免太迂闊了吧！有什麼好糾正的呢？」

孔子說：「你眞是魯莽啊！君子對於自己不懂的事，應該保留不說。名分不糾正，言語就不順當；言語不順當，公務就辦不成；公務辦不成，禮樂就不上軌道；禮樂不上軌道，刑罰就失去一定標準；刑罰失去一定標準，百姓就惶惶然不知所措了。因此，君子定下一種名分，一定要讓它可以說得順當；說得出來的，也一定讓它可以行得通。君子對於自己的言論，要求做到一絲不苟罷了。」

「名」是指名分。當時衛出公在位多年，其父蒯聵原爲世子，卻不得繼位，因此父子君臣之名分皆有待糾正。

談「名」時，有兩個可能。第一個是「名分」，第二個是「名實」，名實強調根本，就是用來形容實在的名稱。「名者實之賓」，名是實的客人，實才是主人。名分與名實就不同了。分是適當的表現，即分寸。所謂的名分，就是有什麼樣的名，就有什麼樣的責任和表現。

當時孔子帶領學生到了衛國，剛好遇到父子爭國。衛出公的父親蒯聵本來是世子，可以繼承君位，卻因與衛靈公的夫人南子有過節，不得不出走，衛靈公死後，直接傳位給孫子衛出公。蒯聵在與其子衛出公爭奪王位的鬥爭中，晉國兩度插手進攻衛國，要讓蒯聵回國奪取君位，都沒有成功。

孔子說「必也正名乎」，而子路卻認爲有官就做，譬如在〈11·25〉，子路教子羔做官：「有民人焉，有社稷焉，何必讀書，然後爲學？」就是一例。話才說完，子路又被孔子教訓了一頓。

子路言語不當，孔子曾教他「知之爲知之，不知爲不知」（〈2·17〉）、「君子於其所不知，蓋闕如也」，君子對於自己不懂的事，應該保留不說，不了解的，就要聽專家的意見。

「名不正，則言不順」，名分不糾正，父不像父，子不像子。譬如，蒯聵要回來爭權，蒯聵的兒子衛出公發表文告批評父親，這成何體統呢？國不可一日無君，雖然沒有規定一定要父親當完才能換成兒子，不過兒子是君，父親是臣，情況就變得比較複雜。所以孔子說名分不糾正，言語就不順當。

「名不正，則言不順……則民無所措手足」，這是孔子很有名的一段話，人的社會環環相扣，第一環沒有做好，後面的發展，可能就會「失之毫釐，謬以千里」。一點點的偏差或藉口，發展出來的行為結果往往不堪設想。正如佛教所說，一個人的修養要從起心動念開始，就把念頭檢查清楚，以後的行為就會非常清爽，從源到流一清二楚。

人生的問題很簡單，就是劃定界線，與範圍之外的事儘量保持一定距離。對於不了解的事不要想太多，因為不在那個適當的位置，不用管太多，反正也管不著。在自己範圍內，把自己的事做好，就會感覺自己的生命比較單純和愉快。

〈13．4〉

樊遲請學稼。子曰：「吾不如老農。」請學為圃。曰：「吾不如老圃。」

樊遲出。子曰：「小人哉，樊須也！上好禮，則民莫敢不敬；上好義，則民莫敢不服；上好信，則民莫敢不用情。夫如是，則四方之民襁（ㄑㄧㄤˇ）負其子而至矣，焉用稼？」

樊遲請求學習農耕之事，孔子說：「我比不上有經驗的農夫。」他又請求學習種蔬菜，孔子說：「我比不上有經驗的菜農。」

樊遲離去之後，孔子說：「樊須眞是個沒志氣的人！在上位的人愛好禮制，百姓就沒有敢不尊敬的；在上位的人愛好道義，百姓就沒有敢不服從的；在上位的人愛好誠信，百姓就沒有敢不實在的。能做到這樣，四方的百姓就背著小孩投奔過來了。又怎麼用得著農耕呢？」

孔子的學生裡面，很多人是想學有所成去做官的。但樊遲怕自己的能力不夠，就想學種田。

「老農」即種穀物的農夫，「老圃」即種菜的農夫。樊遲實在是反應較慢，不知道揣摩老師話裡的含義。孔子說自己不如老農，其實是心裡有一點不滿意樊遲問這個笨問題。

樊遲離開之後，孔子給他的評價是：「小人哉，樊須也。」這裡的「小人」是指一般人，亦即沒有特別志向者。古代以稼圃爲小人之事，並無明顯貶義，只是分工合作而已。孔子這裡所說的，專指少數知識份子而言，因爲他們不應該沒有志氣與遠見。

「莫敢不敬」、「莫敢不服」、「莫敢不用情」，此處連用三個「莫敢」，好像帶有強迫性。事實上，就統治而言，百姓本來就是半自動半被動，百姓若完全自動，就不需要統治了。統治本身就有從上往下的要求，所以百姓會遵從三件事：禮、義、信。這三者都屬於行善的範圍。

「夫如是，則四方之民襁負其子而至矣，焉用稼？」這句話要分兩段來看，四方的百姓爲什麼要背小孩來投奔？這說明政治領袖實現了禮、義、信，就是實現了善。只要實現了善，四方的百姓自然就聞風緊從，這就是人性向善的證明之一。可參考〈12．5〉。

孔子如果不認爲人性向善，憑什麼說四方的百姓都會來呢？只要行善，百姓都嚮往，因爲與內心的要求配合，他們就願意攜家帶眷投奔過來，甚至連田地都不要了，因爲這裡有禮、有義、有信，百姓生活不但可以受到照顧，也能得到應有的尊重。這是孔子的基本信念。

掌握了人性向善，閱讀《論語》時會覺得非常活潑，孔子談的就是實際生命的具體表現。如果是談抽象的概念，像人性本善，說得再多，仍然無人能懂。

「焉用稼」絕不是孔子反對學農，他的意思是既然讀了書，要從事政治活動，學農的事就讓那些沒有機會受教育的人去做，何必去搶人家的飯碗呢？

〈13．5〉

子曰：「誦《詩》三百，授之以政，不達；使於四方，不能專對；雖多，亦奚以爲？」

孔子說：「熟讀《詩經》三百篇，給他政治任務，不能順利辦成；派他出使外國，不能獨當一面；這樣念書再多，又有什麼用處呢？」

本章談到「學以致用」。學《詩經》絕對不是沒有用的，在整個生涯規劃裡，它是不可或缺的一部分。讀《詩》，可以調節情緒，可以找到語彙表達豐富的情感，這也是一種「用」。

不僅如此，古代讀《詩經》的用處實在太多，在〈17·9〉，孔子就清楚說明了《詩經》的用處。

學以致用，不做書呆子

讀《詩經》有三大作用，一是了解如何調節個人的情緒，還可以引發內心的眞誠，觀察個人志節，感通群衆情感，紓解委屈怨恨。這是對於自我情緒、自我生命的一種調節。

二是懂得如何事奉父母與君主。《詩經》裡多處提到孝、忠，還有具體的作法與描述。

三是可以廣泛認識草木鳥獸的名稱，可以增長知識見聞。

孔子的想法是，讀《詩經》是從政前的基本修養，必須活學活用，才能符合期許。既然讀了《詩經》三百篇，應該就有能力把政治之事做好。而政治不外乎是人與人之間如何相處，從忠到孝一路下來。

何謂「專對」呢？即古代奉命出使外國，必須在言詞上獨當一面，所謂「受命不受辭」，否則無法達成任務。這需要熟悉各種外交談判的技巧。如果不能做到「達」或「專對」，書讀得再多又有什麼用呢？可見，孔子很強調學以致用，絕對不是要人做一個書呆子。

〈13．6〉

子曰：「其身正，不令而行；其身不正，雖令不從。」

孔子說：「政治領袖本身行爲端正，就是不下命令，百姓也會走上正途；如果他自己行爲不端正，即使下令要求，百姓也不會照著做。」

身之正或不正，與令之行或不行，本來是兩回事，現在相提並論，可見所令者是要求百姓走上人生正途。然後，「不令而行」是由於先肯定了人性向善，同時又不忽略上行下效的作用。「雖令不從」則是由於教育尚未普及，百姓的自覺能力仍弱，看到在上位者不端正，就無法明白行善是人生正途。

譬如，現在台灣的教育問題令人不禁憂心。很多人整天泡在「網咖」裡，那種地方出入份子複雜，青少年身心都還脆弱，很容易禁不起誘惑。尤其青少年本身與社會的主流趨勢，如納稅、服兵役、上班工作，還有一點差距，就會發展屬於自己的次文化，像是飆車、上網等，他們從其中得到某種肯定，這對他們而言也很重要。

在孔子看來，期待一個人把事情做好，一定要先尊重他。我在美國讀書時，耶魯大學有幾間大教室，可以容納幾百人，講台高高在上，是一個突出的圓台，老師在這裡上課，感覺特別神聖；對學生來說，這裡是知識的殿堂；而老師負責傳授知識，當然要謹言愼行。反之，如果教室非常簡陋，上課時很難讓師生有莊嚴神聖的感覺。政府官員也是如此，如果想得到別人普遍的尊重，必須自覺本身的責任很神聖。

〈13．7〉

子曰：「魯衛之政，兄弟也。」

孔子說：「魯國與衛國就政治上來說，其實是兄弟啊！」

魯國爲周公之後，衛國爲康叔之後，周公與康叔是兄弟，他們二人的感情最好。還有兩個兄弟分別叫管叔、蔡叔。武王將王位交給兒子成王，因爲成王年幼，周公就和召公幫忙輔佐，史稱「周召共和」。等成王長大之後，再把王位還給他。

周成王爲了感謝周公，特別准許周公在魯國的後代可以行天子之禮。就「政」而言，表示遺風猶存。但魯、衛兩國的處境同樣不太理想，既使人緬懷，又使人感嘆。

〈13．8〉

子謂衛公子荊，「善居室。始有，曰：『苟合矣。』少有，曰：『苟

完矣。』富有，曰：『苟美矣。』」

孔子談到衛國的公子荊，說：「他很懂得居家的道理。開始有房子住，就說：『眞的是夠用了。』房子稍有裝潢，就說：『眞的是完備了。』房子一應俱全，就說：『眞的是完美了。』」

衛公子荊，這裡特別標明「衛」，是因爲魯哀公有一子，也叫公子荊。「苟」是假設的語氣，爲「眞的是……」、「假如……」之意。所謂「合」、「完」、「美」，都是知足常樂的想法。

這三個字代表三種不同的價值，由低而高，愈來愈好。重要的是，不管在任何階段，衛公子荊都能以愉悅態度接納及欣賞，所以得到孔子的稱讚。

〈13・9〉

子適衛，冉有僕。子曰：「庶矣哉！」冉有曰：「既庶矣，又何加焉？」曰：「富之。」曰：「既富矣，又何加焉？」曰：「教之。」

孔子前往衛國，冉有爲他駕車。孔子說：「這裡人口眾多啊！」

冉有說：「人口眾多之後，接著應該做什麼？」孔子說：「使他們富裕。」冉有說：「如果已經富裕了，還應該做什麼？」孔子說：「教育他們。」

本章提到了施政的順序，即從「庶」到「富」，再到「教」。這裡是指進展的順序，而不是指重要性的順序。所以，沒做到「教」這一步，就不能算是理想的政策。事實上，「教」在任何階段都是不可或缺的，只是有簡單與完備之分而已。

到了教，就不能再追問下一步了。因爲第一，教育工作永遠做不完，譬如終身教育；第二，受了教育之後，人必須自行努力進修與實踐，政府或老師無法代勞。

「適」是往哪裡去，「僕」是動詞，即替別人駕車，有一種官名叫「僕駕」，就是替長官駕車的人。「庶矣」即人口多。「富之」，說明孔子沒有反商情節。

說到「教之」，人的生命很可貴，對很多人來說，有子女確實是人生的希望，可以帶來莫大的快樂。但教育是時時刻刻不可或缺的，不要把子女當作自己希望的來源，因爲子女有他們自己的困擾，也有他們的時代挑戰，所以應該在自己身上建立希望。每個人的生涯規劃，一定要注意到事業、家庭和自我成長這三方面。自我成長是前兩者的基礎。自我成長可以不斷進行，在家庭範圍內，當然可以期待子女發展，但這個發展是他自己的，不要想依靠子女來實現自己的希望。

孔子的「庶之、富之、教之」是有關政治的，讓百姓安居樂業，「衣食足然後知榮辱」，讓百姓富裕，讓經濟上軌道，是政治領袖的責任；之後，要教育百姓，如此人的生命才會盤旋而上。「上」的時候也要注意，書要愈讀愈多，消耗的日用品要愈來愈少，而德行則要愈來愈高。人生要設定幾個軸線，才有可能螺旋式地往上走，往上發展是無可限量的寬廣天地。可參考〈12．7〉。

〈13．10〉

子曰：「苟有用我者，期（ㄐㄧ）月而已可也，三年有成。」

孔子說：「眞的有人任用我的話，只要一年就可以略具規模，三年就會成效顯著。」

「期月」是指再回到同一個月，亦即一年。

「三年有成」，說明孔子對於自己在政治方面的信心。凡爲政者，只要一年就會略具規模，三年就會成效顯著；如果三年還做不好，就沒有什麼藉口了，只能說很可惜，沒有找到像孔子這樣的人才。

孔子五十歲以後，在魯國從政，表現可圈可點，可見本章所說並非虛言。

〈13．11〉

子曰：「『善人爲邦百年，亦可以勝殘去殺矣。』誠哉是言也！」

孔子說：「『行善之人治理國政，連續一百年下來，也可以做到化解殘暴、去除殺戮了。』這句話說得眞對啊！」

「善人」即行善之人，是指有心行善與努力行善的人。他們的特點是，可以做到人人所知的善，所以有善人之名，而未必了解「爲何」要行善。

譬如，一個人行善，是因爲他認爲行善對大家都好，會受到大家的歡迎，而未必了解行善是人性要求的唯一正途，亦即行善的動機是自覺應該如此，而不是爲了任何有形的效益。

「爲邦」即是教化，教化如果由外建立典範，收效較慢；如果由內導正觀念，使人人自覺應該爲善，才可能像孔子所說的「三年有成」（〈13．10〉）。因此，善人連續一百年的努力，才能有可觀的結果。「誠哉是言也」，代表這段話是別人說的，是當時流行的觀念。

「勝殘去殺」很難做到。季康子有一次問：「如殺無道，以就有道，何如？」（〈12．19〉）可見有些政治領袖只想到「殺」的方法。楚漢相爭時，劉邦爲得到民心，約法三章：「殺人者死，傷人及盜抵命。」這是傳統的思想，大家都接受「殺人償命」的觀念。現在很多人討論廢除死刑，這恐怕是個趨勢，大概很難避免。

死刑的目的在於懲罰，讓人們珍惜自己的生命，不要拿別人和自己的生命來做賭注，一旦執行死刑就不可補救。所以，對於死刑的存廢問題，我只能提議儘量減少死刑的執行，但不要完全廢除，免得對某些人沒有約束力，對社會治安或許會產生困擾。弄到最後，善良的人完全沒有保障，凶悍的人爲所欲爲。

總之，「善人爲邦百年」還必須靠教育，教育能讓人從內在自我要求，直到覺察人性向善，從眞誠開始，生命產生一種自我改正的力量，整個社會就可以「勝殘去殺」了。關於「善人」，可參考〈7·26〉、〈11·20〉、〈13·29〉。

〈13·12〉

子曰：「如有王者，必世而後仁。」

孔子說：「如果出現理想的君主，也一定需要三十年才能使百姓走上人生正途。」

所謂「以德服人者，王；以力服人者，霸」，「王者」即理想的君主。「世」代表三十年。

從本章可以看出，孔子的「三年有成」（〈13·10〉）是指成效顯著，但是未必可以使百姓達到仁的理想。

總之，教化大行之後，百姓才會走上人生正途。三十年爲一世，表示政治不可能立竿見影。像舜執政五十幾年，天下確實非常祥和、太平。但是壞的君王要使國家無道，有時根本不需要三十年；同樣，要使百姓變壞，恐怕在很短的時間就能做到。

〈13．13〉

子曰：「苟正其身矣，於從政乎何有？不能正其身，如正人何？」

孔子說：「眞能端正自身的行爲，從政做官有什麼困難？不能端正自身的行爲，又怎樣使別人端正呢？」

「正」即端正，必須由動態觀點來看，一生努力端正，持之以恆。「正人」是人際互動的自然成效，我們未必要專務於正人。

古代能從政做官的是少數人，通常是具有特殊的知識和能力，才有機會做官。因此，做官者的人品與言行，和百姓的作爲就有直接的關係。不能端正自己的行爲，又如何使別人端正呢？

在今天這個時代，評論一個人本身正不正，也無法一刀切的。有些人參選總統之前沒有明顯瑕疵，但選上後就墮落了。這是權力使人腐化？還是自己修養太差所致？關於「正」，還可參考〈12．17〉、〈13．6〉。

〈13．14〉

冉子退朝。子曰：「何晏也？」對曰：「有政。」

子曰：「其事也。如有政，雖不吾以，吾其與（ㄩˋ）聞之。」

冉有下班回來。孔子說：「今天怎麼這麼晚呢？」

冉有回答：「有政務。」

孔子說：「那只是事務吧。如果是政務，雖然現在朝廷用不著我，我也會知道情況的。」

「退朝」，冉有從季氏家的朝廷回來。古代的大夫也有朝，清晨與其家臣共議事務；然後，大夫再赴諸侯之朝。

「政」即政務，是指攸關國家大計的工作或計畫。「事」即事務，是執行上級所交付的任務。當時季氏執政，在家朝與家臣所談的未必不是政務，而孔子的「正名」含有批判之意，相信冉有不難聽出。

孔子分得很清楚，政務是上位者交代辦理的政策，在大夫之家當然只是事務而已，孔子在當時算是國策顧問，對這些事自然很清楚。

〈13·15〉

定公問：「一言而可以興邦，有諸？」

孔子對曰：「言不可以若是，其幾也，人之言曰：『爲君難，爲臣不易。』如知爲君之難也，不幾乎一言而興邦乎？」

曰：「一言而喪邦，有諸？」

孔子對曰：「言不可以若是，其幾也，人之言曰：『予無樂乎爲君，唯其言而莫予違也。』如其善而莫之違也，不亦善乎？如不善而莫之違也，不幾乎一言而喪邦乎？」

定公詢問：「一句話就可以使國家興盛，有這樣的事嗎？」

孔子回答：「話不可以說得這樣武斷，以近似的程度看，有一句話是：『做君主很難，做臣屬也不容易。』如果知道做君主很難，不是近於一句話就可以使國家興盛嗎？」

定公又問：「一句話就可以使國家衰亡，有這樣的事嗎？」

孔子回答：「話不可以說得這樣武斷，以近似的程度看，有一句話是：『我做君主沒有什麼快樂，除了我的話沒有人違背之外。』如果說的話是對的而沒有人違背，不也很好嗎？如果說的話是不對的而沒有人違背，不是近於一句話就可以使國家衰亡嗎？」

政治領袖總希望立刻見到政治成效。孔子認爲如果知道做君主很難，做臣子也不容易，就會小心謹慎，不會隨便做任何決定。大家互相體諒，面對責任就不會推來推去。百姓也能看到他們兢兢業業爲民操勞，這樣一來，就可以使國家興盛。

魯定公恐怕是個不太實在的人，總希望孔子能提供一個錦囊妙計，孔子則認爲沒有那麼簡單。「其幾也」，表示國家興亡的原因十分複雜，即使專就君主的責任，也只能說「近似」而已。從孔子的回答，看得出他對政治活動和對人性弱點的了解。

做任何事情都要謹愼，古希臘時代有四大德行，其中第一項就是明智，其他分別是勇敢、節制、正義。明智就是聰明和謹愼。聰明代表說話及思考反應敏捷，謹愼代表行爲小心，即言行都須注意。很多人以爲明智只是腦袋聰明，其實眞正明智的人，行動一定謹愼，沒有把握是絕對不會輕舉妄動的。行爲不夠謹愼，聰明又有何用呢？

在歷史上，「一言而喪邦」的例子不少。如果君主只選擇聽奉承的話，不聽不悅耳的話，也不喜歡別人違背他說的話，臣子就會迎合國君惡的欲望和作爲，在國君做錯事時還替他粉飾太平。

其實，人做錯事時都喜歡找藉口，這是心理學上很正常的反應，但是國君做錯事影響國家甚鉅，大臣也一起來替他找藉口，這樣就誤國大矣。上位者覺得自己沒有什麼過錯，因爲任何話說出來都有人附和，最後爲政者被蒙蔽，不知民生疾苦，與現實情況脫節，當然難免「喪邦」。爲什麼說好朋友要忠告而善導之，也是這個道理。

可見，這是孔子非常明智的警語，政治領袖應該要牢記在心。

〈13・16〉

葉（ㄕㄜˋ）公問政。子曰：「近者說（ㄩㄝˋ），遠者來。」

葉公請教政治的作法。孔子說：「使境內的人高興，使境外的人來歸。」

葉公是楚國大夫，見〈7．19〉。「近者說，遠者來」，當時楚國不斷擴張勢力而內亂已萌，所以孔子對症下藥。

就像現在的兩岸關係。台灣已經開放大陸人士來台觀光，爲經濟創造新的利基，這也是「近者說，遠者來」的實例。

如果做不到「近者說」，又怎麼可能吸引「遠者來」呢？參考〈16．1〉「遠人不服，則修文德以來之」一語。

〈13．17〉

子夏爲莒父宰，問政。子曰：「無欲速，無見小利。欲速則不達；見小利則大事不成。」

子夏擔任莒父的縣長，請教政治的作法。孔子說：「不要想要很快收效，也不要只看小的利益。想要很快收效，反而達不到目的；只看小的利益，反而辦不成大事。」

莒父，位於魯國西部。「無欲速，無見小利」，孔子認爲要穩紮穩打，要有遠見宏圖。否則，「欲速則不達」，一旦想要很快收效，而客觀條件還未成熟，反而無法達到目的。

「見小利則大事不成」。以學哲學爲例，它不是爲了立即就業的小利，而是不僅可以掌握深刻的知識，也不會因世俗化的生活習慣，而忘記了人本來有一個非常可貴的良知。當所有的法律遇到良知原則時，都要退居一旁；連宗教裡面信仰的問題碰到良知原則時，也要先擺放一邊。如果無法掌握良知，還能算是人嗎？這也是儒家哲學所主張的。

什麼是殺身成仁？爲了實現人生該做的事，身體都可以犧牲掉。人活在世界上，如果不能把實現人性當作最高的目標來設法爭取、支持、維護，又要考慮什麼？因此，所謂「欲速則不達」、「見小利則大事不成」，也可以從這樣的角度來思考。

〈13・18〉

葉公語孔子曰：「吾黨有直躬者，其父攘羊，而子證之。」

孔子曰：「吾黨之直者異於是：父爲子隱，子爲父隱。直在其中矣。」

葉公告訴孔子：「我們鄉里有個正直的人名叫躬的，他父親偷了羊，他親自去檢舉。」

孔子說：「我們鄉里正直的人作法不一樣：父親替兒子隱瞞，兒子替父親隱瞞。這裡面自然就有正直了。」

「直躬」是指直人名躬，後來就以直躬之名流傳開來。「王子犯法與庶民同罪」，但直躬怎麼做呢？父親偷羊，身為兒子的他居然去檢舉，實在是太正直了。孔子於此有不同的意見，他認為基於人的親情，不忍檢舉，但不表示他們不能或不該互相規勸。

前者是以法律為依歸，並且不談任何私情，大義滅親，只要偷羊，不管對象是誰，就是不對的。但孔子並不贊成這樣的作法。

法律是維繫社會的人際關係，父子親情是維繫父子情感的互動關係。大的關係來自於小的關係，如果因為遵守法律而忽略甚至犧牲了父子親情，連家庭關係都處不好，還要大家好好守秩序，有誰會接受呢？

真誠的情感不會落入道德的虛偽性

葉公很天真，以為依法辦事就是正直的表現，但是正直是來自情感真誠的表現，一旦沒有這些，這種正直就會變成作秀，因為違背常理和常情。

儒家思想的可貴處，就在於它是以人的正常情緒、情感互動為出發點；如果與此相違背，就不合情理，可能是出於別的動機，譬如希望博得別人稱讚。

父子互相隱瞞缺點，出於人性情感的自然表現，是真誠的。真誠是一切道德的出發點，沒有眞誠的道德，就可能是虛僞的，或是考慮到其他動機，或是想贏得社會名聲。

假如以眞誠做爲基礎，碰到上述情況，兒子當然是替父親隱瞞。父子互相隱瞞此事不等於正直；應該是說，父子互相隱瞞裡就表現了正直，因爲正直來自眞誠。我們在此，必須轉一個彎才能理解。

那麼，我們是否該理解爲孔子違反社會正義、不守法呢？儒家認爲人情勝過法律或法理不外人情，這些都是表面的看法。

人生在世，不管做任何事，活著是先決條件。誰使你活著呢？就是父母。「大義滅親」違背常情，是當權派的政治領袖用來欺騙百姓的，這並非儒家的思想。

「直」是指眞誠而正直，並不等於客觀的法律規定。因此我們不必由本章推斷孔子要以人情取代法律，而是要明白他認爲人的行爲不能只看法律而忽略了眞情。

關於「直」，還可參考〈6・19〉、〈8・2〉、〈17・8〉。

〈13・19〉

樊遲問仁。子曰：「居處恭，執事敬，與人忠。雖之夷狄，不可棄也。」

樊遲請教如何行仁。孔子說：「平時態度莊重，工作認眞負責，與人交往眞誠。即使到了偏遠的落後地區，也不能沒有這幾種德行。」

樊遲三次問仁，這是第二次。其他兩次，可參考〈6・22〉、〈12・22〉。由孔子的回答來看，這是他提供給樊遲參考的人生正途，可見因材施教的靈活性。

孔子爲什麼要說「雖之夷狄，不可棄也」呢？因爲夷狄同樣是「人性向善」的。前面說的恭、敬、忠皆屬於「善」的範圍。「敬」是對事的謹慎，自己行爲的一種嚴肅態度；「恭」是對別人的禮讓尊重；「忠」是盡心盡力的意思。把這些做好，無論到任何地方，別人都不會任意批評你。

一個人如果做好恭、敬、忠，就代表他努力行善走在人生正途，到任何地方都可以行得通。行善的時候，別人自然會覺得這是一個值得欣賞、值得肯定的人。

〈13・20〉

子貢問曰：「何如斯可謂之士矣。」子曰：「行己有恥，使（ㄕˇ）於四方，不辱君命，可謂士矣。」

曰：「敢問其次？」曰：「宗族稱孝焉，鄉黨稱弟（ㄊㄧˋ）焉。」

曰：「敢問其次？」曰：「言必信，行必果，硜（ㄎㄥ）硜然小人哉！抑亦可以爲次矣。」

曰：「今之政者何如？」

子曰：「噫！斗筲（ㄕㄠ）之人，何足算也？」

子貢請教：「要具備怎樣的條件，才可以稱爲士？」孔子說：「本身操守廉潔而知恥，出使外國不負君主所託，就可以稱爲士了。」

子貢說：「想請教次一等的表現。」孔子說：「宗族的人稱讚他孝順父母，鄉里的人稱讚他尊敬長輩。」

子貢說：「想請教再次一等的表現。」孔子說：「說話一定要守信，行動一定有結果，這種一板一眼的小人物，也可以算是再次一等的士了。」

子貢再問：「當前的政治人物怎麼樣？」

孔子說：「噫！這些人的器識像是廚房裡的小用具，算得了什麼？」

子貢向孔子請教，如何才能被稱之爲「士」。從孔子的回答可知，他對當時的政治人物的印象很負面。「士」主要指讀書人，但當時的士也自成一個階級，因爲只有少數人有機會讀書。

關於「士」，孔子提到兩點：一是「行己有恥」，本身操守廉潔而知恥，代表德行。二是「使於四方」，代表才幹。

我在前面提過，中國人重視恥感，西方人重視的是罪感，「罪」的概念是人與神締結的約定受到破壞，所以西方稱作「罪感文化」，中國的叫做「恥感文化」。

有些人認爲「恥」字不好，就將它改成「樂感」，覺得西方講罪惡比較負面，中國人就要講快樂，這是很好的想法，但與事實不符。

缺陷也是生命的一部分

人活在世界上，對於自己的生命總是有比較深的洞察。看到自己的生命，覺得生命不完美。爲什麼呢？因爲本質不包含存在。西方人認爲宇宙萬物裡只有上帝永恆存在，上帝其實是一個名稱。第一個存在的是人類，第二個存在的是自然界，第三個就是上帝。人類和自然界有開始與結束，代表它的本質不包含存在，亦即可以爲我們所理解，而不一定眞正存在。

譬如，我們都知道什麼叫恐龍，甚至可以拍出一部關於恐龍的虛擬電影，但恐龍已經不存在了，牠的本質卻可以爲我們所理解。透過挖掘這些生物遺跡的研究，就可以知道牠是什麼生物。由此可知，本質是指理解上可以知道屬於這個概念內容的主要部分。

再譬如獨角獸，事實上並不存在，但是可以被理解。一樣東西只要能夠被理解，就代表有本質被理解，本質屬於觀念；然而，在書本上學習的東西，並不一定存在於外面的世界。存在是更積極的動作，不是只在觀念裡面，而是能夠眞正出現的。

宇宙萬物裡，本質包含存在的，在西方人眼裡就是上帝。上帝這個特別的存在，即西方哲學所謂的「自因」。

我們所見的一切事物，都是「他因」（由於別的原因所造成的）。我們本身也是他因，因爲是由父母所生，以此類推，父母也是他因。我們所見大自然裡的人工產品，像房子、車子等都屬於他因。自然界的萬物，像山河、大地、太陽、月亮都是他因。太陽、月亮不是永恆的，自因才是永恆的，它不可能不存在。

可見，人的本質沒有包含存在，因爲人類屬於他因，代表人有開始有結束，因而人的生命就有一種選擇的可能。一旦有選擇就可能選錯，這就叫人性的弱點。因爲人有自由，選錯的可能性和實際性使人感覺到缺陷（不完美）。這種缺陷的狀態，在西方稱作罪惡感，中國則稱作羞恥感。

西方談到罪惡感時，其背景是人與神締結的約定，《聖經》分《舊約》和《新約》兩部分，「約」即合約、盟約。有此約之後，如果遵循照做就沒有罪；如果不照做或做不到就有罪。有罪感之後，人就常會覺得有所虧欠，心裡總覺得自己好像不完美，不可能做成好事。

中國人的羞恥則是把人放在人群裡，每個人在思想或行爲上總有一些事不便公開。「恥」字在《論語》裡常常出現，孔子認爲，一個人從小到大無論有意、無意，總是會去做出許多令自己不太滿意、不好意思讓別人知道的事，這種狀態就叫做羞恥感。「行己有恥」正是此理。這也是中國文化很特別的一點。

面對生命的不完美

任何文化要面對的人都是相同的、有限制的、本質沒有包含存在的。這種人有一種內在的缺陷，幾乎是注定的；也就是說，沒有人是完美的。

當人是自由的時候，相對來說，也等於承認自己有犯錯的可能。自由選擇本身就包含一半選錯的機會，選錯的可能性甚至超過選對的情況，這是人類生命過程中不可避免的，也就是我們所說的命運。

儒家思想並未忽略這些，反觀有的文化對此避而不談，看人時通常只從正面看，結果又無法忽略負面陰暗的部分，最後形成了脫節：表面愈光亮，裡面愈顯得卑微，差距一大，就容易產生各種精神方面的毛病，也就是一個人有多重人格：表面是如此，骨子裡是另外一種人。

人格分裂就是表裡不一，說一套，做一套，人如果長期不眞誠，會很痛苦。儒家常常提到「恥」，就是告訴我們，不要等別人要求，自己先要求自己，這就是「恥感」在自我要求的積極作用。

孔子認爲次一等的表現，就是「宗族稱孝焉，鄉黨稱弟焉」。與前面的國家範圍不同，這裡是指宗族、鄉里。孝、悌是少數人能做到的，代表讀書至少讓人的行爲有了一些改善。

讀書修身也要知道變通

子貢大概覺得上面這些都不容易做到，便問再次一等的表現，孔子的回答是「言必信，行必果」。這句話的原意是好的，但如果太過堅持，很可能會變成：即使說出來的話不對，也因爲要守信而堅持做下去，這樣就會發生問題。

人生有時需要知所變通，因應情況做出適當的調整。因爲人生往往有變化，這時就要設法調整。如果你是醫生，遇到病患命在旦夕時，你是否會違法去救他的命呢？

答案當然是「要」。良知絕對優先於法律，法律有其時空的特色，可應付一般的情況。以良知的要求來說，當下不做決定，錯過時機，人可能就救不活了。

「硜硜然小人哉」，是指那種頑固而不知變通的人，遵守法律、守規矩，完全不能變通，忘記法律應該是為人而設的，是為大多數人的福祉，遇到狀況時應該有一點變化。真正的讀書人應該有遠大的眼光與氣度，很多時候是可以有彈性的。

最後，孔子對政治人物的看法是「斗筲之人，何足算也」？他不願意評論，因為他認為這些人不值一談。要談的話，就談那些偉大的政治人物，正所謂「大臣之道」：「以道事君，不可則止。」偉大的帝王一定會有「不召之臣」，需要帝王親自拜訪，而非召之即來。正如「用師則王，用友則霸，用奴則滅」，用老師的人可以當帝王，用朋友的人可以稱霸，用奴隸的人就會滅亡。

有關「士」，可參考〈4・9〉、〈8・7〉、〈14・2〉、〈19・1〉。

〈13・21〉

子曰：「不得中行而與之，必也狂狷（ㄐㄩㄢˋ）乎！狂者進取，狷者有所不為也。」

孔子說：「找不到行為適中的人來交往，就一定要找到志向高遠或潔身自好的人。志向高遠的人奮發上進，潔身自好的人有所不為。」

「中行」即行爲適中的人。中行者文質彬彬，進退有節，有所爲也有所不爲。如果找不到這種人交往，就一定要找到「狂者」和「狷者」，因爲「狂者進取，狷者有所不爲」，二者取一，都可以學習。

我們現在要學習的就是從「狷者」——有所不爲開始。有些事情不是不能做、不願意做、不敢做，而是不屑於做。「不屑於做」就是有所不爲，有所不爲然後才能有所爲。

進取不懈是對生命懷有期許

「進取」代表奮發上進。人活在世上的時間有限，人生不過短短數十寒暑。進取代表對生命有所期許，不受年齡、時間的影響。如果沒有繼續上進，會錯過許多生命的精彩。生命積累豐富的經驗，包括人與人相處、各種人生際遇，如果沒有讀書學習，無法用比較完整的概念架構來加以整理，那就很可惜。

反之，如果人到中年還繼續上進，知識的成長與經驗的增加相配合，就會感覺到自己的生命好像是件藝術品，可以反覆欣賞揣摩，在選擇時也會更自由。因爲知道自己爲何選擇，以及選擇的後果；即使要付出代價，也都心甘情願。如此一來，整個人就顯得進退從容，生命掌握在自己的手上，能夠主動操控的能力愈來愈強。這就是狂者進取。

最難的是「中行」，這是一種高度修養。簡單地說，就是「當狂則狂，當狷則狷」，該進取時，奮發向上的鬥志就表現出來；該有所不爲時，也可以退縮保守。這牽涉到判斷的問題，一方面是理性的判斷，另一方面是自己對行爲的掌控能力。有時候我們可以判斷，但對自己的行爲控制不了，這就是中行的困難。

交朋友時，首先要找的是「狷者」，這樣的朋友一定要是對某些事情有所不爲，或有所堅持的人；進而希望找到更好的，即「狂者」，與他交往就會發現，他不斷在進步，帶動自己也隨著進步，就好像太空船發射，已經往上飛了，再不努力將來就只能仰望長嘆了。

如果有這種心態的話，就不會被各種負面的消息所困惑，對人性也將更有信心，這就是所謂的往上提升，再往下回歸世間，即我的老師方東美說的「上下雙迴向」。如此看待世間萬物，我們才能了解得更深刻，對人性了解愈透澈，就不會有好高騖遠或者偏差極端的想法，對所有的一切也都可以接納和寬容了。

了解一切就會寬容一切

法國有一句格言：「了解一切就會寬容一切。」了解一切等於是在很高的地方看地球，可以全面欣賞。接受所有的一切，並非是指從此不計較善惡，而是知道什麼是自己能做的，什麼是在能力範圍之外的。

人生就這麼幾十年，有的人過得非常充實，就是指生命的質感而言，因爲他本身向內的能力高，可以一面活著，一面觀察自己的生命，隨時加以評量，就會感覺生命掌握在自己的手上。另外一種人正好相反，很注意外面的訊息，隨時都被外在事件所吸引，他本身的行爲也順著整個潮流趨勢走，等到過了幾十年，再回頭一看，才發覺年輕時浪費了太多時間。這就是「中行」的困難，一個人往往很難對自己的行為做適當的判斷與抉擇。

〈13・22〉

子曰：「南人有言曰：『人而無恆，不可以作巫醫。』善夫！『不恆其德，或承之羞。』」子曰：「不占而已矣。」

孔子說：「南方人有一句話：『一個人沒有恆心的話，連巫醫也治不好他的病。』這句話說得好！《易經・恆卦》的爻辭說：『實踐德行缺乏恆心，常常會招來羞辱。』」孔子說：「不靠占卜也可以知道了。」

「巫醫」是古代醫生之稱。「作」字在古代來說，是指找巫醫治病。無恆心的人沒有耐心服藥，醫師也無可奈何。

「不恆其德，或承之羞」出於《易經・恆卦》九三的爻辭，與我們說一個人「為德不卒」、「晚節不保」的意思類似。

俗語說：「好人做到底，送佛送上天。」說明做一件事要有恆心做到底，完成了再去做別的事。最怕的就是事情做了一半停下來，又去做另一件事，結果一生當中做過很多事，卻都只做了一半。如果沒有恆心，結局一定乏善可陳，所以孔子說「不占而已矣」。

關於「有恆」，可參考〈7．26〉；有關《易經》，可參考〈7．17〉。

〈13．23〉

子曰：「君子和而不同，小人同而不和。」

孔子說：「君子協調差異，而不強求一致；小人強求一致，而不協調差異。」

本章強調差異中有原則，可以互相包容與欣賞。與這句話類似的，還有〈2．14〉、〈13．26〉、〈15．22〉、〈15．37〉等處，都是談論與「君子」有關的事，說明了孔子的價值觀——無私。

一個人沒有私心，心胸就會非常開闊。「和」如調味與調音，如同各種味道調在一起，可以更有特色，正所謂相反可以相成。

君子之所以能「和而不同」，正因爲他沒有私心，只是努力找到互相包容欣賞的方法；小人只有一種言論來表達，這是因爲小人有私心，所以「同而不和」。

〈13・24〉

子貢問曰：「鄉人皆好之，何如？」

子曰：「未可也。」

「鄉人皆惡（ㄨˋ）之，何如？」

子曰：「未可也；不如鄉人之善者好之，其不善者惡之。」

子貢請教說：「全鄉的人都喜歡他，這樣的人怎麼樣？」

孔子說：「並不可取。」

子貢再問：「全鄉的人都討厭他，這樣的人怎麼樣？」

孔子說：「也不可取。比較可取的是全鄉的好人都喜歡他，壞人都討厭他。」

乍看之下，子貢好像在耍嘴皮，故意找話來說。「鄉人皆好之」、「鄉人皆惡之」，孔子認爲皆不可取。比較可取的是「善者好之，其不善者惡之」，「善者」，泛稱好人，在古代人口較少流動時，也許一鄉之人可以大略分爲善者與不善者。

「鄉人皆好之」，是指大家都喜歡他，一般會認爲此人的人緣不錯，但在孔子的眼裡，這是典型的鄉愿。

談到人際關係時，首先就是不要希望所有人都會喜歡你。一個人怎麼可能讓所有人都喜歡呢？除非你是牆頭草——風吹兩邊倒。像孔子到衛國，遇到父子爭國，他究竟該支持衛出公還是蒯聵？

此時，就要表明立場。一有立場，贊成的人就欣賞你，反對的人就一定會討厭你，因此重要的是要如何選擇立場，理由何在？選擇後會有怎麼樣的後果？心裡必須有數。

敵人可以讓我們學到教訓

古人素來安土重遷，尤其是農業社會，住久了之後，好幾代人都互相認識，小孩慢慢長大，誰是好人，誰是壞人，大家都清楚。「善者」與「不善者」，孔子的分法，事實上是就社會所形成的一種判斷。

所以，人生在世，不需要討好所有人，也不要怕被人討厭，重要的是問自己：「別人爲什麼討厭我？」如果是因爲主持正義，常常直言無諱或急公好義，那麼，遭到別人的討厭也無所謂。這個社會本來就多元化，做任何事都會有人反對，如果不是被好人討厭，就繼續做你應該做的事。

但要留心，不要把它想成：「喜歡我的就是好人，討厭我的就是壞人。」如此一來，久而久之，「我」變成標準：凡討厭我的就是壞人，而不會反省自己，是否因爲自己眞有缺點，這也是很多人面臨的困境。

有時，我們可以從敵人那裡得到教訓。朋友常是聲氣相通，事實上也說不出我們的缺點；敵人看我們，卻看得更清楚，因爲他會挑出毛病，這也是我們應該審愼的地方。

〈13．25〉

子曰：「君子易事而難說（ㄩㄝ）也。說之不以道，不說也；及其使人也，器之。小人難事而易說也。說之雖不以道，說也；及其使人也，求備焉。」

孔子說：「君子容易服事而很難討好。不依正當途徑去討好，他不會高興；但是等到用人時，他會按照才幹去任命。小人很難服事而容易討好。不依正當途徑去討好，他也會高興；但是等到用人時，他會全面要求、百般挑剔。」

本章特別提到了君子和小人的差別。「事」即服事，「說」即悅，討好之意。君子與小人是指德行修養而言，顯然二者皆在上位，猶如今日所謂的老闆或長官。

在適當的位置，才能發揮最大的效用

我們把事情交給別人，他只要把事情做得圓滿，其他方面是不是有缺陷，就不要太在意。如果事事都要求，就是求備於人。要求一個人完美，沒有人做得到。

這種情況在社會上也經常可見。相處時，君子容易服事，很難討好。小人很難服事，容易討好。爲什麼很難服事呢？小人自己本身不得安穩，他總會向外要求各種條件配合他，但是很容易討好，順其所好，適時送一點他喜歡的東西，他馬上就會覺得開心了。

可見，服事是長期的相處，討好只是一時的。我們請別人做事的時候，爲何不要求全責備呢？因爲一個人不可能時常保持彈性，能夠堅持大原則就好了，細節則無所謂。

如果只看一個人的優點，天下沒有不可用之人；如果只看一個人的缺點，則天下沒有可用之人。

一個人放在適當的位置，就能發揮他的效用，這就是如何「使人也」。君子是「器之」，小人是「求備焉」。我們當然也可以由行事作風去判斷君子與小人。

〈13．26〉

子曰：「君子泰而不驕，小人驕而不泰。」

孔子說：「君子舒泰而不驕傲，小人驕傲而不舒泰。」

「泰」，即舒泰安詳而自在。君子因爲所求在己，不必向人示威。小人無法舒泰，因爲一失落就難過，所以總想向人矜誇。

一個人年輕時容易話說太多，因爲好不容易有點心得，就到處吹噓。到了中年以後，自然就會看得開一點，別人不相信自己，也沒有關係，何必勉強呢？自己知道什麼該做與什麼不該做，不再存著與人比較之心，這就是孔子所說的「泰而不驕」。

〈13．27〉

子曰：「剛、毅、木、訥（ㄋㄜˋ），近仁。」

孔子說：「剛強、果決、樸實、口拙，這樣，就接近人生正途了。」

「訥」即口拙，說話謹慎而不流利的樣子；「近仁」即接近人生正途。意思是剛、毅、木、訥，是簡明的做人原則。剛強、果決都屬於行動，木、訥則屬於言語的表達。我們有時把木訥並列，說某人比較木訥，就是形容對方呆板，不太會表現。

要走上人生正途，剛、毅、木、訥這四點是非常扼要的建議，每個人都可以參考。行動上剛強、果決，一旦選擇了就會堅持下去；木訥代表不與別人逞口舌之快，安分實在的做事。

但不善於表達，在這個時代很吃虧。我一直強調要「巧言令色」〈1．3〉，但同時要眞誠，這兩者本來不容易配合，因爲「言」與「色」往往是表現出來的，眞誠是內在的。口才再好，還是要讓別人覺得自己眞誠。

說到這一點，木訥的人比較占便宜。有個朋友在學校教書，他有口吃的毛病，但是大家都覺得他很誠懇，因爲他拚命努力想要表達清楚，讓大家都能感受到他的誠懇。有些人伶牙俐齒，就會讓人感覺他在耍嘴皮，譬如電視上有很多人的口才非常好，損人時簡直毫不留情，這樣的人很難讓人覺得有誠意。總之，木訥這些都是相對的，重要的是，是否有眞誠的心意。可參考〈12．3〉。

〈13．28〉

子路問：「何如斯可謂之士矣？」

子曰：「切切偲（ㄙ）偲，怡怡如也，可謂士矣。朋友切切偲偲，兄弟怡怡。」

子路請教：「要怎麼樣才可以稱爲讀書人呢？」

孔子說：「互相切磋勉勵，彼此和睦共處，就可以稱爲讀書人了。朋友之間，互相切磋勉勵；兄弟之間，彼此和睦共處。」

本章的「士」指讀書人，與從政無關。子路請教成爲讀書人的方法，孔子的答案是，做朋友要「切切偲偲」，兄弟之間就要「怡怡如也」，對待的態度不同，是因爲關係不同，情感有別。

讀書人與兄弟姊妹在一起，要以和諧爲貴，不一定要勉強切磋勉勵。如果兄弟姊妹在一起，還必須分辨誰對誰錯，難免吵成一團而傷了感情，也會讓父母傷心。兄弟姊妹是血緣，吵不散，也分不開，既然無論如何都要相處，爲什麼不和睦一點呢？

反之，朋友不是共同父母所生，而是自己在社會上的主動選擇。既然如此，就有相對責任，聚會時就要經常切磋、互相期許；否則，大家在一起又沒有長進，豈不是浪費生命嗎？如果交某個朋友，從認識以來，他的所有缺點一樣都沒改，表示你做爲他的朋友並沒有發揮作用。

〈13・29〉

子曰：「善人教民七年，亦可以即戎矣。」

孔子說：「行善的人教導百姓七年之久，應該也可以讓他們拿起武器保家衛國了。」

善人的善行可以感化百姓，使他們願意保家衛國。「七年」，表示需要相當長的時間。與子路自認爲三年就可以使百姓「有勇」相比（〈11・26〉），可知善行之外還須配合行政能力與人生哲理。

「戎」即戰爭，與祭祀是古代國家的兩件大事，讓百姓知道保衛國家的意義，和自己應盡的責任。

關於「善人」，可參考〈7・26〉、〈11・20〉、〈13・11〉。善人與仁者有兩點差異：一、善人行善，但不知「人性向善」的道理，所以不明白人「爲何」非行善不可。二、善人未必爲善而犧牲生命。反之，仁者知道人性向善，由眞誠引發行善的力量，所以必須擇善固執。並且在必要時，可以做到殺身成仁。

〈13・30〉

子曰：「以不教民戰，是謂棄之。」

孔子說：「讓沒有受過教育與訓練的百姓去作戰，就等於是遺棄他們。」

配合上一章來看，可知孔子的教民作戰，包括忠信禮義與作戰技術。若是不教，則必敗亡，等於白白犧牲百姓。

這是很普遍的想法，讓一些沒有受過訓練的百姓去打仗，等於是讓他們白白去送死。身爲政治領袖，地位高而責任重，對許多事情的因果關係也應該看得更清楚。譬如在發動戰爭時，百姓的訓練不夠，那不是等於故意殺人嗎？孔子此語，提醒在上位者不要草菅人命，而須隨時想到自己的責任。

憲問篇第十四

〈14・1〉

憲問恥。子曰：「邦有道，穀；邦無道，穀，恥也。」

「克、伐、怨、欲不行焉，可以爲仁矣？」子曰：「可以爲難矣，仁則吾不知也。」

原憲請教什麼是恥辱。孔子說：「國家上軌道，才可做官領俸祿；國家不上軌道而做官領俸祿，就是恥辱。」

原憲又問：「好勝、自誇、怨恨、貪婪，這四種毛病都能免除，可以算是行仁嗎？」孔子說：「可以算是困難的事，至於是否行仁，我還不能確定。」

原憲請教什麼是恥辱。孔子認爲，國家政治不上軌道，做官的照樣領俸祿，可謂失職或同流合汙，當然是羞恥的事。

原憲認爲「克、伐、怨、欲」是人的四大毛病，如果都去除掉，就可以算是行仁了。雖然要去除這些毛病已屬不易，但他只是把自己所知最難的事情列出來，卻沒有想到行仁不能離開個人的情況和條件，不可泛泛去說。

孔子的行仁是因材施教，沒有標準的答案。譬如顏淵，只須做到「克己復禮」（〈12·1〉）；如果是仲弓，則須「出門如見大賓，使民如承大祭」（〈12·2〉），至於司馬牛就比較簡單，「仁者，其言也訒」（〈12·3〉）就可以算是行仁了。

針對原憲的說法，孔子只說這四件事是很困難的，但不能確定是否行仁。能免除好勝、自誇、怨恨、貪婪，這當然很難，等於是把自我中心的執著，與別人比較、競爭的心態，慢慢消解掉。但是行仁不能只列出原則，還必須依個人性格與處境去擇善固執，不到完美境界，不能做確定的評估。這是孔子一向主張的動態過程的仁觀。

相關「恥」的探討，可參考〈8·13〉、〈14·20〉、〈14·27〉。

〈14·2〉

子曰：「士而懷居，不足以爲士矣。」

孔子說：「讀書人留戀安逸的生活，就沒有資格做個讀書人了。」

「懷居」即留戀安逸的生活。讀書人要有志向，安逸的生活不是不好，而是不應該太過留戀。

我們常說讀書人志在四方，亦即他要懂得與社會的關係，這也是行善的要求，做到「我和別人之間適當關係的實現」。一個人書讀到某種程度，和社會有互動的關係，這就好像具有社會責任一樣。讀書人應該以天下爲己任，如果有機會，就要實現自己的理想。

「懷居」則愧爲讀書人。平常工作很辛苦，偶爾休閒一下，消遣或轉移注意力，讓自己體驗到生活的不同面貌，會覺得很愉快，好像給自己一點獎勵，但是如果休閒占用的時間過多，就是在浪費生命了。

每個人都希望自己的生命可以完全調節，從年輕到年老，從容安排下去，把所有該做的事全部做完。事實上，這是不可能的。人生一定會有高峰期，何時出現無法預知。等高峰期一過，照樣可以自己調節去做別的事。

人總是有想做而沒有機會做的事，所以到一定的年齡，就要考慮調整自己往後的方向，而不是一味追求安逸與享樂。

關於「士」，可參考〈4・9〉、〈8・7〉、〈13・20〉、〈19・1〉。

〈14・3〉

子曰：「邦有道，危言危行；邦無道，危行言孫（ㄒㄩㄣˋ）。」

孔子說：「國家上軌道，應該說話正直，行爲正直；國家不上軌道，應該行爲正直，說話委婉。」

「危」即正直。正直的言行在社會上顯得嚴肅而高峻。孔子指出國家上軌道與國家不上軌道的差異，在於說話要有不同的方式，至於行為則必須一貫正直。

行為正直是不能談條件的，否則就會失去原則。說話就不同了，有時要委婉；話說得太直，會給別人造成壓力，帶來意想不到的後果。

行為則是自己的事。譬如，國家情況不好，還是可以孝悌忠信；但說話就要謹慎小心，避免禍從口出，古代有許多人就是因為說話不謹慎而招致牢獄之災。現在雖然是言論自由的時代，但還是要多加注意，免得惹來無妄之災。

〈14．4〉

子曰：「有德者必有言，有言者不必有德。仁者必有勇，勇者不必有仁。」

孔子說：「有德行的人一定能說出有價值的話，說出有價值的話的人卻不一定有德行。行仁的人一定有勇氣，勇敢的人卻不一定能行仁。」

「有言」是從「有德」的體驗而來。「勇」是從仁的實踐要求而來。「不必」是不一定，而不是一個人會說話，就不必有德行。

有德行者說出來的話一定有價值，因為話裡有道德實踐上的心得。譬如，有些宗教界人士說話很有道理，因爲他們有實踐的心得。

行仁的人爲什麼一定有勇氣呢？因爲行仁代表走上人生正途，這就需要很大的勇氣，要與所有的邪路、歧路、岔路分道揚鑣，對所有的誘惑都要嚴陣以待。行仁的人，其勇氣不在於對付別人，而在於克制自己，能夠做自己的主人。

所以，眞正的勇敢不是勝過別人，老子說：「自勝者強。」勝過自己，才是眞正的強者。因此，每個人都可以做強者，因爲每個人都可以勝過自己。勇敢的人很多，卻不一定能行仁，因爲他不一定可以走上人生正途。

孔子給我們一個優先順序的選擇：「有德者必有言」，有德是優先；「仁者必有勇」，行仁是優先。有德和行仁可以互相配合，兩者都是按照人的向善要求去走上人生正途。

「有言」只是德行的表達。一個人行仁，做自己的主人，怎麼可能看到別人有危險而不去救助呢？這也是他與別人之間適當關係的實現，自然就會有勇敢的表現。

反之，一個人只知道勇敢，就不一定會走上人生正途，恐怕只是逞匹夫之勇，別人不敢做的他來做，但不一定是該做的。我們對於這些，都要仔細加以分辨。

〈14・5〉

南宮适（ㄎㄨㄛˋ）問於孔子曰：「羿善射，奡（ㄠˋ）盪舟，俱不得其死然。禹稷（ㄐㄧˋ）躬稼而有天下。」夫子不答。

南宮适出，子曰：「君子哉若人，尚德哉若人！」

南宮适請教孔子說：「羿擅長射箭，奡精於水上作戰，最後未能壽終正寢。禹與稷親自下田耕種，最後卻得到了天下。」孔子聽了沒有回答。南宮适退出房間之後，孔子說：「這個人，眞是個君子；這個人，眞崇尚德行！」

羿即后羿，是夏朝有窮國的國君，以善射聞名。后羿射日，十個太陽射下了九個，只剩下一個，這是古代有名的神話。奡即夏朝寒浞（后羿之相）之子，又名澆。後來被夏王少康所誅。盪舟是描寫水上作戰的狀況。

南宮适的這番話是尙德不尙力的佐證，所以得到孔子讚許。像羿、奡，都是武功高強的人，最後卻不得其死；而禹、稷可得天下。《孟子》上說：「禹思天下有溺者，由己溺之也」、「稷思天下有饑者，由己饑之也」，也就是我們常說的「人饑己饑，人溺己溺」。這是一種慈悲的胸懷，這種人堪稱眞正的政治領袖。

〈14・6〉

子曰：「君子而不仁者有矣夫，未有小人而仁者也。」

孔子說：「君子而做不到擇善固執的例子，是有的；但是從來沒有小人會擇善固執的。」

孔子之意是，人生正途的具體表現是擇善固執。君子立志走在人生正途上，卻未必可以固執到底；小人無志，根本不考慮擇善固執。

在此，「仁」字所指的是「人之道」，亦即擇善固執。君子立志得仁，但能夠做到嗎？恐怕有些人會「中道而廢」，走了一半走不下去，因爲挑戰太大。但是，小人是絕不考慮行仁的。

〈14．7〉

子曰：「愛之，能勿勞乎？忠焉，能勿誨乎？」

孔子說：「愛護一個人，能不讓他勞苦嗎？眞誠對待他，能不給他規勸嗎？」

本章雖簡短卻很深刻。爲人父母、老師者，對子女、學生就是如此。有時老師要求高，學生就覺得老師要整他們；父母讓子女做家務，子女就覺得好像找麻煩。其實，父母、老師的內心裡都是希望子女、學生能更好。

一般來說，我們愛護一個人會捨不得讓他們勞苦。但是眞正的愛不會短視，而是看得很長遠。一個人從小沒有經歷勞苦的活動，或是養成服務的習慣，什麼事情都要依賴別人，絕對不會有機會成長。光是離家到外地讀書，就會適應不良；萬一還得出國念書，凡事都得靠自己，會更加辛苦。所以，不要溺愛孩子，否則愛之正足以害之。

〈14・8〉

子曰：「爲命，裨諶（ㄆㄧˊ ㄔㄣˊ）草創之，世叔討論之，行人子羽修飾之，東里子產潤色之。」

孔子說：「鄭國要發布外交文件時，先由裨諶擬定文稿，再經世叔推敲斟酌，又由外交官子羽修改調整，最後東里的子產再做潤色完稿的工作。」

本章所述之事應在鄭簡公時。「裨諶」，又作「裨湛」，他足智多謀，曾力薦子產爲相。世叔即游吉，繼子產執政。子羽即公孫揮，「行人」是指古代的外交官員。「命」是指外交文件。由於裨諶、世叔、子羽、子產都是鄭國人，所以必須把鄭國翻譯出來。

「討論」兩字合在一起，也是第一次見到，「討」是指尋根究柢，「論」就是好好商量。「修飾」是指文章要修改，「潤色」是加點文采，這麼一來，文件就比較完備。

寫一份外交文件，需要經過四大高手聯合起來，即經由鄭國四位大夫依其專長分工合作才告完成，可見其謹慎與求全的態度。這也是孔子對於國家大事的態度。

〈14・9〉

或問子產。子曰：「惠人也。」

問子西。曰：「彼哉！彼哉！」

問管仲。曰：「人也。奪伯氏駢（ㄆㄧㄢˊ）邑三百，飯疏食，沒齒無怨言。」

有人請教如何評價子產。孔子說：「他是照顧百姓的人。」

再請教如何評價子西。孔子說：「他就是那樣！他就是那樣！」

又請教如何評價管仲。孔子說：「他是行仁的人。他分得伯氏的三百戶駢邑，讓伯氏只能吃粗食，但是卻終身沒有抱怨他的話。」

子產曾任鄭國的宰相。子西即鄭國的公孫夏，爲子產的同宗兄弟，先子產而執政。

孔子認爲子產是照顧百姓的人，對於子西則不予置評，「彼哉」表示無足稱述，意即沒什麼好說的。而孔子對管仲的評價是「人也」，「人」與「仁」通用，在此特指以功業造福百姓而稱之爲行仁的人，管仲就屬此類。

孔子稱許管仲爲仁，理由是他造福百姓，因而在「善」的實踐上得到過人的成就。「善」是「人與人之間適當關係的實現」，所以人在政治上或社會上有恩或有功於民，就是行善，亦即達到了人性向善的根本要求。

管仲的人品雖不好（〈3．22〉），但是其「九合諸侯，一匡天下」，而化解了戰爭的威脅，如此大的功勞，還要挑剔什麼呢？關於管仲的事蹟，可參考〈14．16〉、〈14．17〉。

管仲分得伯氏的三百戶駢邑，但是後者「沒齒無怨言」。伯氏也不是省油的燈，他是齊國的大夫，可能因爲本身獲罪，所以毫無怨言讓出駢邑給管仲，他也知道管仲的功勞太大了。

本章是孔子對三位前輩政治人物的評價，頗有春秋史官以一言定褒貶的意味。

〈14．10〉

子曰：「貧而無怨難，富而無驕易。」

孔子說：「貧窮而不抱怨，很難做到；富裕而不驕傲，則比較容易。」

有錢人很容易驕傲，但相對要他們不驕傲也比較容易。人貧窮時，要他不抱怨則很困難。窮人沒有錢，什麼事都做不了，哪裡都不能去，一天到晚憋在家裡，當然只好抱怨了，這是很現實的情況。

不過，富而不驕，雖說容易，也需要修養，否則財大氣粗的人隨處可見。關於「貧」，可參考〈1．15〉，最理想的情況是「貧而樂道，富而好禮」。

〈14．11〉

子曰：「孟公綽為趙、魏老則優，不可以為滕、薛大夫。」

孔子說：「孟公綽擔任晉國趙卿與魏卿的家臣，可以游刃有餘，但是卻沒有辦法擔任滕與薛這些小國的大夫。」

孟公綽是魯國大夫，據說為人寡欲安詳。滕國、薛國都是魯國附近的小國，這句話說明大國之卿的家臣，有時比小國的大夫更容易做；此亦指因人而異，各有優劣之意。大夫的地位當然高於家臣，但是有些人適合做家臣，卻不適合做大夫。

晉國有六卿，趙、魏為其中之著者，趙卿和魏卿在晉國已是重要的大夫了。春秋時代後期是晉文公的天下，但晉文公的生平很坎坷，在外流亡多年，後來終於回來統一晉國，成就其霸業。

晉國在春秋後期變成超強的國家，能與之並駕齊驅的只有南方的楚國、西方的秦國。戰國七雄裡，從晉國分出去的韓、趙、魏就占了三雄。孟公綽在如此強盛的大夫之家，可以做家臣，卻偏偏不能做小國的大夫。由此可見，孔子對一個人的了解是十分深刻的。

〈14・12〉

子路問成人。

子曰：「若臧武仲之知，公綽之不欲，卞（ㄅㄢˋ）莊子之勇，冉求之藝，文之以禮樂，亦可以爲成人矣。」

曰：「今之成人者何必然？見利思義，見危授命，久要不忘平生之言，亦可以爲成人矣。」

子路請教怎樣才是理想的人。

孔子說：「明智像臧武仲，淡泊無欲像公綽，勇敢像卞莊子，多才多藝像冉求，再用禮樂來加以文飾，也可以算是理想的人了。」

稍後又說：「現在所謂理想的人何必一定要這樣呢？看到利益就想該不該得，遇到危險願意犧牲生命，長期處於窮困也不忘記平生期許自己的話，也可以算是理想的人了。」

「成人」，字面看來是指成年人，可以引申爲成熟的人、潛能充分實現的人、完美的人、成全的人等。這裡譯爲理想的人，是就人應該努力具備的條件而言。

臧武仲即魯國大夫臧孫紇，可參考〈14・14〉。卞莊子即魯國大夫卞邑。孔子列舉臧武仲、孟公綽、卞莊子以及學生冉求這些當時魯國的著名人物，各舉其長來組合成「知、不欲、勇、藝」四項條件，再加上禮樂教化，才可稱爲成人——理想的人。如果各有一偏，則不夠理想，由此可見「成人」之難。

這四項有的是天生的才華，有的是後天培養出來的本領，加上禮樂之後，一方面有規矩，一方面可以調和，這樣就很理想。

孔子大概也知道條件太難了，所以認爲只要「見利思義，見危授命，久要不忘平生之言」，也可以算是理想的人。

由此可見，要成爲理想的人確實不易。光是見利思義就很難做到，利益如果不該得的就不要，得了不該得的東西之後，總是會有後遺症。

〈14・13〉

子問公叔文子於公明賈曰：「信乎，夫子不言，不笑，不取乎？」

公明賈對曰：「以告者過也。夫子時然後言，人不厭其言；樂然後笑，人不厭其笑；義然後取，人不厭其取。」

子曰：「其然，豈其然乎？」

孔子向公明賈問到公叔文子，他說：「公叔先生平常不說話，不笑，也不拿取財物，這是真的嗎？」

公明賈回答說：「這是傳話的人說得太誇張了。公叔先生在適當的時候才說話，別人不討厭他說話；真正高興了才笑，別人不討厭他笑；應該拿取的財物他才拿取，別人不討厭他拿取。」

孔子說：「你說得好，但是真有像你說的那麼好嗎？」

公叔文子即公孫拔，衛國大夫。公明賈，衛國人。孔子想透過公明賈來證實公叔文子的「不言，不笑，不取」，因爲一個人要做到這些，的確不簡單。

公明賈認爲是傳話的人太誇張，不過他後面說的話，才眞是誇張，所以，連孔子也不禁懷疑起來。我們且看看這三點：

一、「時然後言，人不厭其言」。「時」是時機。我們有時受人厭惡，是因爲說話的時機不當，沒有注意到別人的情緒，沒有考慮環境或身分是否適當。

二、「樂然後笑，人不厭其笑」。眞正快樂的笑，是很自然的，別人也會受到感染。

三、「義然後取，人不厭其取」。該得的時候才去拿取，別人就不會討厭你的拿取。

孔子最後加的結語，有反問之意，因爲公明賈的回答遠比傳聞所說的更令人不易置信，所以在肯定他善於回答時，也須持保留態度，這是對人評價的原則之一。不過，這至少表示我們也可以依此自我要求。

〈14．14〉

子曰：「臧武仲以防求爲後於魯，雖曰不要（ㄧㄠ）君，吾不信也。」

孔子說：「臧武仲據有防城時，請求爲他的家族在魯國冊立後代。即使他說自己沒有要挾魯君，我不是相信的。」

「防」，原是臧武仲受封之邑，本章所述是他逃到齊國前的事。

臧武仲這個人很聰明，他的「以防求爲後於魯」，在孔子看來是要挾魯君。他請求爲他的家族在魯國冊立後代，就是爲了祭祀先人，保持家業，希望他的後代能夠封爲世襲的大夫。

人有時做事只從自己的角度考慮，而忽略別人的觀感。因此，凡事能跳開自己的主觀情境，是一個艱鉅的挑戰。

〈14．15〉

子曰：「晉文公譎（ㄐㄩㄝˊ）而不正，齊桓公正而不譎。」

孔子說：「晉文公善用權謀而不循正途；齊桓公依循正途而不用權謀。」

晉文公，名重耳，爲春秋五霸之一。他以權謀欺詐出名，固然是時勢所迫，但也影響風氣每況愈下。

齊桓公，即公子小白，爲五霸之首，孔子認爲他能循法而行。「正」在此指法或公開的規範而言。當時對齊桓公優於晉文公的評價已經很流行了，孔子在此特別提出他所考慮的重點。

事實上，這種評論也不是很公平，因爲晉文公在外流亡十九年，只能依靠權謀，才能回到晉國。只不過，這麼一來，就難免影響社會風氣了。

〈14・16〉

子路曰：「桓公殺公子糾，召（ㄕㄠˋ）忽死之，管仲不死。」曰：「未仁乎？」

子曰：「桓公九合諸侯，不以兵車，管仲之力也。如其仁，如其仁。」

子路說：「齊桓公殺了公子糾，召忽爲此而自殺，管仲卻仍然活著。」接著又說：「這樣不能算是合乎行仁的要求吧！」

孔子說：「齊桓公多次主持諸侯會盟，使天下沒有戰事，都是管仲努力促成的。這就是他的行仁表現！這就是他的行仁表現！」

齊襄公無道，其弟公子糾與小白分別逃往魯國與莒國。召忽與管仲追隨公子糾，鮑叔牙追隨小白。襄公死後，小白先入齊國，成爲齊桓公。齊桓公讓魯國人殺了公子糾，召忽爲此而自殺，管仲卻仍然活著。

管仲應該要自殺卻沒有這麼做，在魯國被關起來。齊桓公問鮑叔牙，誰可以幫他治理國家，讓他將來稱霸天下；鮑叔牙強力推薦管仲。齊桓公認爲管仲太可惡了，當初兩軍對戰時，自己還差點兒被他射死。

經過鮑叔牙的堅持與一再勸說，加上齊桓公也眞是心胸開闊，用計救回管仲。管仲當宰相後，齊桓公稱他爲仲父，對管仲非常尊重，言聽計從，這就是本章背景。

我們會認爲管仲不講道義，是否自殺倒不要緊，生命誠可貴，但他還去服事以前的仇人，簡直不可思議。但管仲認爲自己是齊國人，政治鬥爭是一回事，齊國的人才就得用於齊國，人才不應該浪費。這個想法也對，因爲國家還在，他是國家的人才，齊桓公用他也是相得益彰。

子路不能理解管仲的作爲，認爲即使管仲的功勞再大，也不能算是仁者。孔子替管仲辯護是很難得的事，他的理由是「桓公九合諸侯，不以兵車，管仲之力也」，管仲讓天下幾十年之間都沒有戰爭。

孔子很了不起，知道戰爭本來會發生，卻因爲有管仲才得以避免。可見，我們評價一個人的時候，要像孔子這樣，先明白整個形勢。

百姓的要求其實很單純，只要日子太平，沒有戰爭，小孩平安長大，就會覺得政府沒有功勞也有苦勞。政治並不難，無為而治而已，讓百姓好好過日子，不要有太多干擾。

「如其仁」，這就是管仲的行仁表現。管仲免去戰禍，省了征伐殺戮，以一人之力造福百姓，他與眾人之間的適當關係得以滿全，無異於行了大善，所以要稱許他以此行仁。若不由「善是人與人之間適當關係之實現」去理解，並且接受「人性向善」的前提，我們就很難甚至無法明白孔子之意。

總之，孔子對於管仲的評價完全是從善的角度來看的，即人與人之間適當關係的實現。管仲是一個人，他當了齊國宰相，就有責任照顧齊國的百姓，但是他還由此照顧到了天下的百姓，免去了戰爭，使各國百姓都受惠，所以管仲合乎行仁的要求。這就是儒家的思想。

〈14．17〉

子貢曰：「管仲非仁者與？桓公殺公子糾，不能死，又相（ㄒㄧㄤˋ）之。」

子曰：「管仲相桓公，霸諸侯，一匡天下，民到於今受其賜。微管仲，吾其被（ㄆㄧ）髮左衽（ㄖㄣˋ）矣。豈若匹夫匹婦之為諒也，自經於溝瀆（ㄉㄨˊ）而莫之知也。」

子貢說：「管仲不算行仁的人吧？桓公殺了公子糾，他不但沒有以身殉難，還去輔佐桓公。」

孔子說：「管仲輔佐桓公，稱霸諸侯，一舉而使天下得到匡正，百姓到今天還在承受他的恩惠。如果沒有管仲，我們可能已經淪爲夷狄，披頭散髮，穿著左邊開口的衣襟了。他難道應該像堅守小信的平凡人一樣，在山溝中自殺，死了還沒有人知道嗎？」

子貢和子路差不多，他們認爲管仲非仁者。「桓公殺公子糾，不能死，又相之」，這都是很狹隘的心理。孔子依然堅持自己的看法，他認爲管仲能使百姓安居樂業，就是最大的恩惠了。

要是沒有管仲，中原分裂，當時四周有很強的蠻夷部族，像東夷、西戎、南蠻、北狄就會趁虛而入，後代的人恐怕就要被夷狄統治了。孔子能從大局分析，目光何其遠大。

珍惜生命以完成更高價值

「匹夫匹婦」即平凡的百姓，世間一般男女。「諒」是小信，見小不見大。孔子當然不是鼓勵苟且偷生，而是主張應該分辨「爲何而死」，是爲了國家還是爲了自己擁護的政治領袖？國家與百姓顯然更爲重要。若是未死，則當努力保國衛民，以證明自己的志節。

「莫之知」，孔子肯定「爲人所知」的意義，但應該以行仁而爲人所知，並非只是爲出名而出名。這句話說得很重，召忽自殺，堅持原則，但不見得每個人都必須這麼做。如果管仲自殺，齊桓公就不能成就霸業，中國的歷史就要改寫了。

由前面這兩章可以看出，孔子替管仲辯護時，並沒有提及他的過失，譬如：小氣又不節儉、奢侈浪費又不知禮（〈3．22〉），這些過失的確人人都可以批評。孔子肯定他，只是因爲他行仁。

孔子所謂的「善」，是指我與別人之間適當關係的實現，從孝、悌、忠、信開始都是如此，要求一個人一定要配合他在社會上的角色。如果是一家之長，就要把家照顧好；做爲老師，就要把學生教育好；身爲縣長，就替一縣之民著想。管仲是齊國的宰相，除了照顧齊國人之外，還照顧到別國的人，進而使整個春秋時代的中原局面可以穩定。

所以，伯氏的采邑被管仲奪去了，他知道管仲的功勞很大，不會抱怨（〈14．9〉）。我們也要學習這樣的雅量，一個人如果眞的對國家有如此大的功勞，甚至因此搶走了別人的名聲和地位，只要他沒做傷天害理的事，沒有轉而禍國殃民，我們還是可以心甘情願，毫無怨言。這就是古人的風度。

整部《論語》中，只有六個人被稱爲仁者，即微子、比干、箕子、伯夷、叔齊，第六個就是管仲。耶穌在《聖經》上說得很清楚：「爲什麼你只看見你兄弟眼中的木屑，而對自己眼中的大梁竟不理會呢？」要評判別人太容易了，但不要忘記評判別人不是我們的責任，也不是我們的權利。我們只能就某人做的事來分析他有沒有做好，不能就這個人的本身來做全面的評價。

評斷一個人的時候，要就事論事，避免絕對的二分法。否則，你說他是壞人，壞人會做好事嗎？只要活著，他就可能做好事，這不是矛盾嗎？你說另一個人是好人，好人就不會做壞事嗎？每個人的一生中，哪一個人沒有做過好事，或沒有做過壞事呢？我們面對自己的人生，重要的是怎樣去「過而改之」，讓自己的生命日新又新，自強不息。

〈14・18〉

公叔文子之臣大夫僎（ㄓㄨㄢˋ）與文子同升諸公。子聞之曰：「可以為『文』矣。」

公叔文子的家臣大夫僎，由於文子的推薦升任朝廷大夫，一起爲國服務。孔子聽到了這件事，說：「這就可以諡（ㄕˋ）爲『文』了。」

公叔文子是大夫，僎是他家的大夫，但是他還是推薦僎給朝廷，一起爲國服務，這種心胸是很了不起的。

《周書．謚法》的「文」有六個等級：「經緯天地，道德博厚，學勤好問，慈惠愛民，湣民惠禮，錫民爵位。」公叔文子所做的是「錫民爵位」，孔子認爲他的心胸值得學習。關於「文」，還可參考〈5．14〉。

所謂「聞道有先後，術業有專攻」，不要在意別人年輕或出身卑微，不要看他現在的表現。只要可取，就大力推薦，即使官位超過自己也沒有關係，因爲大家都是爲民服務。

〈14．19〉

子言衛靈公之無道也。康子曰：「夫（ㄈㄨˊ）如是，奚而不喪？」孔子曰：「仲叔圉（ㄩˇ）治賓客，祝鮀（ㄊㄨㄛˊ）治宗廟，王孫賈治軍旅。夫如是，奚其喪？」

孔子談到衛靈公種種偏差的作爲。季康子說：「既然如此，爲什麼他還不敗亡？」

孔子說：「他有仲叔圉負責外交，祝鮀掌管祭祀，王孫賈統率軍隊，能夠如此，怎麼會敗亡？」

仲叔圉，即孔文子，可參考〈5．14〉。「無道」是指種種偏差的作爲。衛靈公有些行爲確實有偏差，他的夫人是有名的南子，太子與南子之間產生爭執，以致逼迫太子離家出走，讓孫子接位（即衛出公），鬧到後來，父子爭奪國君之位，造成衛國的內亂。

孔子由此想到衛靈公的作法不對，但是衛國爲何還不敗亡呢？因爲有仲叔圉、祝鮀、王孫賈，這三人各有專長，都是衛國的人才，有的負責外交、有的負責祭祀，有的負責軍隊。衛靈公用人得宜，所以可保安定。

衛靈公在某一方面看來，有點像無爲而治。他本身行爲偏差，國家還能存在，是因爲他任用好官。由此可見，無道與敗亡之間，還有緩衝餘地，因爲政治也要靠人才。有關王孫賈，可參考〈3．13〉；有關祝鮀，可參考〈6．16〉。

〈14．20〉

子曰：「其言之不怍（ㄗㄨㄛˋ），則爲之也難。」

孔子說：「輕易開口而不覺慚愧的，做起來一定不容易。」

我們常說一個人輕易答應別人，就比較難以守信，此即輕諾寡信。有些人是一時衝動、熱心過度，隨口就答應別人，但在實踐時就覺得苦不堪言。

所以說要「強行者有志」，一旦決定做一件事，雖然很勉強，也一定要堅持下去。如果一有勉強之感，就找藉口停止不做，人生將毫無動力，任何事情都可以找藉口不做了。

所謂「修養」也是如此，雖然覺得勉強，還是堅持下去。孔子爲什麼強調木訥，木訥的人不輕易說話，一旦答應之後就會做到。我們強調要重諾言，就是重視自己答應別人的事，年紀愈大就會愈謹慎，答應別人之前都會考慮一下。要是沒有答應，別人就會轉而找其他人幫忙；你若答應要做，他就不再找別人，如果最後事情又沒有做到，自然招來許多不必要的怨恨。

〈14・21〉

陳成子弒簡公。孔子沐浴而朝，告於哀公曰：「陳恆弒其君，請討之。」公曰：「告夫三子！」孔子曰：「以吾從大夫之後，不敢不告也。君曰：『告夫三子』者！」之三子告，不可。孔子曰：「以吾從大夫之後，不敢不告也。」

陳成子殺了齊簡公。孔子齋戒沐浴之後，上朝向魯哀公報告：「陳恆殺了他的君主，請您出兵討伐。」哀公說：「你去向三卿報告吧！」

孔子退了下來，說：「因爲我曾擔任大夫，不敢不來報告啊。君主卻對我說：『去向三卿報告吧！』」

孔子去向三卿報告，但是他的建議沒有得到採納。孔子說：「因為我曾擔任大夫，不敢不來報告啊。」

陳成子即陳恆，是齊國大夫。弒君之事發生在魯哀公十四年，孔子七十一歲。齊簡公是齊國國君，名壬。

孔子上朝前先齋戒沐浴，表示慎重，心情非常嚴肅。面對這種大臣殺國君的事，各國諸侯應該出來討伐，因為對他們來說都是保障，等於大家互相幫助。否則，一國關起門來自己搞革命，別國一旦效法，豈不是天下大亂嗎？譬如，後來光是晉國就分為韓、趙、魏三家。

孔子希望魯哀公出兵討伐，但魯國當時是由孟孫、叔孫、季孫三家大夫，加上魯君分成四家，土地、人民、武力都分成四份，魯哀公只有四分之一的實力，憑什麼出兵討伐？所以魯哀公叫孔子向三卿報告，但是孔子認為正義之師，一旦號召別人就會來支持。

孔子雖然退休了，對國家的事依然關心，他要讓別人知道，他這麼做是有正當性的。雖然有正當性，卻不見得可以做到，因為孔子並無實權，只能建議國君和三卿。但是他們都不願意做，陳恆正好當權，魯國攻打齊國，說不定反而吃敗仗。

由此可見，春秋時代還是周朝的天下，一國有篡逆之事，各國可以出兵聲討，孔子並非多管閒事。

〈14・22〉

子路問事君。子曰：「勿欺也，而犯之。」

子路請教如何服事君主。孔子說：「不要欺騙他，還要直言進諫。」

「勿欺也，而犯之」，這句話很值得思考。「犯之」即犯顏直諫，是古代的術語，意即冒犯你的臉色。

一般人都看上位者的臉色，孟子就說「逢君之惡其罪大」，就是指逢迎拍馬者。犯顏者，這樣的人非常忠貞。

歷史上有名的「貞觀之治」，就是因爲唐太宗有魏徵這樣的賢臣。魏徵是典型的敢觸犯君威者，譬如唐太宗喜歡玩飛鷹，他去見唐太宗時勸諫過好幾次，直言玩物喪志必喪國。有一次，唐太宗正好在玩飛鷹，看到魏徵來了，趕緊把鷹藏在懷裡。魏徵也不說破，故意長篇大論一直說話；等他一離開，唐太宗懷裡的飛鷹早已悶死了。唐太宗氣極，憤言非殺魏徵不可，但後來還是隱忍下來。唐太宗之所以成爲一代名君，從這裡也可以看出端倪。

本章先說「勿」，是指消極上不要怎麼做；接著再說的，就是積極上要怎麼做了。這種先退後進的說法兼顧兩面，表現了高度的思辨水準。

〈14・23〉

子曰：「君子上達，小人下達。」

孔子說：「君子不斷上進，實踐道義；小人放縱欲望，追求利益。」

所謂「上達、下達」，這是上、下之分辨，顯示人生應有目標與理想。不上則下，不進則退。義、利分別是君子與小人的存心所在，所以加在譯文中。

人生很簡單，往上走或往下走，就這兩條路。是否能保持在中間不上不下，維持現狀呢？

維持現狀就是退步，因爲人性向善，「向」的這股力量會要求人走向更善；不走向更善，這股力量受到挫折，代表停頓和失敗，以後就習慣於往下走。

人生的壓力實在很大，但從另外一方面來看，如果往上走可以帶來快樂，爲什麼不做呢？然而很多人努力往上走，還沒有得到快樂時，就覺得好像弄錯了，勞累不堪。

就像讀儒家思想，讀了之後就要孝順、友愛、守道義；不讀的話什麼都可以做。眞是如此嗎？其實，一旦眞正往上走時，內在的快樂才是有保障的。

有時候會覺得人生很辛苦，這邊有規範，那邊有要求，照著做好像綁手綁腳。等隔一段時間再看，就會發現，踏踏實實過日子，反而是人生最愉快的事；平平實實的生活，反而有非常積極的人生體悟。

君子和小人的比較，還可參考〈4．11〉、〈4．16〉。

〈14．24〉

子曰：「古之學者爲（ㄨㄟˋ）己，今之學者爲人。」

孔子說：「古代的學者認眞修養自己，現在的學者一心想要炫耀。」

孔子當時的學者已經有「爲人」的缺點，更何況現代呢？現在的學者是爲別人做學問，讀書是爲了演講、上課，這就叫做「爲人」。不過，在當今社會，學了之後也要懂得應用，我們也不必完全排斥「爲人」。

「爲己」，是學了之後不僅「爲人」，還要改變自己的生命，這是最根本的。最怕的是，忘記根本的需要，忘記自己要先有實踐的心得；直接學了之後立刻教給別人，這顯然是本末倒置。

「爲己之學」叫做自由之學，因爲「爲人之學有所待」，要炫耀給別人看，也需要有人想看才可以。做爲現在的學者，容易陷入矛盾，譬如發表論文的目的，是希望別人說你有學問，得到別人的稱讚，這是典型的「爲人」；如果發表之後是希望促進對眞理的追求，希望別人也一起來探討，這才是「爲己」。兩種情況大不相同。

總之，爲己與爲人，若能分辨本末，未必不可兼顧。

〈14・25〉

蘧（ㄑㄩˊ）伯玉使人於孔子。孔子與之坐而問焉，曰：「夫子何爲？」對曰：「夫子欲寡其過而未能也。」使者出。子曰：「使乎！使乎！」

蘧伯玉派人向孔子問候。孔子請他坐下談話，說：「蘧先生近來做些什麼？」他回答說：「蘧先生想要減少過錯卻還沒有辦法做到。」這位使者離開後，孔子說：「好一位使者！好一位使者！」

蘧伯玉，名瑗，是衛國的大夫，爲孔子好友。孔子居衛時，曾住過他家。他的態度是「不求有功，但求無過」，處於世衰道微的情況下，只是守身而已。

蘧伯玉每天做的事，就是想讓自己減少過錯，但是尚未做到，他的生命是日新又新，不斷地上進，如此生命自然不一樣了。

一天到晚想要減少自己的過錯，這說明過錯很普遍。我們有過錯，還不知道反省；人家有過錯，每天都在改正，還不見得改得完。所以如果說人性「本善」，對世人來說沒有任何啓發性。

「非人」論

人性「本善」的說法，無法解釋爲什麼會有那麼多過失與罪惡；只有人性「向善」才可以了解，過失是因爲外在社會的影響。就像孟子所說的，沒有恆產就沒有恆心，是因爲物質條件缺乏，饑寒起盜心，正如「富歲，子弟多賴；凶歲，子弟多暴」。經濟條件好的時候，年輕人就好吃懶做，每天遊樂；經濟條件不好時，年輕人都變得很粗暴。

人性有其脆弱之處，但不能因此忽略人心安不安的力量。有些人做壞事，雖然外表沒有表現出來，內心裡仍會不安。「心裡不安」就代表向善的力量還在；如果一個人心裡完全沒有反應，就叫做「無惻隱之心」，這就不是人了；這也是孟子說的。

譬如，看到非洲國家的人民無家可歸，也許不會難過，因爲覺得和自己比較沒有關係；如果看到黃種人在國外流離失所，也許不會不安，這是因爲不認識。萬一遇到本地人發生災禍，就有可能難過，並且伸出援手；如果是自己的鄰居或親人受到傷害，一定會難過，這就是從最遠的推到最近的。只要對任何人的遭遇感到不安，就還是人，也還有機會。

如果，連自己最親的人如父母或子女受到傷害，都毫無感覺，這便是「非人」。譬如，武則天爲了取得寵幸，在宮廷鬥爭中獲勝，竟把自己的女兒活活悶死了，就這個意義上而言，武則天簡直不是人了。

所以，人的生命非常複雜，對天下人都不在意的人，叫做「唯我主義」者，天下只有我一人，因爲「我」的生命最直接，立刻可以掌握。如果「我」死了以後，世界依然存在，「我」就會覺得很不甘心。像這種人就會想要毀滅世界，因爲他自認爲他死後，世界也沒有意義了，而不會想到其他人還要活下去。

〈14・26〉

子曰：「不在其位，不謀其政。」

曾子曰：「君子思不出其位。」

孔子說：「不是擔任某一職位，就不去設想那個職位的業務。」

曾子說：「君子的思慮以他自己的職位為範圍。」

「不在其位，不謀其政」，在〈8・14〉已說過。

「君子思不出其位」，這是古代的情況，不在那個位置上就不了解相關的政務，所看到的也很有限。從外表看人家挑擔好像很輕鬆，等到自己挑時，才知道箇中滋味。「位」是指職務和責任，推到人生的各種情況，皆應專心以對。

《易經》艮卦〈象傳〉說：「君子以思不出其位。」意思相同。每個人做好自己分內之事，天下自然上軌道。

〈14・27〉

子曰：「君子恥其言而過其行。」

孔子說：「君子認為自己如果說得多而做得少，是一件可恥的事。」

「恥」字代表高度的自覺。人生最重要的是，不要等別人說，自己就要先感覺到不好意思。「恥」也是爲了實現人與人之間適當的關係，如果沒有做到，或出現差錯時，「我」會第一個知道，恐怕是自己動機不良，或手段不正確。

本章告訴我們，謹言愼行，即可免於這種恥辱。

〈14．28〉

子曰：「君子道者三，我無能焉：仁者不憂，知（ㄓˋ）者不惑，勇者不懼。」子貢曰：「夫子自道也。」

孔子說：「君子所嚮往的三種境界，我還沒有辦法達到：行仁的人不憂慮，明智的人不迷惑，勇敢的人不懼怕。」子貢說：「這是老師對自己的描述啊。」

「仁者不憂，知者不惑，勇者不懼」，這是君子嚮往的三種境界。孔子所說並非不能達成，而是還無法充分做到，代表他的方向在這裡。這三句話在《論語》出現兩次，除了本章外，另外出現在〈9．29〉。

要特別說明，懼怕與憂慮不一樣，懼怕往往是現實，危機就在眼前。憂慮則是指比較長遠的人生關懷，想自己的一生該如何發展，亦即要走上人生正途。

譬如《詩經．國風．柏舟》上說：「憂心悄悄，慍於群小」，對很多小人憂心悄悄，遠慮近憂。行仁的人就沒有憂慮，因爲他知道自己走在正路上，慢慢一路走下去，也許生活窮困，但是他不會感覺有壓力，因爲問心無愧，知道自己在心靈上還有更高的發展。

〈14．29〉

子貢方人。子曰：「賜也賢乎哉？夫（ㄈㄨˊ）我則不暇。」

子貢評論別人的優劣。孔子說：「賜已經很傑出了嗎？要是我，就沒有這麼空閒。」

「方」即評論，也就是比對。賢是指傑出。子貢評論別人的優劣，孔子知道後不太滿意。不過，他不直說子貢不應該批評，反而以自己爲例，要自己反省，與其批評別人高低，不如自我要求。

可見，孔子對子貢鼓勵多於責怪，並且以身作則。子貢後來對老師也有所評論，參考〈15．3〉。

〈14・30〉

子曰：「不患人之不己知，患其不能也。」

孔子說：「不擔心別人不了解自己，只擔心自己沒有能力。」

本章所強調的觀念經常出現，相關的資料，可以在〈1・16〉、〈4・14〉、〈15・19〉找到。因爲人的自我了解和自己的實力之間可能有落差，本人的自我了解和別人對你的了解之間更有落差，不見得可以放在一個公平的尺度上衡量所有人。與其抱怨別人不了解自己，不如努力增加自己的專長、提升自己的修養、培養自己更高的智慧。

〈14・31〉

子曰：「不逆詐，不億不信，抑亦先覺者，是賢乎！」

孔子說：「不先懷疑別人將會欺騙，也不猜測別人將會失信，但是又能及早發覺這些狀況，這樣的人眞是傑出啊！」

「逆」是指先走在前面，亦即先掌握情況，然後面對它。「詐」是詐騙、欺騙。

「億」同「臆」，即猜測。

「抑亦先覺者」，能夠「覺」是因爲心中如有明鏡，可以照見別人的意圖，但又不妄加猜測，總是給人機會及時改正。孔子實在很懂人情世故，能見微知著，由小處看到大處，知人之明的巧妙，於此可見。

與人來往時，不要任意懷疑別人將會欺騙你，那樣是沒有給人機會，而要相信別人會走上正路。譬如，有人曾欺騙你，不代表他以後會一直欺騙下去，說不定他早已改過自新了，不必因此而永遠不信任他。況且我們最怕被人冤枉，歷史上「欲加之罪，何患無辭」的例子太多，當事人一定很痛苦，所以絕對不要冤枉別人。

總之，要從自己的經驗出發，爲別人設想。換句話說，如果一個人完全沒有受過冤枉，沒有受過別人的迫害或嘲笑，要體諒這種狀況很不容易。年輕時受一點苦，絕對不是壞事，反而可以讓人知道生命的眞實面。我常說：「人的能力不在於能得到什麼，而在於能承受失去什麼。」承受的量愈大，生命的能耐就愈強。

人有時對於生命的體驗，不一定非要經歷大風大浪，別人看來很小的經驗，認眞體會加以推展，也可以體會得深刻，生命的擴張程度也將十分可觀。

〈14・32〉

微生畝謂孔子曰：「丘何爲是栖（ㄑㄧ）栖者與？無乃爲佞乎？」

孔子曰：「非敢爲佞也，疾固也。」

微生畝對孔子說：「你這樣修飾威儀是爲了什麼？該不是爲了討好別人吧？」

孔子說：「我不敢想要討好別人，只是厭惡固陋而已。」

微生畝，姓微生，名畝。他直呼孔子的名字，可能年齡較長，他就是曾被孔子批評爲固陋之人。姓微生者，另有一見，可參考〈5・23〉。

「栖栖」，就是棲棲或濟濟，即修飾威儀，推廣禮樂教化之意；也有人解爲「奔走忙碌」，但這與「佞」及「疾固」的關係比較間接。若解釋爲教化，則與固陋可以相對應。

前面提過，孔子三月無君就「栖栖惶惶」，希望找一個國君來投靠，發揮抱負，好像是孔子到處奔走，希望救國救民。在此的意思則不同，微生畝認爲孔子威儀整齊，看起來像是想討好別人一樣。

孔子是「非敢爲佞也，疾固也」，沒別的原因，只是不喜歡固陋而已。正如「君子不重則不威，學則不固」，多方學習就不會固陋，孔子是非常反對固陋的，固陋就是不知道變通，食古不化。

〈14・33〉

子曰：「驥（ㄐㄧˋ）不稱其力，稱其德也。」

孔子說：「千里馬稱爲驥，不是讚美牠的力氣，而是讚美牠的風格。」

「德」在人爲德行、操守或作風。在馬則是天生的優雅姿態或風格。譬如，善用力氣，奔馳千里，即是馬的風格。

「德」在〈12．19〉曾出現：「君子之德風，小人之德草，草上之風必偃。」在此「德」也是指形成的風氣。像曾參說過：「愼終追遠，民德歸厚矣。」（〈1．9〉）「民德」是指民間的風氣。

以上的「德」是就一種流行的風潮來說。「驥」是指千里馬，很多人名字裡面都有「驥」，說明這個人的父母希望子女變成千里馬，這當然不是讚美其力氣，而是其風格，即可以持久、耐久，也就是有恆。

〈14．34〉

或曰：「以德報怨，何如？」

子曰：「何以報德？以直報怨，以德報德。」

有人說：「以恩惠來回應怨恨，這樣如何？」

孔子說：「那麼要以什麼來回應恩惠呢？應該以正直來回應怨恨，以恩惠來回應恩惠。」

「以德報怨」，亦見《老子》第六十三章：「大小多少，報怨以德。」意思是：別人對我不好，我也要對他好。孔子當然反對「以怨報怨」，而是主張「以直報怨」、「以德報德」。在人生哲學上，這是孔子與老子的分別之一。

我們經常可以聽到：「你對我不仁，休怪我對你不義。」這不是儒家的想法。儒家是：你對我不仁，我就以正義來對待你；該秉公處理就依法處理，不會多加怨恨，這就是「以直報怨」。

任何事發生時，都不會是單方面造成的，通常是因為彼此共同的錯誤，否則，別人怎麼會無端與你作對呢？事情已發生，自我反省都來不及了，何必還想報仇呢？

英國作家王爾德（O. Wilde）說：「活得快樂就是最好的報復。」這句話很有道理，活得快樂，你的敵人就束手無策。不要老想眞去報復，如此一來，你就會與他落在同一個層次；最後，誰對誰錯都分不清楚，反而浪費了生命。

史學大師余英時說：「你爲什麼心裡老想著報復呢？」這是更高的境界。只要有報復之念，就不會有眞正的快樂。雖然人生在世，不太可能在與人互動時沒有落差，但要設法活得快樂，這是自己可以做到的。所以，「以德報德」很重要。

〈14・35〉

子曰：「莫我知也夫！」子貢曰：「何爲其莫知子也？」

子曰：「不怨天，不尤人，下學而上達，知我者其天乎！」

孔子說：「沒有人了解我啊！」子貢說：「爲什麼沒有人了解老師呢？」孔子說：「不怨恨天，不責怪人，廣泛學習世間的知識，進而領悟深奧的道理，了解我的，大概只有天吧！」

孔子心中有一貫的思想，人的命運與使命皆可以推源於天，所以對天才有「怨與不怨」的可能性。孔子心目中的天，無疑是可以「了解」他的。

孔子對於自己的理想有深刻的體悟，但是當時沒有人能了解孔子的理想，包括他的學生。孔子從來不追求富貴，但也不會排斥富貴，只是手段一定要正當。

透過學習先聖的思想來了解自己

孔子是把古代的良好政治，如堯、舜、禹、湯的理想放在心中，這種「一以貫之」的思想貫穿他的一生，學生更是不能理解，畢竟他們的年紀還輕。孔子「四十而不惑，五十而知天命」（〈2．4〉），大部分學生還沒達到那個年齡階段，自然無法體會。

孔子一方面知天命，了解自己的使命，他的使命來自天，也只有天了解他。想要了解一個人的心靈，必須與對方有相同的水準；一般學生比較年輕，慧根不夠，如何去理解孔子呢？

重要的不是了解孔子，而是對孔子的思想加以學習，由此了解自己。讀柏拉圖的書也一樣，透過柏拉圖提到的人生智慧來了解自己。孔子與柏拉圖的思想，可以幫助我們了解人生的各種潛能與理想，使我們對自己的生命有全盤的觀照。

我們很難充分了解一個水準比自己高的人，只能了解蘇格拉底、柏拉圖、孔子這些人思想的具體表現，這是他們生命的精華所在。通過努力學習，最後還是要回到自己身上來實踐。

西方妙喻：「人就好像一只茶杯。」並不是看水有多少就能裝多少，而是看茶杯的大小。智慧像大海一樣，裝水時只能按照自己的茶杯容量，所以要設法把自己的「茶杯」變得大一點，心胸開闊一點。

智慧無限，而每個人都是有限的生命，有限的生命如何吸取無限的智慧，就要看本身的容量夠不夠大，而容量是可以調整的。譬如，學習《論語》，把古人說話的內容加以了解，本身的容量就會增加，之後才能恰如其分地掌握別人的心得，然後變成自己的心得，進而提升自己的生命。

總之，孔子說沒有人了解他，並不是抱怨。他相信，即使沒有人了解，天也會知道他在做什麼。《論語》裡面提到天的地方，都有一層神祕的色彩，因爲孔子心靈層次非常特別，他的心靈是與天交往的。

〈14・36〉

公伯寮愬（ㄙㄨˋ）子路於季孫。子服景伯以告，曰：「夫子固有惑志於公伯寮，吾力猶能肆諸市朝。」

子曰：「道之將行也與，命也；道之將廢也與，命也。公伯寮其如命何！」

公伯寮在季孫前面毀謗子路。子服景伯告訴孔子這件事，說：「季卿的想法已經被公伯寮所迷惑了，不過現在我還有能耐對付他，讓他的屍首在街頭示眾。」

孔子說：「政治理想果眞實現的話，那是命運在決定；政治理想最後幻滅的話，那也是命運在決定。公伯寮怎麼能左右命運呢？」

公伯寮，姓公伯，名寮，魯國人。子服景伯，即子服何，魯國大夫，爲孟孫家族的人，所以自認爲有些勢力。

「愬」就是毀謗。「夫子」是指季卿，「固」是已經之意。「肆」即呈現出來，等於是示衆，「市朝」即街頭。

孔子反對殺人，他認爲理想之實現和幻滅，都是命運在決定，公伯寮怎麼能決定命運呢？這說明大勢所趨，非人力可以扭轉，這就是所謂的「時也、命也、運也」。

「道」是國家應行之路，引申爲政治理想。因此，「道」是理想狀態，或是完整的人生觀。政治理想實現的話，是命；不能實現的話，也是命。這個命代表勢，一個時代有其趨勢，像潮流一樣。命運是由各種條件所合成的形勢，常常使人莫可奈何。有關「命」，可參考〈6．10〉、〈12．5〉。

〈14·37〉

子曰：「賢者辟（ㄅㄧˋ）世，其次辟地，其次辟色，其次辟言。」子曰：「作者七人矣。」

孔子說：「傑出的人才避開汙濁的天下，也有的避開混亂的社會，再有的避開醜陋的嘴臉，還有的避開無禮的言語。」孔子又說：「這樣做的人已經有七位了。」

「賢者」，不一定是指道德很高的人，但至少是指非常聰明並且表現傑出的人（也包括道德在內）。當天下汙濁時，嫌者要避開而隱居起來；在社會混亂時，則不妨遷居他處；然後依此推之。這四種作法，決定於時代與環境，也決定於個人的容忍程度。

「避言」，有人對我說話無禮，我就避開他；「避色」，不要做官，做官就會看到官場醜陋的嘴臉；「避地」，在今天就是移民；「避世」不是厭世或自殺，而是隱居。古代的隱士大概就是這樣一步一步地退，最後實在無處可退了，只好避開汙濁的世界。

同朝爲官，有一個小人出現就立刻辭職，這種人剛正不阿、性格清高，古代較常有這種情況，但孔子顯然認爲這不是理想的情況。他認爲努力去做自己能做與該做的事，仍然會有希望。如果避開這些人，世界不是更亂了嗎？這不是儒家的想法，但這樣做的人已經有七位，分別是：伯夷、叔齊、虞仲、夷逸、朱張、柳下惠、少連，可參考〈18．8〉。

〈14．38〉

子路宿於石門。晨門曰：「奚自？」子路曰：「自孔氏。」曰：「是知其不可而爲之者與？」

子路在石門過了一夜。第二天清早入城，守門者問：「從哪裡來的？」子路說：「從孔家來的。」守門者說：「就是那位知道行不通還一定要去做的人嗎？」

子路在石門過了一夜，因爲古代晚上有宵禁，這是安全措施。「是知其不可而爲之者與」，這是守門人對孔子的看法，也是後代提到孔子時，最普遍的說法。「知其不可而爲之」是儒家的基本特色，道家和儒家最大的差別，就是莊子說的：「知其不可奈何而安之若命。」（《莊子．人間世》）從這裡，就可以看出這兩個學派的差別。

「知其不可」是一樣的，代表智慧一樣。孔子和莊子兩人的智慧都相當高，都知道自己的理想不能實現，但孔子是「爲之」，代表擇善固執，堅持做下去。

重要的不是做的結果如何，而是該不該做。該做的話，做的過程就是目的，最後的結果，不是個人所考慮的。其結果也不在今天，也許在千秋萬世以後，儒家的精神就在於此，也就是肯定一種社會責任。

爲什麼會有責任呢？因爲人性向善，「向」是一種自我要求的力量，明明知道這樣做不會有結果，還是要做，因爲這是自我要求，這個自我要求在五十歲以後，成了「五十而知天命」，變成自我要求與天命要求配合起來，做這些事的時候，只問該不該做，而不問有沒有成功的可能。

儒家和道家最大的差別

再看莊子，「知其不可奈何而安之若命」，莊子是：反正再怎麼做也沒有用了，就接受它。一切是命，不要勉強，何必與命爭呢？莊子的智慧就在這裡，逆來順受，然後設法尋求精神上解脫的快樂，而不是要求在世界上改善什麼。

知其可或不可都是指具體的作爲，這在道家看來是愈做愈亂，正如「無爲而治」、「無爲而無不爲」，不做最後反而會自然發展。所以凡事要等待那個「勢」，即氣勢，氣勢形成之後，就容易順水推舟。這是道家的智慧，與儒家的見解不同。

儒家總是希望改善，因爲「我」也是這個勢形成的部分之一，這個勢還沒有形成，「我」就要讓它快點形成，好比接力賽，「我」多跑一點，下一棒的人就少跑一點。

道家則不同，偏向於全身保眞，它的消極是外在的消極，而內心的審美情操卻往上提升到另一種境界，一點都不消極。所以莊子的思想與儒家的思想是完全不同的情調，對人生與人性的看法也不相同。

守門人的話，對孔子的描寫眞是一語中的，孔子在很短的時間內，讓別人有這樣深刻的印象。一個人「知其不可而爲之」，有時不免讓人覺得他很笨，但也會讓人佩服，其精神令人感動。

孔子爲什麼堅持？因爲他知道人生沒有別條路可走。人不能選擇時代和社會，但是可以選擇要不要做。所謂「生不逢時」，是對自己缺乏信心，對自己不負責任的話。

〈14．39〉

子擊磬（ㄑㄧㄥˋ）於衛，有荷蕢（ㄏㄜˋ ㄎㄨㄟˋ）而過孔氏之門者，曰：「有心哉，擊磬乎！」既而曰：「鄙哉，硜硜乎？莫己知也，斯已而已矣。『深則厲，淺則揭（ㄑㄧˋ）。』」子曰：「果哉！末之難矣。」

孔子留居衛國時，某日正在擊磬，有一個挑著草筐的人從門前經過，說：「磬聲裡面含有深意啊！」

停了一下，又說：「聲音硜硜的，太執著了！沒有人了解自己，就放棄算了。所謂『水深的話，穿著衣裳走過去；水淺的話，撩起衣裳走過去。』」

孔子說：「有這種堅決棄世之心，就沒有什麼困難了。」

「荷蕢者」一聽到孔子的擊磬聲，就知道是有心人在彈奏，可見他的智慧不低，只可惜他與孔子「道不同，不相爲謀」（〈15．40〉）。

孔子可以通過樂器把自己的心意傳達出來，這實在是上乘的技藝。通常我們對於藝術的要求只是精準而已，事實上不只如此，眞正的高手可以通過彈奏，表達出個人的情感。

可惜孔子的學生衆多，卻沒有人能聽懂他的心事，反而是「荷蕢者」了解他。這個人沒有名字，是個隱士，他從磬聲裡聽出孔子的執著。但是「荷蕢者」不與他來往，孔子也只能空嘆。

堅決之心，什麼困難都不怕

「深則厲，淺則揭」，這兩句出自《詩經．邶風．匏有苦葉》，意思是：要過河就得弄濕衣服，如果猶豫不決，那麼做起事來則顯得優柔寡斷。如果有堅決之心，什麼事都不會怕困難。

「荷蕢者」認爲世道亂就隱居，不必猶豫不決。孔子則不如此想，面對亂世時猶豫不決，知其不可，但不做官又不甘心，總覺得這個「河」非過不可。不同理想的人碰在一起，孔子不免會受到嘲諷，這也是無可奈何的事。

〈14．40〉

子張曰：「《書》云：『高宗諒陰（ㄌㄧㄤˊ ㄢ），三年不言。』何謂也？」

子曰：「何必高宗，古之人皆然。君薨（ㄏㄨㄥ），百官總己以聽於冢（ㄓㄨㄥˇ）宰三年。」

子張說：「《書經》上說：『殷高宗守孝時，住在守喪的屋子，三年不說話。』這是什麼意思呢？」

孔子說：「不只是殷高宗，古人都這樣。國君死了，新君三年不問政治，所有的官員各居其職，聽命於宰相。」

高宗即殷高宗，武丁。「諒陰」即守喪時所住的屋子，又稱凶廬。古代帝王有專門建造的「諒陰」。

「三年不言」，國君死了，新君三年不問政治。「冢宰」即宰相。三年之內國君爲了守孝，不能公開說話。

「三年之喪」，依後來荀子所說，是指二十五個月。這麼長的時間守孝，一方面是出於哀思的孝心，另一方面也可以配合「三年無改於父之道」。然後自己再來負責大政時，可以改弦更張，重開新局。

〈14・41〉

子曰：「上好（ㄏㄠˋ）禮，則民易使也。」

孔子說：「政治領袖愛好禮制，百姓就容易接受指揮。」

「禮」即禮儀與規範，可以保障社會秩序，社會一旦穩定，百姓也樂於聽命。社會是靠禮來維繫的，以禮儀、禮節、禮貌來與人相處，會得到別人與親朋故舊的支持，正所謂「故舊不遺，則民不偷」。

宋朝宰相趙普曾說過，半部《論語》治天下。治天下只是一個效果，重要的是，讓一個人有人生的正路可以走，這才是《論語》對每個人的意義所在。

〈14・42〉

子路問君子。子曰：「修己以敬。」曰：「如斯而已乎？」曰：「修己以安人。」

曰：「如斯而已乎？」曰：「修己以安百姓。修己以安百姓，堯舜其猶病諸？」

子路請教怎樣才是君子。孔子說：「修養自己，以致能認眞謹愼地面對一切。」

子路再問：「這樣就夠了嗎？」孔子說：「修養自己，以致能安頓四周的人。」

子路又問：「這樣就夠了嗎？」孔子說：「修養自己，以致能安頓所有的百姓。修養自己，以致能安頓所有的百姓，堯舜也會覺得這是很難做到的事啊！」

「子路問君子」，連續問了三次。孔子的回答也按照三種境界來說。「修己以敬」，事實上這一步就不見得做得到，「敬」需要靠禮、法來配合。「修己以安人」，要安人，必須重視情義，才能照顧別人。「修己以安百姓」，就是無私，百姓代表天下人，再往上走就是至善，孔子認爲這一點就連堯舜都很難做到。

孔子本來希望子路「修己以敬」，認眞謹愼地面對一切。一個人首先要對他所做的事認眞謹愼，亦即敬業。做到這一步，一定要守法、重禮。

其次就要「修己以安人」，範圍擴大至安頓四周的人，做到這一點，要有情有義，才能走向最高境界——「修己以安百姓」，往無私的方向走，照顧到天下人。

修養自己以至安頓所有百姓，正是孔子的志向「老者安之，朋友信之，少者懷之」（〈5・25〉），這是他最高的理想。

「堯舜其猶病諸？」一語，還可參考〈6・30〉。

〈14・43〉

原壤夷俟（ㄙˋ）。子曰：「幼而不孫弟（ㄒㄩㄣˋ ㄊㄧˋ），長而無述焉，老而不死，是爲賊。」以杖扣其脛（ㄐㄧㄥˋ）。

原壤伸開兩腿坐在地上，等候孔子來。孔子說：「你年少時不謙遜也不友愛，長大了沒有什麼值得傳述的貢獻，現在這麼老了還不死，眞是傷害了做人的道理。」說完，用拐杖敲他的小腿。

原壤是孔子的舊友，性格與作風都與孔子大不相同。這個人對孔子的那一套毫不在乎，有人說原壤比較偏向道家，不在乎法律和禮儀。「夷」即伸開兩腿坐在地上，坐姿不雅，看起來很隨便。「俟」是等候之意。

「幼而不孫弟，長而無述焉，老而不死」，這話說得很重，不過也只有老朋友才會這麼勸說。「賊」不是指小偷，而是指傷害，亦即傷害了做人的道理。做人的道理就是要努力修身養性，長壽是福氣，但是行爲偏差而長壽，就會傷害做人的道理。

由此可見，孔子對人生的看法，認爲人要一輩子努力上進，年輕時要謙遜友愛，中年時要有一些値得傳頌的貢獻，這個人至少在鄉里中是名聲不錯，大家都稱讚他，這樣才是正確的表現。

〈14・44〉

闕黨童子將命。或問之曰：「益者與？」子曰：「吾見其居於位也，見其與先生並行也。非求益者也，欲速成者也。」

闕黨的一個少年來傳達信息。有人談到他，就問：「他是肯求上進的人嗎？」孔子說：「我看他坐在大人的位子上，又見他與長輩並肩而行。這不是一個想求上進的人，而是一個想走捷徑的人。」

「闕黨」，孔子在魯國所居之地，即今之曲阜闕里。童子是未滿十五歲的人。「將命」就是帶著使命或帶著信息。

「吾見其居於位也，見其與先生並行也。非求益者也，欲速成者也」，這對年輕人是很大的批評，孔子的眼光也夠厲害。年輕時應該謙虛，如此才有上進的希望。謙虛就會努力，努力自然就會上進。

事實上，人到中年與老年，同樣需要謙虛，因為人生的修養是無止境的。

衛靈公篇第十五

〈15．1〉

衛靈公問陳於孔子。

孔子對曰：「俎（ㄗㄨˇ）豆之事，則嘗聞之矣；軍旅之事，未之學也。」明日遂行。

衛靈公向孔子詢問有關作戰布陣的方法。

孔子回答說：「禮儀方面的事，我是曾經聽說過的；軍隊方面的事，卻不曾學習過。」第二天他就離開了衛國。

衛靈公詢問孔子有關作戰布陣的方法，發生於魯哀公元年，孔子五十八歲時。「陳」同「陣」，布陣之意。「俎豆」即古代祭祀時，用以盛肉的器皿，在此表示禮儀之意。

孔子怎麼可能不懂軍事方面的事呢？他只是不願意被人認爲可以幫助作戰罷了，所以只談禮儀方面的事。

〈15・2〉

在陳絕糧，從（ㄗㄨㄥˋ）者病，莫能興。子路慍見曰：「君子亦有窮乎？」子曰：「君子固窮，小人窮斯濫矣。」

孔子在陳國沒有糧食充饑，跟隨他的人病倒了，沒有辦法起床。子路帶著怒氣來見孔子，說：「君子也有走投無路的時候嗎？」孔子說：「君子走投無路時，仍然堅持原則；換了是小人，就胡作非爲了。」

孔子周遊列國時，曾在陳國居住三年，後來準備遷往蔡國時，被困在陳、蔡之間，就是所謂的「陳蔡之厄」。此事發生於魯哀公六年，孔子六十三歲時。「窮」代表山窮水盡，走投無路。「濫」是指胡作非爲，放棄原則。像這樣簡單的回答，實在是令人感慨。但在此孔子的回答並不是要教訓子路，而是說明一般的道理。

大概只有子路敢在老師面前發脾氣，因爲他的年紀比一般學生大。孔子回答得眞好，每個人都有可能碰到窮困時，「歲寒，然後知松柏之後凋也。」（〈9・28〉），平時花開葉茂，看不出哪一種植物比較耐寒，好像都很有生命力，只有嚴寒來臨時，才會分出高下。

〈15・3〉

子曰：「賜也，女（ㄖㄨˇ）以予爲多學而識之者與？」
對曰：「然，非與？」
曰：「非也，予一以貫之。」

孔子說：「賜，你以爲我是廣泛學習並且記住各種知識的人嗎？」
子貢回答說：「是啊，難道不是這樣嗎？」
孔子說：「不是的，我用一個中心思想來貫穿所有的知識。」

「多學而識之」，這是子貢對孔子的觀察，而孔子認爲自己不僅如此而已，還必須加上「一以貫之」的原則。

「一以貫之」，在此是針對「多學而識之」而言，表示孔子有一個中心思想。這個中心思想是「仁」，亦即他的一切知識都環繞著「人之性、人之道、人之成」而展開。這一點可以參考〈4・15〉。

子貢喜歡評論人（〈14・29〉），就連對自己的老師也不例外。他認爲孔子是「多學而識之」；這些話傳到孔子的耳中，他覺得子貢怎麼會有這樣的誤會呢？於是利用這個機會說明。

孔子認爲學到的知識，一定要用中心思想連貫起來。如此，書讀愈多，愈可以把所學的知識，貫串成爲系統，到達最高的境界。

〈15・4〉

子曰：「由，知德者鮮（ㄒㄧㄢˇ）矣。」

孔子說：「由，了解德行修養的意義的人很少啊！」

「德」，在此指「德行修養的意義」而言。人生不能離開德行修養，所以孔子會說：「據於德」（〈7・6〉），並且以「德之不修」（〈7・3〉）爲自己最關心的事之一。由此也可知，在肯定人性向善之後，還必須一生努力修德。

在翻譯時特別加上「意義」二字，是因爲一般人知道「德」的重要，但是不一定了解爲什麼要有德。有德不是做給別人看的，不是爲了名聲，也不是爲了快樂，而是來自人性向善的內在要求，這才是關鍵。

一般人修養德行，往往希望人緣好一點，名聲好一點，大家都快樂，但這不是眞正的德。眞正的德，即使是孔子的學生也很少人了解，因爲它牽涉到孔子的中心思想，也就是修德的原因。如果沒有從人性向善的角度講修德，往往只會考慮外在的效果與收穫，就好像投資一樣，期待有所回報。當得不到好的回報時，就會放棄，就會「窮斯濫矣」，這種看法顯然不對。

當時，孔子所謂的德行修養，也就是「人性向善」，這是很少人明白，因而也很難從內在啓發的一種力量，可以讓自己長期堅持下去。正如同雖然天下沒有人了解孔子，他也照樣堅持。行善的快樂在於內，這樣做事但求心安，快樂也將源源不絕。

〈15・5〉

子曰：「無爲而治者其舜也與！夫何爲哉？恭己正南面而已矣。」

孔子說：「無所事事而治好天下的人，大概就是舜吧！他做了什麼呢？只是以端莊恭敬的態度坐在王位上罷了。」

「無爲而治」也是道家老子的思想，差別在於：孔子強調的是「恭己正南面」，亦即端坐在面向南方的王位上，有修德與盡職的責任，知人善任，分層負責，而不是眞正無所事事。

道家的「無爲而治」就是「無爲而無不爲」。「無不爲」就是什麼事都做完了，沒有剩下的，但是如果有爲，就永遠做不完了。一個人怎麼可能靠自己的力量做成所有的事呢？一旦按自己的想法去做，就會掛一漏萬，或是勉強改變事情的自然軌道，以致最後無法補救。所以有時候太聰明的人反而被聰明所誤，就是因爲思慮太多，而忽略了事情自然的趨勢。道家的智慧就在這裡。

孔子的「無爲而治」，表面看起來與道家差不多，事實上是不一樣的，差別在於「恭己」兩字。恭己就是端莊恭敬的態度，代表有德，正如「爲政以德，譬如北辰，居其所而衆星共之。」（〈2・1〉），這也是無爲而治。儒家的「無爲而治」是以德做爲最高的原則，因爲人性向善，所以可以「無爲而治」。

道家的「無爲而治」是說：不要有任何刻意的目的，而是透過智慧來了解大勢所趨，然後順其自然，以求水到渠成。

〈15．6〉

子張問行。子曰：「言忠信，行篤敬，雖蠻貊（ㄇㄛˋ）之邦，行矣。言不忠信，行不篤敬，雖州里，行乎哉？立則見其參於前也，在輿則見其倚於衡也，夫然後行。」子張書諸紳。

子張請教怎樣可以行得通。孔子說：「說話眞誠而守信，做事踏實而認眞，即使到了南蠻北狄這些外邦，也可以行得通。說話不誠而無信，做事虛浮而草率，即使在自己本鄉本土，難道可以行得通嗎？站的時候，要好像看到這幾個字排列在眼前；坐在車中，要好像看到這幾個字展示在橫木上。這樣才能夠行得通。」子張把這句話寫在衣帶上。

古代以華夏文明爲中國，把四周的東夷、西戎、南蠻、北狄當作文化落後地區，稱爲「蠻貊之邦」。我們現在不以先進與落後來判斷不同的文化，但是依然可以肯定這句話的內涵是「放諸四海而皆準」的。

「州」所轄範圍是二千五百家，「州里」則指本鄉本土。「言忠信，行篤敬」，這六個字堪作座右銘。一個人憑良心眞誠而守信，做事篤敬踏實而認眞。如果「言不忠信，行不篤敬」，即使在自己的本鄉本土也會行不通。

孔子的原則很實用，先盡力自我要求，就不用擔心別人的阻礙。「言忠信，行篤敬」，不會給人帶來任何困擾，別人歡迎都來不及。

在日常生活中，對別人說任何話，答應別人做任何事，都非常清楚地知道自己在做什麼，先自我要求，不去勉強人家。久而久之，別人就會了解，自己對大家有正面的幫助。

「子張書諸紳」，表示孔子的這句話對他啓發很大，不然不會寫在衣帶上，隨時提醒自己。

〈15・7〉

子曰：「直哉史魚！邦有道，如矢；邦無道，如矢。君子哉蘧伯玉！邦有道，則仕；邦無道，則可卷（ㄐㄩㄢˇ）而懷之。」

孔子說：「眞是正直啊，史魚這個人！政治上軌道時，言行像箭一樣直；政治不上軌道時，言行也像箭一樣直。眞是君子啊，蘧伯玉這個人！政治上軌道時，出來做官；政治不上軌道時，可以安然地隱藏自己。」

史魚，就是衛國大夫史鰌，字子魚。他曾死諫衛靈公，希望他重用蘧伯玉而遠離彌子瑕。

史魚和蘧伯玉是截然不同的人。史魚不管國家有道無道，其言行依然正直。蘧伯玉則是較爲保守的人，一天到晚都想著讓自己變得更好（〈14．25〉）。與這種人在一起，生活裡一定少了很多樂趣。

孔子顯然比較欣賞蘧伯玉，因爲直來直往的史魚，很容易受害，一旦犧牲就沒有機會爲民服務了。國家有道、無道，並非個人可以改變，有時必須等待時機。國家無道時，可以安然隱藏自己，有機會再去從政。

關於邦有道、邦無道，還可參考〈5．20〉。

〈15．8〉

子曰：「可與言而不與之言，失人；不可與言而與之言，失言。知（ㄓˋ）者不失人，亦不失言。」

孔子說：「可以同他談話卻不去同他談話，這樣就錯過了人才；不可以同他談話卻去同他談話，這樣就浪費了言詞。明智的人既不錯過人才，也不浪費言詞。」

本章說明我們一方面要謹慎，對於不該交談的人就不要多說。一方面要積極，遇到値得一談的人，要深入了解他。交朋友當然需要溝通，但是，我們都知道，確實有所謂「話不投機半句多」的情形。

言爲心聲，一定要由知言進而知人，正所謂「不知言，無以知人也。」（〈20．3〉）。能知言，才能結交益友，互相啓迪，也才能分辨損友，潔身自愛。明智的人不會錯過人才，也不會浪費言詞，兩方面都可以兼顧，確屬不易。

「古來聖賢皆寂寞，唯有飮者留其名」，意思是聖賢的朋友不多，只有喝酒的人留下名聲。但是我們也可以倒過來說：「古來飮者皆寂寞，唯有聖賢留其名」。說話是人們溝通思想與情意的主要媒介，「知者」當然會用心。再說孔子的學生中，就有「言語」科，足見其重要性。

〈15．9〉

子曰：「志士仁人，無求生以害仁，有殺身以成仁。」

孔子說：「有志者與行仁者，不會爲了活命而背棄人生理想，卻肯犧牲生命來成全人生理想。」

「志士仁人」是指兩種人，一個是有志者，有志於行仁；一個是行仁者，眞的在行仁。就是因爲行仁，才能「無求生以害仁」。在《論語》裡，類似的用語都有「正在朝某一目標努力」之意，顯示人生是動態開展的。本章的「仁」即人生理想，亦即「人之成」。

仁和義都是善的具體表現

成語「殺身成仁」即出自本章。表面看來是「殺身」，實則卻是「成仁」，表示仁是人的至高目標。孟子後來說「捨生取義」，也是同樣的意思，都是肯定人生應以實踐道義爲首要關懷。

孔子的「殺身成仁」和孟子的「捨生取義」，一個是身體，一個是生命，兩者意思相同。一個是成就了仁義，不但不是損失，反而是收穫；另一個是捨棄了生命，卻得到了義。

仁和義就是生命的目標，代表人性向善，都是善的具體表現。所以，爲了善而犧牲，死得其所，這樣的犧牲反而是完成。所謂的「人生自古誰無死，留取丹心照汗青」，就是要留下一個偉大的情操照亮歷史，這是儒家的想法。

「志士仁人」不會爲了活命而背棄人生理想，卻肯犧牲生命來成全人生理想，由此可以清楚看到孔子對於死亡的了解。人一定會死，所謂「自古皆有死，民無信不立」，死亡很平常，只不過這一生不能白白等死，可以爲了仁義而犧牲，代表人性的善有具體實現的機會，爲此犧牲生命等於是完成生命。

這種說法可以接上宗教信仰，只不過，孔子並不刻意強調這一方面。相關資料，可參考〈4．8〉、〈8．13〉、〈15．35〉。

〈15．10〉

子貢問爲仁。子曰：「工欲善其事，必先利其器。居是邦也，事其大夫之賢者，友其士之仁者。」

子貢請教怎樣走上人生正途。孔子說：「工人想要做好他的工作，一定要先磨利他的器具。你住在一個國家，要事奉大夫之中賢良卓越的，並且要結交士人之中努力行仁的。」

「爲仁」是論方法，意即怎樣走上人生正途。做任何事之前，工具一定要先準備好，由此延伸到個人從政。

賢者已有明確的卓越表現，仁者則是朝著仁的目標努力。兩者應該都有公認的具體事蹟。經常與這些賢者、仁者相處，自然就容易走上正途，等於是「以友輔仁」。

《孟子．滕文公下》談到宋王如何可以走上正路：「在於王所者，長幼尊卑皆薛居州也，王誰與爲不善？在王所者，長幼尊卑皆非薛居州也，王誰與爲善？一薛居州，獨如宋王何？」由此可見，政治領袖想要走上正途，也需要周圍的人都是善士。

〈15．11〉

顏淵問爲邦。子曰：「行夏之時，乘殷之輅（ㄌㄨˋ），服周之冕，樂則

『韶』、『舞』。放鄭聲，遠（ㄩㄢˋ）佞人。鄭聲淫，佞人殆。」

顏淵請教治理國家的辦法。孔子說：「依循夏朝的曆法，乘坐殷朝的車子，戴著周朝的禮帽，音樂就採用『韶』與『武』。排除鄭國的樂曲，遠離阿諛的小人。鄭國的樂曲是靡靡之音，阿諛的小人會帶來危險。」

「為邦」即治理國家的辦法。「顏淵問為邦」，孔子的回答也就特別慎重，集結了各朝各代治理國家的精華，可以說是最高的標準了。

「夏」即夏朝曆法，以農曆正月為一月，合乎四季的自然規律。「殷」即殷朝的車子，既實用又簡樸，是合宜的交通工具。「韶」是舜時的音樂；「舞」與「武」通用，是周武王時的音樂。「鄭聲」，指鄭國的樂曲，與《詩經》中的〈鄭詩〉無關，鄭國的樂曲是靡靡之音。「佞人」即阿諛的小人。

這裡提到的「鄭聲」，關於鄭國的音樂有各種說法。古代對聲、音、樂三個字有清楚的區分：聲是動物發出來的叫聲，音是百姓說話的一般聲音，樂就是君子所學用來演奏的，但現在已經混用了。

「鄭聲」通常指最通俗的樂曲，是當時的靡靡之音，譬如孟子去見齊宣王，宣王就承認：「自己喜歡的不是雅樂，而是俗樂。」俗樂讓人聽了之後沉溺其中，人生重大的事情都不想管了；而聽了雅樂之後，會讓人感覺到生命的莊嚴，產生一種進取的力量。

〈15．12〉

子曰：「人無遠慮，必有近憂。」

孔子說：「一個人不做長遠的考慮，一定會有很快就來到的煩惱。」

遠與近指時間而言，但是未必指同一件事。譬如，政治領袖沒有長遠的規劃，社會問題就會層出不窮，使他煩惱不已。

人生的每個近憂都是因為之前沒有考慮好，亦即沒有遠慮，直到煩惱來到眼前，才會想起從前的大意。如果對任何問題考慮周全、想清楚的話，就不會有臨到眼前的煩惱。

〈15．13〉

子曰：「已矣乎！吾未見好德如好色者也。」

孔子說：「算了吧！我不曾見過愛好德行像愛好美色的人。」

本章的內容已見於〈9．18〉。愛好美色是很自然的，這種愛好是出於感官的需求，但愛好德行更為重要，這句話很明顯是孔子的感嘆。

順著感官需求，是生物本能的表現，像孔子說的：「少之時，血氣未定，戒之在色。」（〈16．7〉）一定要接受教育之後，明白人生道理，知道「人性向善」，接著再立志修養，才會終身好德。

〈15．14〉

子曰：「臧文仲其竊位者與（ㄩˊ）！知柳下惠之賢而不與立也。」

孔子說：「臧文仲是個做官不負責的人吧！他明知柳下惠有卓越才德，卻不給他適當的官位。」

臧文仲，即魯國大夫臧孫辰，歷仕魯國莊公、閔公、僖公、文公四君，可參照〈5．17〉。

柳下惠，即魯國賢者展獲，字禽，又名展季。「柳下」是描寫所居之處，「惠」是死後由妻子給他的謚號。參照〈18．2〉。

「竊位」即偷取一個官位，等於是對自己的官位不負責任。「立」有兩種解釋，一是指位置的位，一是指沒有一起在朝廷做官。

臧文仲若是負責任，就該提拔賢者柳下惠一起爲百姓服務。現在柳下惠這個人才浪費了，就該責怪當權的大夫。

〈15・15〉

子曰：「躬自厚而薄責於人，則遠怨矣。」

孔子說：「責備自己多而責備別人少，就可以遠離怨恨了。」

「躬自」是指對自己而言，「厚」是「厚責」的省略。關於「怨」，還可參考〈4・12〉。

這句話現代人也經常在用。責備自己多，責備別人少，不容易做到；通常是責備別人多，責備自己少，總是給自己找藉口。因此，我們要倒過來，先要求自己，儘量少責怪別人，以避免別人的怨恨。任何責怪都會有反彈，這是屢試不爽的。

《易經》損卦在卦辭就有「元吉」（最爲吉祥）一詞，因爲損卦的啓示是「損己利人」。能做到損己利人，別人不但不會抱怨，反而可能會感恩圖報。

〈15・16〉

子曰：「不曰『如之何，如之何』者，吾末如之何也已矣。」

孔子說：「不說『怎麼辦，怎麼辦』來提醒自己的人，我對他也不知道怎麼辦才好。」

「如之何」，指出我們凡事要謹愼思考，以求言行合宜。每個人都應該常常問自己：我應該怎麼做比較好呢？這樣做對不對呢？這麼一來，就很難出錯，這就是「先思而後行」。從來不自己想「怎麼辦？怎麼辦？」的人，孔子見了，也沒有辦法。孔子另有無可奈何的人，參考〈9．24〉。

〈15．17〉

子曰：「群居終日，言不及義，好行小慧，難矣哉！」

孔子說：「一群人整天相處在一起，說的是無關道義的話，又喜歡賣弄小聰明，實在很難走上人生正途！」

「義」即道義，就是人生的「應該」，如原則與理想。「慧」指賣弄小聰明。有些人認爲「慧」是指恩惠的惠，意思是一天到晚給人家小小的恩惠，這麼一來，人際關係應該不錯，但與這裡所談的人際關係顯然沒有關連。

孔子所說的情況，言不及義，賣弄小聰明，耍耍嘴皮，表面看來，這樣的生活很容易，實則難以走上正道，可參考〈17．22〉。

人生就是「言」、「行」二字，說話要有道理，該說才說；做事方面也需大方負責，不必要耍弄小聰明。若是反其道而行，誰能幫得上忙？

〈15．18〉

子曰：「君子義以爲質，禮以行之，孫（ㄒㄩㄣˋ）以出之，信以成之。君子哉！」

孔子說：「君子以道義爲內心堅持的原則，然後依合禮的方式去實踐，用謙遜的言詞說出來，再以誠信的態度去完成。這樣做，眞是個君子啊！」

君子所堅持的原則是「義」。至於義的具體內容，則必須依個別情況而定，所以要接著談到禮、遜、信等方法，可參考〈17．23〉。

「質」代表內在，就好像樹幹一樣。以「義」做爲內心堅持的主幹，然後「禮以行之，孫以出之，信以成之」，這才是君子所爲。

道義就是對正當性的要求，凡事皆想其是否合乎正當性。至於在落實的時候，還需配合以下三點：禮是用來實踐的規範；謙遜與誠信都是代表態度。我們如果努力做到這些，那麼人生境界自然就不同了。

〈15．19〉

子曰：「君子病無能焉，不病人之不己知也。」

孔子說：「君子責怪自己沒有能力，不責怪別人不了解自己。」

本章與〈14・30〉：「不患人之不己知，患其不能也」，意思正好顛倒。這些語句的立場都是要人自我反省，以求精益求精，而不必與人比較。與其期待別人的賞識，不如依靠自己的努力。並且，「人不知而不慍，不亦君子乎？」（〈1・1〉）相關資料，還可參考〈1・16〉、〈4・14〉。

〈15・20〉

子曰：「君子疾沒（ㄇㄛˋ）世而名不稱焉。」

孔子說：「君子引以爲憾的是：臨到死時，沒有好名聲讓人稱述。」

「疾」即引以爲遺憾，就好像生病一樣。因爲這句話，後代有很多學者認爲儒家很重視名聲，似乎千秋萬世以後的名聲最爲重要，諸如人死留名、豹死留皮、雁過留聲等。

這裡要說明的是，孔子說過：「君子去仁，惡乎成名？」（〈4・5〉）可見君子必須以仁成名。名隨實而來，要把握有生之年努力行仁。走上人生正途才是善名，而不是追求外在的虛名。

〈15．21〉

子曰：「君子求諸己，小人求諸人。」

孔子說：「君子要求的是自己，小人要求的是別人。」

「求」有要求、期待、責成之意。君子、小人在一念之間，就可分出高下。正如「古之學者爲己，今之學者爲人」（〈14．24〉），都是類似的意思。君子讀書是爲自己而讀，希望改善自己；小人是表現給別人看，所求的也是要求別人。所以一個人懂得要求自己，也比較容易領悟生命的主體性與主動性。

要求自己容易做到，要求別人就比較困難，因爲別人不一定聽得進去，一不小心還可能惹來抱怨，甚至連親子間也一樣。總之，要改變別人太難，改變自己還比較有可能。

〈15．22〉

子曰：「君子矜而不爭，群而不黨。」

孔子說：「君子自重而不與人爭鬥，合群而不成幫結派。」

歷來黨派之爭的原因，就在於重視私誼而罔顧公義。自古至今，能夠「群而不黨」的實在很少，只有君子才能做到。

有關君子與小人的分辨，在本書中一再出現，如君子是「周而不比」（〈2．14〉）、「坦蕩蕩」（〈7．37〉）、「和而不同」（〈13．23〉）、「泰而不驕」（〈13．26〉）等等，都在肯定君子的無私表現。只要有公心，人格自然高尚。

〈15．23〉

子曰：「君子不以言舉人，不以人廢言。」

孔子說：「君子不因為一個人話說得好就提拔他，也不因為一個人操守不好就漠視他的話。」

孔子曾說「有言者不必有德」（〈14．4〉），能說善道的人未必有眞正的德行與本事；至於素來行爲不佳者，也未必說不出有價値的話。

君子「不以言舉人」，那麼會不會「以言廢人」呢？孔子沒有這麼說，不過，可能性也不是沒有。「不以言舉人」，卻可能「以言廢人」，所以說話要謹慎。

不「以人廢言」，不因爲一個人操守不好就否定他的話，而是要看這個人說的話有沒有意義。這兩句話正說中一般人常犯的毛病，值得省思。

〈15・24〉

子貢問曰：「有一言而可以終身行之者乎？」子曰：「其『恕』乎！己所不欲，勿施於人。」

子貢請教：「有沒有一個字可以讓人終身奉行的呢？」孔子說：「應該是『恕』吧！自己所不想要的一切，就不去加在別人身上。」

「一言」即一個字，有如以一字爲座右銘。孔子的學生都希望能有一個座右銘，但是要簡單一點。孔子的答案是「恕」字，如心爲「恕」，設身處地爲別人著想，正是維持人際和諧關係的上策。

「己所不欲，勿施於人」，是舉世皆知的孔子金律。自己不想要的，就不要加在別人身上。這句話在〈12・2〉也出現過，如果覺得「勿施於人」有些消極，那麼可以參考〈6・30〉：「夫仁者，己欲立而立人，己欲達而達人。」

本章還可參考〈5・11〉。

〈15・25〉

子曰：「吾之於人也，誰毀誰譽？如有所譽者，其有所試矣。斯民

也，三代之所以直道而行也。」

孔子說：「我對於別人，曾經貶抑了誰又稱讚了誰？如果是我稱讚的，一定經過了某些檢驗。同樣都是百姓，夏商周三代的人就是以這種方法坦然走在正路上啊。」

經過檢驗之後，才表示評價，這就是直。直有「眞誠」與「直率」之意，是人性自然的要求，所以孔子說：「人之生也直。」（〈6．19〉）

現代人加在別人身上的毀譽，大部分都不是「其有所試」，而是道聽塗說的。我們評論別人，必須是親自聽到、看到、經歷到，並且是經過檢驗的。

今日的電視有許多談話或評論節目，說起別人的是是非非，大都是臆測多而證據少。大家習以爲常後，社會風氣自然趨於澆薄，實在讓人擔心。

〈15．26〉

子曰：「吾猶及史之闕文也。有馬者借人乘之，今亡（ㄨˊ）矣夫！」

孔子說：「我還能看到史書裡存疑的地方。就像有馬的人自己不會騎，就借給別人騎一樣。現在看不到這種情形了！」

「有馬者借人乘之」這一句是比喻，表示撰寫史書的人寧可存疑也不妄加猜測，要等待賢者提供證據。

孔子強調的是，古人做學問比較客觀和眞實，沒有把握就保留下來，將來讓別人再去補充。

〈15．27〉

子曰：「巧言亂德。小不忍則亂大謀。」

孔子說：「動聽的言語足以混淆道德判斷。小事情不能忍耐，就會攪亂大的計畫。」

「德」即德行修養。在此與「言」相對，是指道德判斷。譬如，有人可以靠口舌顚倒黑白是非。

「巧言」兩字，孔子批評很多次，如「巧言令色，鮮矣仁」（〈1．3〉）。人的道德判斷一方面是良心的問題，就是心裡感覺自己對不對，另一方面是社會的輿論，就是別人如何判斷事情的對錯，別人說的多，就變成是衆口鑠金，到最後自己都不清楚怎麼回事了。

譬如「曾參殺人」這個例子，可以說明謠言的可怕。第一個人對曾參的母親說：

「曾參殺人。」他母親說：「我兒子絕不會殺人。」第二個人又說：「曾參殺人。」他母親說：「我兒子不會殺人。」從「絕不會」變成「不會」，第三個人又說：「曾參殺人。」這次，他母親直接跳窗逃走了。

德行修養須謹慎沉著

眞正的朋友是，即使天下人都誤會你，他依然相信你。他相信你，是因爲很了解你，知道你不會做這種事；如果眞做的話，也一定有特別的理由。

因此，在談道德判斷時，要注意到內在的良心與外在的輿論，外在的輿論就是巧言的部分。譬如你做了一件不好的事，別人還安慰你：「無所謂啦，這種事大家都在做，你做也沒有關係。」這就是巧言亂德。大家都做的事，不代表這是可以做的事，更不代表這是對的事。

「巧言亂德」確實發人深省。我們常常批評社會上諸多事件，很多人覺得見怪不怪，只以「世風日下」、「大家都是如此」來搪塞。

至於「小不忍則亂大謀」，則告訴我們，做事情要有一個大的計畫，小事情不能忍耐的話，就會破壞大的計畫。

〈15．28〉

子曰：「眾惡（ㄨˋ）之，必察焉；眾好（ㄏㄠˋ）之，必察焉。」

孔子說：「大家討厭的人，我們一定要仔細考察才做判斷；大家喜歡的人，我們也一定要仔細考察才做判斷。」

大多數人往往只從表面判斷一個人，所以好惡未必客觀。「衆惡之，必察焉；衆好之，必察焉」，說來容易，做起來難。通常我們也沒有多餘的時間去考察、判斷，往往都是道聽塗說之後，就有先入為主的印象。所以自己先考察才下判斷，這是不容易的事，孔子就是這樣要求他的學生。

因此，我們對任何人、任何事的判斷，都要儘量避免用聽說的，最好能自己親自考察，否則，就可能受到偏見的影響。

〈15・29〉

子曰：「人能弘道，非道弘人。」

孔子說：「人可以弘揚人生理想，而不是靠人生理想來弘揚人。」

「弘」有弘揚、體現之意，主動力量在於人，而不在於道。

「道」指人生理想，再偉大的道也無法使一個人完美，除非這個人主動努力去體現道。因此，了解「道」的人，還必須以行動配合；不了解「道」的人，則由於人性向善，也有可能本著良知走上正途。

「朝聞道，夕死可矣」（〈4・8〉），說明了道的重要，但是一定要人能弘道，這個「道」才能實現出來。所以「人能弘道，非道弘人」，是對儒家人文主義思想的充分肯定。

道家不一樣，道家是「道」優先，人要設法去知「道」，去體「道」，通過「道」來了解。而儒家強調的是，即使沒有學問或智慧，只要眞誠，就可以發現內心向善的要求，從這裡走出去就是人生的正路。因爲「文勝質則史，質勝文則野，文質彬彬，然後君子」（〈6・18〉），只有外在的文是不夠的，只有質的話也顯得粗糙，如果缺乏眞誠，人與人之間相處會顯得無所措其手足。這兩者是要配合的。

〈15・30〉

子曰：「過而不改，是謂過矣。」

孔子說：「有了過錯卻不改正，那才叫做過錯啊！」

人難免有過錯，只要能改，就會日進於善。金庸小說《神雕俠侶》男主角楊過之名，就是從這句話而來的。

每個人都會犯錯，犯錯往往來自無心之過；有時是有心犯錯，有時是認知錯誤。

譬如，子女以爲這樣做沒事，而父母認爲不對，這也算是一種過，否則怎麼會有怨恨呢？人生中犯錯是常有的事，因爲人有行動自由；有自由，犯錯的可能性就大了。

「人之過也」是很平常的，但是有了過錯卻沒有改正，就是眞正的過錯了。那表示這個人要故意掩飾，或者堅持不認錯。這樣對待自己的過錯，帶來的後遺症不少，性格也會受到影響，人生往往自此向下墮落。

相反，有錯就改，就會謙虛，謙虛就會上進。另一方面也會體諒同情別人，看到別人的過失，不會太挑剔。由此可見，這一句話也是孔子非常體貼人的說法。

關於「過」，還可參考〈4．7〉、〈5．26〉。

〈15．31〉

子曰：「吾嘗終日不食，終夜不寢，以思；無益，不如學也。」

孔子說：「我曾經整天不吃，整晚不睡，全部時間用於思考；可是沒有什麼益處，還不如去學習啊。」

我們很難做到「終日不食，終夜不寢」，把這些時間都用於思考。思考是有了豐富的人生經驗，或是讀了一些書之後，努力把道理想通。

思考的時候，如果材料有限，「無益，不如學也」，代表學的還不多。如果只是思考每天周遭發生的事，包括自己親身碰到的事，就難免狹隘而有限，思考也不會有什麼結果。因此，思考前一定要先學習，學習才能有豐富的材料。

此外，思考的時候，還可以借鏡別人的經驗。像心理學家所寫的書，大部分會加入許多個案，做爲具體的思考材料。自己雖然沒有經歷那種處境，但是參考別人的經驗，也可以深入了解。

總之，思與學相輔相成，不可偏取其一。孔子認爲人光是思考沒有用，還不如去學習。學習要與思考結合，「學而不思則罔，思而不學則殆」（〈2．15〉）。

〈15．32〉

子曰：「君子謀道不謀食。耕也，餒（ㄋㄟˇ）在其中矣；學也，祿在其中矣。君子憂道不憂貧。」

孔子說：「君子追求的是人生理想而不是衣食無缺。認眞耕田，自然得到了食物；認眞學習，自然得到了俸祿。君子掛念的是人生理想而不是貧困生活。」

本章前後兩句話是立場的說明，中間兩句話是事實的描述。「餒」與「祿」相對，指正常情況下的收穫。努力工作，就有食與祿，但是君子念念不忘的卻是道。

人活在世界上，飲食方面的需求實在很有限，如果追求富貴或者財富，那是欲望無窮，永遠追求不完的。食物只要滿足需求就可以，過量對身體不見得有幫助。不過書買多了卻沒有看，或者拚命看而沒有消化，就跟食物吃多了不消化一樣，不但毫無用處，還很占地方。所以讀書不要著急，要有計畫，並且持之以恆，讓自己感覺到有知性的成長，然後再思考所學的內容，遇到人生的問題時就不會迷惑了。

〈15·33〉

子曰：「知（ㄓˋ）及之，仁不能守之，雖得之，必失之。知及之，仁能守之，不莊以涖（ㄌㄧˋ）之，則民不敬。知及之，仁能守之，莊以涖之，動之不以禮，未善也。」

孔子說：「以明智獲得百姓的支持，如果仁德不足以保住他們，那麼即使得到了，也一定會失去。以明智獲得百姓的支持，仁德又足以保住他們，如果不以莊重的態度來治理，他們就不會認眞謹愼。以明智獲得百姓的支持，仁德又足以保住他們，再以莊重的態度來治理，如果動員時沒有合乎禮儀的要求，還是不夠完美。」

本章的十一個「之」字都是指百姓。知與仁這兩個步驟屬於「道之以德」，莊與禮則近於「齊之以禮」（〈2·3〉）。合而觀之，是提醒政治領袖的治國良法。這段話重複講三次，可見孔子很強調這個順序。

有些人非常聰明，可以得到百姓的支持。譬如，競選時口才很好的人發表政見，很容易博取大家的肯定，但是如果他的仁德不夠，即使上任之後也會失去民心。其次，非常明智，仁德又夠，而沒有以莊重的態度來治理的話，百姓就不會認眞謹愼。動員百姓時，沒有合乎禮儀的要求，還是不夠完美。任何地方都要講求禮儀與法律，才是眞正的好領袖。由此亦可見爲政的挑戰是如何艱鉅了。

〈15·34〉

子曰：「君子不可小知而可大受也，小人不可大受而可小知也。」

孔子說：「君子沒有辦法在小地方顯示才幹，卻可以接受重大的任務。小人沒有辦法接受重大的任務，卻可以在小地方顯示才幹。」

「君子不器」，君子氣度比較恢弘，其理想是道，做不做官無所謂，一定要堅持理想；但是小地方有時需要小聰明，君子不見得能掌握得住，所以很難在小地方顯示才幹，卻可以接受重大的任務。

小人不一樣，小人未必沒有才幹，只是缺少大志與遠見，所以不可「大受」。

一個人要看得遠，譬如，政治領袖不能只求立刻得到什麼利益，要看長遠一點。否則欲速則不達，見小利則大事不成。

〈15・35〉

子曰：「民之於仁也，甚於水火。水火，吾見蹈而死者矣，未見蹈仁而死者也。」

孔子說：「百姓需要走上人生正途，勝過需要水與火。爲了得到水與火，我見過有人犧牲了生命，但是卻不曾見過有人爲了走上人生正途而死的。」

水與火是日常生活所需，沒有水和火怎麼生活呢？但是走上人生正途才是人活著的目的，本末不可倒置。

孔子感嘆人們只知爲了謀生，人爲財死，鳥爲食亡，卻忽略了謀生的目的，不能做到「殺身成仁」（〈15・9〉）。

爲什麼要如此堅持人生的正路呢？因爲走上人生的正路是內心自然的要求，向善的要求，同時可以帶來快樂。

這一段話的意思比「殺身成仁」更完整，因爲它同時提到水火，水火代表生活的需要。還可參考〈4・8〉、〈8・13〉。

〈15．36〉

子曰：「當仁，不讓於師。」

孔子說：「遇到人生正途上該做的事，即使對老師也不必謙讓。」

「當仁不讓」現在經常在使用。師生皆以「仁」爲目標，在人生正途上互相勉勵，所以學生必須不讓於老師。碰到該做的事，不要分老師或學生，每個人都替自己負責，搶先去做；老師也不用讓學生，看到該做的事趕快去做，因爲這是對自己生命的要求加以回應。

在「仁」面前，人人平等，每個人都要設法按照內心向善的要求行善。碰到行善的機會，一馬當先，絕不客氣。

〈15．37〉

子曰：「君子貞而不諒。」

孔子說：「君子堅持大的原則而不拘泥於小信。」

「諒」，是指言而有信，但是未必符合大原則，結果可能因而造成禍害。守信用本來是好的，但是碰到「貞」，就變成小節了。

孔子說過：「言必信，行必果，硜硜然小人哉。」（〈13・20〉）這說明「說話一定做到，做事要有結果」雖然很好，但是如果只想到如此，就會陷入執著。

孔子說「無可無不可」（〈18・8〉），做事要有彈性，遇到大事可以調整。再怎麼好的理想與原則，落實在具體生活上時，還是要懂得判斷與權衡輕重；如果沒有學會判斷，一意孤行，就會變成食古不化，到最後自以爲是，就完全悖離儒家的思想了。

眞正的儒家思想是智者不惑，雖然時有困難出現，但是要心胸開闊，眼光放遠，選擇要有彈性。基本的原則絕不放棄，應用時則可以有各種考慮。

確定大的原則之後，就不要太在意小的信用，如此才可適應情況的變化。所以儒家思想所謂「無可無不可」是一種變通，需要做智慧的判斷。人生本來就很複雜，不是任何問題提出來，馬上就解決了；尤其替別人出主意時，千萬要小心，因爲我們畢竟不是當事人。

〈15・38〉

子曰：「事君，敬其事而後其食。」

孔子說：「事奉君主，認眞做好分內工作，然後才想到俸祿。」

「君」即君主，古代的君主，包括天子、諸侯、卿大夫等，今日則指上司、長官、老闆等。「事」是事奉，意指合宜的相處之道。在今天來說，上班時要好好把工作做好，然後才想到薪資，本末輕重要能夠掌握。

在人我相處時，總是要自問有無盡責，若是未能盡責，又憑什麼領取俸祿？這是基本的做人道理，推及工作場所，就形成了職業倫理。

〈15・39〉

子曰：「有教無類。」

孔子說：「我在教學時一視同仁，不會區分學生的類別。」

「類」是指社會上的各種區分，如階級、地域、貧富、智愚等，古代確實有分類。孔子在收學生時一視同仁，不會區分學生的類別，但在教學的時候就要「因材施教」，兩者配合。所以孔子常常被肯定為偉大的教育家。

〈15・40〉

子曰：「道不同，不相為謀。」

孔子說：「人生理想不同的話，不必互相商議。」

「道不同，不相爲謀」，這句話說明人各有志，選擇的人生理想因而未必相同。孔子一方面深信自己把握的是正道，同時也不否定別人有各行其道的自由。這是寬容與尊重的態度。

可以配合的，儘量配合，理想眞的不一樣，就不要勉強，反正天下的路很寬廣，「道並行而不悖」，如果有緣，最後還是會回到共同的目標。

主張不同，可參考〈2．16〉。

〈15．41〉

子曰：「辭達而已矣。」

孔子說：「言辭能做到達意就可以了。」

「達」即達意，不必多加文飾。說話、寫文章時，能把意思說清楚就可以了，不需要特別雕琢；有時用詞過於漂亮，反而會使眞意受到影響。說話、做事與寫文章一樣，只要達意就可以了。

〈15・42〉

師冕見，及階，子曰：「階也。」及席，子曰：「席也。」皆坐，子告之曰：「某在斯，某在斯。」師冕出。子張問曰：「與師言之道與？」子曰：「然，固相師之道也。」

師冕來見孔子，走到台階前，孔子說：「這是台階。」走到坐席旁，孔子說：「這是坐席。」大家坐定之後，孔子告訴他說：「某人在這裡，某人在這裡。」師冕告辭走了。子張請教說：「這是與盲者說話的方式嗎？」孔子說：「對的，這確實是與盲者說話的方式啊！」

「師冕」，師是樂師，古代一般由盲者擔任，冕是樂師之名。師冕來見孔子，孔子對其細心引路，可見他對人的態度既眞誠又體諒，從容合宜。孔子在平常生活上的細心，以及體貼別人的表現，很有同理心。這也是孔子對學生最好的身教。

季氏篇第十六

〈16·1〉

季氏將伐顓臾（ㄓㄨㄢ ㄩˊ）。冉有、季路見於孔子曰：「季氏將有事於顓臾。」

孔子曰：「求！無乃爾是過與？夫顓臾，昔者先王以為東蒙主，且在邦域之中矣，是社稷之臣也。何以伐為？」

冉有曰：「夫子欲之，吾二臣者皆不欲也。」

孔子曰：「求！周任有言曰：『陳力就列，不能者止。』危而不持，顛而不扶，則將焉用彼相（ㄒㄧㄤˋ）矣？且爾言過矣，虎兕（ㄙˋ）出於柙（ㄒㄧㄚˊ），龜玉毀於櫝（ㄉㄨˊ）中，是誰之過與？」

冉有曰：「今夫顓臾，固而近於費（ㄅㄧˋ）。今不取，後世必為子孫憂。」

孔子曰：「求！君子疾夫舍曰欲之而必為之辭。丘也聞有國有家者，不患貧而患不均，不患寡而患不安。蓋均無貧，和無寡，安無傾。夫如是，故遠人不服，則修文德以來之。既來之，則安之。今由與求也，相夫子，遠人不服，而不能來也；邦分崩離析，而不能守也；而謀動干戈於邦內。吾恐季孫之憂，不在顓臾，而在蕭牆之內也。」

季氏準備攻打顓臾。冉有與子路一起來見孔子說：「季氏準備對顓臾用兵了。」

孔子說：「求，難道這不該責怪你嗎？這個顓臾，古代君主任命它主持東蒙山的祭祀，並且領地在魯國的國境中，是魯國的附庸藩屬，爲什麼要攻打它呢？」

冉有說：「是季孫想要這麼做的，我們兩個做臣下的都不贊同。」

孔子說：「求，周任說過一句話：『能夠貢獻力量，才去就任職位；做不到的人就下台。』看到盲者遇到危險而不去保護，快要摔倒而不去扶持，那麼這樣的助手又有什麼用呢？你的話眞是說錯了。老虎與野牛逃出了柵欄，龜殼與美玉在櫃子裡毀壞了，這是誰的過失呢？」

冉有說：「眼前這個顓臾，城牆牢固並且離季氏的采邑費地很近，現在不占據它，將來一定會給子孫留下後患。」

孔子說：「求，君子就討厭那種不說自己貪心而一定要找藉口的人。我聽說過，諸侯與大夫不擔心人民貧窮，只擔心財富不均；不擔心人口太少，只擔心社會不安。因爲如果財富平均，便無所謂貧窮；人民和諧相處，就不會覺得人少；社會安定，就不會傾危。能做到這樣，遠方的人如果還不順服，就致力於禮樂教化，使他們自動來歸。來歸之後，就要安頓他們。現在由與求

> 二人輔助季孫，遠方的人不順服，卻沒有辦法讓他們自動來歸；國家分崩離析，卻沒有辦法保全；反而想在國境內發動戰爭。我恐怕季孫所憂慮的不在顓臾，而在魯君啊。」

季氏即季康子。季氏準備攻打顓臾，但顓臾是魯國的附庸屬地，受命負責東蒙山的祭祀。冉有、季路擔任季氏的家臣。孔子認爲沒必要攻打顓臾。

冉有一聽到老師批評他，就把責任推給季氏。周任是古代的史官。「陳力就列，不能者止」說得非常精闢，也合乎現在的情況，能者在位，既然做不到就下台，不能耽誤國家大事。

古人對於政治的看法是非常正面的，從政不像自己種田或做小生意那麼簡單，做得不好，只是收入少一點、自己的生活辛苦一點，而是會耽誤社會國家。

因此，孔子對做官的人非常尊重。孔子認爲：「君子有三畏：畏天命，畏大人，畏聖人之言。」（〈16．8〉）他最敬畏的首先是天命，其次是大人。大人就是政治領袖，他們的一言一行對國家影響重大。

光靠一人之力是不能治理天下的，政治領袖也會遇到困難，就好像盲者隨時會摔倒一樣，所以要設法任用賢能之人，像冉有、子路。

幕僚肩負的重責大任

孔子認爲冉有、子路兩人未善盡輔佐之責，就應該下台。「虎兕出於柙，龜玉毀於櫝中」，這是誰的過失呢？當然是負責管柵欄和管櫃子的人。孔子沒有指摘政治領袖不好，實際上政治領袖是人，也有人性的弱點，怎麼可能一切都掌握得非常好呢？他用讀書人來做大臣，就是希望這些人能輔佐他，而不是凡事都靠自己來主持。

政治領袖要用對人，被用的人就應該知道「以道事君，不可則止」（〈11．24〉），這種大臣若不出現，就只有用「具臣」，「具臣」即有專業能力者。有專業能力，就應該承擔職責，讓上級知道各種利害關係。

季氏攻打顓臾眞正的理由，是顓臾城牆牢固，並且離季氏的采邑很近，現在不占據它，將來一定會給子孫帶來後患。

孔子認爲這種說法是自己貪心，隨便找個藉口來搪塞。歷來，不均和不安是社會的大問題。如果貧富差距太大，窮人會怎麼樣呢？俗話說：「光腳的不怕穿鞋的。」這麼一來，社會上的利益階級就會恐懼了。

因此，爲政者要把社會當作一個整體，設法縮短富人與窮人的差距，起碼要提供窮人基本的福利。如此一來，很多人雖然窮困，仍然願意安安靜靜過日子，社會也就能保持穩定了。

好的社會，自然吸引百姓歸順

如果對方不服氣，不要威迫利誘，要修養本身的禮樂教化，讓對方自動來歸，因爲每一個人都希望有穩定和諧的生活。一個好的社會，自然而然會吸引別人。冉有、子路沒有辦法讓遠人自動來歸，國家分崩離析也沒有辦法化解，反而想在國境之內發動戰爭，孔子因此認為他們失職。

「蕭牆」二字原指肅穆的屏牆，用以保護國君，並區隔君臣。在其內者，則指魯君而言。當時顓臾仍然效忠魯君，而魯君與季氏的明爭暗鬥並非祕密，正所謂「禍起蕭牆」，意思是危險不在外部而在內部。

事實上很多國家都是一樣，危險不在外而在內，因為內部有問題。孔子教訓兩位學生，就是要他們知道內部團結的重要性。

〈16・2〉

孔子曰：「天下有道，則禮樂征伐自天子出；天下無道，則禮樂征伐自諸侯出。自諸侯出，蓋十世希不失矣；自大夫出，五世希不失矣；陪臣執國命，三世希不失矣。天下有道，則政不在大夫。天下有道，則庶人不議。」

孔子說：「天下政治上軌道，制禮作樂與出兵征伐都由天子決定；天下政治不上軌道，制禮作樂與出兵征伐就由諸侯決定。由諸侯決定的話，大概傳到十代就很少能持續的；由大夫決定的話，傳到五代就很少能持續的；大夫的家臣把持朝政的話，傳到三代就很少能持續的。天下政治上軌道，國家政權不會落在大夫手上。天下政治上軌道，一般百姓不會議論紛紛。」

「自諸侯出，蓋十世希不失矣」，這裡說的是齊桓公與晉文公。大夫是指魯國的三家。「陪臣執國命，三世希不失矣」，家臣就譬如陽貨。如此一代一代往下傳，變成名不正、言不順了。

有些人認爲孔子有復古思想，好像執著於大一統的天下，因此特別要求「名正言順」。事實上，任何社會的組織架構，若無名分的肯定，又怎能順利運作呢？禮儀在尚未廢止之前，當然要認眞執行，否則社會秩序如何維繫？至於權力由上往下傳遞，則是大勢所趨，孔子在此表達他的觀察與感慨，又何錯之有？

〈16・3〉

孔子曰：「祿之去公室五世矣，政逮於大夫四世矣，故夫三桓之子孫微矣。」

孔子說：「國家政權離開魯君之手，已經五代了；政權由大夫把持已經四代了，所以三桓的子孫現在也衰微了。」

五世是指魯哀公失權之前，已有宣公、成公、襄公、昭公、定公五代。孔子是在襄公二十二年出生的，卒於哀公十六年。

四世是指從季氏掌權，已有文子、武子、平子、桓子四代。三桓是指仲孫、叔孫、季孫，是魯國的三卿，皆為魯桓公之後。

季氏本來是三家中最年幼的，後來卻擁有較大的權力。孔子曾批評季氏八佾舞於庭，說：「是可忍也，孰不可忍也！」（〈3・1〉）大夫之家，竟然在祖先的家廟裡「八佾舞於庭」，而八佾是天子才能享有的尊榮。

季桓子執政的時候，孔子四十七歲；到了孔子六十歲時，季康子執政，是比較年輕的卿，動不動就說：「如殺無道，以就有道，何如？」（〈12・19〉）似乎很有魄力。但是他不知道：人怎麼可以分為無道和有道呢？壞人是由好人慢慢變成的，壞人改過之後也可以變成好人。這種改變是連續過程，是不斷抉擇所形成的人生狀態。

大多數人都是介於好壞、黑白之間，即灰色地帶，因為他們沒有很明確的人生方向，並未決定這一輩子要往哪裡走。方向對的話叫做有道，否則就是無道。像這種所謂二分法的觀念，在談人生問題的時候一定要避開，要把它看成是趨勢問題，亦即涉及抉擇的問題。

〈16・4〉

子曰：「益者三友，損者三友。友直，友諒，友多聞，益矣。友便（ㄆㄧˊ）辟，友善柔，友便佞，損矣。」

孔子說：「三種朋友有益，三種朋友有害。與正直的人為友，與誠信的人為友，與見多識廣的人爲友，那是有益的。與裝腔作勢的人爲友，與刻意討好的人爲友，與巧言善辯的人爲友，那是有害的。」

這段話到現在還經常爲人使用，尤其是「益者三友」。接著的幾個「友」字，不是名詞，而是動詞。其中較困難的是「多聞」——見多識廣。

「友直」，正直的人有時是性格造成的。我們常說，以人爲鏡，可以知道自己行爲上的得失；以朋友爲鏡，可以知道自己性格上的缺失。有一句話說得好：「朋友以裸露的性格相見。」亦即朋友相處是以眞誠性格來相待的。

「友諒」是有關誠信，諒是指小信，但是小信並不表示不好。「君子貞而不諒」（〈15．37〉），守信用要看原則，此一時也彼一時也，有時候要考慮到守信用會不會帶來複雜的後果。這兩點都是比較出於一個人的性格。

「損者三友」：第一種是裝腔作勢的，第二種是刻意討好的，第三種是巧言善辯的。雖然有害，但是大多數人都喜歡這樣的朋友。以裝腔作勢來說，有的朋友在社會上表現得很有分量、很有威嚴，善於裝腔作勢，好像他能夠替你把握住一些利益。刻意討好的這種朋友，什麼事情都是委屈求全，希望讓你開心。巧言善辯，就是話說得很好，任何事情都可以找到理由加以說明。

與前面三種好的朋友對照起來，一個人裝腔作勢，代表不眞誠；一個人刻意討好，恐怕不夠信實；一個人巧言善辯，代表假裝多聞。

孔子所強調的是正直、信實、見多識廣。事實上，每個人都可能會有像「損者三友」這樣的朋友，也不是說一定不能理他們。交朋友有時候是緣分，重要的是，自己是不是別人的益友呢？這才是我們讀書的目的。要像「古之學者爲己」，不要像「今之學者爲人」（〈14・24〉）。

〈16・5〉

孔子曰：「益者三樂，損者三樂。樂節禮樂（ㄩㄝ），樂道人之善，樂多賢友，益矣。樂驕樂，樂佚遊，樂宴樂，損矣。」

孔子說：「三種快樂有益，三種快樂有害。以得到禮樂的調節爲樂，以述說別人的優點爲樂，以結交許多良友爲樂，那是有益的。以驕傲自滿爲樂，以縱情遊蕩爲樂，以飲食歡聚爲樂，那是有害的。」

何謂「益者三樂」呢？第一種是「樂節禮樂」，以得到禮樂的調節爲樂，這是很重要的。與別人相處時，和每個人的關係不一樣，一定要注意適當的分寸。所謂「禮」，就是對每一個人特殊的身分、角色加以規範。看到這個人要有這樣的態度，看到另外一個人要有另外的表現，這就是禮的調節。

有禮的調節，人際關係很容易穩定；否則，與別人來往時一視同仁，到最後恐怕會變得沒大沒小，引起許多誤會。

在家庭裡，父母兄弟姊妹都有一定的身分。禮是為了區分每個人的獨特性，賦予他規則，讓他適當表現出作為，最後構成團體，這個團體的秩序自然比較穩定，這就是禮的作用。如果沒有禮，社會的未來就很難預測，永遠不知道誰會怎麼說話、怎麼行動，由此產生一種「過與不及」的恐懼心理。人與人之間只能靠互相猜測了。

有益的快樂是情感的溝通與和諧

但是光靠有禮，又會顯得太嚴肅，因此還要有樂，樂是追求情感的溝通與和諧。樂有很多方式，其中一種是聽音樂，聽音樂很容易被旋律帶到某種情緒氛圍裡，大家都有同感，就比較容易溝通。唱歌的時候，如果觸動內心的情緒，唱出來就特別感動人。所以，音樂可以給生活帶來和諧的效果。

生活如果得到禮與樂的調節，正是「文質彬彬，然後君子」，這種快樂是有益的。因為它可以實現自己與別人之間的適當關係，就是善。

第二種樂是「樂道人之善」，就是常常述說別人的優點與長處，並以此為樂。但是現實生活中許多人是以談論別人的八卦與缺點為樂，藉此顯示自己比較清高。在背後說人好話是積德，也是最容易的事情，它的正面效應會擴充出去。由此可見，孔子也非常實際。不過，說朋友的好話很開心，說敵人的好話往往特別困難。

第三種樂是「樂多賢友」，以結交許多傑出的良友為樂。這個傑出是指賢良而言，不只是可以互相安慰鼓勵，還要能夠上進努力以及自我成長。

這三種快樂是有益的，但也都會產生壓力，哪一天你覺得這三種快樂完全沒有壓力，就表示你已經修養到非常高的境界。你的生活以禮樂來調節覺得很快樂，並且沒有壓力；日常生活常常說別人的優點，而不覺得心裡面酸酸的；然後交了很多好朋友，並以此爲樂。

有害的快樂是因為不收斂節制

何謂「損者三樂」呢？即「樂驕樂，樂佚遊，樂宴樂」。第一個是以驕傲自滿爲樂。驕傲自滿的人在當時是很愉快的，因爲吹牛時有人附和。其實驕傲自滿是不成熟的心態，是缺乏自信才需要表現給其他人看，成熟的人知道責任的心態更重要。以驕傲自滿爲樂，覺得自己已經夠好了，怎麼還會求進步呢？

第二個是以縱情遊蕩爲樂，不務正業。偶爾休閒一下是可以，但如果一直放縱下去，將來怎麼辦？「少壯不努力，老大徒傷悲」，人到中年之後就會發現，從前學的東西不夠扎實，遇到困境的時候，如何立足呢？

第三個是以飲食歡聚爲樂。三日一小宴，五日一大宴。大家在一起飲食歡聚，這種快樂偶爾一次可以，並且要名正言順，但如果應酬太多，到最後就不想與任何人吃飯了。因爲歡樂的氣氛才剛剛培養出來，很快又要散場了，這種一得一失之間，讓人感覺人生特別悲慘，每一次都覺得很悵然。

上述三種有害的快樂也是孔子的判斷，以驕傲自滿爲樂，以縱情遊蕩爲樂，以飲食歡聚爲樂，這三點都是不知收斂自己、朝目標去奮鬥。

人生有些快樂有害，有些快樂有益，一定要慎重選擇。有害的快樂，能不能使它變成有益呢？譬如，今天休閒時代來臨了，一個星期放假兩天，如果後面三種快樂都不要，人生還有什麼樂趣呢？偶爾總要聚會一下，外出旅遊，只是必須保持平衡，不可沉溺其中。如果完全按照孔子的說法去生活，即使可以做到，到最後也可能沒有朋友了，形成另一個問題。

〈16．6〉

孔子曰：「侍於君子有三愆（ㄑㄢ）；言未及之而言謂之躁，言及之而不言謂之隱，未見顏色而言謂之瞽（ㄍㄨˇ）。」

孔子說：「與君子相處，要注意三種過失：不到該說話時就說了，叫做急躁；到了該說話時不說，叫做隱瞞；沒看他的臉色反應就說了，叫做眼瞎。」

「君子」在此是指德行、地位、年齡、輩分比自己高的人，所以前面用了「侍」字。與君子相處，要注意避免三種過失：

一、「言未及之而言謂之躁」，有時候忽然想到一個點子，迫不及待就要說出來，尤其是性急的人，實在很難忍耐。但是還沒輪到自己說話的時候就說出來，別人會覺得你毛毛躁躁，不知道收斂。

二、「言及之而不言謂之隱」，知道眞正的情況，該說而不說，就是隱瞞了。

三、「未見顏色而言謂之瞽」，沒注意別人的臉色反應就說的，叫做眼瞎，所以說要察言觀色。孔子認爲察言而觀色是一種必要的修養，別人說的話有什麼含義，是不是已經說得很明白了，有沒有聽懂他眞正的意思，這些都要把握好。

總之，在工作上面對主管或客戶時，要特別注意有沒有犯了躁、隱、瞽這三種毛病。

〈16．7〉

孔子曰：「君子有三戒：少之時，血氣未定，戒之在色；及其壯也，血氣方剛，戒之在鬥；及其老也，血氣既衰，戒之在得。」

孔子說：「要成爲君子，必須有三點戒愓：年輕時，血氣還未穩定，應該戒愓的是好色；到了壯年，血氣正當旺盛，應該戒愓的是好鬥；到了老年，血氣已經衰弱，應該戒愓的是貪求。」

「君子」是指立志成爲君子的人，所以就從「少之時」談起。「戒」即警愓、小心。「血氣」是指隨著身體而有的本能與欲望，也包括情緒在內。

孔子並未忽略人有「血氣」問題，但是他依然肯定人應該擇善固執，原因就是他深信人性向善。他認爲做爲一個人，不能光靠身體本能來生活，因此要成爲君子，必須有三點戒惕。《孟子．梁惠王下》裡的齊宣王，就自承「寡人有疾」：好色、好勇、好貨，正好是孔子所說的這三大問題。

孟子並沒有說「好色」不對，只是從正面啓發齊宣王，不要自己一個人好色，獨擁後宮佳麗三千，而要讓男有分，女有歸，每一個人都可以正當發展他的情色欲望，建立正常的家庭組織，亦即讓天下人都好色。

齊宣王「好貨」，喜歡錢財，那就讓天下人都發財。齊宣王「好勇」，勇敢也有兩種，一種是別人看你一眼，就要拿劍殺人，像路邊小流氓式的勇敢；另一種則是像周文王一般，「一怒而安天下」，我們要學習的是這種眞正的勇敢。

這是多麼聰明的教導！一個人有缺點也沒有關係，只要設法讓他朝著正面的方向去發展。尤其是政治領袖，他的任何行動大家都會看到，影響尤其深遠。

謹愼約束本能的衝動

本章顯示了孔子對人的理解。首先，人有血氣，血氣是一種本能的欲望，代表一種非理性的衝動，這是很自然的生物本能。第二點，人有心；第三點，人還有仁。所以，要從「力量」來看人性，明白「向」這個字的精義所在。

「少之時」、「及其壯也」、「及其老也」，三個階段的問題都是出在「血氣」方面。年輕時血氣未定，從志氣來想，好像沒有明確的方向，還不能夠把持自己，所以要小心「色」。「色」是指外在美色的誘惑，年輕人心性還不成熟，很容易受到外界的眩惑，沉迷於其中。這是每個人都要經歷的發展過程，幼稚而衝動，一旦外面有什麼變化，就容易動搖心志了。

到了中年，血氣方剛，志氣這時比較明確，有了理想的目標，不容易接納別人，覺得自己的方法一定對，好鬥是這個階段的特色。中年人在社會上站穩之後，就想普遍推廣自己的想法，要求別人認同，得不到的話就進行鬥爭。強烈期望把自己的想法付諸實現的時候，就容易產生衝突。

到老的時候，血氣已經衰了，沒有什麼志氣可言，只好抓住錢——「得」。人到老年時，假如缺乏好的修養，就會比較貪財，往往覺得金錢最實在，一定要抓在手上才放心，這是因爲錢可以讓人達成很多願望。

由此可見，孔子非常了解人的生命。讀了本章之後，我們就應該知道，孔子絕不是不著邊際地談一些「烏托邦」、「人性本善」之類的空話，而是根據人生經驗向我們講述道理。

〈16．8〉

子曰：「君子有三畏：畏天命，畏大人，畏聖人之言。小人不知天命而不畏也，狎（ㄒㄧㄚˊ）大人，侮聖人之言。」

孔子說：「要成爲君子，必須敬畏以下三者：敬畏天賦使命，敬畏政治領袖，敬畏聖人的言論。至於小人，不了解天賦使命而不敬畏，奉承討好政治領袖，輕慢侮辱聖人的言論。」

君子有三畏。其一，「畏天命」。人生一定是有限制的，最後終究會結束。人爲什麼而活呢？當然是爲了使命（即天命）而活。這個使命不是自己給的，也不是社會給的，否則，人可以選擇逃避隱居或移民，根本談不上使命感的問題。

恭敬看待天賦使命

「天命」即天賦使命，一是天對人的命令，使人自覺內在的向善要求，進而擇善固執，最後止於至善；二是每一個人在擇善時，根據主客觀條件所把握的具體作爲。譬如，孔子「五十而知天命」（〈2·4〉），接著自五十五歲起，周遊列國，有如奉命行事，「知其不可而爲之」（〈14·38〉）。這樣的天命觀，並非儒家才有，儒家談的不是什麼特別的觀念，而是清楚揭示人眞正的生命情況。

現在的教育最需要的就是揭示人性的眞相，以儒家做爲參考，的確是一個最重要且最有效的學習方法。所謂人性眞相，就是任何人都有天命，而且要從眞誠開始，發現內心向善的要求。這個要求是一個命令，讓人的一生擇善固執，但是每個人在擇善時，要根據主客觀條件，而把握具體作爲。

譬如一個人從事的行業，就是現在的天命表現機會，所以職業沒有高低貴賤之分，只是藉一個具體的身分角色和人際關係，來實現自己的向善要求。如果沒有職業，至少是家庭成員之一，有家人的往來互動；即使上街買菜、出門坐公車、坐捷運，都有相對應的人際關係。

又如，管仲雖然只是一國宰相，但以一人之力讓各國沒有戰爭，等於是為天下人服務，遠超過他本來的角色所要求的，即使管仲本身有很多缺點，但孔子不求全責備，還是稱讚他。一個人的角色有其範圍，但是影響力卻可以擴及更多人，大幅減少傷害，這就是管仲受到充分肯定的原因。所以每個人都要對自己的使命負責。

尊敬讓政治領袖更能善盡職責

其二，「畏大人」，為什麼要敬畏大人呢？「大人」即政治領袖，負責治理國家，位高權重，稍有差錯，就會禍及百姓，所以值得人們敬畏，孔子希望借此敦促他們善盡職責。

如果一個人在職務上的尊嚴被糟蹋了，他就會覺得多做不如少做，多做多錯，不做不錯。這並不是指政府官員不能批評，而是要有基本的尊重，批評一定要就事論事。無論如何，一個人只要具有行政者的身分，身為政府官員，就應該受到適當的尊重，如此他才會尊重自己的職責。老師對學生也是一樣，如果學生尊重他，他就會更尊重自己。

國家是整體，如果不敬畏政治領袖，任他們胡作非為，有一句話說：「錯誤的政策比貪汙還可怕。」貪汙是個人問題，錯誤的政策卻影響了一般百姓。

在政治領域裡，要求一個人依靠很高的人格操守，行事廉潔不貪汙，實際上非常困難。孟子也說：「無恆產而有恆心者，唯士爲能。」意即沒有恆產而有恆心，那只有少數讀書人做得到。但是新加坡不同，他們採取高薪養廉的策略，公務員待遇很高，生活無虞，才足以養廉。

以前的教育與現在不同，現代人讀書，是培養自己的專業知識，等於職業教育。至於有沒有操守，那是個人的問題，所以廉是需要養的。金錢足夠生活所需，可以過有尊嚴的生活，優秀人才自然願意當公務員。然後國家的公共建設、公共事物的水準才會提升，百姓也能安居樂業，因此這是一個很正確的作法。

效仿先聖的經驗和智慧

其三，「畏聖人之言」，「聖人之言」即古代聖人的智慧結晶，指出人生應行之道並且昭示吉凶禍福，足以使人敬畏。像堯、舜、禹、湯、周公都是聖人，他們的言論留在《詩》、《書》、《禮》、《樂》、《易》這五經裡面，都是經驗與智慧的累積，敬畏這些言論，就會照著去做。

小人爲什麼不畏天命呢？因爲他不知道天命，不能理解天命。孔子周遊列國很辛苦，「知其不可而爲之」，明明知道天命不能實現，還照樣努力去做，因爲天命能不能實現，是有各種機緣的。

「狎」的本義是指大家相處得很親熱，好像小孩子一起玩耍，說話沒有規矩。在此是指小人奉承討好政治領袖，就像是把政治領袖當成小孩一樣，不尊重他。要注意不能把對人生有大啓發的言論，全部草率以對，人生不能沒有嚴肅的一面。

本章談的是對孔子生平有重大影響的部分，值得我們特別注意，因爲一個人敬畏之事，就是他心裡非常重視的事情。《聖經》上說：「敬畏上帝就是智慧的開始。」一個人眞的有智慧，就要了解什麼是人，知道人的生命是怎麼回事。敬畏上帝的人知道：原來我的生命是有限的，有開始也有結束。

換句話說，一個不敬畏上帝、不敬畏鬼神的人，會連自己的眞相都搞不清楚，甚至自我膨脹，把自己當作宇宙萬物的主宰，又怎麼會有智慧呢？敬畏天，才知道自己的分寸與職責，才知道活著的方向何在。

〈16・9〉

孔子曰：「生而知之者上也；學而知之者次也；困而學之，又其次也；困而不學，民斯爲下矣。」

孔子說：「生來就明白人生正途的，是上等人；學習之後明白人生正途的，是次等人；遇到困難才去學習人生正途的，是更次一等的人；遇到困難還不肯學習的，就是最下等的人了。」

具體生活所需要的知識是無止境的。「生而知之」指生下來就明白人生的正途，不學就會，這種情況的確有。其次是一學習就明白道理的人。

「困而學之」的人，碰到困難才去學習，屬於第三等。「困而不學」者，有時候是有其他原因，譬如沒有機會學，或者不知道學了會有好處，可以讓生命走上正路，感覺到內在的力量，得到安頓，然後產生快樂。

譬如，有時我們與他人相處得不太好，這可能是自己的問題，也可能是別人的問題，答案要學習之後才會知道。如果我們明白人生正途，就會反省自己，有問題也會知道如何改善。孟子說：「人之所以異於禽獸者，幾希。」人與禽獸的差別只有一點點而已，那就是向善的力量，人會感到不安、不忍。從這一點出發，整個生命就可以走上正途。

〈16・10〉

孔子曰：「君子有九思：視思明，聽思聰，色思溫，貌思恭，言思忠，事思敬，疑思問，忿思難，見得思義。」

孔子說：「要成爲君子，有九種考慮：看的時候，考慮是否明白；聽的時候，考慮是否清楚；臉上的表情，考慮是否溫和；容貌與態度，考慮是否莊重；說話的時候，考慮是否眞誠；做事的時候，考慮是否敬業；遇到有疑問，考慮向人請教；臨到發怒時，考慮麻煩的後患；見到可欲的東西，考慮該不該得。」

成爲君子要考慮九件事。這「九思」代表人生時時刻刻都要自覺與反省，稍一不愼就會犯錯，引發一連串的後果。所以君子在起心動念的那一刻，包括疑問、生氣、見到利益的時候，從表情開始，立刻就要有一種高度的警覺。

「思」字也是一種高度的反省能力，仔細觀察自己的一言一行。人在和別人對話的時候，大多只會聽對方說，很少注意自己的回覆。我們應該多練習聽自己說話，因爲只有在這個時候，你是站在聽你說話者的立場，設身處地想事情。

養成這種習慣之後，就會知道該如何說，別人才聽得進去。這種高度的警覺很有用，等於讓自己超越自己的框架，以更高的觀點做事。

孔子這段話眞正的用意，是說明一個人的自主性，如果有能力一面說一面做，一面看一面聽，行爲就很少會犯錯。即使做錯事情，也知道及時改正，展現高度的自主性。人有自主性才有自由，可以表達眞正的意願，並且達到說話的正確效果。

〈16・11〉

孔子曰：「見善如不及，見不善如探湯。吾見其人矣，吾聞其語矣。隱居以求其志，行義以達其道。吾聞其語矣，未見其人也。」

孔子說：「看到善的行爲，就好像追趕不上；看到不善的行爲，就好像伸手碰到滾燙的水。我見過這樣的人，也聽過這樣的話。避世隱居來磨練他的志節，實踐道義來貫徹他的理想。我聽過這樣的話，但是不曾見過這樣的人。」

孔子的學生顏淵便是如此，只要看到好的行爲就趕快仿效，就怕追趕不上，包括在適當的時候幫助別人、對別人表示關心。「湯」是滾燙的水。

對善與不善要有明確的態度和決心，看到善就拚命學習，看到不善就趕緊避開。孔子用「不及」和「探湯」來表現學習與避開，非常生動。「探湯」是本能反應，但爲什麼有些人看到不善的行爲，沒有本能的避開，還拖拖拉拉地找很多藉口呢？這就說明人性有弱點，需要通過學習來改善。

「吾見其人矣，吾聞其語矣」，孔子這樣說，表示已經不容易了。可是另外一種人更難，就是避世隱居磨練志節，有適當的機會，再出來實現其道義理想，正所謂能退能進，能收能放。

後代很多人把諸葛亮當作儒家，原因就在這裡。有些人在隱居時可以把志向磨練得很好，一旦出來做官後，就無法貫徹他的原則和理想了。正如「何昔日之芳草兮，今直爲此蕭艾也。」（屈原《離騷》）從前是新鮮、可愛、美麗的花朵，今天變成了雜草，不開花也不結果。意思是年輕的時候，有理想有抱負，但是一旦年紀大了，卻談不上操守了。

孔子沒有見過「隱者」，正因爲人有機會入世發揮抱負時，能夠堅持道義原則、秉持原有的理想，恐怕十分困難，這是孔子「未見」這種人的原因。但反過來說，他也不想做隱者，因爲儒家是入世，而不是避世的。

就像孟子說的「窮則獨善其身，達則兼善天下」，窮困的時候，把自己的責任盡好，慢慢改善自己的修養；有機會發揮抱負，就要讓天下人都走上善的途徑。這和升官發財完全無關，純粹是理想的實現。

〈16．12〉

「齊景公有馬千駟，死之日，民無德而稱焉。伯夷、叔齊餓於首陽之下，民到於今稱之。『誠不以富，亦祇以異。』其斯之謂與？」

「齊景公有四千匹馬，臨到死的時候，百姓找不出他有什麼德行可以稱述。伯夷與叔齊在首陽山下餓死，百姓直到現在仍然稱述他們的德行。『財富實在沒有用處，只看你是否有卓越的德行。』就是這個意思吧！」

一個人要到離開世界之後，才能「蓋棺論定」。齊景公有四千匹馬，代表他很有錢，但是臨到死的時候，百姓找不出他有什麼德行可以稱頌；伯夷、叔齊餓死首陽山，百姓仍然稱頌其德。他們的德行就是謙讓，不爭國君之位，光是這一點就避免了許多災難，包括國家內部的紛爭、政治的動盪和爲百姓造成的困擾。

「誠不以富，亦祇以異」出自《詩經．小雅．我行其野》，這是由〈12．10〉移過來的句子。人到死的時候，錢財根本沒有用處；還不如活著的時候，用錢財做一點好事，凸顯出人才是金錢的主人。

金錢不應該受到過度重視，但是多數人還是把它看得很重，因爲金錢有其實際效果。有錢確實方便，到任何地方、做任何事，顧慮都少一點，選擇性都多一點。但也因爲選擇性多，做決定就特別困難。反之，一個人沒有錢，選擇的機會不多，相對也就少了煩惱。

〈16・13〉

陳亢（ㄍㄤ）問於伯魚曰：「子亦有異聞乎？」對曰：「未也。嘗獨立，鯉趨而過庭。曰：『學詩乎？』對曰：『未也。』『不學詩，無以言。』鯉退而學詩。他日，又獨立，鯉趨而過庭，曰：『學禮乎？』對曰：『未也。』『不學禮，無以立。』鯉退而學禮。聞斯二者。」陳亢退而喜曰：「問一得三，聞詩，聞禮，又聞君子之遠其子也。」

陳亢請教伯魚說：「您在老師那兒聽過不同的教誨嗎？」伯魚回答說：「沒有。他曾經一個人站在堂上，我恭敬地從庭前走過，他問：『學了詩嗎？』我答：『沒有。』他說：『不學詩，就沒有說話的憑藉。』我就馬上去學詩。另外一天，他又一個人站在堂上，我恭敬地從庭前走過，他問：『學了禮嗎？』我答：『沒有。』他說：『不學禮，就沒有立身處世的憑藉。』我就馬上去學禮。我聽到的是這兩件事。」

陳亢回去以後，高興地說：「我問一件事，卻知道了三件事：知道要學詩，知道要學禮，又知道君子對自己兒子要保持適當的距離。」

陳亢即陳子禽。伯魚即孔鯉，孔子之子。在《論語》中，孔子與他的兒子的關係，只有少數幾段資料。

陳亢希望從孔子的兒子口中知道一些祕笈，而伯魚卻很老實，實話實說。孔子教學生很認真，教自己的兒子也無特別之處。

古人一定要學《詩》之後，表達意思才會文雅，讓聽的人有緩衝的餘裕，談論事情有調和的空間，才能從事政治。

立身處事就要學禮，否則如何進退有據呢？吃飯時應該坐哪裡，說話時該怎麼說，見面時該怎麼問候，離開時該怎麼告別，這些都需要學習。否則立身處事，可能很眞誠，但是不一定適當。學《詩》，參考〈13．5〉、〈17．9〉；學禮，參考〈8．8〉、〈20．3〉。

「遠其子」，和孩子保持適當距離，合乎古代父嚴母慈的傳統。陳亢也很聰明，聽了孔鯉的一段話，就知道了三件事：第一，要學詩；第二，要學禮；第三，君子和自己的兒子要保持適當的距離。

親子關係總比其他關係密切，但孔子父子似乎不然。孟子還有一種說法謂「父子不相責善」，父子之間不以善來互相責備對方，到後來就變成「易子而教」。因爲教自己的兒子，如果太嚴格或者兒子沒有進步，就會傷害親情。這說明儒家不是不重視親情，而是注意到如果父親正好是老師，就要考慮效果的問題。否則，子女不長進，就會恨鐵不成鋼，特別有壓力；換不同的人來教，可能會有比較好的效果。

〈16・14〉

邦君之妻，君稱之曰夫人，夫人自稱曰小童；邦人稱之曰君夫人，稱諸異邦曰寡小君；異邦人稱之亦曰君夫人。

對國君的妻子，國君稱她爲夫人，她自稱爲小童；本國人稱她爲君夫人，與外國人談話時便稱她爲寡小君；外國人稱呼她時，也說君夫人。

夫人自稱爲小童，比較少見。本國人稱她爲君夫人。「寡」是謙虛的稱法。這些都是古代的習慣，只要了解就好。

陽貨篇第十七

〈17・1〉

陽貨欲見孔子，孔子不見，歸孔子豚。孔子時其亡（ㄨˊ）也，而往拜之。遇諸塗。謂孔子曰：「來！予與爾言。」曰：「懷其寶而迷其邦，可謂仁乎？曰不可。好從事而亟（ㄑㄧˋ）失時，可謂知（ㄓˋ）乎？曰不可。日月逝矣，歲不我與。」孔子曰：「諾，吾將仕矣。」

陽貨希望孔子拜會他，孔子不去，他就送一隻燒豬給孔子。孔子趁他不在家的時候，才去拜謝。

不料兩人在路上碰到了。陽貨對孔子說：「你過來，我要與你說話。」他接著說：「具備卓越才幹卻讓國家陷入困境，這可以稱作行仁嗎？我會說不可以。喜歡從政做官卻屢次錯過時機，這可以稱作明智嗎？我會說不可以。光陰似箭，時間是不會等人的。」

孔子說：「好吧，我會去做官的。」

陽貨即陽虎，季氏家臣。季氏數代把持魯國朝政，陽貨此時又把持季氏的權柄。後來他圖謀鏟除三桓，失敗後逃往晉國。本章大約發生在魯定公七年，孔子四十九歲時。兩年之後，孔子開始從政，任中都宰。

陽貨希望孔子拜會他，但是孔子知道這個人有問題，不願意去，陽貨就送了一隻燒豬給孔子。孔子收到贈禮，因爲對方官位比他高，禮貌上必須登門拜謝，否則就會失禮。於是孔子就趁陽貨不在家時去回禮，不料卻在回程的路上碰到了，正所謂「冤家路窄」。

懷才者順時機為國家效勞

有本事不效勞國家，不是想讓國家陷入困境嗎？這樣可以稱作行仁嗎？孔子很希望從政做官，卻屢次錯過時機。「日月逝矣，歲不我與」，這句話可謂警惕，光陰似箭，時間是不會等人的。「吾將仕矣」，孔子聽了陽貨一番話，也被說動了。兩年之後孔子從政做中都宰，不久使中都縣大治。

陽貨一番話，可謂正當其時，孔子從政的時機也成熟了，「斯人不出，如蒼生何」，這個人不出來從政的話，怎麼對得起天下百姓呢？正所謂水到渠成，國人皆曰：「可用。」這時出來做官就很容易產生效果。否則勉強做官，就須逢迎、拍馬、送禮，然後勾結成黨，最後恐怕出現反效果，再好的理想也可能被扭曲。

本章說明孔子做官的背景，也談到時機的問題，大家都覺得孔子應該出來做官了，他才出來。由此可見，孔子講究時機，適當的時機才會有適當的表現。

〈17・2〉

子曰：「性相近也，習相遠也。」

孔子說：「依本性來看，人與人是相近的；依習染來看，人與人就有很大的差異了。」

孔子直接論「性」，只此一處，是指先天的本性；「習」是後天的習染。孔子為何只說性「相近」，而不說「相同」呢？

理由有三點。第一，孔子對人性的看法，不分先天後天，亦即人性是在生命整體中不斷展現的力量；性是「源」，而習是「流」，源相近而流相遠。

第二，歷代已有學者指出，性之相近是相近於「善」，相近並非相等，所以不說「本善」，而是「向善」，就是每個人對善都有自我要求，只是在力量表現的程度上有強有弱。譬如，有人犯小錯，心就不安；有人犯大錯，心才不安。就兩者的心都會不安而言，可以說相近與向善；就兩者程度的差異而言，可以歸之於「習相遠也」。

第三，人性向善，是以人性為內在自我要求行善的力量，這種力量展現為自覺與感通，要與別人保持適當的關係，正好契合「二人為仁」的架構，這也可以印證孔子所有談「仁」的言論。

「性相近也」這四個字引起很多討論，宋朝很多哲學家認為，孔子談的是氣質之性，比較注重外表；相對之下，孟子談的是本然之性，本來就有的。孔子只注意到外表氣質的差異，或者說只注意到具體的生命差異，而沒有注意到生命共同的本質所在，所以只能說相近。而孟子注意到「本善」，即內在普遍共同的人性是本善的。眞是如此嗎？

自主實踐的道德，才能體現價值

孔子認爲人性只能從力量來看，如果從本質來區分善惡，等於用道德價值來描寫其本來狀況，會造成很多困擾，因爲任何道德價值都需要自由選擇去實踐才能出現。譬如，孝順是善，如果每一個人生下來都是本善，都孝順，沒有差別的話，那孝順就不是美德了。一定是很多人都不孝順，某人的孝順行爲才會被做爲典型的評價，成爲一種肯定。

宋朝程頤與朱熹認爲，孟子說本來的人性是善的，孔子說氣質上相近，而不說相同，所以孔子比孟子稍微差了一點。但是他們沒有注意孔子與孟子都是從力量的觀點來看人性，有力量就有強弱，就有遠近的差別。力量強者，稍微不對心裡就不安；力量弱者，要做了嚴重的壞事，心裡才會不安，所以只說「性相近」。這是我們理解的關鍵。

我們對《論語》的解釋最好配合理性運作的方式，才知道如何界定一個概念在表達什麼。舉例來說，看了本章之後就應該開始想：人眞的是性相近而習相遠嗎？性相近怎樣才能說得通呢？如果人都有一樣的人性，應該說性「相同」啊，爲什麼會說「相近」呢？既然是不一樣的，那麼理解人性的時候，就不應該從本質來看，要從力量的角度來看。

人性一定是其發展過程中顯示的一種力量，力量才會有強弱的差別，有強弱之別才能說它是相近而不是相同。這就是思考訓練培養出來的理解能力。如此，我們才能比較完整地理解孔子的思想。

〈17・3〉

子曰：「唯上知（ㄓˋ）與下愚不移。」

孔子說：「只有最明智與最愚昧的人是不會改變的。」

「知」即智，與愚相對，專就領悟人生正途的能力而言。「不移」，在有關人生正途的議題上，眞知必能帶來實踐。「上知」者已有眞知，走上人生正途，不願移也不必移。「下愚」者缺少眞知，一切但憑僥倖，無從移也不肯移。

因此，這句話並不是如宋代一些學者所說，他們認爲孔子否定了教育的作用，他們忽視了孔子是把人生正途做爲分辨智愚的具體方向。

古人也和我們一樣，是從無知到有知慢慢學習的，他們有上智、下愚，我們也一樣會有這種情況。下愚「不移」，代表不能夠理解人生的正途；上智「不移」，代表生而知之，已經是走在人生正途上，何必移呢？這樣理解，就比較清楚了。

〈17・4〉

子之武城，聞弦歌之聲。夫子莞爾而笑，曰：「割雞焉用牛刀？」子游對曰：「昔者偃也聞諸夫子曰：『君子學道則愛人，小人學道則易使也。』」子曰：「二三子！偃之言是也。前言戲之耳。」

孔子到了武城，聽到彈琴唱詩的聲音。孔子微微一笑，說：「殺雞何必要用宰牛的刀？」子游回答說：「以前我聽老師說過：『做官的學習人生道理，就會愛護眾人；百姓學習人生道理，就容易服從政令。』」孔子接著向學生們說：「各位同學，偃說的話是對的。我剛才只是同他開玩笑啊。」

子游即言偃，當時擔任武城的縣長。「弦歌之聲」即彈琴唱詩的聲音。「割雞焉用牛刀」是一個比喻，可以產生一個回味的空間，這是孔子的高明之處。「學道」，即學習典籍中所記載的人生道理。

子游回答得很好，這足以證明他聽課很認眞，還記了筆記。他的回答，也得到了孔子的讚許。

武城是很小的縣，子游是文學科的高材生，他把老師所教的詩，用來教導百姓。

孔子很滿意，但還是要開開玩笑：本來詩是用於治理國家的，現在拿來治理一個小小的縣，好像是殺一隻雞，用普通的刀就夠了，卻用了殺牛的大刀，有一點小題大作。

孔子是認爲他的學生可以做大事，由於沒有機會，只能管理小縣，那就儘量做吧！但是子游很在乎老師的話，馬上拿出孔子以前說過的話來質疑。

本章是《論語》裡面特別輕鬆的，因爲孔子竟然和學生開起了玩笑。由此可知，孔子和他的學生是一個很有理想的團體，學生畢業之後，就會把老師教的道理，帶到自己的工作崗位上實踐。

〈17·5〉

公山弗擾以費（ㄅㄧˋ）畔，召，子欲往。

子路不說（ㄩㄝˋ），曰：「末之也，已，何必公山氏之之也？」

子曰：「夫召我者，而豈徒哉？如有用我者，吾其爲東周乎？」

公山弗擾占據費邑，起兵反叛季氏。他召請孔子去幫忙，孔子想要前往。

子路很不高興，說：「沒有地方去就算了，爲什麼一定要去公山氏那裡呢？」

孔子說：「請我去的人，難道沒有什麼意圖嗎？如果有人任用我，我難道只想維持東周這種衰弱的局勢嗎？」

公山弗擾，可能是公山不狃。他以家臣身分反叛季氏這位大夫，理由可能是爲了支持魯君，所以孔子有意前去，但是後來並未成行。周朝自平王東遷之後，稱爲東周，此後天子失權，諸侯各自爲政，孔子想藉著治理魯國，進而平治天下。

公山弗擾起兵反叛季氏，是以一個大夫的家臣身分起來反叛大夫。孔子想要去，這讓子路很不高興，難道老師連亂臣賊子也可以支持嗎？孔子卻不以爲然，他認爲當時各諸侯對於周天子都不太忠心，各個大夫對於自己的國君諸侯也都不太忠心，亂臣賊子一大堆，孔子希望公山弗擾能用他之後，讓季氏聽魯君的話，再讓魯君聽周天子的話。任何一個像費邑這樣的小城，都可以使整個魯國安定下來；安定下來之後，再用武力支持周朝，恢復周朝統一的勢力。

這實在是很大的理想，但形勢使然，要實現也不容易。孔子的想法很單純，只是想使整個東周復興，等於是從下往上慢慢革新，到最後可以支持整個周朝。

這種理想的思想背景，在於孔子一向認爲夏、商、周三代統一的局面，對百姓較好，分裂的話就容易發生戰爭。以前齊桓公用管仲，用外交的方法讓各國不要打仗，孔子的抱負更大了，有機會的話，要一國一國統一起來，讓周朝統一天下，以後各國之間就沒有戰爭了。

孔子這種理想，子路當然不會了解。子路是勇敢的人，只看到當下的正義，所以反對孔子去。孔子後來也沒有去，因爲知道自己的想法太天真了。一個人造反，說不定只是爲了自己的利益，去幫忙的話，立刻就有殺身之禍。我們只能說孔子是一個有理想的人，對周朝抱有統一天下的嚮往。

〈17・6〉

子張問仁於孔子。孔子曰：「能行五者於天下爲仁矣。」「請問之。」曰：「恭、寬、信、敏、惠。恭則不侮，寬則得眾，信則人任焉，敏則有功，惠則足以使人。」

子張向孔子請教如何行仁。孔子說：「做人處事能符合五點要求，就是行仁了。」子張說：「請您教導這五點要求。」孔子說：「莊重、寬大、誠實、勤快、施惠。莊重就不會招來侮辱，寬大就會得到眾人支持，誠實就會受人任用，勤快就會產生功效，施惠就能夠領導別人。」

子張請教孔子如何行仁，從做官的角度來看，孔子認爲是「恭、寬、信、敏、惠」，由此可知，行仁不能離開做人處事的表現。走在人生正途上，不能忽略「人與人之間的適當關係」，亦即善。

若要實現人性，除了努力實踐內心向善的要求，別無選擇。由孔子任何一個簡單的回答，都可以看出，他背後想的是「我與人之間適當關係的實現」，無論是做官還是做平民百姓，都是一樣。

子張年紀雖然很輕，但是志向很高，常常問一些很有理想的問題，孔子回答時也很認眞。關於「恭、寬、信、敏、惠」，可以分類來看待。

「恭」是自我要求，「敏」也是自我期許，「寬」與「惠」比較偏向於對人，「信」是代表要誠信，總而言之，是對自己與對別人的原則。由此可見，孔子希望他的學生將來要做官時，可以自我要求，也可以造福別人，讓自己與別人關係得到良好的實現。

〈17．7〉

佛肸（ㄅㄧˋ ㄒㄧˋ）召，子欲往。子路曰：「昔者由也聞諸夫子曰：『親於其身爲不善者，君子不入也。』佛肸以中牟畔，子之往也，如之何？」

子曰：「然，有是言也。不曰堅乎，磨而不磷（ㄌㄧㄣˋ）；不曰白乎，涅（ㄋㄧㄝˋ）而不緇（ㄗ）。吾豈匏（ㄆㄠˊ）瓜也哉？焉能繫而不食？」

佛肸召請孔子，孔子想要前往。子路說：「以前我聽老師說過：『自己動手公然行惡的人那裡，君子是不會前去的。』現在佛肸占據中牟，起兵反叛，您卻想要前去，又該怎麼說呢？」

孔子說：「對的，我說過這樣的話。但是，我們不是也說：最堅硬的東西，是磨也磨不薄的？我們不是也說，最潔白的東西，是染也染不黑的？我難道只是匏瓜星嗎？怎麼可以掛在那兒不讓人食用呢？」

佛肸，晉國趙簡子專政時，攻打范中行，范中行的家臣佛肸是中牟縣長，據地反叛趙簡子。

這又是件莫名其妙的事，一個家臣起來反叛專政的大夫趙簡子，請孔子幫忙。雖是幫到外國，但孔子依然想通過晉國來使天下安定。換句話，可以從魯國一步步安定天下，也可以從晉國一步步天下安定，最主要的是要有機會。子路眼看老師可能幫壞人了，趕快出來勸告，用的還是孔子教他的話，眞是忠心耿耿。

孔子也承認說過那些話，但是以「不日堅乎，磨而不磷；不日白乎，涅而不緇。」說明自己的心意。這表示孔子有很堅定的志節，出汙泥而不染，到再亂的地方都不會被同化，佛肸這個人好不好，與他有什麼關係呢？這是孔子的自信。類似的情況，參考〈9．13〉、〈17．5〉。

匏瓜，古代星辰之名。《史記．天官書》說：「匏瓜，一名天雞，在河鼓東。」孔子藉此表明他的心意，讀書人學習思考一輩子所有的心得，應該用在世界上，幫助這個世界得到改善，就如眞正的匏瓜應該讓別人食用一般。

〈17．8〉

子曰：「由也！女（ㄖㄨˇ）聞六言六蔽矣乎？」對曰：「未也。」

「居！吾語（ㄩˋ）女。好（ㄏㄠˋ）仁不好學，其蔽也愚；好知（ㄓˋ）不好學，其蔽也蕩；好信不好學，其蔽也賊；好直不好學，其蔽也絞；

好勇不好學，其蔽也亂；好剛不好學，其蔽也狂。」

孔子說：「由！你聽過六種品德與六種流弊的說法嗎？」子路回答說：「沒有。」

孔子說：「你坐下，我來告訴你。愛好行仁而不愛好學習，那種流弊就是愚昧上當；愛好明智而不愛好學習，那種流弊就是游談無根；愛好誠實而不愛好學習，那種流弊就是傷害自己；愛好直率而不愛好學習，那種流弊就是尖酸刻薄；愛好勇敢而不愛好學習，那種流弊就是胡作非爲；愛好剛強而不愛好學習，那種流弊就是狂妄自大。」

本章談到學習的重要性，學習可以助人養成處事與判斷的智慧。孔子提出「六言六蔽」，子路當然沒有聽過。

光有善意不夠，還須具備學習的智慧

其一，「好仁不好學，其蔽也愚」。譬如，一看到有人要錢，惻隱之心油然產生，就立刻給錢，事實上別人是利用你的同情心來騙錢。生活中這種例子很多，了解之後就不會上當，大家都不給錢的話，這種事情就會消失了。行仁是好事，但要能夠了解道理並具有判斷的眼光，而不是光憑好心。

其二，「好知不好學，其蔽也蕩」。何謂好知呢？就是喜歡聽取各種新的理論或消息，但是不肯好好學習。「蕩」就好比船在水上，沒有方向，順著水流漂來漂去。所謂「樣樣通，樣樣鬆」，有些人文學、藝術、宗教、哲學，每一門都學一些，到最後什麼都懂一點，但又不夠深刻。這就是游談無根，浪費時間。其實，眞正的好學不在多，但是要學得透澈。

其三，「好信不好學，其蔽也賊」。愛好誠實本是好事，爲何會傷害自己呢？因爲答應別人的事情都去做，沒有思考該不該做，結果讓自己疲於奔命，造成了很大的壓力。

其四，「好直不好學，其蔽也絞」，這種情況很常見。有些人很直率，沒有學習如何與別人來往，沒有做到說話婉轉而恰當，凡事有話直說，難免淪於尖酸刻薄，別人聽了也很難過。

其五，「好勇不好學，其蔽也亂」。有些人很勇敢，什麼事都一馬當先。但一路下去沒有學習調整的話，人生就會有所偏差，到最後恐怕會變成胡作非爲。想一鼓作氣馬上把事情解決，最後反而導致混亂的情況。

其六，「好剛不好學，其蔽也狂」。愛好剛強而不愛好學習，就容易狂妄自大。這種人不但有話直說，而且堅持自己的原則是唯一的，不能妥協。

以上就是孔子所謂的「六言六弊」，關鍵就在於好學。人活在世界上不能光靠主觀的良知，否則，每個人所處的環境不一樣，各持己見，就會有所爭議。好學可以發揮理性的能力，使思考更完整，對許多事情的考慮更周到，在選擇行動時，知道分寸何在，所以非常重要。

總之，不學習就無法明白事理，即使有心實踐品德，也容易出現流弊。孔子這段話，提醒我們走在人生正途上，要善用理性的能力。

〈17・9〉

子曰：「小子何莫學夫詩？詩，可以興，可以觀，可以群，可以怨。邇（ㄦˇ）之事父，遠之事君；多識於鳥獸草木之名。」

孔子說：「同學們爲什麼不學《詩》呢？學《詩》時，可以引發眞誠心意，可以觀察個人志節，可以感通大眾情感，可以紓解委屈怨恨。學了《詩》，以近的來說，懂得如何事奉父母；以遠的來說，懂得如何事奉君主。此外，還能廣泛認識草木鳥獸的名稱。」

本章提到了學《詩》的四種作用，都是針對個人的受益而言。眞能充分發揮，應該可以達到「溫柔敦厚，詩教也」的成效。

讀《詩》所產生的四個作用

讀詩的第一個作用是「可以興」，「興」即引發眞誠心意，代表產生行動的力量。學《詩》爲什麼可以出現眞誠的心意呢？因爲「思無邪」（〈2・2〉），《詩經》三百篇都是出於眞實的情感。我們在社會上，常常會隱藏眞實的情感，或是設法委屈、遮蔽，久而久之就忘記了；而讀《詩》的時候，通過《詩》的描寫，可以喚醒眞誠的情感，讓人回歸眞正的自我，讓自我的面貌愈來愈清楚。

第二個作用是「可以觀」，觀察個人志節。人在年輕的時候，處在比較單純的狀態，常常會有比較高潔的理想，但是步入社會日久，也就忘記了。學《詩》可以喚醒一個人的志節。

第三個作用是「可以群」，感通群衆情感。《詩》裡面描寫的是大家共有的經驗，像孝順父母，講述父母怎麼生養與照顧子女，這些都具有普遍性。讀了之後，自然深受感動，每個人都有共鳴。

第四個作用是「可以怨」，即紓解委屈怨恨。人生在世，不如意事十常八九，每個人都覺得自己運氣不好、碰到的小人太多、被人家陷害，有志難伸，這些都是怨恨。通過讀《詩》，發現別人的感嘆，知道比我們倒楣的人多的是，自己的委屈就可以獲得紓解。

「邇之事父，遠之事君；多識於鳥獸草木之名」，非常具體說明了立身處世需要學《詩》。學了《詩》，在家可以事奉父母，在朝廷可以做事、獨當一面，通達人情世故，表達也十分適當，對做官有實際的效用。

「多識於鳥獸草木之名」，根據專家統計，在《詩經》中，共有：草一一三種，木七十五種，鳥三十九種，獸六十七種，蟲二十九種，以及魚二十種。經由認識這些名稱，可以了解大自然豐富的樣貌。

〈17．10〉

子謂伯魚曰：「女（ㄖㄨˇ）爲〈周南〉、〈召（ㄕㄠˋ）南〉矣乎？人而不爲〈周南〉、〈召南〉，其猶正牆面而立也與！」

孔子對伯魚說：「你仔細讀過〈周南〉與〈召南〉了嗎？一個人如果不曾仔細讀過〈周南〉與〈召南〉，就會像面朝牆壁站著的人。」

〈周南〉、〈召南〉是《詩經．國風》開頭的兩篇，內容側重夫婦相處之道，有勉人修身齊家之意；換句話說，是教家人之間如何好好相處對待。這是人生的出發點，所以孔子非常強調，不明白的話，就好像「正牆面而立」，什麼都看不到，哪裡都去不了，確實是很麻煩。

人生很多路走不通，所以要學習。讀〈周南〉、〈召南〉，就知道人生一定有路可以走。

〈17．11〉

子曰：「禮云禮云，玉帛云乎哉？樂（ㄩㄝˋ）云樂云，鐘鼓云乎哉？」

孔子說：「我們說禮啊禮啊，難道只是在說玉帛這些禮品嗎？我們說樂啊樂啊，難道只是在說鐘鼓這些樂器嗎？」

玉帛是祭祀用的東西，玉是天然礦石琢磨而成，帛是人工織成的，既有大自然的，又有人造的，做爲禮品當然很好。鐘鼓即古代的編鐘，代表的是正式的音樂，既莊嚴又神聖。這兩句話說明，禮指的不是外在的形式，樂指的不是樂器。如果沒有內在的眞誠情感，禮樂只是虛有其表。

行禮之人的真實情感才是核心

譬如一個人唱歌，如果沒有感情，就無法感動人。有些人唱某一首歌特別好聽，其他人都唱不出那個味道，爲什麼？因爲唱的人有感情，又正好和那個年代的氛圍配合，就變成千古絕響。這就是音樂的感情基礎。

禮也是一樣，若不是出自眞心誠意，就算穿戴整齊，又用玉帛祭祀，忙碌了半天，也好像演戲一樣。所以，人類所有的禮與樂都要有眞實的情感做爲基礎，才會讓情感順暢地表達出來。

本章的背景，應該是禮、樂已經慢慢喪失內在含義，愈來愈流於形式化的時代。禮有具體表現的形式與器物，但是更重要的是行禮之人的眞實情感。正如〈3·3〉裡提到，人沒有眞誠的心意，拿禮做什麼用呢？沒有眞誠的心意，拿樂又做什麼用呢？人發明製作禮樂，是爲了調節安排生活的步調，或是調和心中的情感，所以內在眞誠的情感最爲重要。

〈17・12〉

子曰：「色厲而內荏（ㄖㄣˇ），譬諸小人，其猶穿窬（ㄩˊ）之盜也與？」

孔子說：「臉色嚴肅而內心怯弱的人，可以比擬爲小人，就像闖入門戶裡的小偷吧！」

「盜」即小偷，小偷表面凶狠而內心虛浮，這是孔子比喻一個人臉色嚴肅而內心怯弱。有些人地位比較高，年紀也比較大，一旦有事情發生，不確定自己對不對，卻一定要說一些話敷衍時，就是「色厲而內荏」。這種人就像闖入別人門戶的小偷，心虛得很。

人活在世界上，靠努力爭取名聲固然不錯，但最後還是要回歸最眞誠的一面。人與人相處，不要因爲身分角色不同而有所拘謹。

〈17・13〉

子曰：「鄉愿（ㄩㄢˋ），德之賊也。」

孔子說：「不分是非的好好先生，正是敗壞道德風氣的小人。」

「鄉愿」就是好好先生，每個社群都可能有所謂的「好好先生」，誰都不得罪，表面媚俗而心中毫無理想。好人說他好，是因爲他不會引起爭論；壞人說他好，是因爲他對壞人妥協，不會批評壞人。所以全鄉人都喜歡他，願意與他做朋友，這就是「鄉愿」。

不分善惡會有潛藏的危機

孟子曾說，孔子很喜歡做老師，家裡大門敞開著，如果有人經過不進來，他會覺得很遺憾，但是只有鄉愿的人例外。也就是說，這種人孔子不願意教（《孟子．盡心下》）。

「德之賊也」，鄉愿不分善惡，無法鼓勵好人行善，也無法警惕惡人不爲惡，所以傷害了道德。「鄉愿」一多，好人做好事沒有鼓勵，壞人做壞事也沒有警惕，如此下去，大家就會愈來愈不願意堅持正義的原則，也不在乎壞的行爲。這是很可怕的狀況。

譬如，我們每天看新聞，大多是莫名其妙的事，自己又不能改善，看久了不免會有很深的無力感，覺得原則是空話，根本不需要堅持。但人生沒有事情可以堅持，活或不活，以及怎麼活，又有什麼差別呢？這樣的人，生命力往往會急遽萎縮。

一個理想主義者，如果沒有受到正面的引導或鼓勵，一旦理想受挫，很容易從理想主義變成虛無主義，徹底否定一切，這是很令人擔心的。

有些人以爲做好好先生，對大家都好，所以「鄉愿」也沒有什麼不對。有些人非常堅持是非善惡，一點也不「鄉愿」，但是又怎麼知道自己一定是對的呢？這的確是很困難的事，所以要「躬自厚而薄責於人，則遠怨矣」（〈15．15〉），對自己要求儘量嚴格，同時對人寬厚，儘量替別人設想；亦即雖然不是立刻對對方做明確的要求，但要讓別人知道自己的立場。

蘇軾〈祭歐陽文忠公文〉上提到，「君子有所恃而不恐，小人有所畏而不為」。君子有所依靠，所以不會害怕；小人有所畏懼，就不敢去做壞事。因此，一個國家有正派的元老、重臣，壞人就會比較收斂。

人活在世界上一定需要有所畏，一個人無所畏懼就會變得狂妄、胡作非為。有所畏懼絕不是膽小，因為畏懼的對象不是人，而是眞理、是內心對理想的執著、是天。有所畏懼的話，就會主動規範自己的言行。

〈17．14〉

子曰：「道聽而塗說，德之棄也。」

孔子說：「聽到傳聞就到處散布，正是背離德行修養的作法。」

古人云：「入乎耳，出乎口。」口耳之間不過四寸，很多人耳朵聽到什麼，嘴巴立刻說出來，不去想對不對、該不該說，這是背離德性的修養。

道德修行必須由聞到思到修。聞、思、修是一連串過程，首先聽到一些道理，接著思考這個道理，第三是實踐這個道理。若是好爲口說，正是背道而馳。

〈17・15〉

子曰：「鄙夫可與事君也與哉？其未得之也，患不得之。既得之，患失之。苟患失之，無所不至矣。」

孔子說：「我們能與志節鄙陋的人一起事奉君上嗎？這種人在沒有得到職位時，害怕得不到；一旦得到了，又害怕失去；爲了害怕失去職位，什麼事都幹得出來。」

「鄙夫」可指純樸的鄉下人（〈9・8〉），在此是指志節低陋的人，這樣的人沒有志氣，在沒有職位時，害怕得不到；一旦得到了，又爲了保住它而不擇手段。

齊桓公時代，有一個人叫做易牙，是菜做得最好的人。有一天齊桓公說：「我什麼好菜都吃過，就是沒有嚐過人肉。」易牙聽了，回家就把自己的兒子殺掉，肉烹了給齊桓公吃，於是終身得到齊桓公的寵幸。管仲死前力勸齊桓公不能重用這個人，齊桓公卻不聽。

齊桓公後來死得很慘，幾個兒子忙於爭奪國君之位，死了將近兩個月也沒有人管，最後甚至連蛆蟲都爬出屍體來。會發生這麼可怕的後果，正是因爲他用了很多志節低陋的鄙夫。

〈17．16〉

子曰：「古者民有三疾，今也或是之亡（ㄨˊ）也。古之狂也肆，今之狂也蕩；古之矜也廉，今之矜也忿戾；古之愚也直，今之愚也詐而已矣。」

孔子說：「古代百姓有三點爲人詬病的，現在的百姓連這些都比不上了。古代狂妄的人不拘小節，現在狂妄的人放蕩言行；古代矜持的人不屑造作，現在矜持的人憤世嫉俗；古代愚昧的人還算直率，現在愚昧的人卻只知耍弄心機罷了。」

「疾」代表有病，這裡指性格上的偏差表現，爲人詬病。任何地方的民風都有其特色，有的狂，有的矜，有的愚。即使就此而論，古今也相去甚遠，孔子因而感嘆。

缺點也有正面價值

第一，「古之狂也肆，今之狂也蕩」，「不拘小節」與「放蕩言行」這兩個層次不一樣。古代的毛病是狂妄的人不拘小節，譬如出門不一定穿得很整齊，或吃飯不一定要排場。現今是狂妄到言行放蕩，不知所云，簡直沒有任何規範。

第二，「古之矜也廉，今之矜也忿戾」，矜持正好是狂妄的相反。狂妄是放得開，矜持是放不開，代表內心有所堅持，很愛面子。古人不屑於造作，雖然很矜持，但是不造作或裝腔作勢，自以爲清高。而現在矜持的人憤世嫉俗，批評別人時氣憤難平，常常在生氣的樣子。

第三，「古之愚也直，今之愚也詐而已矣」，古代愚昧的人還算直率，這一點很有道理。一個人比較笨，唯一可愛的地方就是直率，沒有什麼心機。現在的人卻不只愚昧，還要弄心機，實在是難以想像。

以上三點說明古代人的毛病，往往來自性格的特色；但是現代人連這種毛病所帶來正面的效果都沒有了，變成壞上加壞，實在是很可惜。這是孔子當時的情況。

孔子的觀察頗爲深刻，從性格的特質來看反面的效果，或者困難中呈現的正面特色。事實上，缺點就是優點，優點就是缺點，往往是一體兩面，就看怎麼改善自己性格的缺點，使其轉化成爲實現優點的動力。如此一來，人本身就是行動的主體，可以調整自己往正面發展，這比從外面找資源幫自己更有用，也更容易成功。

〈17．17〉

子曰：「巧言令色，鮮矣仁。」

孔子說：「說話美妙動聽，表情討好熱絡；這種人是很少有眞誠心意的。」

本章在〈1．3〉已出現過。值得再一次強調的是：「鮮矣」不是「完全沒有」。與人交往時，爲了互相尊重，順利交換意見，沒有人會反對「巧言令色」，但是要特別提醒自己是否「眞誠」。

眞誠並非是指有話直說、口無遮攔，而是衡量人際之間的適當關係，說出合宜的話。《易傳》有「修辭立其誠」之說，意即以修飾言詞來建立自己的眞誠，就是很好的原則。

〈17．18〉

子曰：「惡（ㄨˋ）紫之奪朱也，惡鄭聲之亂雅樂（ㄩㄝˋ）也，惡利口之覆邦家者。」

孔子說：「我厭惡的是紫色奪取了紅色的地位，我厭惡的是鄭國的樂曲擾亂了典雅的樂曲，我厭惡的是以伶牙俐齒顚覆國家的人。」

「惡紫之奪朱也」，諸侯衣服原以紅色爲正，到了春秋時代魯桓公尙紫，逐漸改變了風氣。孔子不喜歡這種情況，因爲它破壞了人與人之間禮的規範。

「惡鄭聲之亂雅樂也」，鄭聲代表靡靡之音；「惡利口之覆邦家者」，伶牙俐齒顛覆國家的人，口才確實好，要抓他的缺失不容易，與他辯論也難以取勝，但問題是，這樣的人能夠幫助國家建設嗎？

孔子雖然很厭惡，但還是發生這樣的情況，也只好藉此表達他的立場，孔子厭惡的是似是而非，結果混淆了禮制、音樂與國家法紀。

〈17・19〉

子曰：「予欲無言。」

子貢曰：「子如不言，則小子何述焉？」

子曰：「天何言哉？四時行焉，百物生焉，天何言哉？」

孔子說：「我想不再說話了。」

子貢說：「老師如果不說話，那麼我們學生要傳述什麼呢？」

孔子說：「天說了什麼啊？四季照樣在運行，萬物照樣在生長，天說了什麼啊？」

孔子所說的道理，固然可以讓學生傳述，而其真正目的則是普及教化的效果。只有傳述而無效果，則是本末倒置，由此可以看出孔子的感慨。

期待普及教化如同宇宙運行不斷

「天何言哉」這段話，很多人當作是孔子的感嘆，事實上沒有那麼簡單。「四時行焉」是指四季不斷運行，「百物生焉」是指宇宙萬物不斷生長。這兩句話放在「天何言哉」之間，代表天的作用，反映了古代的信念：以天爲「造生者」與「載行者」，是萬物的根源，也是維繫一切的力量。天雖不言，而其運作的效果仍在。

孔子相信天，說明孔子本身有很明確的宗教信仰，與古代的歷史背景可以結合。古代的「天」有五個意思，即主宰、造生、載行、啓示、審判，古代帝王稱爲天子，所以同樣需要做到這五件事。

統治百姓就是主宰；「四時行焉」即載行，「百物生焉」即造生，天是一切生命的來源及發展的動力。造生、載行合起來就是仁愛，所以天子應該照顧百姓，讓大家過幸福的生活；啓示即天告知善惡是非，沒有行善避惡，天就給予賞善罰惡，此即審判。

最嚴重會使國家滅亡，譬如，夏朝有問題，商湯出來革命；商紂王有問題，周武王起來革命。他們革命時，都是說：「是天讓我來革命。」這就是「天」最原始的概念。

〈17・20〉

孺悲欲見孔子，孔子辭以疾。將命者出户，取瑟而歌，使之聞之。

孺悲來了，要拜訪孔子，孔子託言有病，拒絕見他。傳命的人一走出房間，孔子就取出瑟來邊彈邊唱，讓孺悲可以聽到。

孺悲，魯國人，曾向孔子學習「士喪禮」。「辭以疾」，古代習慣以疾病爲託辭，但是孔子又故意取瑟而歌，目的是讓孺悲自省其過失。這是以不教爲教。

這一段話頗有趣味，孔子不但沒有生病，還能唱歌，但卻不見孺悲，這種教育方法實在很奇妙。學生自知犯了錯，來拜見老師，老師故意不見，卻又讓學生知道老師是故意不要見的，於是學生就會想：「哎呀，老師故意不見我，一定是要我好好反省。」

孔子實在了不起，可以用這種方式讓學生改過遷善，而改過之後的表現，還是可以傳到老師的耳中，表示老師還是關心他的。因此，這一段話就變成教育的示範。

〈17・21〉

宰我問：「三年之喪，期（ㄐㄧ）已久矣。君子三年不爲禮，禮必壞；三年不爲樂，樂必崩。舊穀既沒（ㄇㄛˋ），新穀既升，鑽燧改火，期（ㄐㄧ）可已矣。」

子曰：「食夫稻，衣（ㄧˋ）夫錦，於女（ㄖㄨˇ）安乎？」

曰：「安。」

「女安，則爲之！夫君子之居喪，食旨不甘，聞樂（ㄩㄝ）不樂，居處不安，故不爲也。今女安，則爲之！」宰我出。子曰：「予之不仁也！子生三年，然後免於父母之懷。夫三年之喪，天下之通喪也，予也有三年之愛於其父母乎！」

宰我請教說：「爲父母守喪三年，時間未免太長了。君子三年不舉行禮儀，禮儀一定會荒廢；三年不演奏音樂，音樂一定會散亂。舊穀吃完，新穀也已收成；打火的燧木輪用了一次。所以守喪一年就可以了。」

孔子說：「守喪未滿三年，就吃白米飯，穿錦緞衣，你心裡安不安呢？」

宰我說：「安。」

孔子說：「你心安，就去做吧！君子在守喪時，吃美食不辨滋味，聽音樂不感快樂，住家裡不覺舒適，所以不這麼做。現在你既然心安，就去做吧！」

宰我退出房間後，孔子說：「予沒有眞誠的情感啊！一個孩子生下來，三年以後才能離開父母的懷抱。爲父母守喪三年，天下人都是這麼做的。予曾經受到父母三年懷抱的照顧嗎？」

這是《論語》非常重要的篇章，所談的問題相當完整。孔子談話的對象是宰我。「三年之喪」，是指爲父母守喪三年，「三年」是指二十五個月或二十七個月，不是眞正的三年。孔子認爲這是天下之通喪，意思是「應該」如此，然而事實上卻未必如此。

「三年之喪」在此有相當完整的討論，牽涉到人間的規範是否有根據。人間的規範就是制禮作樂，禮是一種規範，樂的重點放在調和情感。人活在世界上，行爲是自由的，但自由一定需要規範，否則不容易維持社會整體的秩序。

禮制規範落實於社會生活時的落差

人間規範的根據則是相對的，孔子曾說：「殷因於夏禮，所損益可知也；周因於殷禮，所損益可知也。」（〈2．23〉）夏、商、周三代把前朝的禮加以損益，可見規範是相對的。古人認爲父母過世，守喪三年，這是最大的喪禮，因爲父母是我們生命的來源。宰我認爲三年之喪太長了，逼著孔子面對這個問題和挑戰。

宰我提出的論證，到現在爲止，還沒有人可以反駁。他的邏輯是：守喪期間不能行禮奏樂，三年之後，禮樂恐怕就荒廢了。因爲禮儀需要實際操作，像孔子「入大廟，每事問」（〈3．15〉），禮儀非常繁複，三年不做，很多細節一定會忘記。音樂也一樣，如果三年不彈，手指都已僵硬了。禮樂一旦荒廢，將導致人文世界的瓦解。

此外，稻米一年收穫一次，取火的燧木輪也用了一次。古代沒有火柴，需要按照四時季節不同的木頭來鑽燧取火。既然自然世界一年是一個循環，人文世界爲何要三年呢？因此，守喪一年就夠了。

宰我的說法，如果用社會學的方法做調查，大概百分之七十五的人會同意，但是這樣的結論很難普遍推廣，不可能有一個大家都滿意的答案。

孔子不在此處與宰我辯論，而是將焦點轉移到倫理規範，也就是社會上必須共同遵守的行爲要求；如果不遵守，就會受到批評，嚴重的話還會違法受罰。

古代人要吃到白米飯不容易，尤其是平民百姓。孟子說「五十者衣帛，七十者食肉」，就是「王道」了，等於是過很好的生活。孔子說的吃白米飯，代表生活的享受。守喪時，要吃比較粗糙的食物，吃起來既沒有營養，也缺乏滋味，代表心裡思念父母；否則吃得飽、穿得暖，很快就把父母忘了。

外在行為規範的根源來自內心

孔子把外在行爲規範的根源，拉到內心。換言之，如果心裡覺得安然，外在的規範就沒有太大的作用；就是因爲守喪未滿三年，就吃好穿好，內心會不安，所以要守三年之喪才會安心。

這種心安有兩個層面，一是每天都有新的事情發生，三年很長，不能老停留在以前的思念；三年之後，生命就要繼續往前走。二是如果大家都以三年爲準，表示這是社會都接受的作法。換句話說，倫理規範的制定，不是憑空而來，而是根據人類心理情感的自然要求。

制定時會按照時代的需要調整，但不能忘記基礎是在內不在外。按照百姓內心自然的情感，父母過世，需要一段緩衝的時間來思念，重要的不是計較時間長短，而是弄清楚心裡眞正的情感。

但問題是，問一個人心裡安不安，是很冒險的事，尤其牽涉到父母過世守喪的時間，不能隨便回答。宰我的回答是「安」，試想：宰我的父母如果還健在，他這麼說的話，豈不是很不孝？這是第一個假設。

第二個假設，如果宰我的父母已經過世，那他以前守喪的時候，是否心不甘情不願？這也是不孝順。

宰我和一般人不一樣，對這個困難的問題輕易回答：「安啊！」等於是攤牌了，孔子只好說：「你心安，就去做吧！」這五個字的言外之意很嚴厲，意思在責備宰我，如果一個人自覺心安，天下人還有什麼辦法呢？連我也對你無可奈何。

孔子接著說：「夫君子之居喪……則爲之」，宰我聽了立刻退出房間，因爲孔子話說得如此嚴重，連臉色也變了，他留在現場會很難堪。

宰我離開之後，孔子還繼續批評：「予之不仁也！……予也有三年之愛於其父母乎！」這段話太重要了，從倫理推到心理，再到生理。人會有心理安不安的問題，是因爲有眞誠的情感。孔子認爲宰我這個人沒有仁心和仁德。一個人不仁，等於沒有眞誠的情感，這是很嚴厲的批判。

感念生命最初三年無條件承受的照顧

「子生三年，然後免於父母之懷」，孔子對於小孩的成長過程相當了解，他知道一個人順利成長，承受父母照顧之恩，無論如何也難以報答。儒家的可貴之處就是不忘本，知道生命是完整的，沒有父母就沒有我們，所以要爲父母多行善事。儒家的思想很清楚，對這樣的原則絕不讓步。

時間不能重來，人生的很多問題沒有標準答案，孔子說的只是一個最普遍的情況，就是人的生命從生理開始，由生理的特色產生心理的特質，社會上再據以制定倫理的規範。

今天我們只看到表面的規矩，忽略了倫理規範是爲了讓心理上的情感可以適當地表達，倫理不是任意訂定的。生命當然也不可能重來，所以需要知道可以讓一代一代接續下去的作爲。孝順是一個開始，百善孝爲先，父母生我、照顧我，孝順是最早就自然出現的一種德行。

現代化的解釋則認爲，小孩孝順父母是本能的自然表現。小孩在生理上缺乏照顧自己的能力，需要父母照顧，父母的苦樂決定了小孩的苦樂；久而久之，子女與父母便產生深刻的互相關懷，小孩自然希望父母快樂，因爲父母快樂了，自己也會快樂，這就是孝心。孝心成爲一種本能，叫做良知良能。

因爲愛父母對他有利，愛兄弟姊妹對他有利，父母開心，兄弟姊妹互相幫助共同對外，等於是替自己設想，也能替別人設想。所以利己不是壞事。

從本章可以看到，從倫理推到心理、生理，構成了人的生命整體，不但有結構，還有發展。人性向善論，「向」的關鍵就在於心。只有心才有「安不安」的問題，是動態的過程。

不管父母小時候怎麼照顧，孩子長大了就不可能再回頭，不可能再重溫舊夢。生理上受照顧的經驗，只能成爲記憶。所以人要眞誠，眞誠才能常常想起小時候受父母的照顧，內心才會有適當的反應。

宰我做爲言語科的高材生，在此提出的質疑，兼顧了人文世界（禮與樂）與自然世界（穀與火）雙方面的條件，可謂相當周全，但是卻忽略了人心的情感需要。

孔子的思考模式是：人間三年之喪的倫理規範，是爲了回應心理情感（安）而定的；心理情感又可以推源於生理特性（三年免懷）。如此形成的「生理—心理—倫理」觀點，可以說明人性的開展過程以及人性何以向善，亦即爲何不守三年之喪就會不安。換言之，孔子心目中的人性，是不能離開生命的具體存在及成長處境的。

大孝終身慕父母

最大的孝順是終身思念父母。一個人如果孝順，就不可能做出非法的事，所有的德行都從孝順這一關而來。試想，不孝順父母的人，即使在外面成大功、立大業，一回家看到父母愁眉苦臉，心裡能夠不在乎嗎？

不過，孝順是對子女的要求，不是對父母的，那父母應該怎麼辦呢？父母要快樂，不能等待子女來孝順他們，這是父母要思考的問題。就父母這個角色來說，要設法讓自己安頓；就子女這個角色來說，只有孝順才能快樂。雙方都只能盡心而已，這方面的事情沒有圓滿可言。

人生是不圓滿的，就像現在人常常說的，每天活著都「有功課要做」。圓滿代表永恆，永恆與生命是衝突的，人活在時間裡，怎麼可能說「我現在圓滿了」？如果人生很圓滿，意思就是「過去了」，不用談人生，而要談「人死」了。所以我們要面對這種情況，不要常常覺得遺憾，人生不可能沒有遺憾的，要接受這個事實，然後設法盡力去做。

心理情感上的問題充滿變化，譬如，父母特別喜歡哪個孩子，給她多一點嫁妝或什麼東西，這方面父母是自由的，孩子如果要計較爲什麼不公平，父母也很難回答。做父母的人都知道，只要有兩個以上的小孩，不免就會偏愛其中一個。如果只有兩個還好，爸爸偏愛一個、媽媽偏愛一個，分配好就可以，三個以上就很麻煩，一定會有人被忽略，而被忽略的人，一定也知道自己被忽略了。

所以保持眞誠的情感，不但是爲了對別人表示適當的態度，同時也是對自己有明確的交代。那就是我眞誠的盡力而爲就好了，只求問心無愧，也不要有太多的要求。因爲父母生了我，照顧我，我心裡對父母有很豐富的情感，希望父母快樂，這就是小時候被照顧而產生的自然反應。這種反應並不是故意的，所以叫「良知良能」，如果是刻意才能做到的，就是學習來的。

〈17・22〉

子曰：「飽食終日，無所用心，難矣哉！不有博弈（一）者乎！爲之，猶賢乎已。」

孔子說：「整天吃飽了飯，對什麼事都不花心思，這樣很難走上人生正途啊！不是有擲骰下棋的遊戲嗎？去玩玩也比這樣無聊要好些！」

「難矣哉」指的不是「飽食終日，無所用心」，而是指走上人生正途很難。因為孔子認為人生不應該浪費時間，要花心思激發潛力，回歸正途。可參考〈15．17〉。

當社會經濟條件比較好的時候，有些年輕人就飽食終日，無所用心。這麼過活還不如「博弈者」，博弈至少還得用用心思、動動腦筋。如果沒有克制自己的能力，完全隨著本能的衝動、欲望而生存，這種人完全不能自己作主，將來好事做不成，壞事卻不會錯過。

〈17．23〉

子路曰：「君子尚勇乎？」子曰：「君子義以為上，君子有勇而無義為亂，小人有勇而無義為盜。」

子路說：「君子推崇勇敢嗎？」孔子說：「君子推崇的是道義，君子光有勇敢而沒有道義，就會作亂；小人光有勇敢而沒有道義，就會偷盜。」

本章的「君子」，是指立志成為君子的人。子路非常勇敢，以為勇敢就是君子，但是孔子規勸子路要注意到道義。有條件成為君子，不一定就能成為君子，因為還需要德。「亂」通常是指作亂造反。很多人以爲自己很勇敢，但是不懂得道義，分不清楚什麼是應該，什麼是不應該。

由本章的內容看來，是對假設狀況的討論，表示君子「應該」如何，否則就會如何。有此理解，就不必考慮君子是有位者或有德者。至於小人，則指不願立志改善自我的一般人。

「義者，宜也」，義是指既合宜又正當的事。它牽涉到「判斷」，不是全靠明文規定的教條或法律，而是需要存心正直，再做適當的判斷。反之，「勇」是指行爲的動力，敢作敢當，但未必每一次都合乎義的要求。孟子後來說：「仁，人心也；義，人路也。」人心出乎眞誠，人路則貴在抉擇，又怎麼能只靠一個「勇」字？

〈17・24〉

子貢曰：「君子亦有惡（ㄨˋ）乎？」子曰：「有惡，惡稱人之惡（ㄜˋ）者，惡居下而訕上者，惡勇而無禮者，惡果敢而窒者。」曰：「賜也，亦有惡乎？」「惡徼（ㄐㄧㄠ）以爲知（ㄓˋ）者，惡不孫（ㄒㄩㄣˋ）以爲勇者，惡訐（ㄐㄧㄝˊ）以爲直者。」

子貢說：「君子也有厭惡的事嗎？」孔子說：「有厭惡的事：厭惡述說別人缺點的人，厭惡在下位而毀謗長官的人，厭惡勇敢而不守禮儀的人，厭惡一意孤行卻到處行不通的人。」

孔子說：「賜，你也有厭惡的事嗎？」子貢說：「厭惡賣弄聰明卻以爲自己明智的人，厭惡狂妄無禮卻以爲自己勇敢的人，厭惡揭人隱私卻以爲自己正直的人。」

孔子論情緒時有兩個重要的概念：怨和恥。怨是抱怨，恥是羞恥心。怨字出現二十多次，是所有表達情感的字裡出現最多的。換句話說，《論語》從頭到尾都有怨。這說明孔子提醒我們人生要設法做到無怨。在本章，孔子提到的是「惡」。

不犯連自己都厭惡的過錯

孔子所惡的，一是述說別人缺點的人。說別人的缺點很容易，但是說到最後，天下人都是殘缺不全的。二是在下位而毀謗長官的人。古代的君子都要做官，孔子不喜歡做官後還批評長官的人。三是勇敢而不守禮儀的人。人可以勇敢，但一定要守禮。四是一意孤行卻到處行不通的人。這樣的人乍看之下，做事很果斷、有原則，但到處行不通，就等於浪費生命。

孔子回答完，也想知道子貢的想法。子貢很了解自己就有老師所說的第一個毛病，因爲子貢喜歡批評別人，因此他的回答，也等於是警惕自己。

子貢所厭惡的是「似是而非」的作爲，或「自以爲是」的想法。表面上，知、勇、直都是優點，但如何做到呢？如果方法不對，會變成以假亂眞，最後難免造成社會許多的困擾。

〈17．25〉

子曰：「唯女子與小人爲難養也，近之則不孫（ㄒㄩㄣˋ），遠（ㄩㄢˋ）之則怨。」

孔子說：「只有女子與小人是難以共處的；與他們親近，他們就無禮，對他們疏遠，他們就抱怨。」

兩千多年來，本章引起很多討論，到了現代更是引起大家的質疑。就因爲孔子說過「唯女子與小人爲難養也」，有人認爲中國人對於女性的看法有偏差，是受儒家的影響。

我們應該如何理解這句話呢？首先要知道，人說話有兩種可能，第一是敘述事實，第二是表達立場。我認爲孔子說這段話時只是敘述他所看到的客觀事實，而不是表達他的立場。

再者，古代女子沒有公平受教育的機會，經濟上也不能獨立，所以心胸與視野受到很大的限制。「難養」是指很難相處，亦即親近時他們就無禮，疏遠則抱怨。孔子所說的是當時的實情，只是在今日看來，已經不再適用了。

至於「唯女子與小人為難養也」，對女性來說公平嗎？這是時代的問題，現在是二十一世紀，女性已不再受到歧視。其實無論男女都一樣，別人對我們好一點，我們就覺得自己很了不起；別人對我們差一點，我們就不免抱怨，孔子真正批評的是這件事。

每個人都應該有自主性，知道自己的喜怒哀樂不能讓別人決定，或至少要減少別人決定的分量，然後才能感覺生命有自己要面對、經營、體驗的機會，而不要陷入所謂的「孔子歧視婦女」的論調裡去。

〈17．26〉

子曰：「年四十而見惡（ㄨˋ）焉，其終也已。」

孔子說：「到了四十歲還被人厭惡，大概沒有什麼發展了。」

這句話可能是孔子對自身遭遇的感嘆。他三十五歲前往齊國，居留兩年期間，齊景公曾有意重用，但遭晏嬰反對。這句話若不是孔子的心情寫照，實在很難有普遍的意義。

孔子在齊國遭人厭惡，事實上他「四十而不惑」，應該看得很清楚了。在齊國很難發展，因為已有晏嬰在了。孔子如果入朝為官，一定會任用自己的朋友、學生，當地人就沒有機會出頭，所以他周遊列國時沒有人敢用他。總而言之，小人還是太多，君子太少。

人性本來就有利己的心態，出發點是要關懷自己、照顧自己。如果這個社會，每個人都能自己照顧自己，很多困擾就不會發生；如果只是一味利己，到最後變成小人心態，不求上進，就很糟糕。

一個人如果能自己解決問題，就不會給家人帶來困擾，當然有些事情難以避免，譬如年紀大了、生病了，需要家人照顧。不過如果每個人都把自己的問題消解掉，就可以避免給社會帶來困擾。

反過來說，如果能常常注意有沒有人需要幫忙，代表你很有力量。能力充足，才能隨時伸出援手。這就是把自己的生命，當作一種自我要求的力量，不但可以滿足自己，還可以幫助別人，感覺非常愉快，這是人生一樂。其實我們也知道等著別人幫助是很困窮的人，能夠幫助別人是很充實的人，儒家思想的深刻之處就在這裡。

微子篇第十八

〈18．1〉

微子去之，箕子為之奴，比干諫而死。孔子曰：「殷有三仁焉。」

微子離開了紂王，箕子淪為他的奴隸，比干勸諫他而被殺。孔子說：「商朝末年有這三位行仁的人。」

〈微子篇〉比較特別，裡面提到的大多為隱士，一般認為，隱士雖然沒有表達明確的思想，但基本上與道家相近。

依照自身條件完成人生理想

微子即微子啓，為商紂王同母長兄。因母親先為帝乙之妾，後立為妻，再生紂，所以由紂繼王位；箕子與比干都是商紂王的叔父。他們三人各自擇其善而固執，下場雖不同，卻都是合乎行仁的要求，是完成人生理想的人。

《論語》裡面，共有六個人被稱作仁者，這裡就占了三個。其中的箕子據說逃到朝鮮去了，韓國現在還可以見到箕子墓、箕子廟的遺址。

本章是商朝末年的歷史故事，與孔子還有些淵源。商朝微子的後代，封在宋國，孔子的祖先是宋國人，所以孔子對商朝情感特別深厚。

〈18・2〉

柳下惠爲士師，三黜（ㄔㄨˋ），人曰：「子未可以去乎？」曰：「直道而事人，焉往而不三黜？枉道而事人，何必去父母之邦？」

柳下惠擔任典獄官時，多次被免職。有人對他說：「您這樣還不願離開魯國嗎？」他說：「堅持原則爲人工作，則哪裡去不會多次被免職？放棄原則爲人工作，又爲什麼一定要離開自己的國家？」

「士師」是古代官名，即典獄官，負責管理監獄。「三黜」，代表多次被免職，並非僅僅三次。「道」即原則、理想，是人生正途所應堅持的。

柳下惠的回答很精彩，如果堅持原則到別國去也會被免職，倒不如在自己的國家遭免職。這在哲學上叫做「雙刀論證」，也就是「兩難」。

孟子後來列出四種聖人類型，就是清者（伯夷）、和者（柳下惠）、任者（伊尹）、時者（孔子）。柳下惠做官不挑剔，但一定保持原則，本章即是例證之一。關於柳下惠，還可參考〈15・14〉。

〈18・3〉

齊景公待孔子，曰：「若季氏，則吾不能；以季、孟之間待之。」曰：「吾老矣，不能用也。」孔子行。

齊景公談到對待孔子的禮數時，說：「像魯君對待季氏那樣，我辦不到；我以低於季氏而高於孟氏的禮數來對待他。」不久，又說：「我已經老了，沒有辦法任用他了。」孔子於是離開了齊國。

本章故事發生在魯昭公二十七年，孔子三十七歲時。當時魯國三卿之中，季氏地位最高，其次是叔氏，然後才是孟氏。

孔子三十五歲到三十七歲時待在齊國，當時他在學問各方面的表現都很傑出。但齊景公無法像魯君對待季氏那樣對待孔子，只能用低於季氏而高於孟氏的禮數來對待他。

事實上，齊景公若眞的這樣對待他，孔子仍然可能留下來。但最後齊景公以自己老了爲藉口，還是沒有任用孔子，孔子也只好離開了齊國。

他離開齊國時，據孟子所說，是「接淅而行」，把淘洗的米撈起來就匆匆走了，連一頓飯的時間都不願多留。但是後來孔子離開魯國時，就「遲遲其行」，並且說，這是離開父母國正確的方式，孟子因而推崇他是「聖之時者也」。

〈18・4〉

齊人歸女樂（ㄩㄝ），季桓子受之，三日不朝，孔子行。

齊國送了一批能歌善舞的女子給魯國，執政的季桓子接受了，三天不問政事。孔子於是離職走了。

季桓子即季孫斯，當時爲執政上卿。孔子原是司寇，頗有政績，這時辭官走了。此事發生於魯定公十三年，孔子五十五歲時。

齊國爲什麼要送美女給魯國？答案很簡單，就是擔心魯國強盛，可見當時各國鉤心鬥角之烈。魯國在孔子的治理下，三個月朝政就上軌道，被形容爲「路不拾遺，男女分途」。

孔子當了司法部長後，東西掉在路上也沒有人敢撿，男女走在路上，分兩邊而行，顯示社會守法而重禮。這樣的治理，眞是了不起。

〈18・5〉

楚狂接輿歌而過孔子曰：「鳳兮鳳兮！何德之衰？往者不可諫，來者猶可追。已而已而，今之從政者殆而！」孔子下，欲與之言。趨而辟之，不得與之言。

楚國一位狂放不羈的人接輿，唱著歌經過孔子的馬車旁，唱的是：「鳳凰啊，鳳凰啊！你的風格怎麼變得如此落魄？過去的已經無法挽回，未來的還來得及把握。算了吧，算了吧，現在從事政治的人都很危險啊。」

孔子下車，想要同他說話。他卻趕快避開，使孔子沒有辦法同他說話。

「狂」就是狂妄不羈，沒有什麼事放在心上。「接輿」，這是眞實的姓名，還是「接孔子之輿而歌」的描述？事實上，接輿在古代資料中已被當作特定的人名使用。

「鳳」指志行高潔的人，「德」指風格、作風，如「君子之德風，小人之德草」的德（〈12．19〉）。接輿對孔子很推崇，稱他爲鳳凰。鳳凰是高貴的鳥，模樣也特別漂亮，不隨便與普通的鳥混在一起。在《易經》裡，龍是精神上的象徵，鳳則是在民間代表行爲表率非常傑出的人。

孔子風塵僕僕周遊列國，辛苦不堪，感覺很落魄。於是接輿就說：「往者不可諫，來者猶可追。」這是對孔子的好意勸誡，要他做不到就算了。

孔子聽到有人這麼說他，下車想與對方說話，但是對方不理他，碰了一個軟釘子。這說明人與人相處，有時是「一物降一物」。當然我們也可以說這些隱士，走的是另一條路，比較偏向智慧。智慧就好像燈光一樣，雖然世界一片漆黑，但他的智慧發出光明，一眼就能看透是怎麼回事。

「知其不可」就接受，不會勉強改變，既能明哲保身，又免於浪費力氣；儒家不同，「知其不可而爲之」，意義不在於做成，而是在於堅持理想的精神。

〈18・6〉

長沮（ㄐㄩ）、桀溺（ㄋㄧˋ）耦而耕，孔子過之，使子路問津焉。長沮曰：「夫執輿者爲誰？」子路曰：「爲孔丘。」曰：「是魯孔丘與？」曰：「是也。」曰：「是知津矣。」問於桀溺。桀溺曰：「子爲誰？」曰：「爲仲由。」曰：「是魯孔丘之徒與？」對曰：「然。」曰：「滔滔者天下皆是也，而誰以易之？且而與其從辟人之士也，豈若從辟世之士哉？」耰（ㄧㄡ）而不輟。子路行以告。夫子憮（ㄨˇ）然曰：「鳥獸不可與同群，吾非斯人之徒與而誰與？天下有道，丘不與易也。」

長沮與桀溺一起在耕田，孔子經過那兒，吩咐子路去向他們詢問渡口的位置。

長沮反問子路：「那位手拉繮繩的人是誰？」子路說：「是孔丘。」長沮說：「是魯國的孔丘嗎？」子路說：「是的。」長沮說：「他早就知道渡口在哪裡了。」

子路又去問桀溺。桀溺反問他：「您是誰？」子路說：「我是仲由。」桀溺說：「是魯國孔丘的門徒嗎？」子路說：「是的。」桀溺說：「像大水泛濫的情況，到處都是一樣，你要同誰去改變呢？你與其追隨逃避壞人的人，何不跟著逃避社會的人呢？」他說完話，繼續不停地覆平田土。

子路回來報告孔子這一切。孔子神情悵然地說：「我們沒有辦法與飛禽走獸一起生活，如果不同人群相處又要同誰相處呢？天下政治若是上軌道，我就不會帶你們去從事改革了。」

本章的長沮、桀溺都是隱者，不是眞姓名。「耦」是指兩個人一起耕田。「津」即渡口。「是知津矣」，這是隱者對孔子的肯定，表示孔子知道何去何從，只是過於堅持自己的信念罷了。這說明他們對於孔子的智慧和德行都非常肯定。

孔子明明不知渡口，長沮爲什麼說他知道呢？這是比喻。子路明明問的是河的渡口，對方的回答卻是人生的渡口，一方面是不願意回答眞正的渡口在哪裡，另一方面反應出他們對孔子的尊敬。

儒家最可貴是入世精神

桀溺想要「誘拐」子路，希望子路變節，追隨這些耕田的人。孔子是逃避壞人，他們是逃避壞的社會。同樣是逃避，他們比孔子更徹底，因爲無論再怎樣逃避壞人，也很難有效果，還不如逃避社會。

子路得不到答案，只好向孔子轉述這些對話。「夫子憮然」，孔子的這種表情，在整部《論語》裡面，只出現這麼一次。孔子和儒家是主張入世的，不會離開這個社會，不會離群索居，與這些避世隱居者不同。

孔子最後說：「鳥獸不可與同群，吾非斯人之徒與而誰與？」擲地有聲，人怎麼能離開社會呢？就像「子生三年，然後免於父母之懷」（〈17・21〉），一個社會一定有家庭、父母的組成，我不與人群相處，究竟要與誰相處？難道是與鳥獸相處嗎？與鳥獸相處，怎麼溝通呢？

人與人相處和動物不同，因爲人有身心靈，最後是靈的溝通，心智的互動包括思想和情感，還有意念，這種溝通會讓人感覺被了解，同時也可以了解別人，快樂可以與人分享，憂愁也有人分擔。

人與動物就不一樣，動物只能被人安排，久而久之，也許可以滿足個人萬物之靈的主宰欲望，但是無法與其對應互動。人有時候不只希望發號施令，也希望找到可以一起商量的人，動物在這一點上就無法提供滿足。

〈18・7〉

子路從而後，遇丈人，以杖荷蓧（ㄏㄜˋ ㄉㄧㄠˋ）。子路問曰：「子見夫子乎？」丈人曰：「四體不勤，五穀不分，孰爲夫子？」植其杖而芸。子路拱而立。止子路宿，殺雞爲黍而食之，見其二子焉。明日，子路行以告。子曰：「隱者也。」使子路反見之，至，則行矣。

子路曰：「不仕無義，長幼之節不可廢也，君臣之義，如之何其廢之？欲潔其身而亂大倫。君子之仕也，行其義也。道之不行，已知之矣。」

子路跟隨著孔子，卻遠遠落在後面。他遇到一位老人家，用木棍挑著除草的工具。

子路便請教他：「您看到我的老師嗎？」老人家說：「你這個人，四肢不勞動，五穀也分不清，我怎麼知道你的老師是誰？」說完就放下木棍去除草。

子路拱著手站在一邊。稍後，老人家留子路到家裡過夜，殺雞做飯給子路吃，又叫兩個兒子出來相見。

第二天，子路趕上了孔子，報告這一切經過。孔子說：「這是一位隱居的人。」接著吩咐子路回去看看他。子路到了那兒，老人家卻出門了。

子路說：「不從政是不應該的。長幼間的禮節都不能廢棄，君臣間的道義又怎麼能廢棄呢？原本想要潔身自愛，結果卻敗壞了更大的倫常關係。君子出來從政，是做道義上該做的事。至於政治理想無法實現，則是我們早已知道的啊。」

子路跟隨孔子卻遠遠落在後面，最後落單迷路了，看到路邊一位「以杖荷蓧」的老人家。這也是隱士，一般稱此人爲荷蓧丈人。

「四體不勤，五穀不分」，這八個字後來常被用來形容讀書人只知道念書、思考問題，其他什麼都不會。但是，古代農業社會很強調一個人要身體力行，親自去耕作，一日不作，一日不食，這樣才能夠自食其力。

第二天子路趕上了孔子，報告經過，孔子認爲這又是一位隱居者。老人家曾讓二子與子路相見，表示仍然重視長幼之節，也還注意到人與人相處的適當關係。既然如此，君臣間的道義又怎麼能廢棄呢？

尊重長幼之節也要兼顧君臣之義

長幼間與君臣間相比，長幼間顯然是小範圍，君臣間是大範圍。廢棄大的，卻重視小的，顯然是捨本逐末。這樣一來，隱居半世，原本想要潔身自愛，結果卻敗壞了更大的倫常關係。更大的倫常就是指君臣，也就是要有國，才有家。

這段話說得義正詞嚴，把儒家與隱士的立場分開來。隱士連長幼之節都還尊重，卻不管君臣之義；但國家眞有問題，家庭怎麼保得住呢？

此之所以儒家可以做爲社會的正面力量，代代相傳，道家相形之下無法與儒家抗衡，因爲道家只適合已經成熟的個人心靈。老莊是超越的智慧，從道來看一切，說的是最高的智慧。很多道家人物都是「相視而笑，莫逆於心」，那是一種境界，一般人無法接受，也無法實踐，實踐了也不能被肯定。所以，日常生活的安排要靠儒家。

但是儒家的壓力也很大，孔子周遊列國，終日奔波，使命感和壓力都很重。所以人在成熟之後，就要懂一點道家，才能夠消化人間各種負面及不理想的情況。人生本來就是抉擇，在生活態度上無所謂誰對誰錯。

〈18・8〉

逸民：伯夷、叔齊、虞仲、夷逸、朱張、柳下惠、少連。子曰：「不降其志，不辱其身，伯夷、叔齊與！」謂：「柳下惠、少連，降志辱身矣，言中（ㄓㄨㄥˋ）倫，行中慮，其斯而已矣。」謂：「虞仲、夷逸，隱居放言，身中清，廢中權。我則異於是，無可無不可。」

不得志的人才有：伯夷、叔齊、虞仲、夷逸、朱張、柳下惠、少連。孔子說：「志節不受委屈，人格不受侮辱的，是伯夷與叔齊吧！」又說：「柳下惠與少連，志節受委屈，人格受侮辱，可是言語合乎規矩，行爲經過考慮，就是如此吧！」又說：「虞仲與夷逸，隱居起來，放言高論，人格表現廉潔，被廢也合乎權宜。我是與這些人都不同的，沒有一定要怎麼做，也沒有一定不要怎麼做。」

「逸民」，是明明很有本事，卻沒有機會出來做官的人。孔子說的是不得志的人才，有伯夷、叔齊、虞仲、夷逸、朱張、柳下惠、少連。而朱張不在孔子評述之列。

「不降其志，不辱其身」是伯夷、叔齊，還有後來的「義不食周黍」。柳下惠、少連是「降志辱身矣，言中倫，行中慮」，這兩個人生活在亂世，即使受委屈和侮辱，但言語合乎規矩，行爲經過考慮，像柳下惠家裡還有妻兒，要活下去總是要受些委屈。而虞仲、夷逸是「隱居放言，身中清，廢中權」。這六人都有各自的行爲特色。

孔子則自稱與這些人都不同，是「無可無不可」。很多人認爲，孔子有一點像騎牆派或風派，風往哪裡吹就往哪裡倒。其實孔子是「知其不可爲而爲之」，他的原則是通權達變，因時制宜。在確定自己的理想之後，可以行則行，可以止則止。

孟子後來稱讚孔子是「聖之時者也」，「時」代表時機，該清就清，該和就和。正如「智者樂水，仁者樂山」，仁者因爲山很穩定，包容一切；智者因爲水活潑流動，遇到高山就繞過去，到低的地方就把它填滿，按照地形而變化。所以智者動，仁者靜。一動一靜，配合得宜。

〈18·9〉

大（ㄊㄞˋ）師摯適齊，亞（ㄧㄚˋ）飯干適楚，三飯繚（ㄌㄧㄠˊ）適蔡，四飯缺適秦，鼓方叔入於河，播鼗（ㄊㄠˊ）武入於漢，少師陽、擊磬襄入於海。

太師摯前往齊國，亞飯干前往楚國，三飯繚前往蔡國，四飯缺前往秦國，打鼓的方叔移居黃河邊，搖小鼓的武移居漢水邊，少師陽與擊磬的襄移居海邊。

大師即魯國樂官之長。古代天子與諸侯用飯時要奏樂，所以用「亞飯」等爲樂師之名稱。這種樂官流散各地的局面，大概發生在魯哀公之時。

天子或諸侯吃飯時，要有好的氣氛，有專門的樂隊演奏，並且按照演奏的順序給他們名稱。魯國後來國勢衰微，樂官流散各地。「禮失而求諸野」，樂也是一樣，因爲這些音樂往往需要龐大的經費，才能維持發展；一旦流散之後，這些人爲了活命，只好到各地教百姓音樂，這是當時的情況。

〈18・10〉

周公謂魯公曰：「君子不施其親，不使大臣怨乎不以。故舊無大故，則不棄也。無求備於一人。」

周公對魯公說：「君子不會疏忽慢待他的親族；不會讓大臣抱怨沒有受到重視；長期追隨的屬下沒有嚴重過失，就不要棄之不用；不要對一個人要求十全十美。」

周公即姬旦，是周初制禮作樂的聖人。魯公是周公之子伯禽，封於魯。「施」在此同「弛」，是指慢待疏忽。「以」是指受到重視，「不以」就是沒有當一回事。「故舊」是指長期追隨的屬下，「備」就是充分，全部要求到了。對一個人求全責備是過度的要求，要用人的話，一定要「器之」，就是按照專長來用他。

本章也提到了「怨」字，要設法使大臣不要抱怨，「出門如見大賓，使民如承大祭。己所不欲，勿施於人，在邦無怨，在家無怨」（〈12・2〉）。希望在國家任何一個環節內都沒有人抱怨，做事情必須考慮周到，尤其在讓百姓服役的時候，一定要替他們設想周到，才能使他們心甘情願。

〈18・11〉

周有八士：伯達、伯适、仲突、仲忽、叔夜、叔夏、季隨、季騧（ㄍㄨㄚ）。

周朝有八位著名的讀書人：伯達、伯适、仲突、仲忽、叔夜、叔夏、季隨、季騧。

這八個人的生平已不可考，所以只要知道有八個人就可以了，而且名字的命名法也有關連，「伯」代表哥哥，「仲」代表弟弟，「叔、季」代表更小的弟弟。這八個可能是兄弟關係，也可能是親屬關係。

子張篇第十九

〈19・1〉

子張曰：「士見危致命，見得思義，祭思敬，喪思哀，其可已矣。」

子張說：「讀書人看見危險，不惜犧牲生命；看見利益，要想該不該得；祭祀時，要想到虔誠；居喪時，要想到悲戚。這樣就算不錯了。」

「士見危致命」，這句話本來是對的，但問題是任何危險都值得去冒嗎？只有合乎道義原則時，才能不惜犧牲，而不是要人輕易赴死。

「見得思義」是把孔子的話再說一遍。「祭思敬，喪思哀」，這兩句說得都很好。子張的體認也算是有一定的水準了，不過，學生們發表的心得，仍然不能與孔子本人的說法相提並論，本篇各章尚有不少例證，參照〈3・26〉、〈14・12〉。

〈19・2〉

子張曰：「執德不弘，信道不篤，焉能爲有？焉能爲亡（ㄨˊ）？」

子張說：「對德行的實踐不夠堅持，對理想的信念不夠深刻。這樣的人，不是有他不為多，無他不為少嗎？」

「執德」就是對德行的實踐，「道」是指人生理想而言，亦即抵達至善才是人生的至高目標。「道」和「德」二字，儒、道兩家的意思不同。儒家的「道」是指人生理想，與人有關，「人能弘道」；「德」是人實踐道的要求之後的心得，再產生某種德行，心得和德行都是要經過實踐之後，才能有德。

道家的「德」不是心得，而是得到之意。因為「道」是根源，也是所有存在的基礎，偏重「眞實」。而儒家講究「眞誠」，也就是人本來並無所謂的德行，但經常實踐就有了。

西方的格言也有類似說法：「一個人有什麼樣的觀念，就有什麼樣的行為；有什麼樣的行為，就有什麼樣的習慣；有什麼樣的習慣，就有什麼樣的性格。」這就是德，個人性格改善了，德行也提高了。從觀念到行為到習慣到性格，一步一步提升。

儒家之「德」，一定是自己修養的某種結果。「信道不篤」，則是把「道」置於第二個層面。對理想的信念不夠深刻，就不容易有力量。人有思想信仰之後，才會有力量，人的行為受信念影響，堅持下去一定要有勇氣。如果行為是一時的衝動，時間久了，難免產生惰性，很容易找藉口而半途而廢。因此做任何事，一定是有信念才能堅持下去，把事情徹頭徹尾地做完。

根據子張的說法，如果「執德不弘，信道不篤」，這樣的人是「有他不為多，無他不為少」，多一個或少一個都沒有關係，因為他沒有堅定的信念，也沒有恆心。相反，如果一個團體裡面的人都能夠「執德必弘，信道必篤」的話，即使人少，也是衆志成城，照樣有很大的力量。

〈19・3〉

子夏之門人問交於子張。子張曰：「子夏云何？」對曰：「子夏曰：『可者與之，其不可者拒之。』」子張曰：「異乎吾所聞。君子尊賢而容衆，嘉善而矜不能。我之大賢與，於人何所不容？我之不賢與，人將拒我，如之何其拒人也？」

子夏的學生向子張請教交友之道。子張說：「子夏說了些什麼？」這位學生回答：「子夏說：『值得交往的，才與他交往；不值得交往的，就拒絕他。』」

子張說：「我所聽到的與此不同。君子尊敬才德卓越的人，也接納一般大衆；稱讚行善的人，也同情未能行善的人。我若是才德卓越，對什麼人不能接納？我若是才德不卓越，別人將會拒絕我，我又憑什麼去拒絕別人？」

「子夏之門人問交於子張」，這句話說明孔子死後，有本事的學生就自立門戶，在歷史上記載是「儒分為八」；分為八派，意思是有八個系統，而不是有八種不一樣的立場。

「可者與之，其不可者拒之」，問題是，交往前怎麼知道值不值得交往呢？交往之後再分辨值不值得，也來不及了，所以這個說法不太容易實行。

從另一方面看來，每個人都會有些名聲，想與某個人做朋友，可以先打聽這個人的風評如何。但如果要進一步交往，就要冒險，說得太多是交淺言深，說得太少又是諱莫如深。所以交朋友確實很難，並非像子夏所說的那麼簡單。

尊重能人，接納凡眾

「尊賢而容眾，嘉善而矜不能」，這兩句話值得當成座右銘。「尊賢」即尊重才能卓越的人，「容眾」即接納一般大眾。有人行善就稱讚、鼓勵他，但是也要同情未能行善的人，因為他一定有困難、顧慮。個人若是才德卓越，就要能接納別人；若是才德不卓越，別人先就會拒絕你，你又憑什麼拒絕別人呢？這種說法有點像邏輯思維，很有道理。子張在這一方面的體認顯然超過子夏。

孔子曾對子夏說：「女為君子儒，無為小人儒。」（〈6·13〉）這句話絕不是隨便說說。子夏非常聰明，文學方面的慧根很高，但是只注意到小的枝節，無法掌握到整體思想的層面，孔子才會提醒他要做君子儒，不要做小人儒。小人儒總是斤斤計較，只想保住現有的成就，而沒有繼續開展的恢弘志向。所以子夏才對學生說「可者與之，不可者拒之」，這種答案顯然是很保守的。

〈19．4〉

子夏曰：「雖小道，必有可觀者焉；致遠恐泥（ㄋㄧˋ），是以君子不爲也。」

子夏說：「就是一般的技藝，也必定有它值得欣賞的地方；不過，長期專注於此，恐怕會陷於執著的困境，所以君子不去碰它。」

「小道」，是指一般的技藝，內容廣泛，雖然不是人生理想，不過也需要知識與能力才可學會，也必定有值得欣賞之處，像射箭、駕馬車等。

相對於此，是道或大道，「大道」是指讀書人的理想，要行善成德，濟世救人。事實上，對於可觀的小道，只要不太執著，未嘗不能增添生活的趣味。

「泥」是指腳陷在泥土堆裡拔不出來，亦即陷於執著的困境。「致遠恐泥」很值得參考，長期專注在一項技藝裡，恐怕會陷入執著的困境。孔子所教的六藝，禮、樂、射、御、書、數，像射箭、駕馬車也算是小道，不可執著，不要自以爲駕車技術最好，就沾沾自喜。譬如運動員的運動生涯多半比較短暫，無法在運動場上一直保持體能的巔峰，長江後浪推前浪，所以榮耀的時刻很短暫，不能長久持守。

假如現在有人要學一種技藝，學到全世界最好的水準，然後以此爲生，名利雙收，讓很多人崇拜，也未嘗不可，只是不能因此忽略做人的大原則。一定要增進自己內在的德，實踐追求理想的修養，之後才可以「據於德」，好好把持住。因爲一個人不管任何情況之下，到最後表現出來的，就是平常的修養。

〈19・5〉

子夏曰：「日知其所亡（ㄨˊ），月無忘其所能，可謂好（ㄏㄠˋ）學也已矣。」

子夏說：「每天知道自己所未知的，每月不要忘記自己所已知的，這樣可以說是愛好學習了。」

本章談的純粹是學習知識的心態。孔子所謂的好學，大半都在注意行爲、實踐，對於生活享受不太在意，重點放在自我要求上，努力學習，改善自己。

而子夏所謂的好學，比起孔子，顯然差得很遠。孔子說的是人生完整的發展，子夏則偏重純粹的學習本身。子夏的學生以此發展可能很有學問，但是對於儒家的大原則，不見得可以發揚光大。像曾參受到後世很高的推崇，就因爲他把「仁」提了出來：「士不可以不弘毅，任重而道遠。仁以爲己任，不亦重乎？」（〈8・7〉）

不過，子夏這句話影響也很大，明末清初顧炎武寫《日知錄》，「日知其所亡」，這句話成爲很多人的座右銘。

余英時曾說，他從年輕時就養成一個習慣，每天睡覺前都要問自己：「一天又過去了，今天有沒有學到新的東西？」如果有，他才願意睡覺；如果沒有，就到書房找本書看。幾十年下來，累積下來的學問廣度和深度，非常驚人。

讀書沒有祕訣，就是有恆而已。所以「日知其所無，月無忘其所能」是具體的學習方法。每天知道一點不知道的，一個月再把所學過的複習一遍，一年下來再做整體的檢討，就能日新又新。

子夏說的雖然有其限制，對一般人的啓發很大，如果眞能做到，也算不容易。每天逼自己學一點東西，雖說是壓力，反而是好事。人生在世不過短短幾十年，過一天算一天，不知不覺幾年就過去；但是只要稍有警惕，每天花點時間看看書，幾年下來，就會覺得知識慢慢增長，內在充滿了信心。信心來自個人對宇宙和人生的理解能力，愈能理解，面對發生的事，當然更充滿信心。

〈19．6〉

子夏曰：「博學而篤志，切問而近思，仁在其中矣。」

子夏說：「廣泛學習，同時要堅定志節；懇切發問，同時要就近省思；人生正途就可以找到了。」

「近思」很接近孔子的「能近取譬，可謂仁之方也已」（〈6．30〉）。「能近取譬」是指能夠就近找眼前的事物做比喻來理解，知道該怎麼做，就是人生的正路。人不能光說大的理想，要能就身邊發生的事情，來確定如何做人處事。子夏就是從這裡學到的，人生的路不要好高騖遠，就從身邊做起。

爲人子女者，就以爲人子女之道來實踐人生正路的要求；上班族就從同事相處的關係來實踐。在任何地方做任何事，都要就近找到一條路來走。一個人兼顧博學、篤志、切問、近思這四點，就不難界定自己的人生之路要如何開展。在缺少良師益友的情況下，這是可行的辦法。南宋朱熹的文集《近思錄》，亦取名於此章。

〈19．7〉

子夏曰：「百工居肆以成其事，君子學以致其道。」

子夏說：「各類工匠要長期留在市場觀摩比較，才能善盡他們的職責；君子則要靠努力學習，才能領悟他的理想。」

「百工」即各種工匠，亦即三百六十行。市場是買賣之地，好的工匠置身其中，就會知道各種產品資訊，依照客戶的需要，立刻改造產品，這樣生意才會愈做愈好。

「君子學以致其道」，君子就要努力學習，才能領悟他的理想。與工匠的道理一樣，必須在適當的環境裡面，才能夠好好觀察各種需要，改善自身。這是《論語》常見的動態觀點。靠學習，可以領悟理想，接著還必須努力實踐。

〈19・8〉

子夏曰：「小人之過也必文（ㄨㄣˋ）。」

子夏說：「小人有了過錯，一定加以掩飾。」

「小人」是指不知或不願立志改善自己的人。「文」即掩飾。「文過飾非」，意即：一有過錯就找很多藉口掩飾，讓別人看不清他犯的錯誤。小人如果有了過錯一定拚命掩飾，把它隱藏起來就不會改了，反正沒有人知道，又何必改呢？

子夏這句話說得很有道理，大概他也有這種體會，所以說出自己的痛苦，因爲孔子曾要他不要做小人儒。由此可見，子夏不愧是孔子嫡傳弟子之一，是個懂得反省的人，後來的表現也很受推崇，許多國家把子夏當作了不起的學者。

〈19・9〉

子夏曰：「君子有三變：望之儼（ㄧㄢˇ）然，即之也溫，聽其言也厲。」

子夏說：「君子給人三種不同的觀感：遠遠看他，莊重嚴肅；就近接觸，和藹可親；聽他說話，一絲不苟。」

「變」就是觀感，給別人的感覺。君子給人三種不同的外在觀感，遠看莊重嚴肅，站著與泰山一樣；就近接觸，和藹可親；聽他說話，一絲不苟，不會隨便開玩笑。說話一絲不苟是因爲君子「易事而難說」（〈13．25〉），君子很容易相處，但是很難討好他，討好他需要有正當的方式。

有些人認爲這三句話是形容孔子，子夏可能是以孔子做爲參考。不過也不一定，因爲子夏並沒有明說孔子給人三種不同的觀感。

〈19．10〉

子夏曰：「君子信而後勞其民，未信，則以爲厲己也。信而後諫，未信，則以爲謗己也。」

子夏說：「君子獲得百姓信賴之後才去動員他們工作，否則百姓會以爲自己受到虐待。獲得君上信賴之後，才去進諫他，否則君上會以爲自己受到毀謗。」

子夏這句話說得很好。沒有先讓百姓信賴，百姓就會覺得自己受到了虐待。譬如不信任政府，卻要繳那麼多的稅，就會覺得自己很委屈。

「信而後諫，未信，則以為謗己也」，獲得君主信賴之後，才去進諫，否則他會以為你誹謗他。人與人相處，最重要的就是信任，相信對方是善意的，有基本的了解，任何事情都很容易溝通，做起事情就是再辛苦，也心甘情願；如果缺乏信任，恐怕任何一句話、一個眼神或一個語氣不對，馬上就產生誤會。

但是，希望獲得別人的尊重，有時恐怕是強人所難，說不定對方碰到過很多負面的人，讓他對任何人都有警戒心。所以不管別人如何，我們只能要求自己每次做事都盡心盡力，別人自然會對你有正面的印象。總之，每個人要靠自己贏得別人的信任，正如子夏說的這段話。

〈19．11〉

子夏曰：「大德不踰閑，小德出入可也。」

子夏說：「在關鍵重大的行事作風上，不能踰越規範；在無足輕重的行事作風上，不妨有些取捨。」

「德」指行事作風，而不是指道德或德行，否則豈可重大輕小？德行不能分大小，該做的事情都要做。

子夏這句話有些語病，值得斟酌。正如〈12．19〉裡說的：「君子之德風，小人之德草。草上之風，必偃。」這裡的「德」就是指行事作風，代表君子有君子的行事作風，小人有小人的行事作風。

譬如，政治人物在有關禮儀與法律的規定上，不可稍有疏忽，但是他喜歡什麼運動，欣賞何種藝術，甚至飲食的特殊口味，那就不妨隨其所好了。

〈19．12〉

子游曰：「子夏之門人，小子當灑掃應對進退，則可矣，抑末也。本之則無，如之何？」

子夏聞之，曰：「噫！言游過矣！君子之道，孰先傳焉？孰後倦焉？譬諸草木，區以別矣。君子之道，焉可誣也？有始有卒者，其唯聖人乎！」

子游說：「子夏的學生們，那些年輕人對灑水、掃地、接待賓客、進退禮儀方面的事，還可以勝任，不過這些只是末節而已。做人的根本道理卻沒有學會，怎麼可以呢？」

子夏聽到了這段話，說：「唉！言游錯了！君子所應學習的道理，哪一樣要先傳授，哪一樣要最後講述呢？如果以認識草木做爲比喻，就是要先區分爲各種各類。對於君子所應學習的道理，怎麼可以任意妄加批評呢？在教導時能夠有始有終全面兼顧的，大概就是聖人啊！」

本章是子游先發難，他認爲子夏的學生只能勝任日常的灑水、掃地、接待賓客、進退禮儀方面的事，而做人的根本道理卻沒有學會。

綜合子游以及前面子張對子夏的批評可以發現，子夏教學生確實很重視細節，而沒有談到根本的大原則；但子夏的方式是循序漸進，先確立生活的規範。很多中國讀書人覺得子夏的方式可以入門，所以古代的學生進到書院，首先就被要求「黎明即起，灑掃庭園」。這是人生的修行，先保持環境乾淨，四體勤快，再要求比較完整的發展，不能只知道念書，忽略了身體的勞動與環境的配合。

子夏對子游的看法不以爲然。他認爲君子應學習的道理，是先後的問題，要先區分各種各類，教導時再求有始有終。子夏也很謙虛，知道自己的限制，於是把老師搬出來。

他對自我的要求，就是教學生從開始做起，也許十幾年都在開始的階段，最後能否找到正確的目標走去，他也沒有把握，這是他的謙虛。他的意思是，子游的要求太嚴格，馬上就要教學生有始有終，這只有孔子一人能做到。

子夏的話有其道理，在這方面子游和子張差不多，有些好高騖遠，立刻就希望全面兼顧教誨學生，落實在具體環境中，當然不是易事。

〈19・13〉

子夏曰：「仕而優則學，學而優則仕。」

子夏說：「從政之後，行有餘力，就該學習；學習之後，深有心得，就該從政。」

古代士人是先學習後再做官的，但是很多人做官之後就不再繼續學習了，所以子夏特別提醒，做官行有餘力時，不要忘記學習。這個學習是全方位的，符合終身學習的原則。

爲官者應該學習的是做人處事的道理，而且是比較完整的。「學而優則仕」，學有所成，就要報答社會，設法從政。

可見「仕」與「學」是互動的，做官不見得一直做下去，譬如孔子做了幾年就辭官了。賦閒時，就深入學習，有了心得，再去從政。

〈19・14〉

子游曰：「喪致乎哀而止。」

子游說：「居喪時，充分表現悲戚就可以了。」

辦喪事的時候，充分表現悲戚就可以了，不宜過度悲傷而危及身心。像三年之喪，就是怕孝順的子女會因爲過度哀傷，守喪一輩子。

現代人一般守喪都是七七四十九天，如果過了之後，上起班來還是愁眉苦臉，怎麼工作呢？所以規範對情感豐富的人是約束，對情感不夠的人則是警惕：四十九天還沒到期，至少不可露齒而笑。

這就是社會規範的效果，讓情感過度豐富和情感不夠的人，都能找到折衷點，遵守同樣的規矩，做爲生活準則，社會就有穩定的行爲方式，減少許多不必要的困擾。

〈19．15〉

子游曰：「吾友張也，爲難能也，然而未仁。」

子游說：「我的朋友子張所作所爲已經難能可貴了，不過還沒有抵達完美的境地。」

子游又批評他的同學了，但問題是，子游知道什麼是「仁」嗎？子游自己做到了嗎？

孔子在世的時候，從來沒有說哪一個學生是合乎「仁」的。不過，子游這樣說，有與子張互相砥礪之意，不見得是妄加批評。

〈19．16〉

曾子曰：「堂堂乎張也，難與並爲仁矣。」

曾子說：「子張言行顯得高不可攀，很難與他一起走上人生正途。」

「爲仁」即走上人生正途。人生正途原是大同小異的，但由於每個人的性格、志趣、知識、德行的差異，而有各自結伴同行的朋友，很難所有人一起前進。正如「可與共學，未可與適道；可與適道，未可與立；可與立，未可與權」（〈9．30〉），每個人都有不一樣的路要走。

曾子如此說，表示子張這個人看起來堂堂正正，很有作爲的樣子。年輕人就應該有志向，這本來是很好的，但有時候眼高手低，反而會忽略了具體的修行。這樣的同學當然難以與他並駕齊驅，所以曾參才有此言。

〈19．17〉

曾子曰：「吾聞諸夫子：『人未有自致者也，必也親喪乎！』」

曾子說：「我聽老師說過：『一般人沒有自己充分顯露眞情的機會，如果有，那一定是在父母過世的時候吧！』」

「致」即充分發揮，把最細微的部分全部實現出來，沒有任何遺漏。在〈1・7〉也用過這個詞，即「事父母能竭其力，事君能致其身」，「致」代表盡力而為，即使犧牲也無所謂。一般人很少有充分顯露眞實情感的機會，因為平常總是會有所隱藏與遮蔽，但是父母過世時，悲從中來，不可能不傷心。

孔子藉此提醒我們發現內心眞正的情感，把握父母過世的機會，好好思考一下自己到底是什麼樣的人，要往哪裡走。《詩經》裡有很多地方描寫對父母的孺慕與感念，像「父兮生我，母兮鞠我。撫我畜我，長我育我，顧我復我，出入腹我。欲報之德，昊天罔極」（〈穀風之什・蓼莪〉），讀了令人感覺心裡充滿豐富的情感。

孔子三歲時父親過世，那時他還不懂事。母親過世時他已十七歲，就體驗得很深刻。他替別人辦喪事的經驗，讓他有更多機會體察人性情感的表露。一個人做了再多錯事，做人處事名聲再不好，父母過世的時候，他的悲傷都是値得同情的，因為他顯示了最眞誠脆弱的一面。

所以，一個人如果把握住「自致」的機會，可以藉此充分顯露情感，改變自己的生命。平常人都是習慣於掩飾、做表面功夫，等遇到父母過世，感覺到深刻的悲哀，讓自己的眞情表現出來，就有轉變人生的可能。

〈19・18〉

曾子曰：「吾聞諸夫子：『孟莊子之孝也，其他可能也；其不改父之

臣與父之政，是難能也。』」

曾子說：「我聽老師說過：『關於孟莊子的孝行，別的都還有辦法做到，但是他不去更換父親任用的家臣與父親所訂的政策，那才是難以做到的。』」

孟莊子，是魯國大夫孟獻子（仲孫蔑）之子，名速。「其不改父之臣與父之政，是難能也」，可與「三年無改於父之道，可謂孝矣」（〈1．11〉），對照來看。

前面提過，「三年無改於父之道」，「道」與一個人的性格作風有關。眞正的孝順就是對父母「生，事之以禮；死，葬之以禮，祭之以禮」（〈2．5〉）。但是孟莊子能夠不更換父親任用的家臣，維持父親所定的政策，讓一切保持原狀，好像父親還在的時候一樣，至少三年。如此孝順實在是難能可貴，一般人不易做到。

〈19．19〉

孟氏使陽膚爲士師，問於曾子。曾子曰：「上失其道，民散久矣。如得其情，則哀矜而勿喜。」

孟氏任命陽膚爲典獄官，陽膚向曾子請求教誨。曾子說：「現在政治領袖的言行失去規範，百姓離心離德已經很久了。你如果查出罪犯的實情，要有難過及憐憫之心，不可沾沾自喜。」

曾參後來也當了老師，所以才被稱作曾子；陽膚，可能是曾子的學生。是誰造成人民犯罪的事實呢？一定是社會也有些問題。曾子存心仁厚，能夠體諒百姓。天下有人犯罪，首先要問罪的是做官的。爲官之人要先反省自己，無法讓百姓安居樂業、豐衣足食，以致於誤入歧途，抓到之後怎麼可以高興呢？如果政治上軌道，弊絕風清，百姓爲什麼需要犯罪？這才是一個眞正的儒家學者從政後的心態。

〈19．20〉

子貢曰：「紂之不善，不如是之甚也。是以君子惡（ㄨˋ）居下流，天下之惡（ㄜˋ）皆歸焉。」

子貢說：「商紂的惡行，不像現在傳說的這麼嚴重。所以君子討厭處在下游，以免天下一切壞事都算在他身上。」

紂王確實做了不少壞事，但並沒有記載的那麼多，只是當時人習慣把所有的壞事全部算在他頭上。世界上大部分人都是處在黑白之間，因此重要的是趨勢，不是努力往白上進，就是慢慢往黑墮落。所以我們與人來往時，要注意他有什麼樣的想法、什麼樣的志向，正在往哪裡走，這一點最重要。

「下流」本指河水的下游，下游總會容汙納垢，所以這個詞就演變成負面的意思。此處引申為若不力爭上游，就會趨於墮落。君子討厭處在下游，以免天下的壞事都算在他頭上。

〈19・21〉

子貢曰：「君子之過也，如日月之食焉。過也，人皆見之；更也，人皆仰之。」

子貢說：「君子所犯的過錯，就像日蝕與月蝕：犯錯的時候，大家都看得到；更改了以後，大家依然仰望他。」

君子如日月，是因為居高位，言行沒有任何隱藏。孔子就曾經對學生說：「二三子以我為隱乎？吾無隱乎爾。吾無行而不與二三子者，是丘也」（〈7・24〉），意即他沒有任何隱藏，沒有任何行為不讓學生看到。萬一有錯也不隱瞞，改過之後，大家還是仰望他。

人不可能完全不犯錯，一個人如果長期沒有明顯的錯誤，久而久之，他會以為自己從不犯錯，到最後「自以為義」。自認為是好人的人，對別人犯錯比較不容易寬容體諒；反而是犯過錯的人，懂得同情別人的處境，原諒別人的過錯。這是人性很自然的一面，誰沒有過失呢？

人一定要有謙虛及敬畏之心，因爲人都是不完美和軟弱的。謙虛才能了解別人的困難，也知道自己的弱點，才會有警惕的心理，看清自己應付狀況的能力。

〈19・22〉

衛公孫朝（ㄔㄠˊ）問於子貢曰：「仲尼焉學？」子貢曰：「文武之道，未墜於地，在人。賢者識其大者，不賢者識其小者。莫不有文武之道焉。夫子焉不學，而亦何常師之有？」

衛國的公孫朝請教子貢說：「孔仲尼在何處學習過？」子貢說：「周文王與武王的教化成就並沒有完全失傳，而是散落在人間；才德卓越的人把握住重要的部分，才德平凡的人把握住末節的部分。沒有地方看不到文王與武王的教化成就啊。我的老師在何處不曾學習過？他又何必要有固定的老師呢？」

公孫朝，衛國大夫。因同名者，魯國、楚國、鄭國各有一人，所以寫明國別。

孔子的博學大家都是早就耳聞了，以前有達巷黨人說：「大哉孔子！博學而無所成名。」（〈9・2〉）平民百姓都知道孔子什麼都學過了，但是並沒有在某一方面特別成名。我們要知道，說一個人是專家，代表他除了這一行之外別的未必懂，這也是一種批評。「仲尼焉學」，孔子十五歲以後就沒有機會學習了，學問不可能天生就擁有，他是從哪裡學到這些知識呢？這當然是很多人想了解的。

子貢的回答很妥切，「文武之道，未墜於地，在人」，周文王與周武王建立禮樂制度，距孔子已經好幾百年了。但他們的教化成就並沒有失傳，而是散落在人間。「賢者識其大者，不賢者識其小者」，現在這個社會就是後者，只把握住末節的部分。好的東西只注意到細節，怎麼能把握住眞正的精神，進而發揚光大呢？

哲學基本的觀念就與信仰一樣，往往簡單幾句話就可以說完，所以我們談《論語》，就只有兩個字：眞誠。這聽起來很容易，但一般人爲什麼做不到呢？事實上，人初生之時，都是眞誠的，然而在成長過程中，從思想到言語到行爲，都漸漸被社會化了，只懂得如何與別人交際應酬，失去了眞誠的心。所以要眞誠就必須返璞歸眞，回到開始的階段，這就十分不容易了。

儒家的思想很扼要，就是「眞誠」兩字，放之則彌六合，可以涵蓋宇宙所有的一切。眞誠是從自覺到感通，經常保持高度敏感的一種能力，表現在得知別人的任何遭遇，內心都會有所感，譬如說不安、不忍，然後採取適切的行動。該做的事情，做起來不覺得累，反而很快樂。思想連貫起來之後，人生的方向就非常明確了，「四十而不惑，五十而知天命」（〈2．4〉），就是如此而來。

既然無處沒有文王與武王的教化成就，孔子又何處不可學習？何必要有固定的老師呢？整個社會、世界、宇宙都是教材，都是可以不斷學習的對象。重要的是，要有自己的心得。老師所能教的只是書本上的資料，個人的生活體驗才是最重要的。有生活體驗做基礎，很多話一聽就懂了，還可以做到「溫故而知新」（〈2・11〉）。

〈19・23〉

叔孫武叔語大夫於朝曰：「子貢賢於仲尼。」子服景伯以告子貢。子貢曰：「譬之宮牆，賜之牆也及肩，窺見室家之好。夫子之牆數仞（ㄖㄣˋ），不得其門而入，不見宗廟之美，百官之富，得其門者或寡矣。夫子之云，不亦宜乎！」

叔孫武叔在朝廷上對大夫們說：「子貢的才德比孔仲尼更卓越。」子服景伯把這句話告訴子貢。

子貢說：「以房屋的圍牆做比喻吧。我家的圍牆只有肩膀那麼高，別人可以看到屋內擺設的美好狀況。老師家的圍牆卻有幾丈高，如果找不到大門進去，就看不到裡面宗廟的宏偉壯觀與連綿房舍的多采多姿。能夠找到大門的人或許很少吧，叔孫先生這種說法不是正好印證了嗎？」

叔孫武叔即叔孫州仇，魯國大夫。子貢跟隨孔子幾十年，很了解自己的程度。孔子過世，別人就說「子貢賢於仲尼」，子貢聽了，當然要公開反駁。

子貢以房屋的圍牆做爲比喻，說自己的圍牆只有肩膀高，別人一眼就可以看到屋內的擺設；孔子家的圍牆卻有幾丈高，找不到大門進去的人，也就看不到宗廟的宏偉壯觀，與連綿房舍的多采多姿。「得其門者或寡矣」，等於是批評叔孫武叔沒找到大門，所以只能看到圍牆，不知道裡面有什麼樣的內涵。

「宗廟之美，百官之富」，用這八個字形容孔子，實在是非常恰當。這段話也等於是子貢的自我評估，比起孔子來，這樣說確實很得體。

〈19．24〉

叔孫武叔毀仲尼。子貢曰：「無以爲也。仲尼不可毀也。他人之賢者，丘陵也，猶可踰也；仲尼，日月也，無得而踰焉。人雖欲自絕，其何傷於日月乎？多見其不知量也。」

叔孫武叔毀謗孔子。子貢說：「不要這麼做。仲尼是沒有辦法毀謗的。別人的才德表現，像是山丘一般，還可以去超越；仲尼則像是太陽與月亮，沒有可能去超越的。一個人即使想要斷絕他與太陽、月亮的關係，對於太陽、月亮又有什麼損害呢？只是顯示了他不知自己的分量而已。」

叔孫武叔毀謗孔子，子貢認爲他的老師是沒有辦法毀謗的，因爲孔子的成就就像日月，沒有人可以超越。

深入了解《論語》，就知道子貢這麼說一點也不爲過。孔子十五歲開始好學不倦，一輩子「發憤忘食，樂以忘憂，不知老之將至」（〈7．19〉），等於一直在自我超越之中，誰又趕得上呢？

〈19．25〉

陳子禽謂子貢曰：「子爲恭也，仲尼豈賢於子乎？」子貢曰：「君子一言以爲知（ㄓˋ），一言以爲不知，言不可不慎也。夫子之不可及也，猶天之不可階而升也。夫子之得邦家者，所謂立之斯立，道（ㄉㄠˇ）之斯行，綏之斯來，動之斯和。其生也榮，其死也哀，如之何其可及也？」

陳子禽對子貢說：「您太謙讓了吧，仲尼的才德難道比得上您嗎？」

子貢說：「君子由一句話表現他的明智，也由一句話表現他的不明智，所以說話不能不謹慎。老師讓我們趕不上，就像天空是沒有辦法靠樓梯爬上去一樣。老師如果能在諸侯之國或大夫之家負責執政，就會做到我們所說的：他要使百姓立足於社會，百姓就會立足於社會；他要引導百姓前進，百姓就會向前走去；他要安頓各方百姓，百姓就會前來投靠；他要動員百姓工作，百姓就會同心協力。當他活在世間時，人們以他爲榮，當他不幸辭世時，人們爲他悲戚。這怎麼是我們趕得上的呢？」

以本章做爲這一篇結尾，可以說是別具意義。子貢又爲孔子辯護了，大概他後來做大官又有錢，大家對他都很客氣，認爲他比孔子高明。

孔子過世以後，弟子們捨不得離開，就在墳墓邊蓋房子，守了三年之喪，等於是把孔子當成父母一樣。三年期滿，學生們爲了謀生，痛哭一場後互相告別，唯獨子貢又回去再守第二個三年之喪，總共在孔子墓邊住了五十個月，這樣的學生，眞是讓人敬佩。這段資料，詳見《孟子．藤文公上》。

子貢說孔子的高度是無人可企及的，就像是天空，靠樓梯是爬不上去的。「夫子之得邦家者……動之斯和」，這幾句話對於從政的人來說，是很好的提示，要百姓都這樣，就要有孔子般的智慧和能力，並且一定是以身作則，先盡好自己的責任。

譬如，要百姓工作，就要「使民以時」，找農忙以外的時間；要讓別國百姓來投靠，「遠人不服，則修文德以來之」。這些都是孔子說過的，子貢都還記得。不像有些人執政之後，向外移民的人愈來愈多，顯然是沒有學會孔子的思想。

「其生也榮，其死也哀」，這八個字是形容一個偉大的人，當他活在世間時，人們以他爲榮；當他不幸辭世時，人們爲他悲戚。子貢這些話，可以把當時孔子的學生長期親炙老師的心得，恰如其分地表達出來。

堯曰篇第二十

〈20・1〉

堯曰：「咨！爾舜！天之曆數在爾躬，允執厥中，四海困窮，天祿永終。」舜亦以命禹。曰：「予小子履敢用玄牡，敢昭告於皇皇后帝：有罪不敢赦。帝臣不蔽，簡在帝心。朕躬有罪，無以萬方；萬方有罪，罪在朕躬。」周有大賚（ㄌㄞˋ），善人是富。「雖有周親，不如仁人。百姓有過，在予一人。」謹權量，審法度，修廢官，四方之政行焉。興滅國，繼絕世，舉逸民，天下之民歸心焉。所重：民、食、喪、祭。寬則得眾，信則民任焉，敏則有功，公則說（ㄩㄝˋ）。

堯讓位給舜時說：「聽著啊！你這位舜！天的任命已經落在你身上了，你要忠實地把握正義原則。如果天下百姓都陷於困苦貧窮，天的祿位也將永遠終止。」舜後來也以這番話告誡禹。

商湯說：「在下履，在此謹獻上黑色牡牛做犧牲，並且向光明而偉大的上帝報告：有罪的人，我不敢擅自去赦免。您的臣僕所作所為，我也不敢隱瞞，這些都清楚陳列在您心中。我本人如果有罪，請不要責怪天下人；天下各地的人如果有罪，都由我一人來承擔。」

周朝大封諸侯，使善人都得到財富。武王說：「我雖然有許多至親的親人，但是比不上有許多行仁的部屬。百姓如果犯了過錯，由我一人來承擔。」檢驗及審定生活所需的度量衡，整頓被廢除的官職與工作，全國的政令就可以通行了。恢復被滅亡的國家，延續已斷絕的世系，提拔不得志的人才，天下的百姓就心悅誠服了。應該重視的有：百姓、糧食、喪禮、祭祀。寬厚就會獲得眾人的愛戴，信實就會得到百姓的依賴，勤快工作就會取得重大成果，行事公平就會使得人人滿意。

本章內容牽涉較廣，多為拼裝而成的歷史資料。一般認為，「謹權量」以下的文句，為孔子之言。雖然是引述《尚書》的資料，但是其中的思想，也就是孔子所參考的。值得注意的是：古代重視「民、食、喪、祭」。

王道的精神是愛民如己

第一段話最重要的是「允執厥中」，意即把握正義原則。做為君王或是天子，最需要把握的兩個原則，一是仁愛，一是正義。仁愛即代表造生及載行之天；正義即代表啓示及審判之天。

天子有天命，就要負責代行天工，替天行教。治理百姓時，第一要務是讓百姓能活下去，衣食無缺，這是仁愛。所謂暴君，往往就是作威作福，只圖個人享受，而不顧百姓的死活。但光是仁愛還不夠，因爲百姓是自由的，可以追求自己的利益。當每個人都只追求自己的利益，就可能發生衝突，這時候誰來仲裁呢？所以做爲最高的帝王，一定要秉持絕對的正義，不能有任何偏私。

古代用很多話來形容「王道」，如「無偏無黨、無反無側」，都是要求正義。因爲絕對最高的正義很難掌握，無法正面形容，所以只能用「無」字，不要偏、不要黨、不要顚倒黑白是非。《尚書．洪範》裡一再強調，絕對正義是一個最高的理想，要完全沒有私心，才能夠秉公處理。做爲天子，正義是最高原則，沒有正義，何以治理國家？

堯、舜、禹這三位傳說中的古代聖人，他們的原則很簡單，就是上有天，下有人，我在中間。他們常常稱自己是「予一人」，後來的帝王就稱孤道寡，意思是「我」是一個特別的人，身負責任，要替天照顧百姓。

如果君王認爲自己要替天照顧百姓，責任重大，那就是賢君。像大禹治水，八年在外，三過家門而不入，其功績廣受肯定。如果最後變成是我一個人在中間享受，坐擁後宮佳麗三千，那就違背了天的旨意，也就是昏君。

商湯則是對有罪的人，不敢擅自赦免，臣僕所作所爲，也不敢隱瞞。他本人有罪，不要責怪天下人；天下人如果有罪，都由他一人來承擔。這種心胸何其廣大，這等仁愛何其無邊。

「周有大賚，善人是富」，周朝大封諸侯，使善人都得到財富，這實在是偉大的理想。一般來說，善人都沒有財富，孟子也引用過陽虎的話：「爲富者不仁，爲仁者不富。」所以周朝很上軌道，讓好人都有財富。「雖有周親，不如仁人。百姓有過，在予一人」，周武王這話說得多好，有仁義的部屬，比至親更重要；百姓如果犯錯，由他一人來承擔。

由此可知，儒家的理想就是這些賢王，他們都是一個人來承擔天下的重任。「予一人」是一個責任，而不是享受的藉口。

體貼照顧人民的生活面

「民、食、喪、祭」四樣東西爲什麼重要？因爲沒有百姓不能成國家，而民以食爲天，百姓當然要衣食無缺。對喪禮與祭祀，古代一向重視，因爲人的生命不是到死爲止，否則，人活在世界上就無所忌憚了。一個社會重視殯葬和祭祀的儀式，表示把生前死後的世界連在一起，當作共同存在的領域。如此活著的人就會警惕，祖先雖然死了，但是還沒有離開，所謂「死而不亡」正是此理。祖先精神長相左右，子孫做人處事就會收斂，懂得自我約束。

「寬則得衆，信則民任焉，敏則有功，公則說」，後半段是古代的生活模式，古代百姓沒有機會受教育，活著只關心能不能溫飽。之後才是宗教儀式，使他們內心關懷的層面，可以從現實延伸到來世。

我們討論人的生命結構，必須考慮到時代的因素。一個人有身、心、靈三個層次，身、心是平常可以看到、比較具體的東西，靈是比較抽象的。教育如果建構起來，就很容易連上靈的部分。當然這是指理想的教育，可以開發一個人內心的潛能，開發到最高層次，從自我實現到了自我超越，就與「靈」有非常密切的關係了。

慎終追遠建立社會安定的力量

古代百姓沒有機會受到完整的教育，思考的只是如何活下去，只能依賴喪、祭，感受到靈的存在與作用。社會的人口到達一個密度以後，幾乎每天都有人離開以及來到世界，百姓經常看到這些現象，心裡就會覺得，人生不是無限期的，最後一定會離開，這時就會自我反省及警惕，所以喪祭也是一種輔助性的教育。曾子說：「慎終追遠，民德歸厚矣。」（〈1．9〉）就是由喪祭而來的教育效果。

信仰對國家也是相當重要的。古代國之大事，一個是戎，一個是祀。軍事武力不夠強大，當然會滅亡；但國家沒有祭祀，連祖先都不要了，代表這個國家連來源都沒有。所以不管百姓還是國家，都很強調祭祀。

人生的問題就這麼簡單，端看什麼時候接觸到靈的層次。以孔子來說，身就代表血氣，心就是心，靈就是仁，也就是說「仁」字就是靈的作用，始於人性向善，然後是擇善固執，止於至善。從眞誠開始，整個生命形成一個動力系統，不斷地自我改變。

古代人與我們一樣，有惰性，會疲倦，事情做到一半就不想做了。但孔子就是不同，「知其不可而爲之」（〈14．38〉），他把生命當作一枝箭，射出去以後，力道無窮，一直往前走。所以他「十有五而志於學，三十而立，四十而不惑」（〈2・4〉），一路上去。我們看到他的表率，當然會覺得人生充滿希望。

人生是應該輕鬆一點，也要對自己好一點，問題是如何去衡量好不好呢？人的極限就連自己也不知道，總要在逼近的時候才發現，原來自己可以做那麼多事。人如果只是把身體照顧得不錯，離那個極限很遠，就等於是被動等待著生老病死的結局。

孔子在教學的時候，提到堯、舜、禹、湯、文王、武王，如何照顧百姓，盡帝王的責任。簡單說起來就是：上天給我權力，就是給了我責任。這個責任由我來負，有錯的話絕不怪別人，我自己認錯，認錯之後才會改善。一個人常常有機會認錯，他的心就可以保持蓄勢待發的力量，會重新開始，感覺到日新又新的力量。

我們在談到人的時候，通常會強調他內心比較柔軟的一面。這種柔軟的心，亦即犯錯而知道悔改的心，是最可貴的，因爲它最能反映出人的眞正面目。人再怎麼樣強悍，最終還是要離開世界，所以做爲政治領袖，就要想「予一人」的角色，好好教導百姓，替百姓解決問題。爲政道理不在多，僅此而已。

〈20・2〉

子張問於孔子曰：「何如斯可以從政矣？」

子曰：「尊五美，屏（ㄅㄧㄥˇ）四惡，斯可以從政矣。」

子張曰：「何謂五美？」

子曰：「君子惠而不費，勞而不怨，欲而不貪，泰而不驕，威而不猛。」

子張曰：「何謂惠而不費？」

子曰：「因民之所利而利之，斯不亦惠而不費乎？擇可而勞之，又誰怨？欲仁而得仁，又焉貪？君子無眾寡，無小大，無敢慢，斯不亦泰而不驕乎？君子正其衣冠，尊其瞻視，儼然人望而畏之，斯不亦威而不猛乎？」

子張曰：「何謂四惡？」

子曰：「不教而殺謂之虐；不戒視成謂之暴；慢令致期謂之賊；猶之與人也，出納之吝謂之有司。」

子張請教孔子說：「要怎麼做才能把政務治理好？」

孔子說：「推崇五種美德，排除四種惡行，這樣就可以把政務治理好了。」

子張說：「五種美德是什麼？」

孔子說：「君子要做到的是：施惠於民，自己卻不耗費；勞動百姓，卻不招來怨恨；表現欲望，但是並不貪求；神情舒泰，但是並不驕傲；態度威嚴，但是並不凶猛。」

子張說：「施惠於民，自己卻不耗費，這是什麼意思呢？」

孔子說：「順著百姓所想要的利益，使他們得到滿足，這不是施惠於民，自己卻不耗費嗎？選擇適合勞動的情況去勞動百姓，又有誰會怨恨？自己想要的是行仁，結果得到了行仁的機會，還要貪求什麼呢？不論人數多少，以及勢力大小，君子對他們都不敢怠慢，這不也是神情舒泰卻不驕傲嗎？君子服裝整齊，表情莊重，嚴肅得使人一看就有些畏懼，這不也是態度威嚴卻不凶猛嗎？」

子張說：「四種惡行又是什麼？」

孔子說：「不先教導規範，百姓犯錯就殺，這稱作酷虐；不先提出警告，就要看到成效，這稱作殘暴；延後下令時間，屆時卻嚴格要求，這稱作害人；同樣是要給人的，出手卻吝惜，這稱作刁難別人。」

子張年紀很輕，但志向很高，孔子對他有很高的期許，回答的時候也特別用心。

「君子惠而不費，勞而不怨，欲而不貪，泰而不驕，威而不猛」，這五種美德是孔子研究的心得。「美」在這裡與「惡」相對，是一種善的德行。

「惠而不費」，一般人用自己的錢財去照顧別人，壓力很大，但孔子就是有辦法施惠於民，自己卻不耗費。這當中比較特別的是「欲仁而得仁，又焉貪」。每個人都有自己的生命力，一定會有欲望，想要得到實現的機會，但是如果追求的目標是金錢、財物，就叫做貪。百姓要的是走正途的政治領袖，希望他做的是正確的事情，讓百姓得到照顧。如此，百姓怎麼會抱怨呢？

不論人數多少或勢力大小，君子都不怠慢，一視同仁。做爲政治領袖，親民固然很重要，但是也要有一定的官威。官威並非用來嚇人，而是要提醒自己負責任，公事公辦，再好的朋友也一樣，公私分明，這就是威而不猛。

避免招來怨恨的惡行

所謂的「四惡」，其一是「不教而殺謂之虐」，但在亂世之中，很多規則都不太明確，有時候因人而定，有虐殺之舉。「不戒視成謂之暴」，沒有提出警告，就要看到成效，這樣舉動叫殘暴。「慢令致期謂之賊」，延誤了下令的時間，卻嚴格要求準時完成，以致別人無法達成要求，這稱作害人。「猶之與人也，出納之吝謂之有司」，「有司」，即古代管小事的官，地位卑微作風小氣，與君子所爲大不相稱。這是提醒人在獎賞時不可猶豫不決，以免反而招來怨恨。孔子認爲從政的話，這四種就是惡行。

推崇「五美」，排除「四惡」，是孔子對政治相當完整的綜合指導原則。

〈20・3〉

孔子曰：「不知命，無以爲君子也；不知禮，無以立也；不知言，無以知人也。」

孔子說：「不了解命的道理，沒有辦法成爲君子；不了解禮的規範，沒有辦法在社會上立足；不了解言詞的使用，沒有辦法了解別人。」

本章出現了三個「知」，說明儒家重視學習。「命」，兼指使命與命運。既要明白人生有行善的使命，努力求其至善，又要了解人間富貴的客觀限制，不必強求。知命之後，可以「行其所當行，止於其所不得不止」，由此成爲君子。

不管命運或使命，都來自天，命運是既定的條件，無可奈何；使命則是自覺的。孔子一位很優秀的學生伯牛生病了，孔子去探望他時，從窗戶握著他的手，不禁感慨地說：「亡之，命矣夫，斯人也而有斯疾也！」（〈6．10〉）這麼好的人卻生了這麼嚴重的病，這是命，無可奈何啊！

完成使命需要下工夫修行

儒家重視修行，要完成使命需要修行，修行就像〈20．2〉說的「尊五美，屛四惡」，要有五種美德，避免四種惡行。不懂得命運和使命，怎麼叫君子呢？「人不知而不慍，不亦君子乎」（〈1．1〉）。不生氣的原因，是因爲君子知道自己的命運，也知道自己的使命。別人了解「自己」與否，是一個相對的因素，會產生變化，無法強求；只要自己知道該往哪裡走，這一生所爲何來，爲了什麼而活，內在就有一種安頓的力量。

尼采說：「一個人知道自己爲了什麼而活，就能夠忍受任何一種生活。」儒家的

「仁」是憂道不憂貧，顏淵和孔子生活窮困卻照樣快樂，因爲他們知道自己爲了什麼而活。道家的快樂不一樣，道家的快樂是知道自己可以往哪裡發展，那種快樂是解脫的快樂，與儒家實現的快樂不一樣。

「不知禮，無以立也」，依孔子看來，在社會上立足，禮的規範是最明確的。沒有禮的規範，連與別人一起坐車，要坐哪個位置，都會讓人不知所措。還有喪禮、婚禮這種非常繁複的儀式，不學會的話，就無法在社會上立足。不懂禮，看起來行爲就有些怪異，和別人格格不入，再多的誠意也會被打折扣，這就是孔子說「不學禮，無以立」（〈16．13〉）的主要用意所在。

一個人的成長，要考慮和別人相處的互動，按照大家共同的規範來運作；如果一意孤行，就算非常眞誠，也會讓別人覺得爲難。「不知禮，無以立也」，是比較完整的說法。

「不知言，無以知人也」，要了解別人，就要先聽懂他說的話。知言有三個方向，第一是什麼身分說什麼話，聽話時要能判斷什麼人該說什麼話，他的話有多少分量；第二是一個人說的話，是不是他內心眞正的意思，如果說的是客套話或是禮貌話，就不要當眞。第三是說話的標準，我們常說「談笑有鴻儒」，說話的時候應該力求文雅一點。

從最難的「知命」到「知禮」，到最後「知言」，整部《論語》在這一章結束，有沒有特別的意思呢？也很難說，但是畢竟有始有終。

我們可以把《論語》當成朋友，以孔子爲師，經常翻讀，在生活裡對照應用。應用層面有二，一種是把它當成學問來討論，有些話用來鼓勵自己，有些話用來鼓勵別人，說出來的話語，就會比較有分量；另一種是在生活中實踐，如此就會感覺到生命在心智方面有所成長，再慢慢往靈的方向前進，那就是一種最大的喜悅。知道自己所作所爲符合《論語》的基本要求，自然會有無比的信心。

對儒家誤解的澄清

有些人把儒家說得太偏向於唯心論，好像儒家重在「心」，只要心當下自覺內在圓滿，就立刻可以成爲聖人。這是一種幻想。宋明學者有理學與心學兩大派，理學是強調學習，學無止境；心學依靠智慧，覺悟就行。例如「明心見性」，一個人可以在家裡面靜坐，忽然覺悟，好像所有道理都通了，其實這個通只是一種沒有被遮蔽的通，而不是眞正的理解。

心學最有名的是陸象山和王陽明，而把朱子（朱熹）系統看作是「別宗」，不是正統的。現在台灣流行的新儒家，大都屬於陸象山、王陽明這個系統，偏重心學。偏重心基本上沒有什麼大錯，因爲孟子也說「養心莫善於寡欲」，強調心的重要，但是儒家思想並不是排他性的，心和理可以兼具。

宋明以後，又出現一派稱作「氣學」。「氣」這一派顯然受到道家的影響，與儒家原來的想法不完全一致。理學、心學各有道理，但是不管怎麼解釋，還是要回到根源，這是大原則。回到根源之後就會發現，後代很多解釋不完全是孔子的想法，而是他們自己的創見。

換句話說，朱熹、王陽明都是哲學家，當然可以有自己的一套哲學，但如果說那就是孔子的哲學，就有問題了。我曾寫過論文，批評朱熹對《論語》的注解。朱熹的《論語》注解最有名，但是只能用四個字形容，叫「錯誤百出」。很多地方前後矛盾，無法自圓其說。很多讀書人都以他的注解爲標準，很少有人指出他的毛病，到清朝才有幾個學者說朱熹的解釋實在是太離譜了。

在此只舉一個例子。朱熹最有名的解釋之一就是把「天」講成「理」，天沒有了，變成理，所以「獲罪於天，無所禱也」，就成了「獲罪於理，無所禱也」。清朝學者錢大昕指出，孔子明明談的是天，哪裡有人向理禱告呢？這不是很奇怪的事嗎？可見朱熹的理解顯然有問題。

但是這幾十年以來，中文系只要教到《論語》，幾乎都採用朱熹的注解，這樣做學問的話，就被朱熹所誤了。朱熹只是一個學者，離孔子也有一千多年，他憑什麼壟斷這種解釋權呢？

像儒家思想這麼好的東西，兩千多年以來卻沒有得到很好的理解。這套思想，還傳到日本、韓國、越南、馬來西亞、新加坡，到任何地方都一樣，大都是抱著宋明學者的注解，這種情況到今天應該有所改善了。

國家圖書館出版品預行編目資料

人能弘道：傅佩榮談論語／傅佩榮著. -- 第一版. -- 臺北市：天下遠見, 2008.12
面； 公分. --（心理勵志；247）

ISBN 978-986-216-254-5（精裝）

1. 論語　2. 研究考訂

121.227　　97022705

心理勵志 247A

人能弘道

傅佩榮談論語

作　　者／傅佩榮
總編輯／吳佩穎
責任編輯／李麗玲、蔡佩燊（特約）
封面設計／林秦華（特約）

出版者／遠見天下文化出版股份有限公司
創辦人／高希均、王力行
遠見・天下文化・事業群　董事長／高希均
事業群發行人／CEO／王力行
天下文化社長／林天來
天下文化總經理／林芳燕
國際事務開發部兼版權中心總監／潘欣
法律顧問／理律法律事務所陳長文律師　　著作權顧問／魏啓翔律師
社　址／台北市104松江路93巷1號2樓
讀者服務專線／(02)2662-0012
傳　真／(02)2662-0007；2662-0009
電子信箱／cwpc@cwgv.com.tw
直接郵撥帳號／1326703-6號　遠見天下文化出版股份有限公司

電腦排版／立全電腦印前排版有限公司
製版廠／東豪印刷事業有限公司
印刷廠／祥峰印刷事業有限公司
裝訂廠／聿成裝訂股份有限公司
登記證／局版台業字第2517號
總經銷／大和書報圖書股份有限公司　電話／（02）8990-2588
出版日期／2022年7月26日第二版第3次印行

定價／600元

EAN : 4713510945612
書號：BBP247A

天下文化官網 — bookzone.cwgv.com.tw